岩溶区高速铁路隧道修建技术

邓　勇　孙星亮　吴应明　谭忠盛　陈耀华　著

中国铁道出版社有限公司

2019年·北　京

图书在版编目(CIP)数据

岩溶区高速铁路隧道修建技术/邓勇等著.—北京：中国铁道出版社有限公司,2019.8

ISBN 978-7-113-25837-5

Ⅰ.①岩… Ⅱ.①邓… Ⅲ.①岩溶区-高速铁路-铁路隧道-隧道施工 Ⅳ.①U459.1

中国版本图书馆 CIP 数据核字(2019)第 115153 号

书　　名：**岩溶区高速铁路隧道修建技术**
作　　者：邓　勇　孙星亮　吴应明　谭忠盛　陈耀华

责任编辑：张卫晓　　　**编辑部电话**：(010)51873193
封面设计：崔丽芳
责任校对：孙　玫
责任印制：高春晓

出版发行：中国铁道出版社有限公司(100054,北京市西城区右安门西街 8 号)
网　　址：http://www.tdpress.com
印　　刷：中国铁道出版社印刷厂
版　　次：2019 年 8 月第 1 版　2019 年 8 月第 1 次印刷
开　　本：787 mm×1 092 mm　1/16　**印张**：16.5　**字数**：410 千
书　　号：ISBN 978-7-113-25837-5
定　　价：86.00 元

前　言

随着铁路建设的快速发展，铁路隧道数量大幅增加，尤其是近十几年来，高速铁路得到了迅猛发展。截至2017年年底，投入运营的铁路隧道总长达到15 326 km；投入运营高速铁路总长达2.5万km，已经建成高速铁路隧道2 835座，总长达4 537 km；另外还有在建的高速铁路隧道总长超过3 000 km。由于我国岩溶分布相当广泛，一些高速铁路穿越岩溶区，出现了大量的岩溶隧道，如沪昆高铁贵州段出现了众多的富水岩溶地质隧道。岩溶隧道施工面临的最大风险就是突水突泥地质灾害，多数属于高风险隧道。高风险岩溶隧道的顺利建成，推动了我国高速铁路岩溶隧道工程的技术进步，也积累了宝贵的施工经验。本书主要内容是对沪昆高铁贵州段第九标段典型岩溶隧道工程经验的系统归纳、总结和提炼，以期对今后类似工程提供借鉴。

全书共九章，第1章主要介绍了我国高速铁路隧道的发展情况及岩溶隧道的施工技术现状及存在的问题。第2章主要介绍了隧道超前预报方法及在岩溶隧道工程中的应用，强调在高风险的岩溶隧道施工中应采用多措并举的综合地质超前预报方法。第3章介绍了岩溶发育的宏观规律、岩溶隧道施工中的突水突泥机理及隧道与溶洞间临界安全距离、隐伏溶洞岩墙中存在裂隙时对隧道施工安全的影响。第4章介绍了自进式管棚预支护在软弱围岩高铁隧道中的应用、施工效率分析、预支护参数设计及在塌方处理中的应用。第5章介绍了岩溶的分类、处理原则、大型岩溶溶洞及暗河的处理技术及工程案例。第6章介绍了大埋深岩溶角砾岩隧道大变形机理、变形控制、支护受力特征及评价。第7章高速铁路隧道下穿明河施工控制技术。第8章介绍了将悬臂掘进机铣挖法和钻爆法结合，用以控制爆破振速的铣挖-爆破施工技术及减振规律。第9章介绍了将层次分析法与模糊综合评判相结合的方法在高风险隧道施工过程中的风险管理，并给出了使用案例。

本书主要内容由邓勇、孙星亮、吴应明、谭忠盛、陈耀华撰写，另外，中铁二十局集团公司的冯军武和谢齐兵、北京交通大学的白明洲、中铁二十局集团公司的杨小龙和冯振宁等也参加了部分编写工作，在此表示感谢！

感谢石家庄铁道大学的景诗庭教授认真地审阅了本书并提出了宝贵的意见！

由于作者水平有限，撰写时间仓促，书中难免存在不足之处，敬请读者批评指正！

作　者

2019年3月

目　　录

第1章 绪　　论

1.1 我国高速铁路隧道工程现状

1.1.1 我国铁路隧道工程概况

截至2017年年底，我国铁路营业里程达12.7万km，比2016年增加2.4%。其中投入运营的铁路隧道14 547座，总长15 326 km。在投入运营的铁路隧道中，西宁—格尔木铁路复线工程中的关角隧道，全长32.645 km，是国内已运营的最长铁路隧道，于2014年12月25日建成通车。2017年新增开通运营线路铁路隧道465座，总长达1 206 km。其中，特长隧道(特长隧道指长度10 km以上的铁路隧道)26座，总长368 km；长度15 km以上的特长隧道6座，见表1—1。

表1—1　2017年我国新增开通运营线路长度15 km以上的铁路特长隧道

隧道名称	隧道长度(m)	线路	单洞/双洞	建成时间	速度目标值(km/h)
西秦岭隧道	28 236	兰渝铁路	双线单洞	2015-12	200
木寨领隧道	19 095	兰渝铁路	双线单洞	2017-07	200
哈达铺隧道	16 590	兰渝铁路	双线单洞	2016-03	200
黑山隧道	15 757	兰渝铁路	单洞双线	2017-08	200
秦岭天华山隧道	15 988.6	西成客专	单洞双线	2016-07	250
老安山隧道	15 161	西成客专	单洞双线	2015-09	250

在建铁路隧道3 825座，总长8 125 km。其中在建的大理—瑞丽铁路上的高黎贡山隧道长34.54 km，是我国最长的在建铁路隧道。在建的北京—张家口高速铁路八达岭地下车站，地下建筑面积3.6万m^2，是迄今世界上最大的高铁地下车站。车站两端的渡线隧道开挖跨度达32.7 m，是国内单拱跨度最大的暗挖铁路隧道。

我国已列入建设规划的铁路隧道5 596座，总长13 331 km。规划的川藏铁路将建数十座10 km以上的特长隧道，其中最长隧道易贡隧道长度可能达50 km。

1.1.2 我国高速铁路隧道概况

截至2017年年底，我国已投入运营高速铁路总长2.5万km，共建成高速铁路隧道2 835座，总长4 537 km。其中，特长隧道60座，总长775 km，长度15 km以上的特长隧道5座，见表1—2。

表1—2　我国已投入运营的长度15 km以上的高速铁路特长隧道

隧道名称	隧道长度(m)	线路	单洞/双洞	设计速度(km/h)
太行山隧道	27 839	石太客运	双洞单线	250
石林隧道	18 208	云贵铁路	单洞双线	200(预留250)
秦岭天华山隧道	15 988.6	西城客专	单洞双线	250
大坂山隧道	15 897	兰新客专	单洞双线	350
老安山隧道	15 161	西成客专	单洞双线	250

(1)新增运营隧道

2017 年我国新增运营有隧道工程项目的高速铁路共 6 条，总长 1 206 km，共有隧道 198 座，累计长度约 604 km。其中，特长隧道 16 座，总长 210 km，见表 1—3。

表 1—3 2017 年我国新增运营的高速铁路特长隧道

隧道名称	隧道长度(m)	线别	单洞/双洞	建成时间	速度目标值(km/h)
笔架山隧道	14 751	宝兰客专	单洞双线	2016-04	250
麦积山隧道	13 947	宝兰客专	单洞双线	2016-06	250
吴家岔隧道	10 456	宝兰客专	单洞双线	2015-09	250
古城岭隧道	10 350	宝兰客专	单洞双线	2015-12	250
渭河隧道	10 016	宝兰客专	单洞双线	2016-12	250
朱家山隧道	14 950	宝兰客专	单洞双线	2016-08	250
秦岭天华山隧道	15 989	西成客专	双洞单线	2015-07	250
老安山隧道	15 161	西成客专	单洞双线	2016-09	250
大秦岭隧道	14 846	西成客专	单洞双线	2016-09	250
得利隧道	14 167	西成客专	单洞双线	2016-01	250
福仁山隧道	13 102	西成客专	单洞双线	2016-04	250
清凉山隧道	12 553	西成客专	单洞双线	2016-05	250
何家梁隧道	12 406	西成客专	单洞双线	2016-04	250
小安隧道	13 430	西成客专	双洞单线	2016-10	250
黄家梁隧道	11 619	西成客专	双洞单线	2016-02	250
金家岩隧道	12 029	西成客专	双洞单线	2016-01	250

(2)在建隧道

到 2017 年年底，我国正在建设的有隧道工程项目的高速铁路共 40 条，总长 9 956 km，共有隧道 1 456 座，累计长度 3 057 km。其中，特长隧道 54 座，累计长度 683 km；长度 15 km 以上的特长隧道 8 座见表 1—4。另外，设计速度目标值 300～350 km/h 的高速铁路隧道共 920 座，累计长度约 2 179 km；设计速度目标值为 250 km/h 的高速铁路隧道共 536 座，累计长度约为 878 km。

表 1—4 我国在建长度 15 km 以上的高速铁路特长隧道

隧道名称	隧道长度(m)	线别	单洞/双洞	速度目标值(km/h)
小三峡隧道	18 954	郑万高铁	单洞双线	350
新华隧道	18 770	郑万高铁	单洞双线	350
东茗隧道	18 226	杭绍台高铁	单洞双线	350
九万山一号隧道	17 012	贵南高铁	单洞双线	350
巫山隧道	16 570.5	郑万高铁	单洞双线	350
九万山四号隧道	15 485	贵南高铁	单洞双线	350
香炉坪隧道	15 154	郑万高铁	单洞双线	350
都安隧道	151 521	贵南高铁	单洞双线	350

截至 2017 年年底，我国规划的有隧道工程项目的高速铁路共 72 条，总长 15 051 km，共有隧道 2 687 座，累计长度约 5 482 km。其中，特长隧道 83 座，总长 1 128 km；长度 15 km 以上的特长隧道 17 座。另外，设计速度目标值为 300～350 km/h 的高速铁路隧道共 1 720 座，累计长度约 3 654 km；设计速度目标值为 250 km/h 的高速铁路隧道共 967 座，累计长度约为 1 828 km。

川藏线未开工建设的雅安—康定段、康定—林芝段可能出现的更多更长的长大隧道方案，包括：泸定—康定段郭达山隧道(39 km)、康定—新都桥段折多山隧道(40 km)、雅江—理塘段沙鲁里山隧道(69 km)、理塘—巴塘段海子山隧道(37 km)、八宿—波密段伯舒拉岭隧道(59 km)、然乌—通麦段易贡隧道(50 km)。以上可能出现的长隧方案均是在初步研究的基础上进行比选的结果，方案的可行性仍在持续研究中。

1.2　岩溶隧道施工技术现状

我国岩溶分布相当广泛，仅裸露于地表的碳酸盐类岩石就有 203 万 km^2，加上被覆盖和埋藏于地下的碳酸盐类岩石，全国岩溶总面积达 363 万 km^2，占国土面积的 1/3 以上。西南的贵州、云南、广西、四川、重庆，以及中南的湖南、湖北、广东则是我国岩溶最为发育的地区，构成了世界上最大的连片裸露型岩溶区。

随着我国经济的迅速而充分地发展，西部交通建设也得到了快速发展。高速公路、铁路等必然要穿越岩溶广泛分布的西部山区，由于线形及线路坡度的限制，在这些岩溶发育的地区必然出现大量的岩溶隧道。

1.2.1　已建成岩溶隧道情况

在岩溶发育地区修建隧道面临最重要的问题就是施工风险高。近十多年来，在岩溶发育区修建的岩溶隧道数量剧增，已建成的宜万铁路有隧道 159 座。其中，洞身穿越溶岩地层的隧道达 95 座，总长度占全线隧道总长度的 70%以上，隧道洞身位于溶岩地层中的长度约占全线隧道总长度的 58%。宜万铁路长度大于 3 000 m 的岩溶隧道共计 27 座，在施工开挖过程中均遇到对隧道工程产生不同影响程度的岩溶灾害，揭示出岩溶管道、暗河，产生突水、突泥的隧道有 15 座；瞬间突出物(突泥突水总量)超过 10 万 m^3 的 3 次，突出物超过 1 万 m^3 的 10 余次，突出物超过 1 000 m^3 的达 60 余次。

湖北沪蓉西高速公路全长约 320 km，分为宜恩段和恩利段两个项目建设，于 2004 年 8 月 20 日正式开工建设。它是国家公路主骨架沪蓉国道主干线的重要组成部分，也是湖北省高等级公路网“五纵三横一环”的重要组成部分，是我国东中部地区连接重庆、成都等大城市通往大西南的重要快速通道。全线共有隧道 44 座，总长 155 712 m。其中，中短隧道 20 座，总长 25 992 m；长隧道 14 座 37 586 m；特长隧道 10 座 92 134 m。隧道净宽 9.75 m(恩利段加宽 0.5 m)，净高 5 m。该区属南方的典型岩溶地区之一，在碳酸盐岩地区修筑特长隧道和隧道群成为突出技术难题，其中的龙潭隧道(左洞长 8 693 m，右洞长 8 620 m，是当时国内在建的第二长公路隧道，纵向坡度为－1.504 %的单向坡，最大埋深约 800 m)。乌池坝隧道(左洞长 6 708 m，右洞长 6 693 m，属特长隧道，最大埋深约 488 m)、野三关隧道(其左洞长 3 690 m，纵坡 2.43 %，右洞长 3 665 m，纵坡 2.38 %，最大埋深 247 m)以其长度和地质条件的复杂性列为全线最有代表性的难点工程。由于隧道处于岩溶发育区，地下暗河、各种形态及不同程度及类型的充填溶洞极其普遍，隧道施工风险高。

通过大量岩溶区隧道的工程实践，虽然在工程施工中出现了一些安全事故，也取得了很多的技术进步，积累较为丰富的岩溶隧道的勘察、设计及施工经验。

1.2.2 超前地质预报技术

岩溶区大量隧道施工经验表明，隧道涌水突泥灾害预测预报不但是基础性技术研究工作，也是灾害防治的基础。目前，已有多种预测技术在应用，但地质体是一个复杂的综合体，岩溶的成因与发育规模以及与隧道的空间组合形态及溶腔充填情况存在差异，所以必须根据不同预测方法的适用条件和优缺点，结合工程的实际地质特征，进行综合预测预报。

施工时综合运用两种或两种以上方法和手段进行预报，以达到取长补短、相互印证、提高预报效果的目的，并基本遵循以下步骤开展综合超前地质预报工作：

(1)进行现场地质踏勘及隧道内掌子面地质素描。

地质专业工程师在隧道现场查勘隧道山体地表岩溶出露情况(如石峰、落水洞、溶槽、岩溶泉等)及可溶岩的类型、出露岩层的产状及构造情况，在洞内对掌子面开挖出露的岩层产状信息、构造及地下水发育情况进行地质素描，从宏观上把握岩溶发育规律、其他不良地质体信息及对隧道的影响。

(2)隧道施工过程中的物探方法。

首先运用地震仪(如 TSP203)探测出掌子面前方 100～150 m 范围内的不良地质体的属性、较准确位置与空间分布规模，结合地质学的地质构造分析法，进行长期预报。

(3)在上述基础上，利用地质雷达进一步探测掌子面前方 30 m 范围内及隧道断面周边岩体中的不良地质体的属性、位置与空间分布规模，以近距离印证 TSP 地震仪的反演分析结果，提高探测预报精度，结合掌子面的地质素描，进行短期预报。

(4) 对掌子面前方 30 m 实施超前钻孔进行探测，钻孔数量一般可根据隧道断面面积的大小钻 3～5 个孔。

(5) 根据以上预报分析结构，并结合断面的监控量测信息，得出综合地质超前预报的结论。

1.2.3 地下暗河处理

渝怀铁路武隆隧道全长 9 418 m，属中山乌江峡谷地貌，最大埋深约 800 m，为傍山隧道，隧道中部穿过溶岩地层长度约 3 800 m。隧道施工中先后揭示多处岩溶暗河，雨洪期岩溶水涌入隧道，最大瞬时涌水量达 718 万 m^3/d，给施工造成极大损失和危害。因多次涌水、毁坏，前后处理时间近 3 年之久，变更设计费达 4 431 万元。武隆隧道在施工过程中先后揭穿出 5 处特大溶洞暗河的分布情况如图 1—1 所示。

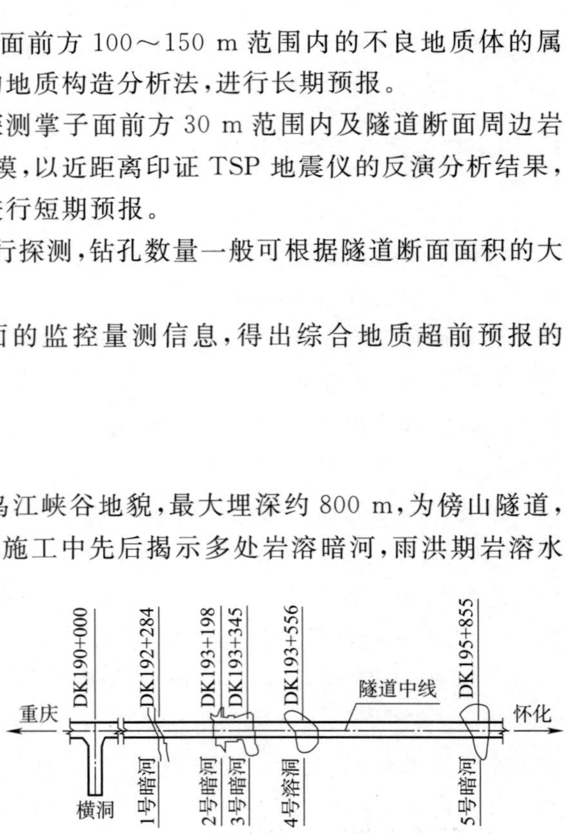

图 1—1 武隆隧道溶洞暗河分布

隧道揭穿溶洞暗河后，处理流程为：揭穿溶洞暗河→测绘横纵断面、地质勘探→变更和完善设计→制订方案、进行整治→监控量测。

对于充填类型的岩溶段落，除了衬砌进行适当加强外，对隧底下部充填物进行钢花管注浆加固，局部采用桩基＋托梁通过。

对岩溶水的整治应采取“截、堵、排、防”综合措施，以排为主。由于隧道历次涌水主要来源于2号、3号暗河，突发性强，水量大，且两条暗河存在水力联系，在其底部还有多层暗河系统，因此对2号、3号暗河需要统一整治，采取以集中排水为主、防水为辅的方案，如图1—2所示。1号暗河位于隧道仰拱以下，但距隧底较近，采取设置迂回引水通道的措施，对暗河进行引排。4号溶洞为充填型，无岩溶水，隧道采用复合型防水措施。5号暗河位于隧底较深部位，对少量岩溶水采用集水井、盲沟等形式引入隧道排水沟。由于岩溶水均具有侵蚀性，混凝土采用抗渗耐腐蚀混凝土，同时，增设附加防水层，拒地下水于结构之外。

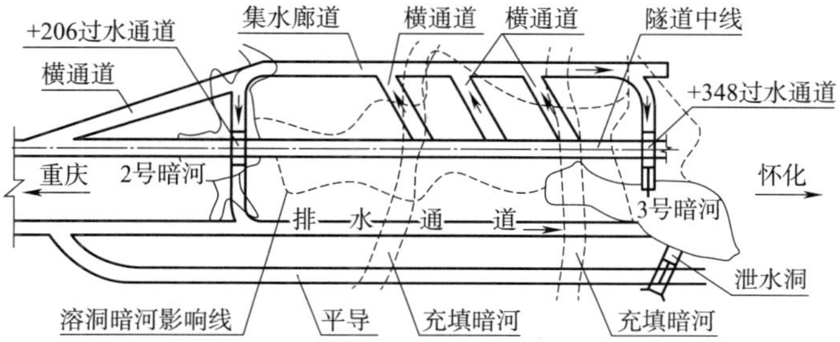

图1—2 2号和3号暗河段排水系统平面图

1.2.4 大型溶洞处理

(1)大型无充填溶洞

对于大型溶洞，当拱顶溶腔发育高度很高时，应采取针对性的拱部处理方案，以防止拱顶落石对隧道结构产生不利影响。宜万线龙鳞宫隧道施工至DK231＋796里程，揭示出一大型溶腔，溶腔呈水平发育，纵向发育100 m，横向发育150 m，溶腔顶板在轨面以上10～20 m，溶腔底板在轨面以下12～20 m，如图1—3所示。该溶腔的处理方案如图1—4所示。

溶腔周边出露岩层岩性为灰岩、白云质灰岩，中厚～厚层，节理发育。溶腔顶板岩层接近水平，发育有软弱夹层，受爆破振动等因素影响，极不稳定，查勘溶腔底部发现已有大块岩石沿软弱面脱落。隧底以下局部为坍塌或沉积物，发育充填型溶腔，充填黏土夹碎石、块石土，黏土呈软塑状。根据溶腔内沉积特征及溶腔壁面特征判断，该溶腔为古暗河通道，雨季时承接部分过路水。

由于溶腔跨度大，岩体稳定性差，为了保证溶腔的稳定及隧道主体结构施工安全，在溶腔内搭设碗扣支架，对洞顶挂网进行锚喷支护；然后，以隧道两边距外侧3 m处，沿着隧道线路方向施工圆柱形支墩，间距5 m，直径1.4 m，对溶腔顶部进行支顶。

(2)大型充填溶洞

大型充填型溶腔的处理应根据溶腔洞穴范围大小、溶腔内充填物的物理力学特性及溶腔洞穴与隧道断面的相互位置关系，遵循“因势利导、因地制宜，技术可靠、经济可行”的原则，对大型充填型溶腔的处理采用安全可靠的技术措施，保障隧道施工及线路运营后的长期安全。

云雾山隧道在隧道出口工区DK247＋562处揭示出一个大型充填型溶腔。溶腔内充填物

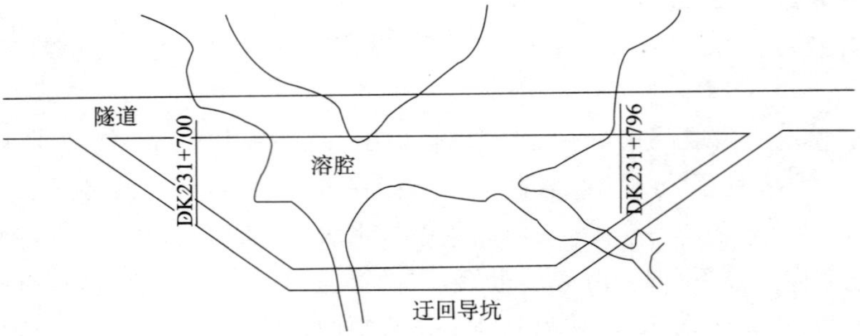

(a) 平面图

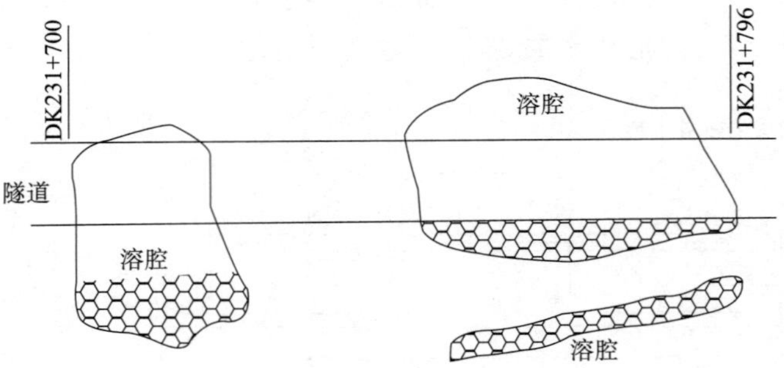

(b) 纵剖面图

图 1—3　龙鳞宫隧道 DK231＋796 溶腔形态图

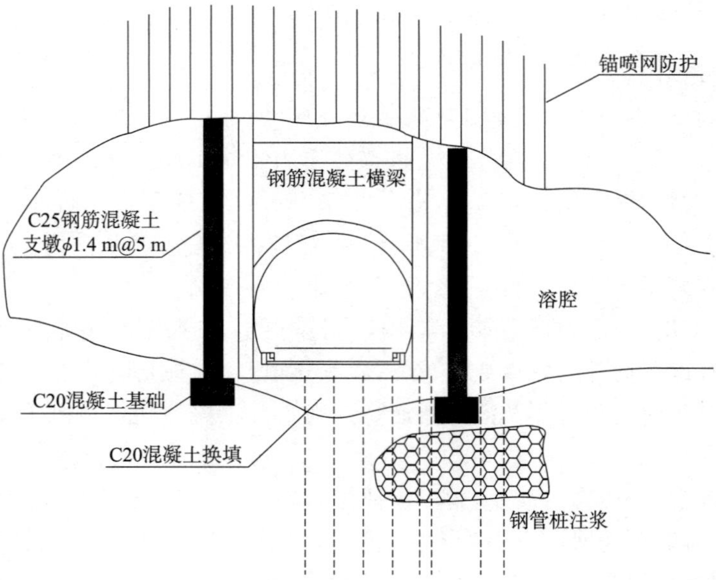

图 1—4　龙鳞宫隧道 DK231＋796 溶腔处理方案示意图

主要为块石土、黏土，局部有较大孤石。溶腔在隧道纵向发育范围在Ⅰ线方向上长 118 m，在Ⅱ线方向上长 138 m，向线路左侧方向发育宽约 60 m，基底以下发育最大深度超过 80 m。其轨顶标高平面形态如图 1—5 所示。

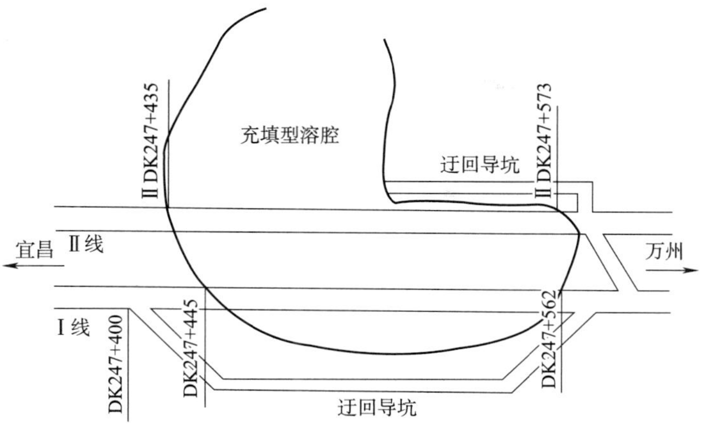

图1—5　云雾山隧道DK247+562溶腔平面图

该段围岩为寒武系上统耗子沱群灰岩与白云岩互层，局部含灰质白云岩，节理裂隙发育。DK247+473～+485段右边墙拱腰处发育有一较大溶腔，宽约8.8 m，高约6 m，主要存在于隧道开挖轮廓线以外。DK247+445～+563隧道仰拱以下填充物深度40 m，局部深达80 m。迂回导坑处发育有岩溶竖井，为地表水汇集排泄的主要通道之一，有一定的淤积。该岩溶竖井与DK247+562处充填溶洞为相对独立的溶腔，但局部通过张开裂隙连通，存在一定的水力联系。在水量较大排水不及时导致充填溶腔内向上返水。

根据溶腔内的充填物力学特性，DK247+445～+475、DK247+482～+526段进行帷幕注浆，帷幕厚度5 m；DK247+526～+556段进行帷幕厚度为8 m的帷幕注浆，并对掌子面前方地层进行注浆加固，并进行大管棚超前支护。对于隧道仰拱下方的溶腔较大范围的充填物进行注浆加固或钢花管注浆加固。对于注浆加固仍无法满足无砟轨道运营安全的软塑状充填物，采用桩基础跨越。

为了确保铁路运营期间隧道结构安全，避免暴雨期间岩溶竖井向外涌水影响运营安全，在迂回导坑岩溶竖井口处向既有排水洞增加排水支洞，以更好宣泄地下水流。

1.3　岩溶区高速铁路隧道目前存在的问题

1.3.1　高速铁路隧道特征

(1)投资大，工期短

由于高速铁路的运行速度高，对铁路线路的纵坡和平面曲线半径均有严格的要求，建造技术标准高，投资巨大。为了尽快建成投入运营，尽早产生经济效益，建设工期往往都比较紧张。地质复杂的长大隧道往往是整条线路工期的控制工程，因而对于高速铁路隧道必须认真做好施工组织，精心组织，精心施工，认真应对高风险段落的施工技术措施，控制施工风险，高质量按期完成土建工程。

(2)隧道断面跨度大

高速铁路列车最大设计运行速度一般达到350 km/h，隧道多采用双线单洞方案，考虑到列车在隧道内高速运行产生的空气阻力效应及设置救援通道，隧道断面内部净空面积达到

100 m^2,软弱围岩地段隧道最大开挖跨度超过 16 m,最大开挖高度大于 13 m。由于隧道断面面积大,在岩溶区修建高速铁路隧道更加容易揭露各种类型的溶洞,发生突水突泥的施工风险将更为突出。

(3) 隧道质量要求高

由于高速铁路主要建筑物的基准寿命均为 100 年,为保证乘客乘坐列车有较好的舒适度,对高速铁路隧道的各种建筑物的质量提出了更高的要求。如防水要求高速铁路隧道衬砌的内表面不允许出现湿渍,轨道工后沉降控制更加严格,不超过 15 mm。

(4)软岩地段施工速度慢

我国在硬岩地层中进行隧道施工一般采用钻爆法施工,而且在硬岩地层中进行隧道爆破开挖也积累了丰富的经验,但在松散软弱地层的大断面隧道施工中还缺少相应的高效率的成套施工机械设备,因而多采用效率较低的多分部施工工法(如三台阶法、CD 法和 CRD 法等)。多分部工法的工序较多、工序之间的相互干扰较大,支护闭合时间较长,隧道变形较大,因而隧道施工效率较低,施工速度慢。针对我国高速铁路快速发展的关键时期,研制适应于软弱围岩大断面隧道快速施工的相应成套机械设备是当务之急。

1.3.2 岩溶区隧道施工中风险突出

1. 突水突泥

虽然近十多年来在岩溶区成功修建的隧道数量众多,但岩溶隧道施工中的风险仍很突出,施工中出现突水突泥的工程地质事故仍然层出不穷。据公开文献报道,在岩溶区修建的岩溶隧道中有 160 多座隧道发生过不同类型的岩溶灾害。如最近的一起岩溶隧道突水灾害是 2018 年 6 月 10 日上午,贵州至南宁高铁 12 734 m 长的朝阳隧道发生岩溶突水事故,该突水事故造成 3 位作业人员死亡。表 1—5 列出了十多座隧道典型的岩溶灾害案例。

表 1—5 典型岩溶隧道灾害统计

序号	线路	隧道名称	灾害类型	灾害后果
1	渝怀铁路	圆梁山隧道	突水突泥	多名人员遇难,部分施工机械掩埋损毁,影响施工一年之久,蒙受巨大的经济报失
2	渝怀铁路	武隆隧道	暗河突水	属于揭露暗河,暗河水涌入隧道,最大涌水量 718 万 m^3/d,洞内施工机械被冲入乌江,无人员伤亡
3	宜万铁路	马鹿箐隧道	突水突泥	19 次突水突泥,2006 年遭遇 5 次罕见特大突水灾害,4 人遇难,1 人失踪,11 人遇难,2 人冲出洞口
4	宜万铁路	野三关隧道	突水突泥	52 人被淹,10 人遇难
5	宜万铁路	大支坪隧道	突水突泥	溶腔 82 处,其中大规模突水、突泥 30 次,最大涌水量达 36.3 万 m^3/d,瞬间泥沙 4 000 m^3
6	渝遂高速	云雾山隧道	突水突泥	突泥掩埋钻孔台车及卡车各一辆,隧道 100 m 洞体充填,地表出现 5 个的陷穴
7	宜万铁路	云雾山隧道	突水突泥	瞬间泥沙 1 000 m^3,最大涌水量 780 m^3/h,造成 1 线淹井 1 035 m,2 线淹井 710 m
8	厦深铁路	梁山隧道	突水突泥	地表塌陷面积 900 m^2,深 20 m,总涌泥量约 5 500 m^3,坑底再次发生坍塌,成漏斗形加深约 15 m
9	成贵铁路	高山隧道	突水突泥	涌水量一般 130～415 m^3/h,流量随洞外降雨量直接相关

续上表

序号	线路	隧道名称	灾害类型	灾害后果
10	广渝高速	华蓥山隧道	突涌水	施工时遇到特大规模的涌突水，其最大涌突水达 7.95 m^3/s
11	玉蒙铁路	通海隧道	突水突泥	施工中先后发生 10 多次涌水涌泥(砂)，最大涌水量超过 12 万 m^3/d，突石超过千方，石块最大达 2 m
12	京广铁路	大瑶山隧道	突水突泥	大瑶山隧道班古坳竖井平导施工至 1994＋213 时，突发携带大量泥砂的岩溶水，造成竖井被淹，洞内设备被淹没，中断施工达一年之久
13	成昆铁路	沙木拉达隧道	突水突泥	沙木拉达隧道总涌水量最大达 19 550 m^3/d，突水量最大达 36.11 m^3/min，曾造成停工达 32 天之久
14	京广铁路	南岭隧道	突水突泥	南岭隧道曾发生三次较大突泥共 11 738 m^3，突水量最大达 11 143 m^3/d，总涌水量达 16 885 m^3/d
15	贵昆铁路	梅花山隧道	突水	梅花山隧道 1991 年 7 月雨季因地下水猛涨，洞内边墙高压射水，边墙衬砌开裂倒塌 12 m，中断行车 7 天之久

由此可见，富水岩溶区修建隧道过程中的突水突泥仍是隧道施工中的最大风险。特别是隧道周边存在隐伏压力溶腔时，在施工过程中进行的超前地质预报工作也没有发现隐伏溶洞，当隧道与溶腔之间的岩墙不足以抵抗溶腔内压力时，就极易发生突水突泥的地质灾害，对施工人员及施工设备形成严重的安全威胁。因而，在岩溶隧道施工中对掌子面前方进行超前地质预测预报及对隧道周边进行隐伏溶洞的探测成为一个重要的降低施工风险的工作。

2. 隧道失稳

隧道断面周边若存在隐伏有压溶腔，将会改变隧道受力特征，使隧道承受非对称荷载，从而降低支护结构的承载能力；另外溶腔与隧道间岩墙的节理裂隙往往比较发育，围岩岩墙的自稳能力较差，因而存在在隧道施工过程中容易发生隧道失稳的风险。

当隧道穿越大型充填型溶腔的时候，特别是含水量较大时，往往需要采用帷幕注浆的方式对溶腔内的充填物先进行注浆加固之后，再进行超前支护，然后开挖及支护。帷幕注浆效果的好坏，直接关系到隧道支护结构的变形和受力大小。如果注浆加固区没有形成完整的帷幕，或局部注浆加固效果较差，都有可能出现上述情况，不能及时补充注浆或加强支护，就有可能使隧道产生过大变形，甚至使隧道失稳坍塌。

1.3.3 岩溶隧道施工风险预测问题

虽然复杂地质隧道地质超前探测预报技术已经历 10 多年的工程实践，但岩溶隧道施工超前预测预报总体可靠性不高，预测精度难以保证。传统的岩溶涌突水灾害发生概率的宏观判断主要基于地质分析和隧道施工涌突水量及水压的超前预测预报结果。由于地质岩体的复杂性及不确定性、探测设备本身的局限性和受工期、深部勘探资料缺乏等条件限制，对隧道开挖掌子面前方围岩特征、地下水富集程度、水量及水压的预测预报精度始终是隧道工程建设中的技术攻关难题，施工期的岩溶地质预报基本还处于“挖开来看”的状况。根据前人对我国部分铁路隧道预测涌水量与实际涌水量的统计，预测值与实测值相差 20％的仅占统计总数的 15％；误差超过 50％的占 75％以上。从理论上说，涌突水量预测结果无论偏大还是偏小，都将给隧道工程的可行性论证、设计以及施工安全和经济带来隐患。

因而，针对岩溶隧道施工过程中的超前地质预测预报仍然需要进一步的研究和改进，以期发现隧道周边隐伏岩溶，并采用一定方法预测涌水量，从而制定针对性的技术措施，保证隧道施工人员与施工设备的安全。

1.4 沪昆高铁贵州段隧道工程特征

新建沪昆高速铁路东起上海虹桥站，途径杭州、长沙、贵阳等地，西至昆明站，线路全长 2 264 km。沪昆高铁贵州段东起贵州省的玉屏县，向西经贵州省三穗、凯里、贵定、贵阳、平坝、安顺、关岭、普安、盘县后，至滇黔省界的壁板坡隧道，贵州省境内正线长度 559.5 km。本书内容是以沪昆高铁九标段长大岩溶隧道为主要依托形成的研究成果。

1. 地形特征

沪昆高铁贵州段地处云贵高原腹地，属云贵高原剥蚀—溶蚀，低中山、低山，丘陵和高原盆地地貌，总体地势北西高东南低，地形起伏较大。工程区具有山高、坡陡、谷深、水急等地形特征。西部受罗殃河切割形成陡斜坡河流沟谷地貌，地面高程均在 1 000～1 400 m，坡麓自然斜坡陡峻。属岩溶强烈发育区，岩溶洼地、岩溶漏斗、地表岩溶塌陷、地下暗河、岩溶管道及溶蚀裂隙普遍发育，岩溶地貌类型齐全。由于高速铁路技术标准高，线形及纵坡坡度的限制，隧道数量众多。如九标段线路全长 63.745 km，隧道 19 座，隧道总长度 43 587 m，其中大独山隧道长度达 11 912 m，岗乌隧道全长达 13 174 m。

2. 气象特征

沪昆高铁贵州段所处地区属亚热带湿润季风气候，气温及降雨等各地虽有差异，但变幅不大。总的特点是：冬无严寒，夏无酷暑，气候温和，雨量充沛，阴雨天多，四季不甚分明。年平均气温 14～16 ℃，极端最高气温一般为 34～37 ℃，黔东玉屏局部高达 39 ℃，极端最低气温一般为－7～－10 ℃。年平均降雨量 1 200～1 500 mm，5～10 月份为雨季，占年降雨量的 80%。

3. 地层岩性

铁路沿线地层出露较为完全，自前震旦系至第四系地层皆有分布。岩性以灰岩、白云岩类可溶岩为主，相间分布板岩、泥岩、砂岩、页岩及煤系地层，局部地段有玄武岩分布。岩溶地貌显著。

工程区域内基岩大多裸露，为三叠系中统杨柳井、关岭组一段、关岭组二段、下统永宁镇组三、四段、下统永宁组二段、下统永宁组一段、下统夜郎组地层，隧道进出口及缓坡地带有少量覆土。

4. 地质构造

区域范围内地质构造运动强烈，构造复杂，构造线密集，断层发育，以近 SN 和 NE 向断层为主。

区域构造上位于扬子准地台黔北台隆六盘水断层普安旋扭构造变形区，区域上为法郎向斜北东翼和新场—九头坡向斜南西翼，受褶曲挤压作用，工程区断裂发育，受断层影响，节理裂隙发育。

5. 水文地质

沪昆高铁贵州段主要通过长江和珠江两大水系上游交错地带，位于安顺以西，属珠江流域。线路通过的主要河流有雨窝河、白沙河、洛溪河、白岩河、坝陵河、北盘江等。

大独山和岗乌隧道区域地表水通过地表沟谷和地下暗河直接汇入北盘江，地下水类型主要为第四系松散土层孔隙水、基岩裂隙水、岩溶水。

由于铁路沿线广布石灰岩、白云岩等可溶岩，且工程区内气候湿润，雨水充沛，岩溶发育强烈。受上述复杂水文地质和工程地质条件的影响，线路隧道工程施工期岩溶突水灾害以及地质灾害预警防治等问题十分突出。

第2章　岩溶区高速铁路隧道地质超前预报

隧道及其他地下工程的设计和施工的主要依据就是地质勘察资料，而隧道施工方案的制定则是主要依据设计文件。在工程施工图设计时已经完成了初勘和详勘工作。虽然详勘的工作重点就是查清隧道穿越的主要工程地质和水文地质情况，然而由于铁路线路是线条型的建筑物，要想把线路沿线所有的地质情况在开工前完全勘察清楚要花费的代价是极其高昂的，限于目前的技术条件也几乎是不可能的，因而隧道工程也就有了“动态设计，动态施工”理念。实际上，一些局部的、分散的、随机的不良地质地段往往是在隧道施工中对施工安全形成较大的安全隐患。这些安全隐患主要表现为在隧道施工过程中出现岩爆、坍塌、突水、突泥、有害气体逸出等地质灾害。由于这些灾害有时是在施工人员无防备的条件下出现的，具有突发性，给隧道施工带来难以预料的危害和困难，轻者影响工期，使工程投资增加，严重者可能会造成施工人员的伤亡和施工技术设备的损毁。

2.1　隧道地质超前预报研究现状

隧道施工过程中的地质超前预报关系到工程的安全、质量和进度，因而备受关注，特别是在地质条件复杂的隧道工程，很有必要进行地质超前预报工作。隧道施工期地质灾害超前预报由来已久，英、法、日、德等国家均将此列为隧道工程建设的重要研究内容。在我国隧道施工期超前地质预报研究始于20世纪50年代末，但真正应用于隧道工程建设是20世纪80年代。在我国西部山区隧道建设过程中，岩溶涌水、涌泥、断层破碎带、坍塌冒顶等地质灾害频繁，因而随着公路隧道、铁路隧道和水电隧道的修建，逐步开始了超前地质预报工作。

隧道建设中对工程地质条件的认识和掌握程度是确保隧道快速、安全修建的决定性因素之一。因此，世界各国的隧道设计者、工程师和专家都十分重视在隧道施工中能及时地对掌子面前方的地质情况做出预报，以便制定出相应的施工方案和施工措施，避免或减少突发性地质灾害造成的工程损失和人员伤亡，解决施工地质灾害问题和保证隧道施工安全。在隧道勘察设计阶段主要采用钻探和大量的地球物理勘察方法，在隧道施工期采用水平超前钻探、TSP（地震波反射法）地质超前预报仪、TRT（地震反射层析成像）地质超前预报仪、高精度地震折射法等来实施地质超前预报工作。在我国，隧道工程超前预测预报研究始于20世纪50年代末期，首先由时任铁二院川黔铁路凉风垭隧道施工设计配合组地质工程师的陈成宗教授，根据平行导坑开挖揭露地质情况，采用地质分析法对渝黔线凉风垭隧道掌子面前方地质情况的预测预报，预报距离亦可达到10～30 m。20世纪80年代初，我国开始研究用物探方法对隧道进行超前地质预报，针对大瑶山隧道，铁道部攻关项目中列出用物探方法进行超前地质预报的研究内容。80年代中期，衡广复线大瑶山隧道开展地质法和声波透射法地质超前预报技术。80年代后期，铁道部开始正式立项研究隧道工程地质超前预测预报技术；之后，在南昆、内昆、渝怀等线均开展了隧道工程超前预测预报技术方面的研究与工程应用工作。在大秦铁路隧道施工过程中，研究用施工钻孔台车在掌子面钻 15 m 深孔，探查前方不良地质情况。2000 年后，铁道部科学研究院西南分院将水平声波法(HSP)进一步完善并开发了 CT 成像技术。近年来多家大专院校、科研所和工程单位应用 TSP202 和 TSP203、地质雷达和陆地声呐等设备结合工程地质方法对多处隧道进行了超前预报工作，其中不少隧道取得了较好的效果，当然也经常出现预报失败的情况，尤其是对岩溶溶洞的预报。

在铁路隧道超前地质预报中，20 世纪 80 年代，中科院地质研究所与中铁隧道局开始在大秦铁路军都山隧道开展隧道地质灾害预测预报的研究，开始使用地质素描法、地质调查、超前钻以及声波法等手段预测预报隧道地质灾害。20 世纪 90 年代，铁一院在秦岭隧道开展超前地质预报及地质综合测试技术研究，并取得了一些成果。21 世纪初，石家庄铁道学院与中铁十四局合作，在株六复线全面开展隧道超前地质预报工作。与此同时，中铁隧道局、中铁二局等多家单位开始使用 TSP、地质雷达、红外线等设备开展隧道超前预报工作，并取得了众多的成果。

2005 年以来，铁道部、交通部、水利部等开始在全国主要新建铁路、高速公路、大型引水水工隧道普遍开展 TSP、地质雷达等为主的地质超前预报工作，并制定了相关的工作指南，这些都为隧道开展超前预报预测工作创造了有利的条件。

对于隧道工程施工期的地质灾害，尽管国内外对地质超前预报方法已有较多研究，但现有的隧道超前预报方法仍存在一些问题，如物探结果具有多解性及预报结果过多地依赖于经验。此外，由于对隧道工程突水、突泥地质灾害影响的环境因素复杂，形成岩溶突水突泥地质灾害涉及的因素较多，隧道工程突水突泥地质灾害的特征规律的定量分析存在一定的困难。

根据研究资料可知，探测溶腔内水量和富水溶腔的位置是岩溶探水的主要内容。宜万铁路建设初期，通过各种超前地质预测预报方法进行综合分析评价来查找溶腔，制定了地质素描、TSP203、地质雷达、红外线探水、超前深孔钻探和风钻加深 5 m 浅孔钻探共 5 种探测方法。长期的实践检验证明：地质素描为确定前方宏观地质条件起到了很大作用，起宏观指导作用；TSP203 对岩溶探测准确率约 50%；地质雷达和红外线探水对岩溶及岩溶水难以起到应有的超前探测预报定量分析作用；超前深孔钻探和风钻钻设炮眼时加深 5 m 浅孔钻探预报准确率较高。

新建沪昆客专隧道探水工作主要采用地质雷达、TRT、瞬变电磁等方法，进行对岩溶探测与超前地质预报，其中瞬变电磁方法以前应用较少。

2.2 岩溶隧道地质超前预报的内容

对于岩溶区的隧道，地质超前预报的内容主要有：

1. 掌子面前方地层的岩性预报

主要预报掌子面前方地层的岩性，根据岩体反射波的纵波波速预报岩体的围岩级别，及其变化范围。

2. 地质构造的预报

地质构造对隧道的结构设计、施工方案及工程造价等都有显著影响，因而隧道施工中的地质超前预报的重要内容之一就是地质构造的预报。预报断层破碎带的位置、规模、走向、倾角、地下水发育情况，岩溶发育情况等。

预报岩层褶皱的位置及褶皱核部与两翼处节理、裂隙的发育情况，岩溶的发育情况，地下水的富集情况等。

预报岩性差异较大的不同岩层接触面，尤其是可溶岩与非可溶岩之间、硬岩和软岩之间的接触界面，预报其位置及产状。

预报岩体中软弱夹层或透镜体等的位置、范围及产状。

3. 各类溶洞预报

预报各种溶腔(洞)与隧道的位置、大小规模、形态及充填特性；预报岩溶管道、岩溶竖井、地下暗河的位置、高程、走向等。预报溶洞的充水情况，并预测可能发生突水突泥地质灾害的可能性、风险等级及危害程度。

2.3　岩溶隧道地质超前预报的方法

岩溶区修建隧道进行地质超前预报的主要任务，是预报岩体中发育溶洞的位置、大小规模、形态和充填类型，并进行风险评价，而查找充填型的溶洞和暗河为重中之重。

宜万铁路建设初期，通过各种超前地质预测预报方法进行综合分析评价来查找溶腔，制定了地质素描、TSP203、地质雷达、红外线探水、超前深孔钻探和炮孔加深 5 m 浅孔钻探共 5 种探测方法。长期的实践检验摸清了各种方法的效果。因此，在后期超前预测预报方案中，为有效规避风险，对预测预报模式进行调整，采取以地质素描和 TSP203 先行、以钻孔为主的超前预测预报模式。

新建沪昆客专大独山隧道的超前地质预报主要运用了掌子面地质素描、TSP、TRT、TST 等地震波探测法及地质雷达现场测试法。

2.3.1　地质素描法

地质素描法就是通过隧道现场踏勘地表、地形、地貌及岩层出露情况，获得各种出露岩层的岩性及产状信息，以及洞内开挖后揭露出的新鲜岩石，观察记录岩层的岩性及其岩层的产状参数、节理裂隙发育情况、地下水渗流情况、软弱夹层等信息，从而利用地质学理论，进行类比、论证、推断和预测隧道掌子面前方的断层破碎带、褶皱、软弱夹层、岩溶发育及充填情况、地下水发育情况等地质信息。

地质素描法是在宏观上把握不良地质体在隧道掌子面前方出现的可能性，是进行地质超前预报的基本方法，不管是物探方法还是超前地质钻孔法，都是地质素描方法向前延伸的手段。另外，对物探方法成果的解释，也离不开地质素描方法，如果没有地质素描方法的宏观把握，任何超前探测方法都很难得到很好的预报效果。

地质素描的主要步骤：

(1)研究和分析勘察设计单位提供的隧道工程地质与水文地质资料，初步分析判断隧道施工过程中可能出现地质问题的类型、规模和危害性大小，以及可能出现的隧道地段，并研究初步应对技术措施。

(2)由地质专业工程师到隧道工程区地表进行踏勘和查看隧道开挖揭示出来新鲜岩石，记录地表出露岩层的岩性(岩石岩性、岩层厚度、产状、节理裂隙发育特征及风化程度等)、岩层层序(是否存在翻转)、构造(断层、褶皱等)、滑坡等不良地质现象,并将现场查勘情况与区域地质及隧道施工设计资料相对照,分析验证设计资料的准确性,推测隧道施工可能遇到的地质问题。

(3)针对隧道工程区岩溶发育的特征,重点查勘地表岩溶形态:岩溶洼地、峰林、岩溶漏斗、落水洞、岩溶泉、暗河出口等,判断工程区地下水分带类型,结合洞内外查勘信息,预测岩溶的发育区段、岩溶规模、溶腔填充类型等,重点分析在隧道施工中遇到岩溶突水突泥地质灾害可能发生的地质区段,以便与隧道施工过程中的其他探测方法成果相结合并相互印证,提高预测重点及精度。

2.3.2 TSP 法地质超前预报

1. 基本原理

TSP(Tunnel Seismic Prediction),即隧道地震探测法,是一种利用地震波在岩体介质中传播遇到界面发生反射的特性,对隧道前方地质情况进行探测预报的一种物探方法。TSP 法地质超前预报基本原理,是在靠近隧道掌子面附近的隧道单侧壁或两侧设置多个人工激发的震源,采用高灵敏度的拾振器接收震源激发的地震波在岩体中的传播及反射特性,确定反射界面的位置,同时计算地震波在岩体中的传播速度,结合已知的工程地质情况,来推测开挖面前方地层中不良地质体的位置、产状及范围,以及岩体的破碎程度等地质信息。

TSP 超前地质预报属于长距离探测方法,其预报距离一般为 100～150 m,有效预报距离一般为 120 m 左右,围岩条件好,预报距离可以适当延长。由于 TSP 预报距离较长,一方面可以为短距离预报方法(如地质雷达法)提供重点预报段落;另一方面可以为施工单位制定相对长期的施工计划提供一个科学的依据。TSP 地质超前预报技术最早由瑞士的 Amberg 公司提出,国内最早由石家庄铁道学院和中铁隧道集团引进,在渝怀铁路武隆隧道和歌乐山隧道中应用,积累了初步经验。

TSP 法是利用波在介质中传播遇到界面发生反射的原理开发的,如图 2—1 所示。利用高精度的传感器接收到地震波信号,通过分析地震波信号来判断不良地质体所处位置、规模、类型等信息(图 2—2)。由于利用炸药爆炸激发的地震波的能量较大,可以在岩体中传播较远的距离,所以利用爆破激发地震波的 TSP 法的探测距离可达 150 m。两种介质性质差别越大,反射信号也就越强烈,因而 TSP 对裂隙面、大的节理面、岩溶溶腔、暗河、软弱夹层等的不良地质体效果较明显。地震波是利用在靠近隧道掌子面(距开挖面 1～3 m)开始,在隧道的一侧壁上打设 20～24 个向下倾斜的炮孔,并在孔内灌水作为耦合剂,放入 100 g 乳胶炸药起爆激发地震波。利用孔内的传感器记录各孔激发的地震波的数据,如图 2—2 所示。

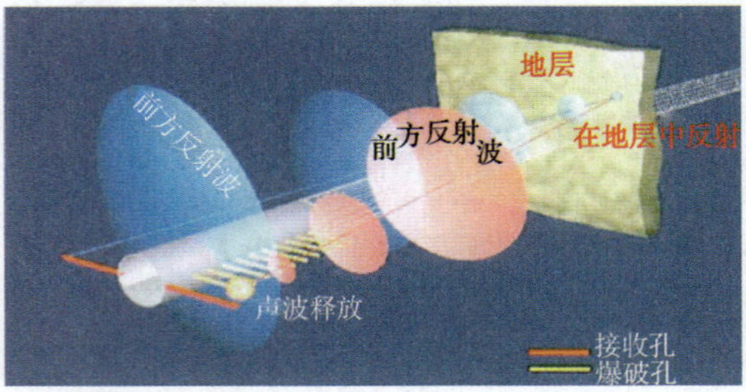

图 2—1　TSP 预报原理示意图

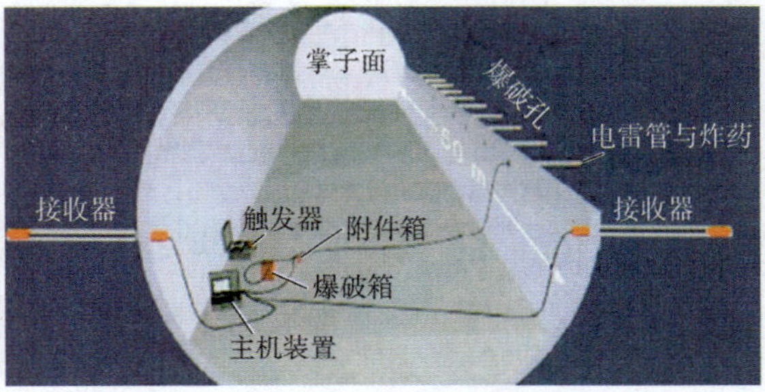

图 2—2　TSP 爆源及传感器布置示意图

对 TSP 采集的数据利用专用软件进行处理，可以获得隧道掌子面前方的 P 波、SH 波和 SV 波的时间剖面、深度偏移剖面、岩石的反射层位、物理力学参数、各反射层能量大小等中间成果资料，同时还可得到反射层的二维和三维空间分布，根据上述资料预报隧道掌子面前方的地质情况，如溶洞、软弱岩层、断层、裂隙及富水情况等不良地质体。

2. TSP 法的仪器组成

以 TSP203 Plus 仪器为例说明 TSP 法地质超前预报的仪器组成：

(1)三分量检波器

三分量检波器(也称拾振器)主要用来接收震源产生的地震波信号和传播到掌子面前方遇到地质界面后反射回来的地震波信号。

(2) 记录单元

记录单元，即 TSP 主机，其功能主要是将三分量检波器接收到的地震波信号进行放大、模数转换和数据记录，同时还进行测量过程的控制。

(3)起爆装置

起爆装置则用于引爆电雷管和炸药，人工激发地震波。

(4)数据处理设备

一般利用安装在笔记本电脑上操控软件将记录单元采集到的数据进行存储、显示、滤波、分析等，然后根据软件分析结果，再结合地质工程师的地质素描工作对掌子面前方的地质情况进行预报。

3. TSP 法实施要求

TSP 地质超前预报的相邻两次重叠长度应不少于 10 m。在采用 TSP 法进行隧道地质超前预报时，满足以下要求：

(1) 地震波激发炮孔的位置选择

为了激发地震波，需要在隧道侧壁打设炮孔。地质预报人员在分析施工区的地质资料和隧道已开挖段的岩性、地质构造、岩体的工程地质特征的基础上，根据现场环境情况，确定 TSP 超前预报探测系统震源孔是在左壁还是右壁。

(2)布置震源孔

在隧道侧壁上打设 20～24 个炮孔(震源孔)，如图 2—3 所示。炮孔布置在隧道断面内，向下倾斜约 15°，孔深 1.5 m，孔直径 40～42 mm，孔间距 1.5 m。孔口距底板高度约 1 m，保证所有孔口在一条平行于隧道轴的水平线上。靠近掌子面的 1 号孔距掌子面距离控制在 1～3 m。

(3)传感器钻孔

传感器钻孔布置在与炮孔同侧隧道壁、同高度的延长线上，距离最外一个震源炮孔 16～20 m 处。传感器钻孔与爆源孔相同，孔深 2.0 m，直径 50～60 mm。

(4)炸药及雷管的选择

炸药选用岩石乳化防水炸药，每孔使用 150 g 或 200 g，雷管选用瞬发电雷管。

(5)炮孔耦合

为了保证炸药在爆炸时产生的地震波能量能够尽可能地向地层中传播，需要在孔内灌满水作为耦合剂，排出孔内空气。

4. TSP 法数据处理与解释

将现场采集的资料传输至计算机，利用 TSPwin 软件对其进行处理，TSPwin 软件主要由

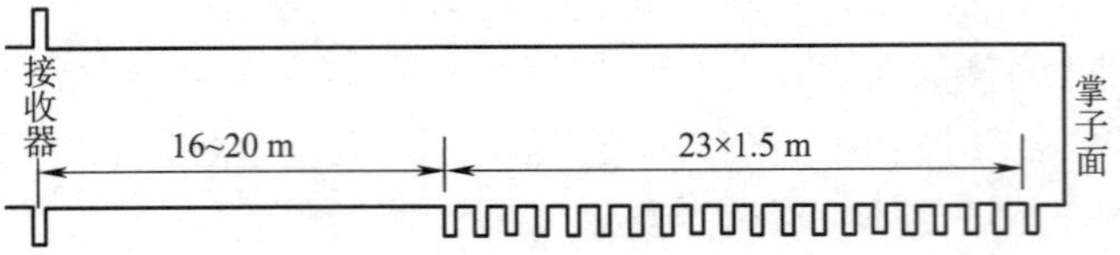

(a) 震源炮孔布置平面图

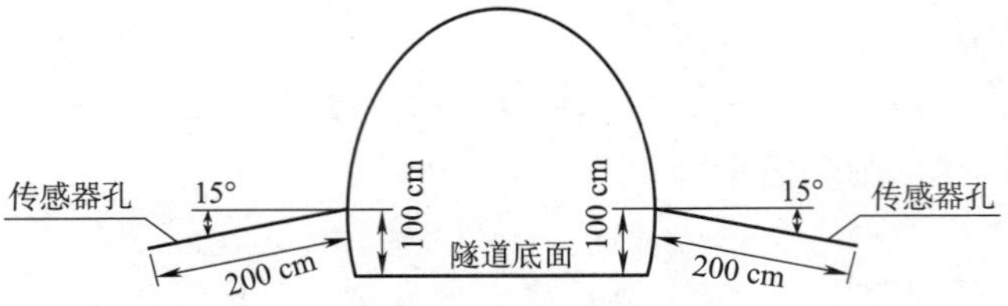

(b) 炮孔布置断面图

图 2—3 震源炮孔布置示意图

数据库、处理、计算反射界面三部分组成。

(1)数据库

编辑现场采集的数据和定义观测系统。

(2)处理

对原始数据进行放大、能量均衡、滤波等流程的处理。

(3)计算反射界面

在波形处理后,从地震波形记录中拾取纵波波至和横波波至,根据爆炸点与检波器的距离可分别计算各段围岩的纵波速度 v_p和横波速度 v_s。

v_p和 v_s值的大小综合反映了围岩的物理力学性质,根据 v_p和 v_s值可直接计算动力学参数,即计算动弹性模量 E_d、动剪切模量 G_d和泊松比 υ_d计算式如下:

$$E_d=\frac{\rho v_s^2(3v_p^2-4v_s^2)}{v_p^2-v_s^2} \tag{2—1}$$

$$G_d=\rho v_s^2 \tag{2—2}$$

$$\upsilon_d=\frac{v_p^2-2v_s^2}{2(v_p^2-v_s^2)} \tag{2—3}$$

式中 ρ——围岩的密度。

根据绕射重叠法原理(与常规地震反射资料处理中偏移流程的原理类似)计算反射界面与隧道的相对位置,即与隧道轴线的交角或至掌子面的距离。

根据 TSP 法的原理和工作经验,把距离隧道轴线近、能量大的反射波组判释为围岩异常区,并综合地震波速、反射波相位、泊松比和动杨氏模量等参数对围岩异常区的类别进行划分。

2.3.3 TRT 法超前地质预报

1. 基本原理

TRT(True Reflection TomoGraphy)是隧道地震波反射层析成像技术的简称,该技术采用空间分布震源和检波器,采集空间波场信息,用来构建描述隧道工作面前方及高于或低于隧道走向的不同地质状况(如异常岩体、岩性和岩溶发育特征等)的三维结构图。

TRT 的工作原理是，当人工锤击产生的地震波遇到声学阻抗差异（密度和波速的乘积）界面时，一部分信号被反射回来，一部分信号透射进入前方介质。声学阻抗的变化通常发生在地质岩层界面或岩体内不连续界面。反射的地震信号被高灵敏地震信号传感器接收，通过分析，可以了解隧道工作面前方地质体的性质（软弱带、破碎带、断层、溶洞、含水构造等）、位置及规模。正常入射到边界的反射系数计算式为：

$$R=\frac{\rho_2 v_2-\rho_1 v_1}{\rho_2 v_2+\rho_1 v_1} \tag{2—4}$$

假设 R 为反射系数，ρ_1、ρ_2 分别为界面两侧岩层的密度，v_1 和 v_2 分别为地震波在相应两种岩层中的传播速度。地震波从一种低阻抗物质传播到一个高阻抗物质时，反射系数是正的；反之，反射系数是负的。因此，当地震波从软岩传播到硬的围岩时，回波的偏转极性和波源是一致的。当岩体内部有破裂带时，回波的极性会反转。反射体的尺寸越大，声学阻抗差别越大，回波就越明显，就越容易探测到。通过分析，可以了解隧道工作面前方垂直和横向面的不同地质状况，用于发现岩体、裂隙、断层和地下水等的空间信息，包括位置、形状和大小。

TRT 采用层析扫描成像技术，形成立体、直观的三维立体图，立体图中的反射边界每一点离散图像是由空间叠加所有地震波形计算得来。TRT 探测原理如图 2—4 所示。

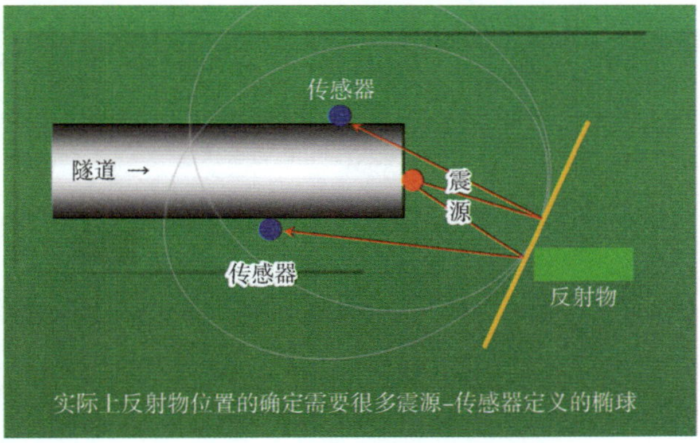

图 2—4　TRT 法探测原理

TRT 的探测范围长度约为 140 m，宽度为中心线左右各 20 m，高度为 40 m，掌子面宽度为 40 m，主要预报掌子面前方约 140 m 范围内的岩溶、断层、破碎带及节理裂隙发育等情况，推测地质异常体的位置、形式及规模。

2. 仪器组成

以 TRT7000 为例说明 TRT 法隧道地质超前预报系统的仪器组成。由于 TRT 法也是利用地震波的传播特性来预报掌子面前方地层的地质情况的，因而二者的仪器组成基本是相同的。区别就在于 TSP 法的地震波是由钻孔内的炸药爆炸激发的，而 TRT 法是由一定重量的锤击激发的。

（1）检波器

检波器是用来感知锤击产生在岩体中传播和由前方界面反射回来的地震波数据，由于 TRT 是三维成像，因而在掌子面后方需要布置多个检波器。

（2）主机

主机是用来采集由检波器感知到的地震波数据，并加以存储。

（3）带触发装置的敲击锤

TRT 法所利用的地震波是由锤击掌子面岩壁激发的，激发锤带有激发装置，在每次锤击时触发主机进行数据采集。

（4）笔记本电脑

TRT 采集到的地震波数据需要专用解译软件进行分析处理。在电脑上安装专用的 TRT

解译软件，对采集到的地震波数据进行分析，得到掌子面前方地层的相关信息，从而判断地层的地质特性，给出预报结果。

由于 TRT 法地震波是采用锤击激发的，因而省去了 TSP 法打设激震孔及安放炸药起爆的工作，前期准备工作较为简单。为了实现三维成像，需要在隧道掌子面后方的隧道壁上布设多个检波器。

3. TRT 法实施

(1)检波器的安装

由于 TRT 系统需要得到的是地质情况的三维图，需要安装的传感器较多，在不同的部位共安装 10 个传感器，如图 2—5 所示。安装过程简捷方便，技术人员到现场安装即可，不需要提前打炮眼(较 TSP 法预报系统更节省人工费用)。在距离最后一个震源点 10 m 处开始布置传感器，左右边墙各 4 个，每隔 5 m(里程方向)布置一个，隧道中心线拱顶处布置 2 个。可以用 6 mm 的钻头打设 35 mm 深的孔，在固定块上抹上快硬水泥，把固定块固定在隧道边墙及洞顶表面。检波器通过螺丝安装在固定块上，从而实现检波器与岩体的紧密耦合。

(2)震源布置

在掌子面两侧布置震源，两侧各布置两组，每组沿竖向布置 2 个震源点，每个震源点相差约 1 m，两组间隔 2 m(里程方向)。击震点布置(图 2—5)在掌子面后的裸露的岩体或已到强度的初期支护上，采用锤击即可。

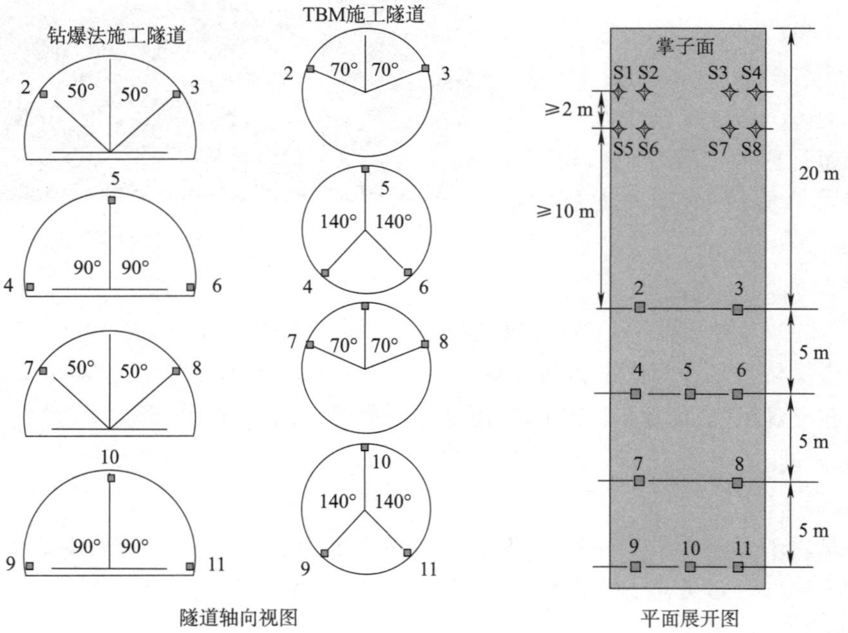

图 2—5 震源及检波器布置示意图

(3)接收检波器与孔壁的耦合必须紧密，施测时隧道测试系统附近应没有其他振动源。

(4)数据处理与判读。

采集的数据采用 TRT6000 专用软件进行处理。成像图采用的是相对解释原理，即确定一个背景场，所有解释相对背景值进行，异常区域会偏离背景区域值，根据偏离与分布多少结合地质资料解释隧道前方的地质情况。

TRT 法的探测范围长度约为 140 m，宽度为中心线左右各 20 m，高度为 40 m，主要预报掌子面前方约 100 m 范围内的岩溶、断层、破碎带及节理裂隙发育等情况，推测地质异常体的位置、形态及规模。

2.3.4 地质雷达法

1. 基本原理

地质雷达(Ground Penetrating Radar，简称 GPR)，也叫探地雷达，是利用岩土介质对广谱电磁波($10^7 \sim 10^9$ Hz)的不同响应特性来确定介质的分布特征。由于电磁波也是一种波，因而在介质中传播时仍然遵从波的传播和反射规律。地质雷达的发射天线向地下岩体介质内发射宽频带的高频电磁波，当高频电磁波传至两种不同岩体的分界面时，由于两种介质的介电常数不同而使电磁波发生反射、折射。入射波、反射波和折射波的传播遵循反射定律和折射定律，反射波反射回被检测岩体的表面，并由地质雷达的接收天线所接收，形成雷达图像。当地质雷达在发射接收电磁波的过程中向前移动，就可以接收到地质体的空间信息，对雷达图像进行解译分析，实现对被探测地质构造体的预测。地质雷达的探测原理示意图如图 2—6 所示。地质雷达的应用范围很广，涉及铁路、公路、输水洞、煤矿巷道、矿产资源普查及考古等。在岩溶区修建隧道时，需要对隧道周边，特别是仰拱底部探测隐伏溶洞时常采用地质雷达法进行探测。

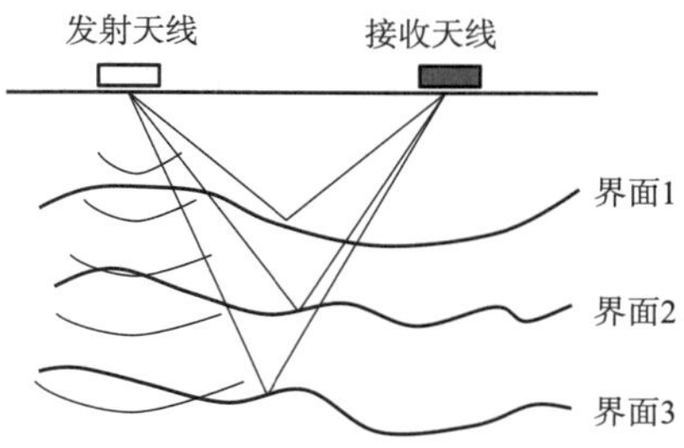

图 2—6　地质雷达法探测原理

当目标地质构造体与周围岩体的物理性质相差越大，接收到的地质雷达图像信号异常越明显，电磁波的传播速率和反射强度相差越大，也就越容易根据地质雷达图像判释出该地质体与其他岩体间界面的位置，从而更容易识别出该地质体。

不同材料物体的物理性质不同，然后根据波的传播时间和波速来确定前方不同材料物体的具体位置，相邻物体性质差异越大，反射界面越明显。

雷达图像包含了被检测体的丰富信息，根据雷达图像特征对被检测体(如：不密实带、空洞、反射界面等)进行定性判释。根据测得电磁波在岩体中的单程传播时间及传播速度等信息，可以利用下式确定地质构造体的界面位置：

$$h = v \times \frac{t}{2} \tag{2—5}$$

式中　h——构造体表面(或不同介质分界面)深度；

v——电磁波在介质中的传播速度；

t——电磁波从岩体表面传播至检测构造体界面(或不同介质分界面)后反射回表面的双程时间。

探地雷达的电磁脉冲在岩体介质中的传播速度为：

$$v = \frac{c}{\sqrt{\varepsilon}} \tag{2—6}$$

式中　c——电磁波在空气中的传播速度；

ε——岩体的介电常数。

电磁波在传播过程中穿透不同介质时，会在界面处产生反射波和透射波，反射波能量由反射系数 r 决定，反射系数用下式表示：

$$r=\frac{\sqrt{\varepsilon_1}-\sqrt{\varepsilon_2}}{\sqrt{\varepsilon_1}+\sqrt{\varepsilon_2}} \tag{2—7}$$

式中 $\varepsilon_1,\varepsilon_2$——界面两侧介质的相对介电常数，介电差异越大，界面反射系数越大，振幅也随之增强。常见介质的介电常数见表 2—1。

表 2—1 常见介质相对介电常数

介质	相对介电常数	介质	相对介电常数
粉质黏土	6	水	81
干砂	3～5	灰岩	4～8
湿砂	20～30	花岗岩	4～7
金属	300	砂岩	6
PVC 塑料	3.3	页岩	5～15
混凝土	6.4	淤泥	5～30
空气	1	海水	80

由于空气、水分别与岩石的介电常数差异，探地雷达对溶蚀空洞等不良地质才会有极高的敏感性。

反射系数常用来描述入射波与反射波相位与幅度的关系。在地质界面上，如果相位与发射脉冲相同则反射系数为正，反之，反射系数为负。

2. 仪器组成

地质雷达法用来进行野外观测的专用仪器，一般包括发射天线和发射机，接收天线和接收机，以及内装微处理机或直接用便携式微机的控制部件，即控制主机。

(1) 发射机和发射天线

发射机将直流电源供给的直流电转换为高频、窄脉冲的交流信号，通过发射天线向被探测介质定向发射固定频率的电磁波。

(2)接收机和接收天线

接收天线接收回波信号后输入到接收机，经放大并转换为数字信号后传输到控制部件即主机进行叠加、计算和存贮。

(3)控制部件(主机)

控制部件(主机)将接收机收到的电磁波信号进行叠加、计算和存贮，由液晶显示器实时显示断面图像，并可打印、拷贝。观测数据可通过机内标准接口传输到外接计算机进行更详细的数据处理、彩色显示和绘制彩色断面图。为了同时进行不同深度的探测，提高施工效率，可以用一台发射机或多台接收机同时观测。最新仪器都配置多种频率的发射和接收天线，可根据不同地质任务和施工条件选用或作几种频率观测，以获得更多的地质信息。

地面地质雷达在地面进行观测，是地质雷达中使用最多的一种方法。它用发射机和发射天线向地下发射高频电磁波，电磁波在地下土层、岩层中有明显电性差异的界面上反射，在地面用接收机和接收天线接收回波信号，并用解译软件对其进行计算处理、解释、成图，得到地下地质结构的显示图像和深度资料。地面地质雷达测线、测点布置灵活，可根据需要布设成规则网状、不规则网状或任意单条剖面。既可逐点观测，也可沿剖面连续观测。

为了隧道施工现场使用方便，隧道用雷达的发射机、发射天线及接收机和接收天线一般常常被设计集成为一体。

3. 地质雷达法现场实施

(1)测线布置

由于地质雷达的分辨率为电磁波的半波长(也即最小垂直层的厚度)，因而，探测地层中的地质构造体，需要采用波长较大的电磁波。在隧道地质超前探测中，一般采用 100 MHz 屏蔽天线对掌子面前方的地质情况进行探测。探测时，需要在隧道开挖面上水平布置一条或两条测线，如图 2—7 所示。

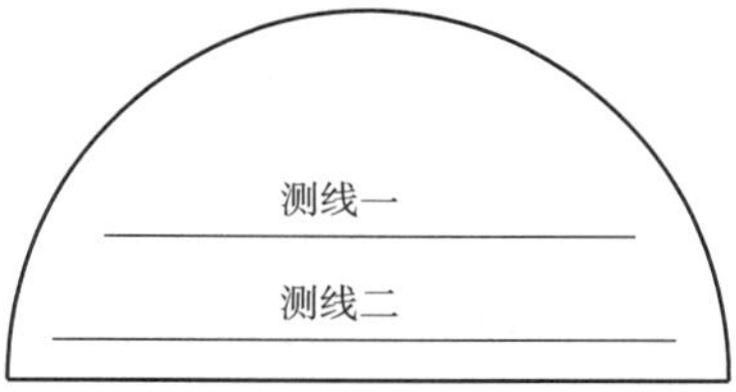

图 2—7　开挖面测线布置

(2)数据处理与解释

采用 RADAN 专业软件对地质雷达原始数据进行处理。经过专业软件 RADAN 的增益调整、叠加去噪、背景去除、频谱分析、一维垂直滤波、反褶积、希尔伯特变换等步骤的处理，进一步提高了探地雷达图像的质量和可辨识度。

其处理流程为：数据传输→文件编辑→水平均衡→数字滤波→零点归位→偏移处理→能量均衡→时深转换→文件注释→输出雷达深度剖面图。将雷达深度剖面图作为资料解释的基本图件。

根据雷达深度剖面图上的反射波组、强能量团块分布和曲线等特征对资料进行判释。

2.3.5　红外探测法

1. 工作原理

地质体每时每刻都在向外部发射红外能量，并形成岩体红外辐射场。地质体由内向外发射红外辐射时，必然会把地质体内部的信息以红外电磁场的形式传递出来。红外探测法就是通过接收和分析红外辐射信号进行超前地质预报的一种物探方法。地下水的活动会引起岩体地温场或红外辐射场强的变化，采用红外线探测仪探测开挖面前方岩体的红外辐射强度或温度，则根据岩体稳定场或场强的变化来确定隧道周边或隧道开挖面前方隐伏的含水构造。

当隧道开挖面前方和隧道外围介质相对比较均匀，且不存在隐蔽灾害源时，沿隧道轴向分别对左边墙、左拱腰、拱顶、右拱腰、右边墙和隧底中线探测所获得的红外探测曲线具有正常场特征。当隧道掌子面前方或隧道外围空间部位存在隐蔽灾害时，隐蔽灾害源产生的灾害场就一定会叠加到正常场上，使正常场中的某一段曲线发生畸变，畸变段称作红外异常。红外探测就是根据红外异常来判断隐蔽灾害源的存在。隐蔽灾害源是指含水断层、含水溶洞和地下暗河等。

由于红外线的产生与温度有着密切关系。自然界里所有物体，当其温度高于绝对零度(即－273.15 ℃)时，都会辐射红外线。其辐射能量大小和波长的分布情况是由物体的表面温度决定的。物体表面辐射能量与物体表面温度的四次方成正比；物体辐射能量最大的波长区间(称为峰值波长)随着温度的升高向波长短的方向移动，温度较低时的峰值波长比温度较高时长。即一个物体温度越高，越能辐射波长较短的红外线，而温度较低时能辐射波长较长的红外线。因而，当岩体中赋存的地下水与周围岩体没有温差或温差很小时，岩体与地下水的红外辐射强度差别很小，此时红外探测法失效。

2. 仪器组成

红外线探测仪仅是一台小型仪器，简单、小巧、轻便，使用方便，探测速度快，基本上不对隧道施工形成显著干扰。红外探测的距离在 20～30 m；红外探测数据的分析速度快，探测完毕，基本上就可以形成初步结论。室内进行数据详细分析及形成报告也仅需 2～3 h。

3. 现场实施

(1)测线布置

预报采用 HW-304 型红外探测仪，现场工作如下：

在掌子面后方 60 m 处，朝掌子面方向每隔 5 m 对隧道周边探测一次(图 2—8)，每次探测顺序依次为左边墙、左拱腰、拱顶、右拱腰、右边墙和隧底中线，每个断面的测点布置如图 2—9 所示，共探测 12 个断面，这样沿隧道轴线方向共形成 6 条探测曲线，分别为左边墙探测曲线、左拱腰探测曲线、拱顶探测曲线、右拱腰探测曲线、右边墙探测曲线和隧底中线探测曲线。

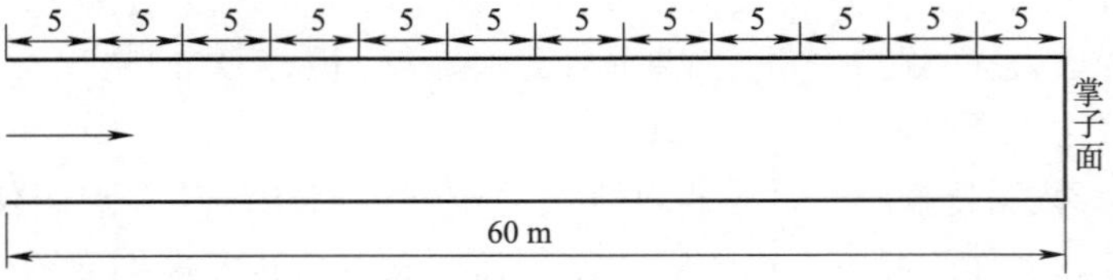

图 2—8 沿隧道轴向探测断面布置示意图

(2)掌子面测点布置

掌子面的测点布置如图 2—10 所示，在掌子面上水平方向自上而下布置 4 条测线，每条测线上布置 6 个测点。

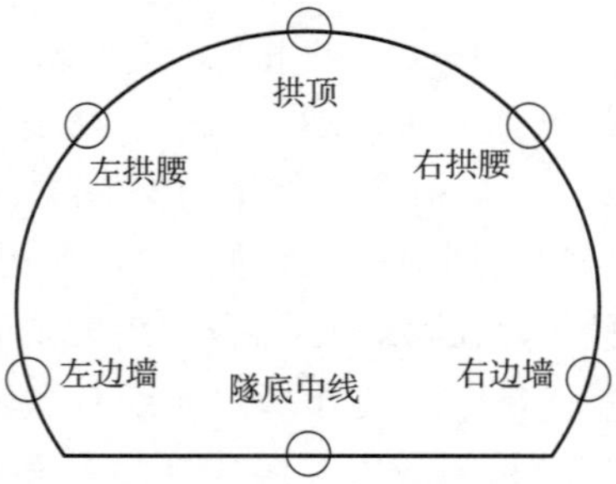

图 2—9 断面测点布置示意图

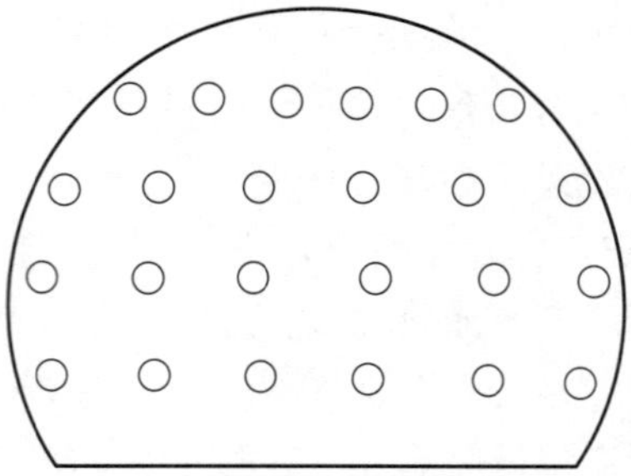

图 2—10 掌子面测点布置示意图

(3) 数据判释

红外探测根据以下原则进行判释：

1)利用掌子面探测数据判断含水构造

如果掌子面前方介质相对均匀，未遭受构造破坏，6 个探测点场强的横向最大差值，是在一个小的波动范围内变化，通过正常掘进可总结一个当地的场强变化上限。当掌子面前方出现构造时，首先是地层结构遭受破坏，介质密度发生变化，构造中又填充了水，从微观角度讲，由于上述变化相对各探测点空间距离的不同，因而使得辐射场强绝对值之差增大。鉴于此，可以根据正常离散值来确定前方有无含水构造。

2）利用探测曲线判断掌子面前方有无含水构造

当掌子面前方不存在含水构造时，各探测曲线的数值变化是在一个正常场的变化范围内波动；当掌子面前方存在含水构造时，含水构造这个灾害源就会产生一个灾害场，向四面八方传播，当然也会向掌子面后方传播。如果含水构造在掌子面前方不超过 30 m，探测时将会发现前方含水构造产生的红外异常。根据各条探测曲线是否存在红外异常，可以确定掌子面前方是否存在含水构造。

2.3.6　瞬变电磁法

1. 瞬变电磁法原理

瞬变电磁法在隧道超前地质预报中主要用于预报前方地层的含水构造。瞬变电磁法是一种人工源的电磁法，具有较高的抗干扰能力和分辨率。工作时，首先给发射线框供一直流电流，然后突然切断电源，线框内的电流将发生一个突变，这种线框内瞬态变化的电流将在空间产生一个瞬态的磁场，瞬态磁场在岩体介质中形成磁场涡流，涡流随时间的推移不断向前扩散，并迅速衰减而形成二次磁场，扩散的速度与地下岩层的电阻率有关，不同时间扩散到不同深度。

这个二次磁场在接收线框中感应出衰变的电压（瞬变电压），信号电缆再把此瞬变电压传输给接收机。通过记录地下涡流变化（即磁场变化率 dB/dT）的情况来达到了解地下岩体介质电阻率的目的。瞬变电磁仪的原理如图 2—11 所示。

2. 仪器组成

以 MDTEM63 系列瞬变电磁仪的主要组成，如图 2—12 所示。

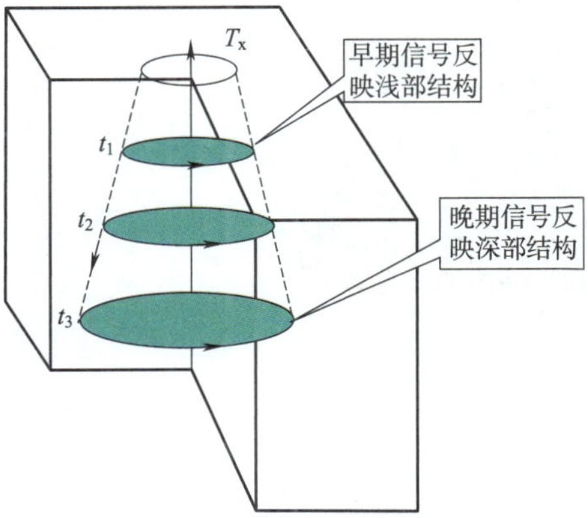

图 2—11　瞬变电磁法原理

图 2—12　MDTEM63 瞬变电磁仪

（1）发射机和发射线圈（T_x）

瞬变电磁仪的发射机通过外接电源在发射线圈中产生直流电流，当线圈中的电流被突然切断时，在被测岩体中激发磁场涡流。

（2）接收机和接收线圈（T_r）

接收机通过接收线圈（R_x）感知岩体中磁场涡流等的变化，并通过专用软件对采集数据进行分析,从而判断隧道开挖面前方地层的富水性。

另外,为了保证发射机能产生足够的电流,常常需要外界电源增大发射机功率。为了保证接收机确切记录涡流产生的时间,需要一根连接发射机和接收机的同步电缆。

3. 现场实施

在现场采用瞬变电磁仪对前方地层含水特性进行预报时,一般采用发射线圈和接收线圈共轴布置,即接收线圈布设在开挖面上,发射线圈布置在开挖面后方,相距 10 m,两线圈共轴,接收线圈贴在岩壁上,如图 2—13 所示。

根据大独山隧道掌子面的基本情况,为了探测精细,铺设 5 m 的线框,采用了重叠回线装置,发射回线边长为 5 m×5 m,接收回线的面积为 5 m^2,点距为 10 m,发射电流为 15.6 A,发射频率为 25 Hz,关断时间为 34 μs。

图 2—13 实施探测过程中的接收线圈

2.4 隧道地质超前预报现场应用

2.4.1 TRT 法在大独山隧道中的应用

利用 TRT 探测法在大独山隧道施工中的以下三个段落 DK856＋595～DK856＋640、DK856＋640～DK856＋670 和 DK856＋670～DK856＋720 进行地质超前预报。

这里列举大独山隧道 1 号横洞工区隧道正洞 DK856＋595 掌子面前方 140 m 内的地质体地震波三维全息图像分别如图 2—14～图 2—17 所示。

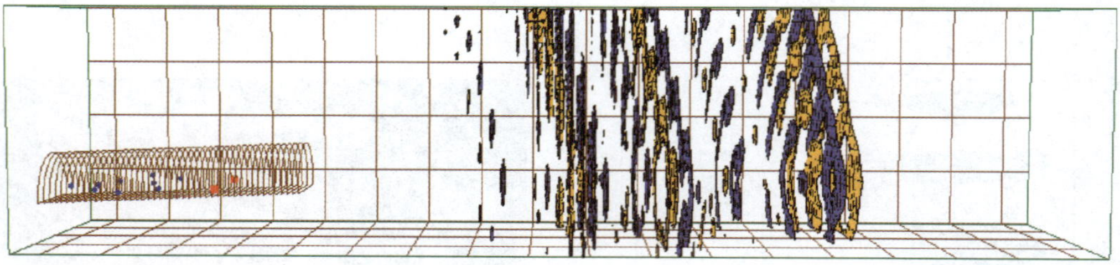

图 2—14 DK856＋595 掌子面处探测的右视图

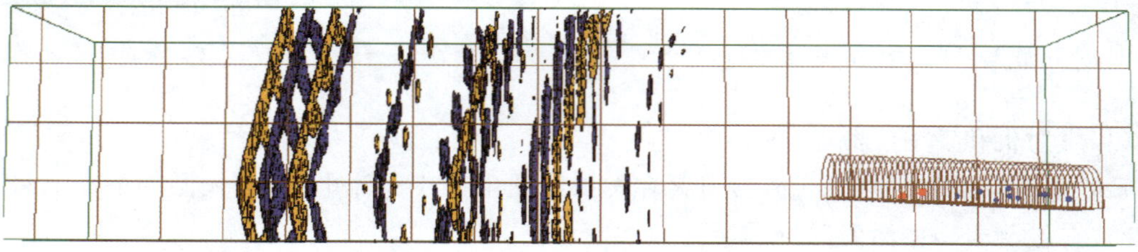

图 2—15 DK856＋595 掌子面处探测的左视图

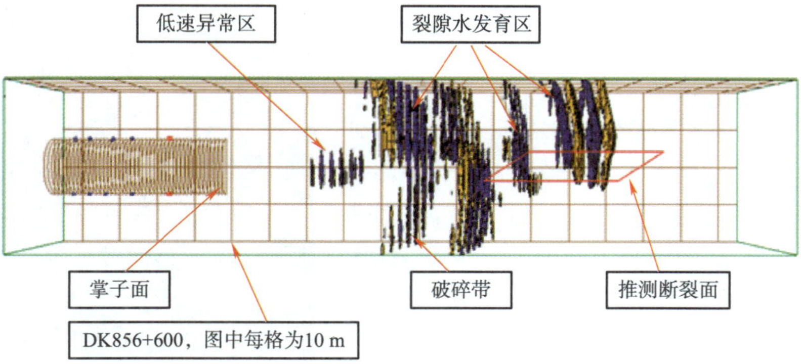

图 2—16　DK856＋595 掌子面处探测的正视图

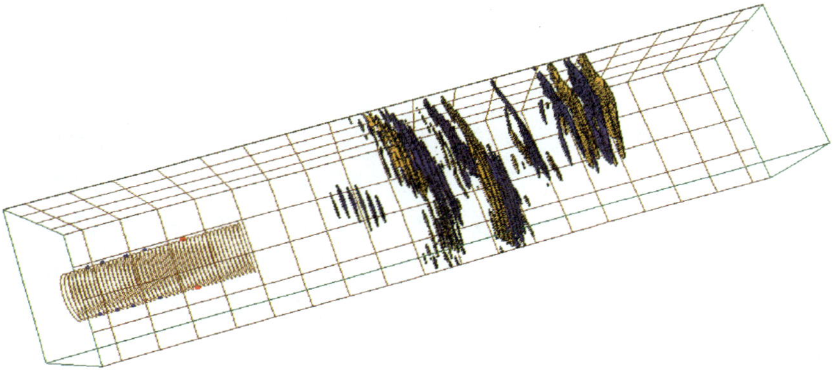

图 2—17　DK856＋595 掌子面处探测的三视图

三个探测段落的探测结果见表 2—2。

表 2—2　TRT 探测判释结果

里　　程	长度(m)	围岩级别	探测结果推断
DK856＋595～DK856＋640	45	Ⅳ	该段岩体较为破碎，围岩稳定性和完整性较差，岩溶裂隙较发育，裂隙水发育。其中，里程 DK856＋620～ DK856＋640 段存在一低速异常区，疑为溶蚀裂隙或溶洞，存在渗水的可能
DK856＋640～DK856＋670	30	Ⅴ	该段岩体较为破碎，岩溶裂隙发育，围岩稳定性和完整性较差，里程 DK856＋640～ DK856＋670 段掌子面左前方裂隙水发育明显，疑似存在溶蚀裂隙或溶洞
DK856＋670～DK856＋720	50	Ⅴ	该段围岩岩体破碎，溶蚀裂隙较发育，裂隙水较发育。其中，里程 DK856＋670～＋710 段在(正视图)图中红线标示位置两侧岩性差别明显，存在错短现象，疑似存在一断裂面或断层走向线

由上可做如下分析：

(1)探测范围内围岩较破碎，节理裂隙较发育，在施工过程中应加强监护，注意渗水，防止垮塌。

(2)在 DK856＋620～DK856＋670 段建议采用地质雷达、超前钻孔等近距离探测方法对掌子面前方地质异常体和地下水分布情况进行进一步探测。

经现场掘进施工，得出大独山 1 号横洞 TRT 超前地质预报基本准确，仅有小的裂隙水未准确确定位置。

经开挖验证，2011 年 8 月 9 日隧道上台阶施工至掌子面里程 D1K852＋862 处，岩性为薄层状砂泥质灰岩，强风化，岩层视倾角约 45°，节理裂隙极发育，岩体稳定性差，遇水易泥化。在隧道左侧拱脚处揭示约半径为 2.8 m 的溶槽，溶槽斜向上发展，溶槽内填充物较多，均为地表粉质黏土，含水率高，初步判断揭示溶槽位置为溶槽与洞身的起始交点，同时洞身出现了不同程度的渗水，如图 2—18 所示。

图 2—18　施工开挖揭露的溶槽

2.4.2　TSP 法在岗乌隧道中的应用

采用目前较为先进的 TSP203 Plus 仪器对岗乌隧道 1 号横洞工区隧道正洞昆明方向 D1K873＋200～D1K873＋330 段进行超前地质预报，目的是探测该隧道开挖面前方地层的地质情况，重点探测有无溶洞及溶洞的充填情况及其形态规模特征，为施工安全服务。

在隧道里程 D1K873＋165 的左边墙和右边墙位置分别布置一个地震波信息接收孔，钻孔直径为 50 mm，左边墙一侧钻孔深约为 1.5 m，另一侧钻孔深约为 1.8 m，孔口高均约 1.3 m；在 D1K873＋179.5～＋210.5 段的右边墙，按约 1.5 m 的间距布置 21 个激发孔分别激发地震波，孔径约 45 mm，孔深约 1.5 m，第 1 个激发孔装填的药量约为 200 g，其余激发孔约为 100 g；所有激发孔和接收孔基本位于同一水平面上。剔除异常后剩余 21 个有效激震波记录，TSP 法记录波形如图 2—19 所示。

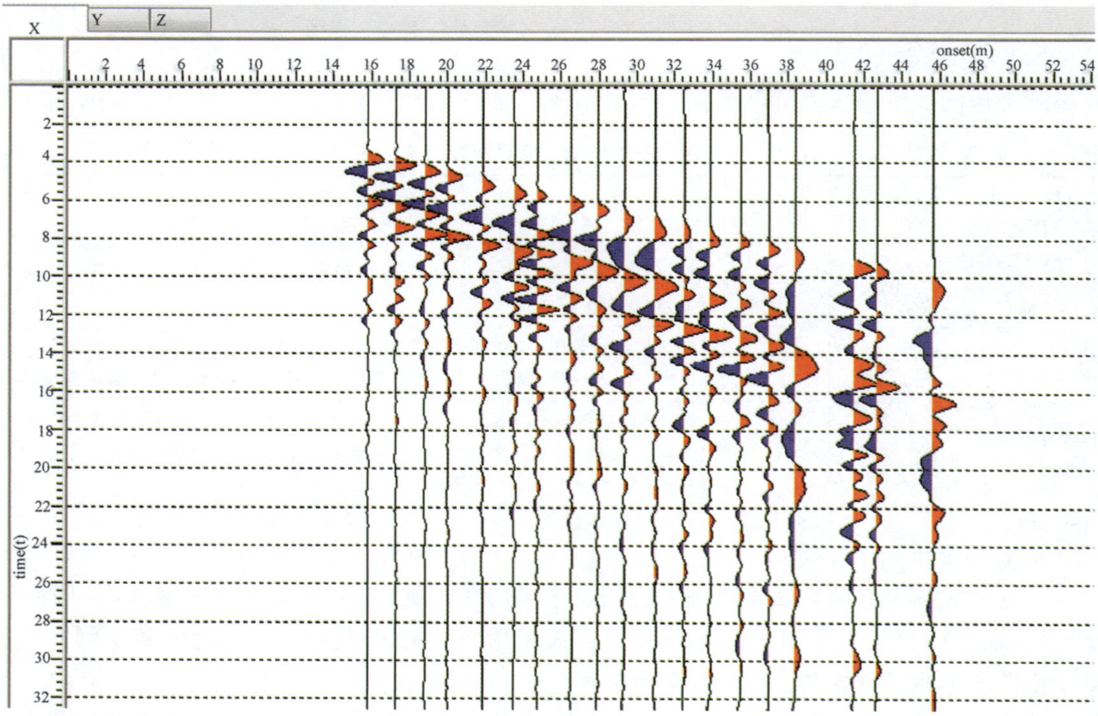

图 2—19　TSP 法记录波形

对 TSP203 Plus 仪器采集的数据利用 TSPwin 软件进行处理，可以获得隧道掌子面前方的 P 波、SH 波和 SV 波的时间剖面、深度偏移剖面、岩石的反射层位、物理力学参数、各反射层能量大小等中间成果资料，同时还可得到反射层的二维和三维空间分布。根据上述资料预报隧道掌子面前方的地质情况，如溶洞、软弱岩层、断层、裂隙及富水情况等不良地质体。TSP 分析成果如图 2—20 所示。

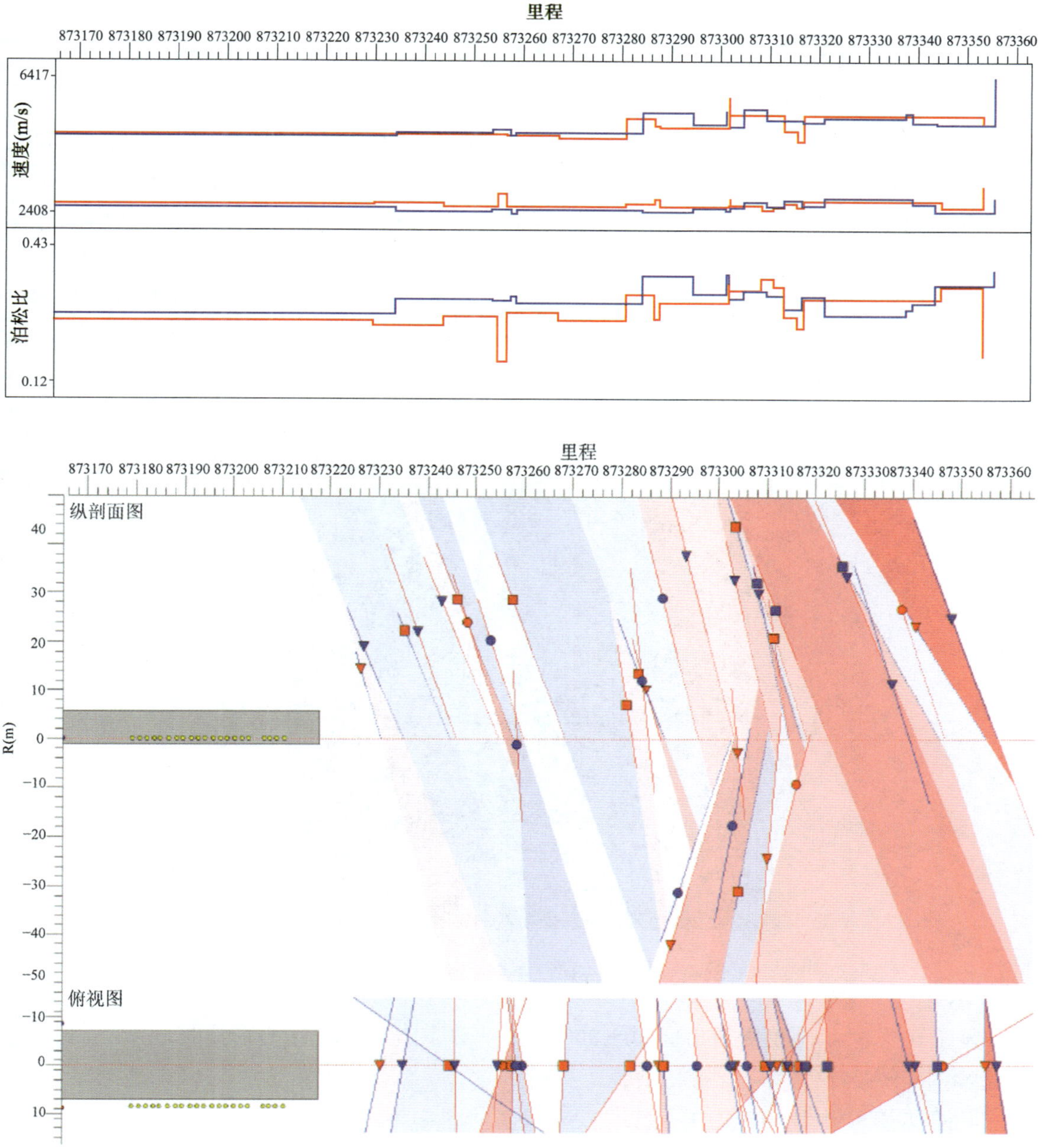

图 2—20　TSP 法预报岩体参数成果图

分析上述TSP法预报成果，预报D1K873＋200～D1K873＋330段落的地质情况如下：总的来说，此段围岩较破碎～破碎，岩溶弱～中等发育，节理较发育～发育；其中D1K873＋254～＋270段、D1K873＋285附近和D1K873＋300～＋320段存在溶蚀裂隙、夹层或局部存在溶槽，含水，提请施工时采用加深炮孔和超前水平钻探核实，加强支护、及时衬砌，防止掉块等。

此段落在隧道开挖后揭示有小型溶洞及溶槽。

2.4.3　地质雷达法在斗磨隧道及大独山隧道中的应用

1. 在斗磨隧道中的应用

在斗磨隧道出口工区开挖至里程D1K842＋697时，进行了掌子面前方地质雷达法地质超前预报。在掌子面上水平布置一条测线，采用100 MHz屏蔽天线对掌子面前方的地质情况进行探测。探测结果如图2—21所示。探测图像显示隧道里程D1K842＋697～D1K842＋682段电磁波反射信号局部较强，同相轴连续，有断续，信号有振荡现象，初步判断此区段D1K842＋695左右存在溶腔，含充填物，掌子面右侧有泥；D1K842＋682～D1K842＋667段电磁波反射信号局部较强，同相轴连续，有断续，存在低频成分，初步判断此区段节理裂隙较发育，有夹层夹泥，D1K842＋677处夹泥现象较严重，含水。

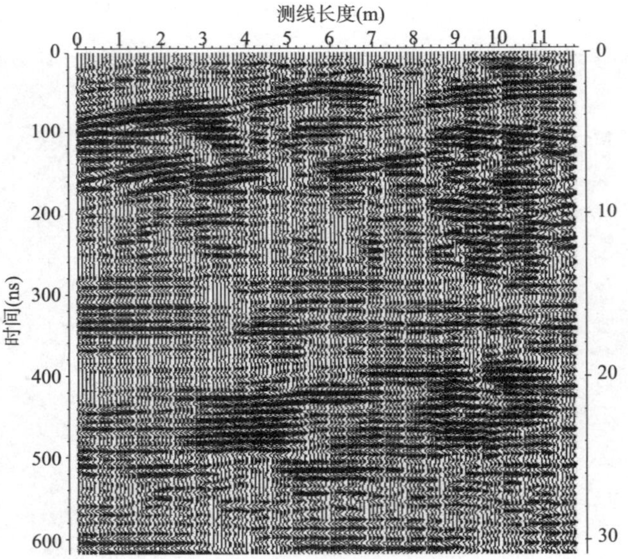

图2—21　掌子面D1K842＋697处雷达图像

施工开挖显示，斗磨隧道出口D1K842＋705～D1K842＋697上台阶底板3～5 m以下为溶腔，富水，夹泥较多。

2. 在大独山隧道中的应用

在临近不良地质体时，实施近距离探地雷达探测试验，以确定不良岩溶地质体的具体位置，如图2—22～图2—25所示为大独山隧道进口里程段雷达探测成果图。

由图2—22可知，隧道里程D1K852＋786～D1K852＋796段雷达波弱反射，低幅、高频，波形细密杂乱，无明显同相轴，推测该段围岩破碎，裂隙发育，局部夹泥，围岩稳定性和完整性较差；由图 2—23 可知，隧道里程 D1K852＋862～ D1K852＋887 段雷达波反射信号较强，同相轴连续，有断续，局部较错乱，初步判断此区段存在溶腔，底部被充填，潮湿含水；由图 2—24 可知，隧道里程 D1K852＋826～D1K852＋841 段雷达波局部反射信号强烈，波形杂乱，同相轴错段，初步判断该段围岩破碎，裂隙发育明显，局部夹泥或含裂隙水，围岩稳定性和完整性较差；由图 2—25 可知，隧道里程 D1K852＋870～ D1K852＋880 段雷达波强反射，无明显同相轴，波形杂乱，底部信号衰减较大，初步判断该段围岩非常破碎，溶蚀裂隙发育强烈且裂隙富水，围岩稳定性和完整性较差。

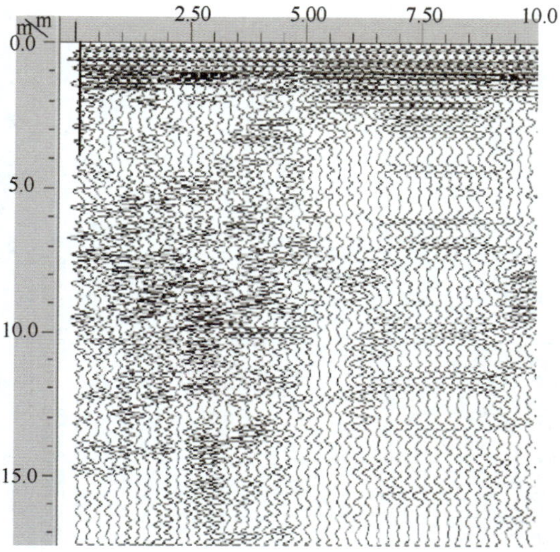

图 2—22　掌子面 D1K852＋781 处雷达图像

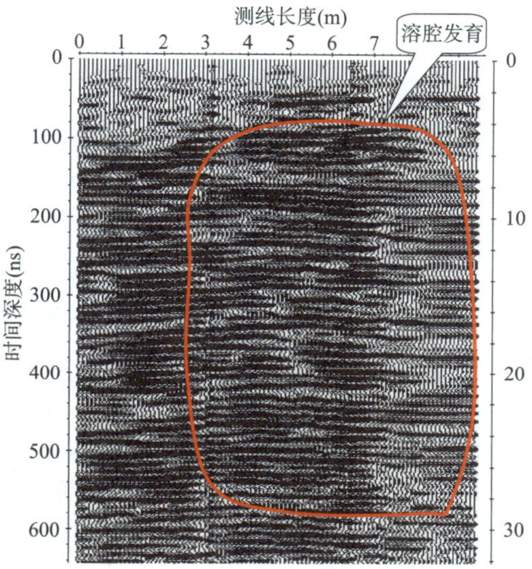

图 2—23　掌子面 D1K852＋855 处雷达图像

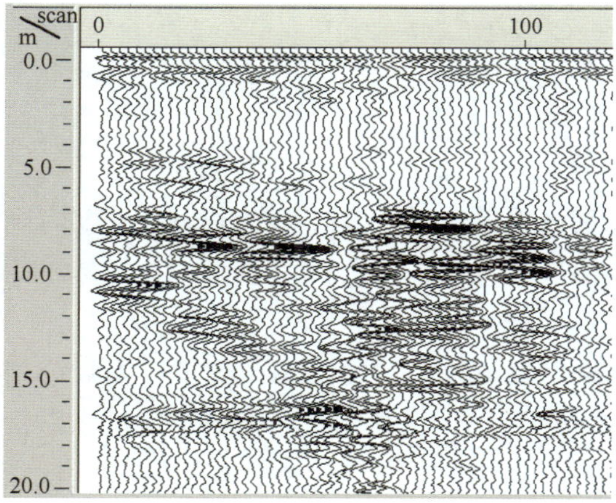

图 2—24　掌子面 D1K852＋816 处雷达图像

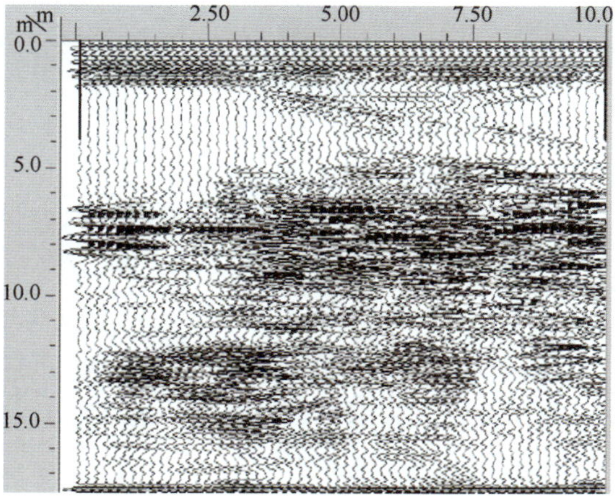

图 2—25　掌子面 D1K852＋865 处雷达图像

施工开挖显示，隧道里程 D1K852＋786～D1K852＋796 段围岩破碎，节理裂隙发育，D1K852＋862 附近围岩强风化，隧道左侧拱脚处揭示 1 处溶槽，溶槽内填充物较多，同时洞身 D1K852＋826～D1K852＋880 围岩破碎，节理裂隙极发育，局部洞身出现渗水，雷达探测结论和实际基本一致。

2.4.4 瞬变电磁法在大独山隧道中的应用

1. 现场实施

采用 MDTEM63 瞬变电磁仪在大独山隧道进行瞬变电磁法地质超前预报。为了探测精细，铺设 5 m 的线框，采用重叠回线装置，发射回线边长为 5 m×5 m，接收回线的面积为5 m^2，点距为 10 m，发射电流为 15.6 A，发射频率为 25 Hz，关断时间为 34 μs。以 D1K855+802～D1K855+892 和 D1K855+998～D1K855+968 段为例说明瞬变电磁法在大独山隧道岩溶探测中的应用。

2. 探测结果

(1)D1K855+802～D1K855+892 试验结果分析

瞬变电磁法最具体最直观的解释图件是视电阻率等值线纵深剖面图。它是以测点为横轴，掌子面内部与掌子面的距离为纵轴，以视电阻率为记录值，绘制出视电阻率等值线纵深剖面图，如图 2—26 所示。

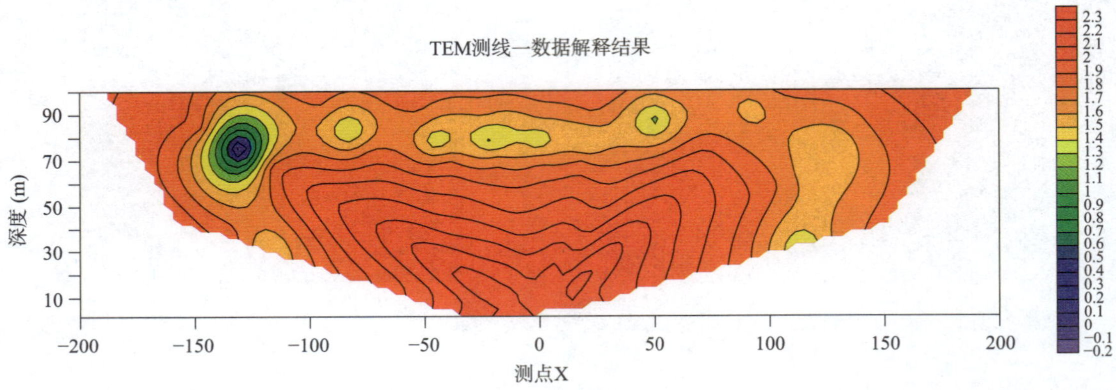

图 2—26 大独山隧道 D1K855+802 视电阻率等值线图

瞬变电磁探测结果表明主洞掌子面前方存在一个条带状电阻率异常区，位置位于掌子面前方 40～90 m 区间范围内(D1K855+842～D1K855+892)，推测可能为岩溶管道。

该段掌子面前方可能存在岩溶管道，建议辅以其他手段验证。施工前应做好防范工作，确保施工安全。

(2)D1K855+998～D1K855+908 试验结果分析

瞬变电磁法最具体最直观的解释图件是视电阻率等值线纵深剖面图。它是以测点为横轴，掌子面内部与掌子面的距离为纵轴，以视电阻率为记录值，绘制出视电阻率等值线纵深剖面图，如图 2—27 所示。

瞬变电磁探测结果表明主洞掌子面前方存在一个电阻率异常区，位于掌子面前方 10～60 m(D1K855+988～D1K855+938)，推测可能为岩溶，并有向左前方延伸趋势。

该段掌子面前方地下水丰富，前方可能存在岩溶区，辅以其他手段验证。施工前应做好防排水和注浆工作，确保施工安全。

3. 施工揭示情况

采用瞬变电磁法对大独山隧道两段围岩探测之后进行开挖施工，在开挖过程中分别在

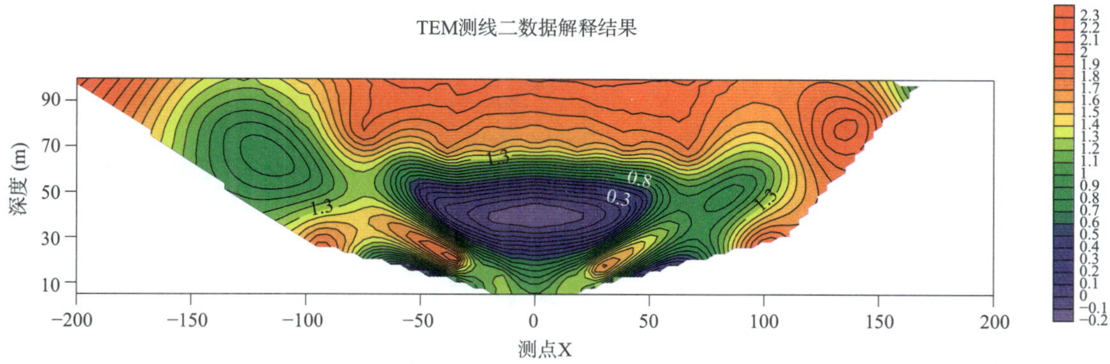

图 2—27　大独山隧道 D1K855＋998 视电阻率等值线图

D1K855＋850 左侧边墙处发现一充填有黄泥的小型溶洞(图 2—28)和 D1K855＋946 处拱部发现一小型溶洞(图 2—29)。

图 2—28　D1K855＋850 左边墙处小溶洞

图 2—29　D1K855＋946 拱右拱腰处小型溶洞

2.5　岩溶隧道施工应采用综合地质超前预报方法

岩溶区隧道地处灰岩发育区，大气降雨丰沛，地表喀斯特地貌特征显著，因而在施工中需要加强超前地质预报工作。如前所述，隧道地质超前预报方法有多种，各种方法都有自己的优势和不足，而且每一种方法的探测精度都受到多种因素的影响，而且隧道内现场条件复杂且多变，仅靠某单一的预报方法很难达到理想效果。因而，为了取得更好的预报效果，将多种预报方法同时使用，相互补充、发挥各自优势，形成岩溶地质隧道地质超前预报方法。

在岩溶区隧道施工前，应根据设计资料并结合现场施工情况，采用综合超前地质预报，探明溶洞的分布范围、类型、规模、发育程度、填充物、地下水情况及岩层的稳定程度等。岩溶预报按照以下步骤进行：

(1)研究隧址区岩溶发育规律

充分收集、分析、利用已有的区域地质和工程地质资料，辅以工程地质补充调绘，查明隧址地区地貌特征、可溶岩分布及地表暗河出露情况等，分析岩溶发育规律，宏观掌握区域地质条件及岩溶水分带情况，指导超前地质预报工作。着重查明和分析地层岩性、断层及褶皱等地质构造、地下水、岩溶垂直分布部位、岩溶发育层数、溶洞暗河水流量和岩溶洞穴形态及填充情况等。

(2)隧道内地质素描

每次隧道开挖后，要对暴露出的新鲜岩石进行地质素描，然后根据上次隧道内地质素描结果，验证、调整地质复杂程度分级和超前地质预报方案。

(3)综合物探探测

根据地质条件，可采用弹性波反射法(首选地震波反射法，如 TSP 法及 TRT 法探测距离 100～120 m；HSP 声波反射法探测距离 50～100 m)进行长、中、短距离探测，可定性岩溶水；采用地质雷达法进行短距离探测，查明岩溶位置、规模和形态。另外，还可用地质雷达对隧道周边及仰拱下方的潜伏溶洞进行探测。

(4)超前地质钻探

根据地质复杂程度分级、隧道内地质素描、物探重大异常带进行超前地质预报和验证(水平钻孔超前探测：采用超前水平钻孔探测，钻孔长 30 m 以上，搭接长度 5 m，每断面每循环钻孔数量可以根据断面大小及地质情况确定)，对富水岩溶发育地段，超前地质钻探必须连续重叠式进行。超前钻探揭示岩溶后，要适当加密。

(5)加深炮孔探测

进行加深炮孔探测，需符合以下要求：孔深应比爆破孔(或循环进尺)深 3 m 以上；孔径和爆破孔相同；孔数、孔位可根据开挖断面大小和地质复杂程度确定；富水岩溶区必须按设计实施，发现异常情况及时反馈信息，严禁盲目装药放炮；当钻孔揭示到溶洞和岩溶水时，进一步查明情况，保证施工安全，为变更设计提供依据；加深炮孔探测严禁在爆破残眼中进行；揭示异常情况的钻孔资料作为技术资料保存。

(6)综合分析判断

专业地质工程师对所得综合信息进行地质综合判断分析，提交地质综合分析成果报告。

(7)隐伏岩溶探测

岩溶地区开展岩溶重点发育地段隧道周边隐伏岩溶探测。采用地质雷达查明隧底岩溶洞穴的位置及规模。根据物探资料进行地质钻孔验证，修订物探异常成果图。

第3章 岩溶隧道突水突泥机理及隧道与溶洞间临界安全距离分析

3.1 沪昆高铁贵州段岩溶发育特征

岩溶水为贮存、运移在岩溶化岩层中的水，又称喀斯特水。由于岩溶含水体结构大多数以层流为主，同时具有富水、有内压以及补给充沛等特点，因此修建于岩溶发育地区的地下工程比较容易受到岩溶水结构特点的影响，产生大量的突水或者涌水，甚至造成人员伤亡。目前，交通隧道建设飞速发展，岩溶突水突泥作为一种地质灾害，对地下工程的制约也逐渐成为急需解决的问题。由于突水的产生条件和影响因素十分多样复杂，造成了对防治岩溶突水的工作很难获得实质性的突破。针对这一问题，主要从岩溶的发育条件、隧道突水突泥特征及规律等方面进行探讨分析。

3.1.1 碳酸盐岩的化学组成对岩溶发育的影响

岩溶地质的形成通常是温带气候地区 pH 值较低的酸性雨和石灰岩层所造成的。随着地表下的可溶岩层不断与水反应，将不溶于水的碳酸盐在与二氧化碳的共同作用下不断生成可溶但不稳定的碳酸氢盐，在排水较好的地下岩层就能形成一个大的溶洞。其化学反应方程式如下：

$$CaCO_3+H_2O+CO_2\rightarrow Ca^{2+}+2HCO_3^-$$

影响岩溶发育的因素有很多，比如碳酸盐岩的化学成分组成、地层岩性、当地气候条件、水文条件、土壤因子及人类活动等。

碳酸盐岩的化学成分主要为 CaO、MgO，其次是 SiO_2、Al_2O_3 等。在不同岩石类型中，化学成分常因形成条件和成岩后作用的差异而不同。贵州典型碳酸盐岩化学成分为：石灰岩层组和白云岩层组，石灰岩与白云岩各自的主量化学成分含量都较高，但是仍然存在着较大的差异。

贵州典型碳酸盐岩化学成分为：石灰岩层组：CaO 为 43.47%～54.47%，MgO 为 0.60%～4.29%，($SiO_2+Al_2O_3+Fe_2O_3$)为 0.62%～5.80%，CaO/MgO 比值为 10.7～89.62；白云岩层组：CaO 为 1.14%～37.92%，MgO 为 11.21%～22.25%，($SiO_2+Al_2O_3+Fe_2O_3$)等杂质 3.85%～25.17%，CaO/MgO 比值为 1.23～2.17。白云质灰岩、泥质灰岩（白云岩）中 CaO 含量 33.8%～48.53%，MgO 含量 1.71%～10.67%，($SiO_2+Al_2O_3+Fe_2O_3$)含量为 6.79%～16.04%；石灰岩与白云岩各自的主化学成分含量都较高。正是这种主量元素的明显差异，导致石灰岩组与白云岩组岩溶作用机理与发育程度不同，石灰岩层组多形成大型溶蚀洞穴与管道；白云岩层组则主要形成溶蚀孔洞与洞隙。

碳酸盐的溶蚀作用受很多因素的影响，例如岩石成分、结构构造以及岩石类型等，而在岩石成分中，影响溶蚀作用的主要因素则是 CaO、MgO 的含量。因此，把 CaO 和 MgO 的比值以及其相应的比溶解度作为碳酸盐岩溶蚀强度的分类基础。相关计算说明比溶解度随钙镁氧化物比值的增大而增大。根据碳酸盐岩的岩性类型、化学成分，CaO/MgO 比值，比溶解度及岩溶形态特征等指标将贵州省碳酸盐岩层组的溶蚀强度分为 3 类：

1. 强岩溶化层组

岩溶地貌形态典型，地表个体形态发育，构造主要是由厚层至块状质纯的石灰岩构成，岩溶现象在地表及地下均很发育，一般规模较大，趋向大型化，正负地形高差大，岩溶洼地密度通常大于 15 个/km^2，岩石富水性强，地下岩溶较为发育，常形成规模较大的岩溶管道、溶洞大厅及地下暗河系统。在此类层组岩体中进行隧道施工，极易发生突水突泥地质灾害。

2. 中等岩溶化层组

主要有较纯的碳酸盐岩组构成，包括白云岩、云灰岩岩组、碳酸盐岩夹碎屑岩等，其中除白云岩岩组外，其他岩石的均一性较差。岩溶负形态相对强岩溶化层组减少，发育密度常在 5～15 个/km^2，正负地形高差也相对较小，负地形地貌多为不平坦谷地及碟状浅洼地；岩石以关岭组白云岩为代表，富水性中等；深部岩溶有小规模的溶洞、岩溶管道及地下河。在此类层组岩体中进行隧道施工有突水突泥较大风险。

3. 弱岩溶化层组

主要构造为碎屑岩与碳酸盐岩互层及夹层组合或含泥、硅质高的不纯碳酸盐岩层。地表有小规模溶洞、落水洞发育，个体负形态密度为 5 个/km^2，局部有裂隙状地下河发育，地貌形态由溶蚀向侵蚀类型过渡，岩组富水程度弱。在此类层组岩体中进行隧道施工突水突泥风险较小。

3.1.2 地层岩性对岩溶发育的影响

构成岩溶地貌的物质基础是碳酸盐岩，岩溶发育的程度会受到碳酸盐岩的层位、矿物、化学成分及出露条件的影响和控制。岩性对岩溶发育的影响分为以下几个方面：一般来说，若碳酸盐分布区内的碳酸盐质地纯正、厚度较大，则岩溶地貌特点多数以溶蚀作用为主；若分布区岩层较薄、不溶物含量较高或者是由可溶岩与非可溶岩相间分布，则易形成溶蚀—侵蚀地貌。

3.1.3 气候条件对岩溶发育的影响

在碳酸盐岩广布地区，促进岩溶的强烈发育主要有两个因素，即平均气温较高、降水量较大。气候条件对岩溶地貌的发育影响是通过石灰岩的溶蚀速度来完成的。一般情况下，溶蚀速度会随着降水和气温的变化而变化，并与之成正相关关系。其中影响石灰岩溶蚀速度最直接和最活跃的因素是降水，而气温则是通过一些间接条件影响岩溶发育，例如植被和土壤中的微生物活动、二氧化碳浓度以及水温等因素。

为了探讨气候因素对溶蚀速度的影响，国际上提出了干燥度（年最大蒸发量与降水量的比值）的定义，来表示降水量、蒸发量与溶蚀速度之间的关系。根据干燥度数值的大小可将地貌分为湿润区（干燥度＜1.0）；半湿润区（干燥度 1.0～1.5）；半干旱区（干燥度 1.5～4.0）和干旱区（干燥度＞4.0）4 种。干燥度越小，越容易产生岩溶地质。

3.1.4　水文条件对岩溶发育的影响

从岩溶发育主要受降水影响的角度来看，可以将水文条件看作降水因子的派生因素。但由于水文因子不仅是影响可溶岩溶蚀的最直接、最活跃的因素，是二氧化碳的载体，同时也是生物能和太阳能的载体，具有双重作用，因此在岩溶地貌的发育过程中水文因子会对其产生巨大影响。在降水到达地表以后，会将其中的能量释放出来，伴随着地质、地形、植被等因素的综合影响，能量产生了重新调配和聚集，造成了更大的溶蚀作用。因此，水文条件有必要作为一个重要因素在研究岩溶地貌发育时进行单独讨论。

水文因子可分为很多类型，这里仅从两方面进行研究：一是按其动力系统作用原因，可分为外源型、褶皱及夹层控制型和高原型三种；二是按照与地表覆盖层的关系，可分为地表水和地下水两种。以下分别进行讨论：

(1)从非岩溶地区流入到岩溶地区的水流称为外源水，其对岩溶地貌发育的作用主要体现在两方面：一是外源水来自非岩溶地区，碳酸盐饱和度一般比较低，因此侵蚀性更强，对岩溶区的可溶岩的侧向侵蚀作用就更大；二是起到了增强降水的作用，水流垂向溶蚀的影响增大。

由可溶性岩与非可溶性岩的地层组合关系、地质构造以及地形条件三个因素综合作用而构成的可溶岩空间配置格局被称作褶皱及夹层控制型水文条件。这类水文条件对岩溶地区地下水和地表水的运动方式具有控制作用，从而导致了不同的岩溶特征和水文条件。如紧密褶皱区以峰林洼地为主的岩溶地貌，是由于可溶岩与非可溶岩的相间分布致使紧密褶皱区的岩溶地貌呈现相间的条状分布，岩层倾角大，地下水水位深等因素共同作用而成；而平缓褶皱区的地貌主要以峰林平原为主，是由于岩层产状平缓，地下水水位较浅从而水流的侧向侵蚀能力较强造成的。

高原型水文条件是指地层中存在大量的大型溶洞、岩溶竖井及地下暗河等岩溶特征的地貌类型。这种类型的水文条件主要产生在碳酸盐岩连续地层区，由于地形高差巨大，使得水力梯度增加，导致了水动力条件增大，形成了高原型水文条件。

(2)地表水对岩溶地貌发育的影响主要是通过河网系统与构造带的地理位置关系来实现的。地表水产生的影响通常分为两种情况：一是河流流向与构造带垂直或者斜交，河道会由于河流的下切作用和可溶岩的地层厚度影响而变窄，同时使得河流两岸陡峭；二是河流流向与构造带相平行或大体一致，这种情况多发育在丘陵和山间谷地中，此时长度较长、水量较大、侵蚀力较强的河流通常发育为岩溶槽谷地貌，而水量较小、侵蚀力较弱的河流则发育成岩溶洼地地貌。

地下水对岩溶地貌的发育与其运动方式密切相关，但由于地下水的运动受多种因素影响，例如地形地貌、水文发育特点以及地质构造等，因此，岩溶地貌类型在不同条件的相互配合下具有多样性的特点，一个因素的改变就会造成不同的岩溶地貌。如若地形和水文条件相同、地质构造不同，会形成岩溶峡谷或溶沟等形态迥异的岩溶地貌；若地质构造和地形条件相同，而水文状况不同，则会形成溶洞或者地下河流系统等不同程度和形态的岩溶地貌；若地质构造和水文条件相同、地形要素不同，却会形成岩溶洼地或峰林地貌等不同的岩溶地貌。

3.1.5　土壤因子对岩溶发育的影响

据研究，土壤中含有浓度较高的二氧化碳，比大气中的二氧化碳浓度高 10～80 倍，而且夏季比冬季高十几倍，因此，可将土壤层看作是二氧化碳的储备库。碳酸盐岩的溶蚀由大气圈、水圈以及生物圈通过生物作用联系起来进行，对岩溶地貌和岩溶作用均有重大影响。与此同时，土壤的黏性和干燥度作为两个重要的因素，在研究土壤对可溶岩的溶蚀作用时，也应进行详细的调查和分析，在此基础上，才能得出某一特定地区土壤对岩溶作用的具体影响。

3.1.6　人类活动对岩溶发育的影响

随着社会的发展，人类活动的强度和范围越来越大，对岩溶区的环境产生了严重的影响。如修建大流量抽排岩溶水、大型引蓄水工程等，使岩溶动力系统的补给和排泄产生了重大的改变，也间接影响到内部岩溶地貌发育的相互作用和协调，使发育过程和程度加速或逆转。人类活动对岩溶地貌发育的影响主要表现在以下几个方面。

(1)岩溶地貌形态在开山采矿、隧道工程弃渣填筑、填谷工程及城市建设等的人类活动中发生了直接的改变。

(2)岩溶作用的过程在人类生产、生活等用水及修建水库、人工降雨等活动的过程中发生了改变，同时通过对降水量、地表水与地下水的水量、水速、水质及空间分布等进行改变，也使岩溶地貌的发育过程和程度受到了影响。

(3)水和土壤的 pH 值，大气、水和土壤中二氧化碳的浓度以及岩溶区植被和生物的活动，间接地影响了岩溶作用和岩溶地貌的发育过程。

3.2　岩溶隧道突水特征及规律性

3.2.1　突水发生的条件

在岩溶地区，岩体中通常会存在一些隐伏的含水构造，在地下工程施工中经常会遇到。当地下工程与含水构造接近时，地下工程施工会使导水通道与开挖临界面进入准连通状态，进一步扰动则会使二者相连通，从而导致与导水通道或地下水有水力联系的水体(地表水、溶潭或地下暗河等)突然涌入开挖区，发生突水现象。因此，从总体角度来看，只有在满足一定的水力条件时，即岩溶水具有足够的动力性能、含水构造中储存着一定的能量以及围岩的稳定性较差等，岩溶才会发生突水现象。

1. 含水构造的能量储存

围岩在地应力场的作用下形成的应变能和地下水势能的形成条件，是形成大型含水构造地质条件的两个必备因素。若地下水水头较高，则其本身会具有比较大的运动势能；同时，岩体中的岩溶管道、各种破碎带(岩性接触带、断层破碎带以及节理密集带)和向斜构造盆地等部位，由于这些部位均极容易产生大范围的溶蚀而具有良好的储水性能和富水性，因此，这些部位的地下水体通常具有水压高、水量大的特点。地下水体的压缩在静水压力的作用下也会产生一定的应变能。另外，若围岩位于岩溶水体附近，在动水压、静水压、重力和构造应力等作用下，围岩也会产生一定大小的应变能。因此，形成大型含水构造的地质条件是岩溶突水发生的能量储存条件，从能量突变的角度来看，地下工程施工过程中，地下水向开挖面高速涌出而形成突水现象，往往发生在含水构造储存的能量达到定值的条件下。

2. 岩溶水动力性能与能量释放

当含水构造储存了大量的突水能量时，突水现象的发生条件包含两个因素：一是岩溶的水动力性能，它决定了突水量的大小和突水压力的大小，被称作突水的动力源；二是岩溶附近围岩（即溶洞与隧道间的岩墙）的防突能力，与之对应表征突水风险大小的重要参考指标是岩溶水压与隔水层厚度的比值。若岩墙中不存在明显的地质缺陷，那么对于岩墙防突厚度的探讨则应主要探讨物理力学性质的影响。岩墙的厚度和破碎度与其所能承受的压力成正相关关系，即厚度小、破碎的岩体所能承受的水压力很小，抗突水能力较低；反之，厚度大、完整性好的岩体往往能承受较大的水压力，其防突性良好。实际上，由于围岩受构造运动的影响，岩墙中存在节理裂隙是很普遍的情况。

3. 含水构造系统的稳定性

隧道周边含水围岩的稳定性是阻止突水现象发生的最后一道屏障。若在地下工程施工过程中，直接将隔水层挖除，则地下水会被揭露出来并引发突水/涌泥的突发性地质灾害。但在一般情况下，地下工程施工的开挖临空面均与地下水之间存在一定厚度的隔水层，即岩墙。然而位于含水构造中的围岩物理力学性质较差（一般节理裂隙都比较发育），受开挖、爆破振动的影响也较为严重，含水构造周围的围岩极易产生应力集中和应力松弛，导致围岩变形，发生破坏，使得开挖临空面与地下水之间的相对隔水层厚度大大减小，提高了突水现象发生的概率。

3.2.2　突水发生的规律性

1. 所处水文地质单元区段与突水的关系

岩溶的构造是由于可溶岩的溶蚀作用逐步发展而成的，岩溶构造在溶蚀作用下不断发展扩大，主要过程可概括为构造裂隙—溶蚀裂隙—岩溶管道—溶洞。不同规模的岩溶构造会出现不同的水文地质灾害，而不同类型的水文地质灾害对于地下工程所产生的危害也是大小不一的。将不同类型水文地质灾害的产生规律及危害大小进行汇总，见表 3—1。

表 3—1　不同的水文地质突水产生的规律和危害大小

水文地质类型	突水突泥规律	危害大小
溶隙型	由构造裂隙经溶蚀作用形成，宽度很小，延续性良好，岩溶充填物从底层中缓慢渗出或流出，突水量较小	小
脉管型	由溶隙型经进一步溶蚀作用形成，较之延长，呈脉管状，连通性好，宽度较大，充填物在围岩中股状流出，产生的流量和压力均较小	小
管道型	脉管进一步延长、扩大，形成管道，宽度加大，连通性增强，破坏方式呈涌出或喷出状，且喷出的水和泥沙流量和水压较大，运动方式复杂，具有突发性，对工程的施工和运营都有很大影响	大
溶洞型	形状不规则，空间体积大，较常见的是充填性溶洞，一般溶腔压力很高，会大量揭露而喷出或者涌出，运动状态复杂，对施工安全影响较大	大
暗河型	空间体积大，水量丰富，水源有稳定的补给，经常与外界有水力联系，受大气降雨影响较大，对隧道施工安全有极大影响，不慎揭露地下暗河，往往会造成突水突泥的地质灾害，甚至造成人员伤亡及机械设备的损毁	极大

2. 构造与突水的关系

岩溶的形成与发育受很多因素影响，大量的工程实例和野外地质勘察表明，岩层构造对岩溶发育的影响很大，在构造强烈的地区，溶洞多发育在灰岩薄层与厚层的交界处，同时由于岩层层面构造强烈，其张开程度较之节理裂隙面更大，便于填充物和地下水的渗流，为含水、填充构造的形成提供了便利的条件。另外，岩溶的发育条件和富水性也会受到岩体构造的影响，例如岩体不同部位的褶皱形成机理不同，导致岩体的破碎程度也是不同的，但一般情况下，岩溶在褶皱中翼部的发育程度要比在核部的发育程度弱，并且向斜翘起端和背斜倾伏端的岩层倾向和走向均有改变，造成这些特殊部位的岩体破碎较严重，使得岩溶的发育更加充分。

突水灾害事故发生后的调查表明，岩溶在断层破碎带、节理密集带、可溶岩与不可溶岩接触带以及岩性接触带等地质条件中较为发育，且均以揭露充填型为主，而在大断裂带和区域性断层带，产生突水灾害的概率更多，且更为严重，产生的危害也更大。

3. 岩溶形态与突水特征的关系

岩溶隧道在开挖过程中产生的突水现象大致可分为两种：即发型和滞后型。

(1) 即发型

产生于隧道施工过程中，在隧道挖掘中正向揭露，使得充填物直接向隧道中涌出，充填物的具体特点表现为突然型，突出物流速快、自重压力大等，主要的储水储泥构造表现为充填型溶腔、暗河、垂直岩溶管道或倾斜岩溶管道。

(2) 滞后型

与即发型相对应，滞后型突水是指在隧道穿过一段时间之后，岩溶构造才发生突水或突泥，而滞后的时间主要受隧道与溶洞之间岩墙的节理裂隙发育程度、裂隙充填情况、围岩力学特性等决定的围岩岩墙的稳定性以及溶洞与隧道之间岩体的厚度影响，储水构造多呈现为台阶形状或树枝形状。

由以上可知，突水突泥的特征受多种不同因素的影响，即使是在同一溶洞中，也可能有不同的表现形式。因此，根据储水、储泥构造的多样性，在岩溶隧道的施工中，不能以局部岩溶形态或突水部位进行判断，应进行详尽、细致的观测分析，以确保隧道在岩溶地区施工的安全性。两种突水、突泥形式的构造形态如图 3—1 所示。

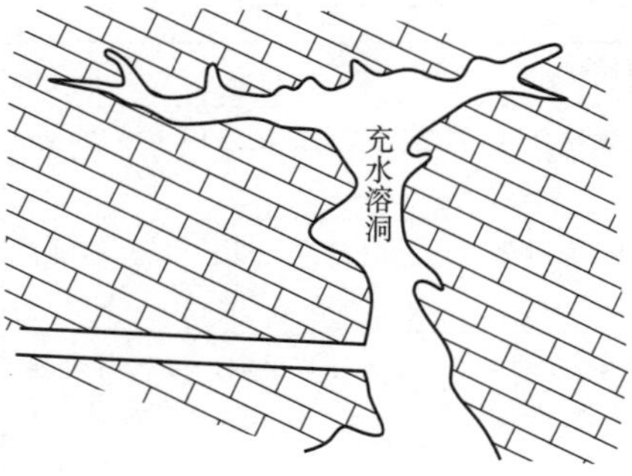

(a) 即发型

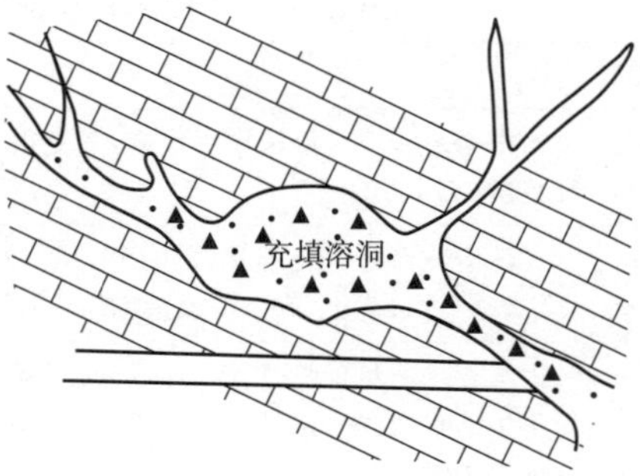

(b) 滞后型

图 3—1　突水突泥溶洞结构形态示意图

3.3　隐伏岩溶对高铁隧道安全距离的影响分析

判定岩溶隧道安全与否的关键在于如何确定隧道与溶腔之间围岩的稳定性，通常的判别方法有应力等值线和安全区等值线、破坏区分布及大小、岩层变形与位移等。采用破坏区分布及大小作为稳定性判据，运用数值模拟的方法，模拟不穿越溶洞工况下溶洞对隧道稳定性的影响，即溶洞与隧道塑性区贯通即视为破坏状态。

但是，实际岩溶地区的地质条件、围岩物理力学特性、应力场分布等极为复杂，很难用数值模拟的方式完全表现出来，因此，为了研究简单，在模拟岩溶隧道时，把溶洞和隧道均看作是在初始地应力平衡状态下岩体中开挖的两个孔洞，并且只是研究在平面状态下，溶洞对隧道的影响。

在数值模拟过程中，由于影响溶洞与隧道之间的临界安全距离的因素很多，如溶洞大小、溶洞内充填压力、隧道与溶洞间岩墙的物理力学参数等，如果全都模拟，数值计算的工作量过大，选用正交设计理论来模拟数值计算工况，这样模拟的次数就会大大减小，而且分析起来也会简单方便。对每一工况建立准三维模型，采用 $FLAC^{3D}$进行数值模拟。

3.3.1　正交试验

1. 正交试验简介

在多因素、多水平的试验中，如果对每个因素的水平都互相搭配进行全面试验，试验的次数是惊人的，例如，对于 3 因素 4 水平的试验，若在每个因素的每个水平搭配上只作一次试验，就要做 $4^3=64$ 次试验；对于 4 因素 4 水平的试验，全面试验次数至少为 $4^4=256$ 次试验；对于 5 因素 4 水平的试验，全面试验次数至少为 $4^5=1\ 024$ 次试验。可见，随着因素数量的增加，试验次数增加的更快，另外还要用相当长的时间对许多试验数据进行统计分析计算，也将是非常繁重的任务，要花费大量的人力、物力。如果用正交设计来安排试验，则试验次数会大大减小，而且统计分析的计算也将变得简单。

正交试验设计（Orthogonal Design）简称正交设计（Orthoplan），它是利用正交表（Orthogonal Table）科学地安排与分析多因素试验的方法，是最常用的试验设计方法之一。

2. 正交表及其设计和分析过程

正交表是根据正交原理设计的、已规范化的表格，它是正交设计中安排实验和分析试验结果的基本工具，分为等水平正交表和混合水平正交表两类。这里只介绍等水平正交表。

所谓等水平的正交表，就是各因素的水平数都是相等的。等水平的正交表表示为：

$$L_n(r^m)$$

式中　L——正交表代号；

n——正交表横行数(需要做的试验次数)；

r——因素水平数；

m——正交表纵列数(最多能安排的试验个数)。

部分等水平正交表符号如下：

2 水平正交表：$L_4(2^3)$，$L_8(2^7)$，$L_{12}(2^{11})$，$L_{16}(2^{15})$…

3 水平正交表：$L_9(3^4)$，$L_{18}(3^7)$，$L_{27}(3^{13})$…

4 水平正交表：$L_{16}(4^4)$，$L_{32}(4^9)$，$L_{64}(4^{21})$…

5 水平正交表：$L_{25}(5^6)$，$L_{50}(5^{11})$，$L_{125}(5^{31})$…

……

本试验影响因素有 4 个，每个因素中包含有 4 个水平，是 4 因素 4 水平正交试验：$L_{16}(4^4)$。以 $L_{16}(4^4)$为例，简述正交试验表的设计和分析过程如下。

(1) 确定正交试验影响因素 A、B、C、D，每个因素的水平各有 4 个，分别用 1、2、3、4。

(2) 选用正交表。实验有 4 个影响因素，同时每个影响因素里面各有 4 个水平，因此选用 $L_{16}(4^4)$正交表。

(3) 因素水平试验分配方案见表 3—2。

表 3—2　因素水平试验分配方案表

试验号	因素				指标值
	A	B	C	D	
1	1	1	1	1	x_1
2	1	2	2	2	x_2
3	1	3	3	3	x_3
4	1	4	4	4	x_4
5	2	1	2	3	x_5
6	2	2	1	4	x_6
7	2	3	4	1	x_7
8	2	4	3	2	x_8
9	3	1	3	4	x_9
10	3	2	4	3	x_{10}
11	3	3	1	2	x_{11}
12	3	4	2	1	x_{12}
13	4	1	4	2	x_{13}
14	4	2	3	1	x_{14}
15	4	3	2	4	x_{15}
16	4	4	1	3	x_{16}

(4) 建立指标的求和与极差分析表 3—3。

表 3—3　指标的求和与极差分析

试验因子	因素				试验结果均值
	A	B	C	D	
K_1	$K_{A1}=x_1+x_2+x_3+x_4$	$K_{B1}=x_1+x_5+x_9+x_{13}$	$K_{C1}=x_1+x_6+x_{11}+x_{16}$	$K_{D1}=x_1+x_7+x_{12}+x_{14}$	$X=\frac{1}{n}(\sum x_i)$ 其中，$n=16$， $i=1,2\cdots16$
K_2	$K_{A2}=x_5+x_6+x_7+x_8$	$K_{B2}=x_2+x_6+x_{10}+x_{14}$	$K_{C2}=x_2+x_5+x_{12}+x_{15}$	$K_{D2}=x_2+x_8+x_{11}+x_{13}$	
K_3	$K_{A3}=x_9+x_{10}+x_{11}+x_{12}$	$K_{B3}=x_3+x_7+x_{11}+x_{15}$	$K_{C3}=x_3+x_8+x_9+x_{14}$	$K_{D3}=x_3+x_5+x_{10}+x_{16}$	
K_4	$K_{A4}=x_{13}+x_{14}+x_{15}+x_{16}$	$K_{B4}=x_4+x_8+x_{12}+x_{16}$	$K_{C4}=x_4+x_7+x_{10}+x_{13}$	$K_{D4}=x_4+x_6+x_9+x_{15}$	
k_1	$K_{A1}/4$	$K_{B1}/4$	$K_{C1}/4$	$K_{D1}/4$	
k_2	$K_{A2}/4$	$K_{B2}/4$	$K_{C2}/4$	$K_{D2}/4$	
k_3	$K_{A3}/4$	$K_{B3}/4$	$K_{C3}/4$	$K_{D3}/4$	
k_4	$K_{A4}/4$	$K_{B4}/4$	$K_{C4}/4$	$K_{D4}/4$	
极差 R	$T=\max(K_{A1},K_{A2},K_{A3},K_{A4})-\min(K_{A1},K_{A2},K_{A3},K_{A4})$	$T=\max(K_{B1},K_{B2},K_{B3},K_{B4})-\min(K_{B1},K_{B2},K_{B3},K_{B4})$	$T=\max(K_{C1},K_{C2},K_{C3},K_{C4})-\min(K_{C1},K_{C2},K_{C3},K_{C4})$	$T=\max(K_{D1},K_{D2},K_{D3},K_{D4})-\min(K_{D1},K_{D2},K_{D3},K_{D4})$	

通常情况下，每种因素的极差结果有大有小，这就充分体现了各种因素的各个水平对试验影响程度是不一样的，极差越大，影响程度越大，归其为主要的影响因素；相反，极差越小，则为次影响因素或不重要的影响因素。

极差分析相对来说较为简单，从极差分析的方法不能直接判断影响的原因是因素水平引起的还是试验误差引起的，因此，实验又进一步对正交试验进行分析，用方差分析来提高试验的准确度。

对于正交试验结果的方差分析，更具精确性，先计算出各因素和误差的离差平方和，然后求出自由度、均方、F 值，最后进行 F 检验，以实验 $L_{16}(4^4)$ 为例，具体步骤如下：

①离差平方和

$$S_{总}=\sum(x_i-X)^2 \tag{3—1}$$

其中，$i=1,2,3,\cdots,16$；$X=1/n(\sum x_i)(n=16,i=1,2,3,\cdots,16)$；

$$S_A=r_0\sum(k_t-X)^2 \tag{3—2}$$

其中，$t=1,2,3,4$；r_0 为 A 因素水平重复数，对 $L_{16}(4^4)$，有 $r_0=4$；

$$S_B=r_1\sum(k_t-X)^2 \tag{3—3}$$

其中，$t=1,2,3,4$；r_1 为 B 因素水平重复数，对 $L_{16}(4^4)$，有 $r_1=4$；

$$S_C=r_2\sum(k_t-X)^2 \tag{3—4}$$

其中，$t=1,2,3,4$；r_2 为 C 因素水平重复数，对 $L_{16}(4^4)$，有 $r_2=4$；

$$S_D=r_4\sum(k_t-X)^2 \tag{3—5}$$

其中，$t=1,2,3,4$；r_3 为 D 因素水平重复数，对 $L_{16}(4^4)$，有 $r_3=4$；

$$S_E=S_{实验误差}=S_{总}-S_A-S_B-S_C-S_D \tag{3—6}$$

②自由度计算

$$f_{总}=n-1 \tag{3—7}$$

其中，n 为试验次数；对 $L_{16}(4^4)$，有 $n=16$；

$$f_A=m_1-1 \tag{3—8}$$

其中，m_1 为 A 因素的水平数，对 $L_{16}(4^4)$，$m_1=4$；

$$f_B=m_2-1 \tag{3—9}$$

其中，m_2 为 B 因素的水平数，对 $L_{16}(4^4)$，$m_2=4$；

$$f_C=m_3-1 \tag{3—10}$$

其中，m_3 为 C 因素的水平数，对 $L_{16}(4^4)$，$m_3=4$；

$$f_D=m_4-1 \tag{3—11}$$

其中，m_4 为 D 因素的水平数，对 $L_{16}(4^4)$，$m_4=4$；

$$f_E=f_{实验误差}=f_{总}-f_A-f_B-f_C-f_D \tag{3—12}$$

③均方计算

$$\begin{aligned}M_A&=S_A/f_A\\M_B&=S_B/f_B\\M_C&=S_C/f_C\\M_D&=S_D/f_D\\M_E&=S_E/f_E\end{aligned} \tag{3—13}$$

④计算 F 比

$$\begin{aligned} F_A &= M_A/M_E \\ F_B &= M_B/M_E \\ F_C &= M_C/M_E \\ F_D &= M_D/M_E \end{aligned} \tag{3—14}$$

⑤方差分析表和显著性检验

一般情况下，在试验水平 $\alpha=0.05$ 的情况下，分别检验各因素的显著性，如果 $F_A>F_{0.05}(f_A, f_E)$，即认为 A 因素对试验指标有显著影响，其他因素依此类推，反之没有显著影响。方差分析见表 3—4。

表 3—4　隧道与上方溶洞安全距离计算结果方差分析表

差异来源	偏差平方和 S	自由度 f	均方	F 比	显著性
A	S_A	f_A	M_A	F_A	$F_A>F_{0.05}(3,3)$★
B	S_B	f_B	M_B	F_B	—
C	S_C	f_C	M_C	F_C	—
误差 E	S_E	f_E	M_E	F_E	—
误差 ΔE	ΔS_E	Δf_E	—	—	—
$F_{0.05}(3,3)=9.28$					

注：★代表通过显著性检验。

另外，在计算均方时，当某些因素的均方 M_x 小于或等于误差均方 M_E，则需要将它们归入误差，构成新的误差，例如，若 $M_B<M_E$，则有：

$$\Delta S_E = S_E + S_B \tag{3—15}$$

$$\Delta f_E = f_E + f_B \tag{3—16}$$

则原有误差 E 被新的误差ΔE 所取代，其他计算不变。

3.3.2　不同位置溶洞对高铁隧道安全距离的影响分析

1. 影响因素

利用有限差分软件 FLAC3D，分别针对溶洞出现在隧道拱顶、右上方 45°、断面正右侧以及仰拱底部时对隧道结构的不同影响进行分析，用正交试验法得出溶洞与隧道的临界安全距离，对溶洞与隧道临界安全距离有影响的影响因素主要有以下几项：

(1)溶洞与隧道相对位置不同；

(2)围岩物理力学参数(弹性模量 E、内摩擦角φ、黏聚力 c、泊松比 υ、容重 γ)；

(3)溶洞直径 D；

(4)溶洞内部压力 P。

在研究每一种因素时，设其他因子为固定值，单独改变该因子的取值，观察该因子的变化对围岩塑性区发展范围大小的影响，得出相应的结论。

2. 计算模型

模型为准三维模型，模型建立时，Y 方向(隧道纵向)只延伸 1 m，视作平面，并施加位移边界条件；在 X 方向（水平）上模拟的长度为 90 m，为隧道洞径的 8 倍，并施加位移边界条件；隧道埋深 150 m，因此，在 Z 轴方向上，围岩底部边界距离隧道底部 50 m，并施加位移边界条件，围岩顶部距离隧道顶部 60 m，剩下上方的围岩土体换算成局部荷载施加到围岩上表面。

在模拟中，隧道围岩土体为弹塑性介质，初期支护结构为弹性介质。各部分物理力学参数均参考铁路隧道规范中的参数选择。计算结果中，观察隧道与溶洞之间土体的塑性区，若塑性区没有贯通，则认为安全，反之，则视为危险。反复调试模型中的溶洞与隧道之间的距离，直至找到临界安全距离。

3. 影响因子的方案选择

将 4 种影响因素的水平数各分为 4 个，选用正交表；丫口寨隧道溶洞分布规律不一，实验分别取溶洞相对于隧道分布在顶部、右侧 45°、右侧水平以及仰拱底部 4 种情况。根据丫口寨隧道岩溶地区地质勘察结果，其岩溶隧道围岩基本为Ⅲ～Ⅳ级，试验选择了 4 种围岩级别来模拟Ⅲ～Ⅳ级围岩的物理力学参数。溶洞直径分别模拟成直径分别为 5 m、10 m、15 m、20 m 的圆。溶洞为有压溶洞，内部压强分别为 0 MPa、0.5 MPa、1.0 MPa、1.5 MPa4 种形式。

4 个影响因子的四个水平取值见表 3—5。

表 3—5　四个影响因子的取值范围

影响因子水平	围岩物理力学参数					溶洞相对隧道位置	溶洞直径 D(m)	溶洞内部压力 P(MPa)
	容重 γ (kN/m^3)	弹性模量 E(GPa)	泊松比 υ	内摩擦角 φ(°)	黏聚力 c(MPa)			
1	21	2	0.32	33	0.45	拱顶	5	0
2	22	4	0.3	39	0.7	右侧 45°	10	0.5
3	23	6	0.28	42	0.8	右侧水平	15	1.0
4	24	8	0.27	45	1.1	仰拱底部	20	1.5

4. 临界安全距离判断过程

寻求临界安全距离的方法步骤：

(1) 通过经验估计一个距离 s(s 设定为 5 m)，先计算 $s=5$ m 时的模型，观察溶洞与隧道间围岩的塑性区。

(2) 若 1 步贯通，则继续增大 s，每 0.25 m 算一个等级，依次增加，直到找到塑性区不贯通的间距为止，此时临界安全距离 $S=(2s-0.25)/2$。

(3) 若 1 步不贯通，则减小 s，也是以 0.25 m 为一个等级，直到找到塑性区贯通的间距为止，此时临界安全距离 $S=(2s+0.25)/2$。

由于实验组别有 16 组，所以需要建造大量模型来寻求各组实验的临界安全距离。本节仅选取 1 号实验作为代表，来阐释临界安全距离判别的过程。把临界安全距离距离设定为 5 m 左右，因此，先后共建了安全距离分别为 5 m、5.5 m、6 m、6.75 m、7 m 五组模型，如图 3—1～图 3—5 所示。

从图 3—1～图 3—5 可以看出，当溶洞与隧道之间距离分别为 5 m、5.5 m、6 m、6.75 m 时，溶洞与隧道之间围岩土体的塑性区均呈贯通状态，视为不安全；当溶洞与隧道之间距离为 7 m 时，溶洞与隧道之间围岩土体的塑性区呈现不贯通状态，视为安全状态，因此，临界安全距离为 6.75 m 和 7 m 之间的某个值，在此，选其平均数 6.875 m 作为临界安全距离取值。

图 3—1　距离为 5 m

图 3—2　距离为 5.5 m

图 3—3　距离为 6 m

图 3—4　距离为 6.75 m

图 3—5　距离为 7 m

由于在正交试验中，每个组别都要对隧道与溶洞间安全距离做试探性的研究，找到塑性区贯通与不贯通的临界状态，因此每组试验都要做大量的模型来模拟，在此就不一一列出，仅以上述 1 组试验作为代表，揭示临界安全距离的寻求方法。

5. 正交试验结果分析

将 4 个影响因子分别安排在 $L_{16}(4^4)$正交表的 2-5 列，第六列作为试验结果。正交试验方案及结果见表 3—6，根据正交试验方案整理分析得出的各影响因素的实验数据极差表，见表 3—7。

表 3—6　隧道与上方溶洞安全距离试验方案及结果表

试验号	溶洞相对隧道位置	围岩级别 A	溶洞直径 D(m)	溶洞内部压强 P(MPa)	临界安全距离 S
1	拱顶	1	5	0	6.875
2	拱顶	2	10	0.5	7.875
3	拱顶	3	15	1	9.125
4	拱顶	4	20	1.5	7.375
5	右侧 45°	1	10	1	9.125
6	右侧 45°	2	5	1.5	6.875
7	右侧 45°	3	20	0	9.625
8	右侧 45°	4	15	0.5	5.375
9	右侧水平	1	15	1.5	6.875
10	右侧水平	2	20	1	4.625
11	右侧水平	3	5	0.5	3.125
12	右侧水平	4	10	0	2.875
13	仰拱底部	1	20	0.5	7.875
14	仰拱底部	2	15	0	9.125
15	仰拱底部	3	10	1.5	7.875
16	仰拱底部	4	5	1	6.875

表 3—7　各影响因素的实验数据极差表

影响因子	溶洞相对隧道位置 M	围岩级别 A	溶洞直径 D(m)	溶洞内部压强 P(MPa)	试验结果均值
K_1	31.25	30.75	23.75	24.25	X=6.969
K_2	31	29.75	27.75	28.5	
K_3	30.75	28.5	29.5	29	
K_4	31.75	21.5	30.5	29.75	
k_1	7.81	7.69	5.94	6.06	
k_2	7.75	7.44	6.94	7.13	
k_3	4.38	7.13	7.38	7.25	
k_4	7.94	5.38	7.63	7.44	
极差 R	14.25	9.25	6.75	5.5	—

极差越大，说明该因素在试验中水平变化对指标值影响越大，本实验根据各因素极差的大小顺序，可确定各影响因子的主次顺序为：$M>A>D>P$。

极差分析法精度相对较小，为了提高试验精度，采用方差分析。

将表 3—6 及表 3—7 里面的数值带入式(3—1)～式(3—14)可以计算出相应数据,将其汇总于方差分析表 3—8。

表 3—8 隧道与上方溶洞安全距离计算结果方差分析表

差异来源	偏差平方和 S	自由度 f	均方 M	F 比	显 著 性
溶洞相对隧道位置 M	35.85	3	11.95	38.14	★
围岩级别 A	13.17	3	4.39	14.01	★
溶洞直径 D	7.66	3	2.55	8.15	—
溶洞内部压强 P	5.61	3	1.87	5.97	—
误差 E	0.94	3	0.31	—	—
误差 ΔE	—	—	—	—	—
$F_{0.05}(3,3)=9.28$					

方差分析结果:4 个影响因素中,没有任何一项影响因素可以归入误差中;在手册上查得临界值 $F_{0.05}(3,3)=9.28$。由于 $F_M>F_A>F_{0.05}(3,3)$,所以,对于给定的显著水平 $\alpha=0.05$,溶洞相对隧道位置 M 和围岩级别 A 对结果有显著性的影响;而 $F_P<F_D<F_{0.05}(3,3)$,所以溶洞直径 D 和溶洞内部压强 P 对试验结果没有显著的影响。

根据表 3—7 极差分析表,可以绘制出溶洞与隧道临界安全距离随各个影响因素变化的示意如图 3—6 所示,更为直观地看出各种影响因素对临界安全距离的影响趋势和影响程度。

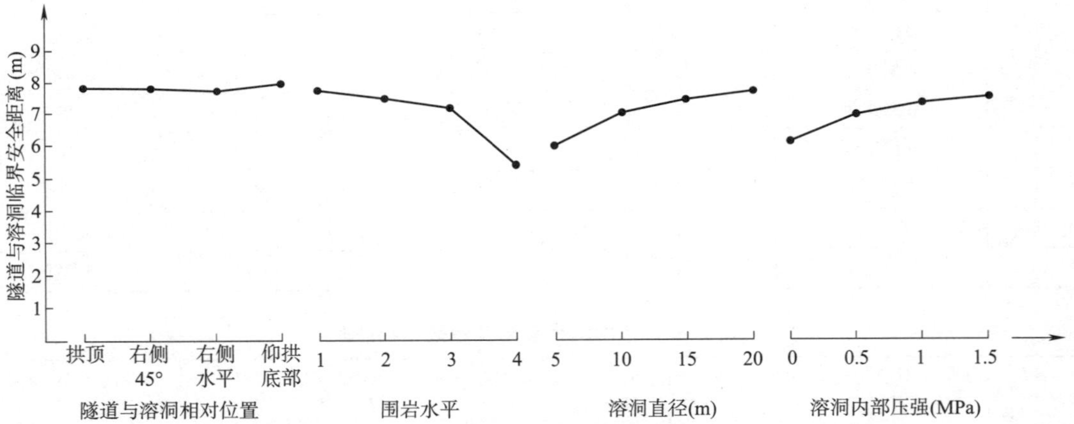

图 3—6 隧道与溶洞安全距离随各影响因素变化图

从图 3—6 中可以得到以下结论:

(1) 临界安全距离越大,说明溶洞对隧道影响越小。由上述计算分析可知,溶洞位置分别在隧道的拱顶、右侧 45°、右侧水平和仰拱底部时溶洞与隧道安全临界距离的平均值分别为 7.81 m、7.75 m、7.58 m 和 7.94 m。由于溶洞在隧道周边这几个位置时的临界安全距离相差均比较小,因而对于不同位置的溶洞在相同条件时,溶洞位置对溶洞与隧道间的临界安全距离影响程度基本相差无几。

(2) 随着围岩级别的升高,溶洞与隧道临界安全距离随之减小。围岩级别是围岩物理力学参数的综合反映,围岩级别降低,其强度也随之降低,完整性也越差。试验中,随着围岩级别的降低,临界安全距离呈明显的增大。围岩采用摩尔-库伦模型,其黏聚力 c 和内摩擦角 φ 直接决定了抗剪强度。低级别的围岩,其黏聚力 c 和内摩擦角 φ 相对偏小,围岩的抗剪强度也随之减小,隧道周边围岩的塑性区域势必会增大;若要隧道塑性区与溶洞塑性区不贯通,则溶洞必须远离隧道才能安全，因此，临界安全距离增大。

(3) 随着溶洞直径 D 的增大，溶洞与隧道临界安全距离也随之增大。因为试验模拟的溶洞横截面是圆形的，因此，随着溶洞直径的增大，横向来说，等于增加了溶洞的跨径；竖向来说，等于增加了溶洞的高度。在典型的节理岩体中，溶洞跨度的增大，肯定会降低围岩的稳定性，可从洞室围岩压力理论来解释：一般而言，随着洞室跨度增加，围岩压力就会越大，增大了溶洞周围的塑性区，稳定性降低，因此，临界安全距离增大。但是，在纵向方向上，根据隧道力学原理，隧道在某一方向尺寸的增加会引起围岩在垂直于该方向上的位移增加，平行于该方向上的位移相对减小，溶洞直径的增大，相当于增加了隧道的高度，使得溶洞与隧道间土体位移减小，这就是安全距离相应地减小了，但是与横向跨径相比，其影响程度较小，所以正交试验的结果依然显示隧道与溶洞的安全距离随着溶洞直径的增加而增大，只是增加的幅度较小。

(4) 溶洞内压的存在，在一定程度上抑制了溶洞周边岩体的应力释放量和位移释放量，增大了岩体间应力的相互作用，使围岩塑性区增大，因此随着溶洞内部压强的增大，临界安全距离也随之增大。

在实际工程中，当发现隧道断面外存在隐伏溶洞时，需要根据岩墙厚度和岩墙的工程力学特性进行安全性评估。当岩墙不能满足隧道结构安全时需要进一步处理，如对岩墙进行注浆加固、打设对拉锚杆，甚至开凿专门的泄水洞等。

3.4　溶洞与隧道间岩墙中存在裂隙时的施工安全性分析

在 3.3 节分析了溶洞位于隧道拱顶、右侧 45°、右侧水平和仰拱底部等 4 种位置的情形下对隧道安全性的影响，分析了隧道与有压溶洞间岩墙的临界厚度。这种分析是以岩墙围岩为均质连续体假设基础上的，但实际岩体本身就是有岩块和裂隙及其充填物组成的，即岩墙中存在裂隙及其充填物是非常普遍的现象，而岩墙中的裂隙处也恰恰是薄弱部位。在隧道施工过程中，在隧道开挖面后方内进行的地质超前预报很难发现在隧道开挖轮廓线外的侧隐伏溶洞。实际施工中，对隧道断面周边隐伏溶洞的探测一般是在隧道开挖后进行。因而突水突泥风险往往由溶腔与隧道间的松散充填裂隙引发，因而对隧道的危害较大，并且由于隧道开挖扰动等影响，使隧道在开挖过程中更易于溶洞贯通而产生突水、突泥等地质灾害问题，这些因素给隧道的设计、施工带来了严峻的挑战。

因此在前述基础上，进一步讨论若充填有压溶洞与隧道之间的岩墙内存在贯穿、隧道空间和溶腔的裂隙情况下隧道施工过程的安全性。这里仅讨论在隧道跨度最大水平处及隧道正前方存在溶洞的两种位置的情形，其他情况类似。

3.4.1　溶洞在开挖面前方时对隧道施工安全的影响分析

1. 分析模型及计算参数

(1) 模拟假设隧道围岩为理想弹塑性介质，屈服准则采用摩尔-库伦准则；初期支护为喷射混凝土层，并将喷射混凝土视为弹性介质。模型中隧道所处围岩级别为Ⅳ级。模型在 X 方向上模拟宽度为 90 m；隧道埋深 150 m，在 Z 方向上(竖直向上)，围岩底部边界距离隧道底部 50 m，并施加竖直位移约束边界条件，围岩顶部距离隧道顶部 60 m，剩下上方的围岩高度换算成平面荷载施加到模型上表面。Y 方向(隧道走向)隧道延伸 60 m，模型左右前后竖直面施加水平法向位移约束，底部加竖直位移约束。

(2)模型模拟了隧道开挖面正前方溶洞与隧道净距为 4 m 的情况，隐伏溶洞形状是边长为(X×Y×Z)20 m×16 m×20 m 的长方体，溶洞内部有泥质充填存在，溶腔内水压力为 1 MPa。裂隙位于开挖面与溶洞之间的岩墙之中，用 interface 接触单元进行模拟，裂隙厚度为 40 cm，充填裂隙厚度方向分两层单元，并且纵向长度 4 m，如图 3—7 所示。

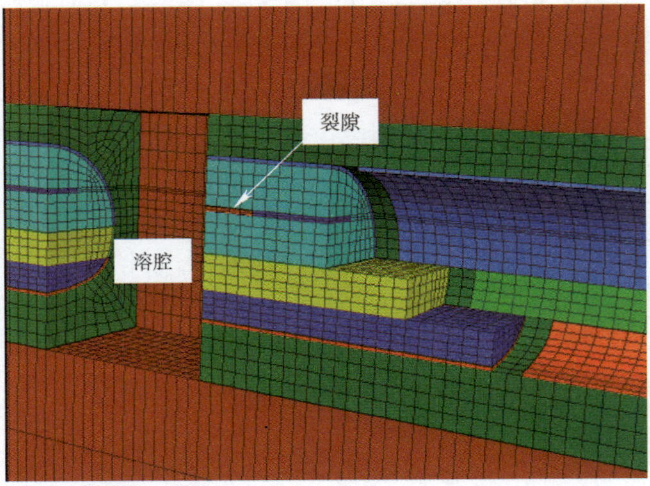

图 3—7　隧道开挖面前方溶洞与裂隙示意图

(3)隧道经过地质围岩级别为Ⅳ级围岩，模拟过程中，隧道围岩级别和支护条件参数，见表 3—9 和表 3—10。

表 3—9　模型中围岩及初期支护参数

围　　岩	容重(kN/m³)	弹性模量(GPa)	泊松比 υ	内摩擦角(°)	黏聚力(kPa)
Ⅳ级	22	4	0.32	30	700
C25 喷射混凝土	23	24	0.2	—	—

表 3—10　接触单元参数

接触单元	法向刚度(MPa)	切向刚度(MPa)	内摩擦角(°)	黏聚力(kPa)
Interface	500	100	10	5

(4) 施工方法采用台阶法，工况的模拟尽可能与实际施工过程一致。隧道施工过程如下：模拟开挖过程中，采用循环开挖，下台阶落后上台阶 6 m，仰拱落后下台阶 6 m，各台阶开挖 2 m 后便立即施作初期支护，直至完成隧道开挖支护。隧道上台阶开挖至距溶洞 4 m 时，开挖面揭露前方岩墙中的裂隙。

2. 研究断面选取及所要研究内容

取模型中裂隙前端的竖直面 Y=30 m 处作为研究断面，研究断面距溶洞前边界 6 m。在研究断面上，仅分析拱顶点和仰拱底部的竖直位移及两侧拱肩、两侧拱腰、下台阶两侧边墙等特征点位的水平位移，以及岩墙中裂隙中点处的纵向挤出位移在隧道开挖中的变化规律，用以分析隧道施工的安全性。

3. 计算结果及分析

通过数值模拟,研究在裂隙存在的情况下,隧道开挖过程中,有压溶腔对隧道研究面应力、变形及塑性区变化的影响,为施工过程中隧道安全性提供理论依据。

(1) 位移分析

当溶洞和隧道开挖面间的间距为 4 m(即裂隙长度)时,分别提取研究面上拱顶及仰拱处的竖向位移和断面特征点处的水平位移,绘制出研究面上各研究点位移与开挖步关系示意图,如图 3—8 所示(图中除拱顶及仰拱底点位移为竖直位移外,其他各点均为水平位移)。而开挖面揭露出岩墙中的裂隙充填物时,裂隙充填物的纵向挤出位移曲线如图 3—9 所示。

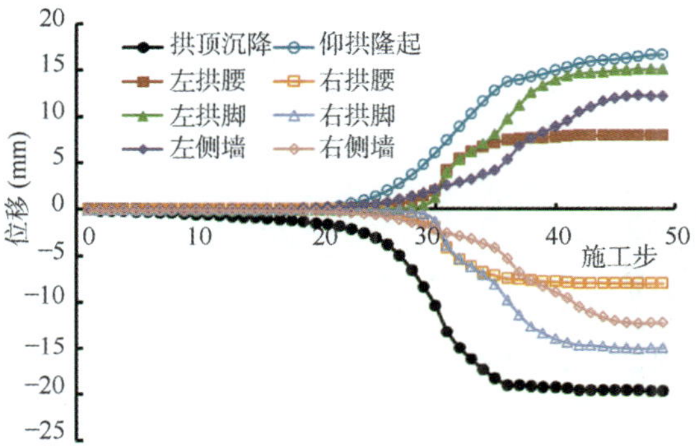

图 3—8　断面各点位移随开挖步的变化曲线

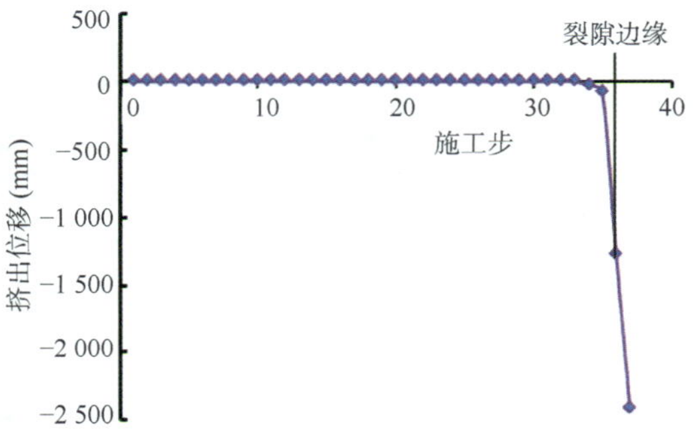

图 3—9　裂隙充填物挤出位移随开挖步的变化曲线

从图 3—8 可以看出,随着隧道掌子面与溶洞的接近,研究断面上各特征点的位移都逐渐增大,且拱顶沉降位移发展比其他各点速度快,位移也较大,为 19.8 mm。断面上各对称位置点的水平位移大小基本相差不大,即随着隧道的开挖与支护,目标断面的变形是基本对称的,且对称点的位移曲线形态也基本一致。

由图 3—9 可以看出,当开挖面逐渐接近裂隙边缘时,裂隙边缘处点的纵向挤出位移都比较小,都不大于 1 mm,但当开挖面距裂隙边缘 2 m 时,其位移就突然增加至 30.4 mm;当开挖面距裂隙边缘 1 m 时,其位移就右突然增加至 81.4 mm,增加幅度非常显著,但当开挖面揭露裂隙时,此时其挤出位移突变至 1 275 mm,然后突变至 2 428 mm。裂隙充填物被溶洞内压力挤出后岩墙可能会很快失稳,这就预示着充填有泥水的压力溶腔就会突发突水事故。如果在施工过程中钻设加深炮孔的地质超前预报工作,则很可能就会发现开挖面前方的溶洞,然后进行钻孔泄压后再行向前施工;如果没有相应的工作,则就很可能造成突水突泥的灾害,将产生严重的后果,可能对洞内的施工人员的生命安全及施工机械设备造成严重的威胁。如果溶腔的体积和腔内压力更大一些,则可能在隧道揭露裂隙时发生难以想象的灾难性后果,因此,在现场施工过程中,进行超前地质钻孔是十分必要的。准确地对隧道前方溶洞进行定位,探明其规模、形状,对施工的安全进行有着重要的实际意义。

(2) 应力分析

以邻近裂隙边缘的隧道截面为研究断面,分析溶洞和裂隙对隧道初期支护应力的影响,隧道施工完成后,支护结构最大主应力和最小主应力云图如图 3—10 所示。

由图 3—10 可以看出,在隧道完成施工后,初期支护结构的最大主拉应力达到了 0.72 MPa,

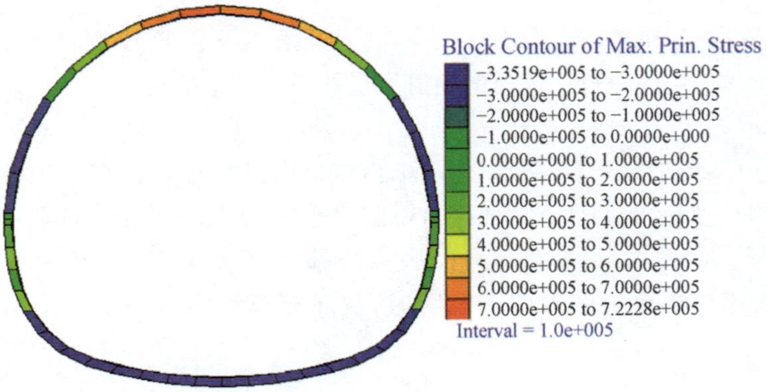

(a) 最大主应力

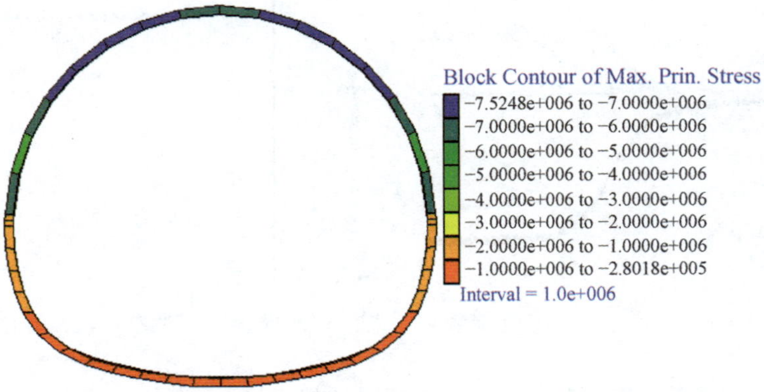

(b) 最小主应力

图 3—10 初期支护最大主应力和最小主应力云图(单位:Pa)

最大主压应力为 7.525 MPa。C25 喷混凝土的抗拉极限强度为 2.0 MPa,抗压极限强度为 18.5 MPa,因而,初期支护结构的最大主拉应力与最大主压应力均小于其极限强度值。

上述研究结果表明,当压力溶腔出现在隧道正前方时,隧道研究断面距离较大时,溶腔及其压力对隧道结构应力影响较小。

(3) 塑性区分析

隧道尚未开挖之前及开挖至裂隙时,溶洞周边围岩及岩墙塑性区分布分别如图 3—11 及图 3—12 所示。

由图 3—11 可知,在隧道未开挖时,由于溶洞内压的缘故,溶洞周围已经产生塑性区,尤其是裂隙处,裂隙长度范围内的围岩均出现了塑性区。

由图 3—12 可以看出,当溶洞与裂隙位于隧道前方时,由于裂隙的存在,隧道与溶洞间塑性区早已经贯通,且隧道周边围岩也出现了塑性区。围岩塑性区的范围约一倍洞径,由于裂隙的存在,导致围岩塑性区较大,当裂隙充填物被挤出后岩墙极易失稳,造成突水突泥地质灾害。

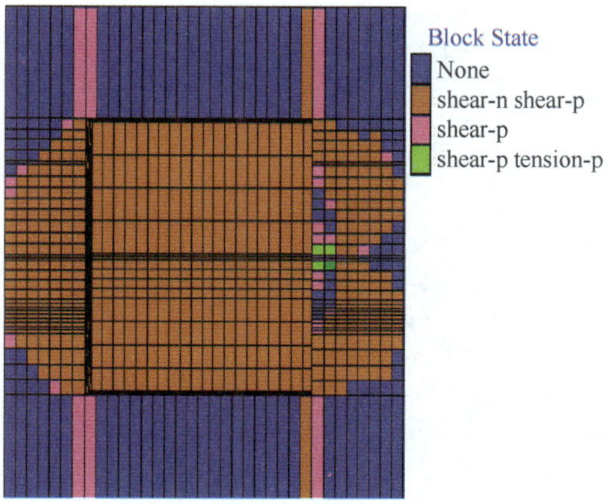

图 3—11　溶洞周边围岩塑性区分布图

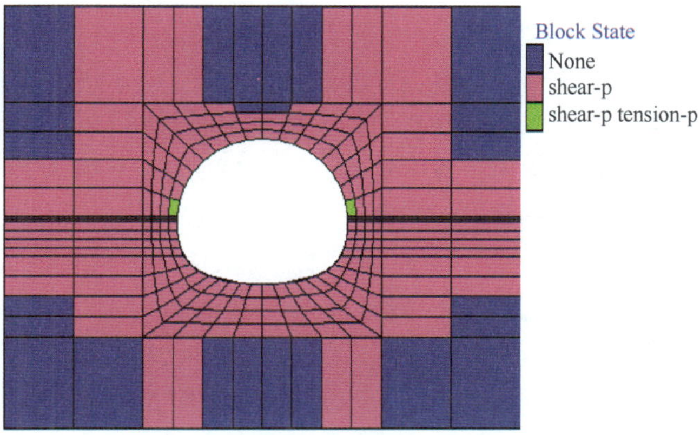

图 3—12　隧道断面周边围岩塑性区分布图

3.4.2　溶洞在断面一侧时对隧道施工安全的影响分析

1. 分析模型及计算参数

3.2 节分析结果表明，在其他条件相同时，溶洞在隧道周边的位置对隧道安全性影响相差不大，因而这里仅以溶洞出现在隧道断面右侧为例说明岩墙中存在裂隙及充填时对隧道施工安全的影响。此种工况下计算分析模型建立、本构关系选取、材料计算参数的选取、岩墙中裂隙及充填特征参数、溶洞内压力以及模拟施工步骤与上节相同，只是溶洞的形状为直径 20 m 长 20 m 的纵向水平放置的圆柱面围成的区域。分析模型如图 3—13 所示。

2. 计算结果与分析

(1) 位移分析

在有压溶洞出现在隧道断面右侧且岩墙中存在裂隙的情况下，开挖过程中研究面上各点位移与开挖步关系曲线如图 3—14 所示，图中拱顶和仰拱位移为竖直位移，其他各点均为水平位移。

图 3—13 溶洞在隧道右侧时的模型

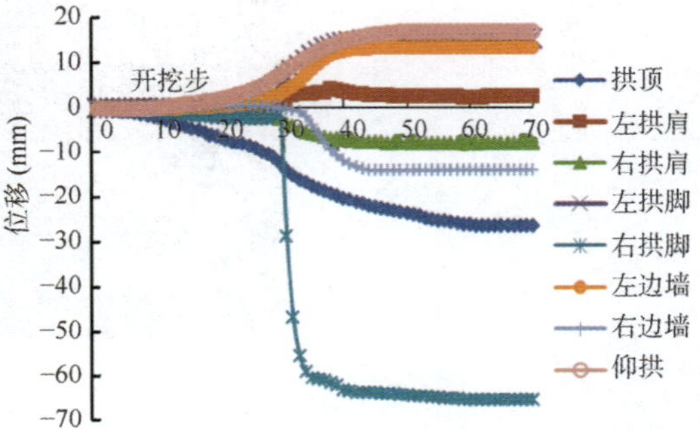

图 3—14 断面各点位移与开挖步的变化曲线

从图 3—14 可以看出，在溶洞内存在压力的情况下，隧道开挖面逐渐接近目标断面过程中，隧道拱顶预沉降量很大，增长速度较快，明显大于无溶洞情况下的变形；另外由于有压溶洞出现在隧道断面右侧，所以隧道施工过程中的断面位移呈现显著的非对称性；在右侧溶洞内压力的作用下，断面右侧水平位移显著大于左侧对应点位的位移。

裂隙位置处的水平位移显著大于其他各点位移，为拱顶沉降位移的 2.45 倍，说明岩墙中裂隙充填物被挤压逐渐被挤出裂隙。由于隧道开挖后，裂隙充填物失去了相应的平衡支撑阻力，充填物出现被挤出的潜势。另一方面，由于岩墙中裂隙充填物被溶洞内压力作用下已经被挤密压实，而且隧道开挖后又及时施作了初期支护，因而初期支护结构为裂隙充填物提供了支撑，裂隙充填物不会很快被挤出。但由于溶洞内压力较大，使此处位移显著大于其他位置，在此压力作用下，此处喷射混凝土层就很可能出现开裂。如果在此处设置了变形监测断面，就可以及时发现隧道断面变形的异常情况。此时再进一步进行地质雷达等物探方法对隧道周边进行溶洞探测，就可以发现此溶洞，查明溶洞充填性质，从而可以采取进一步处理措施（如排水降压）而消除突水突泥风险。如果在施工过程中没有及时发现隧道变形异常及混凝土喷层的开裂情况，可能会在隧道向前施工的过程中，当初期支护严重变形而无法继续承载时就会导致裂隙充填物被冲出，从而使溶洞内的充填物突然涌出导致突水/突泥事故发生。

(2)支护结构应力

当隧道开挖揭露出岩墙中裂隙并及时施作初期之后，隧道初期支护的应力分布如图 3—15 所示。

从图 3—15 可以看出，隧道初期支护的最大拉应力和最大压应力均出现在隧道与溶洞间岩墙的裂隙处，最大拉应力达到 3.16 MP，已经超过了喷射混凝土的极限抗拉强度值，因而此处混凝土层产生抗拉破坏，喷层出现裂缝；裂隙处最大压应力也远大于其抗压极限强度，虽然有钢拱架的存在会承受大部分应力，但此处喷混凝土层必然出现受力压溃，不能及时对溶洞内进行泄压，必然导致隧道突水/突泥事故的发生，严重影响隧道施工人员和设备的安全。

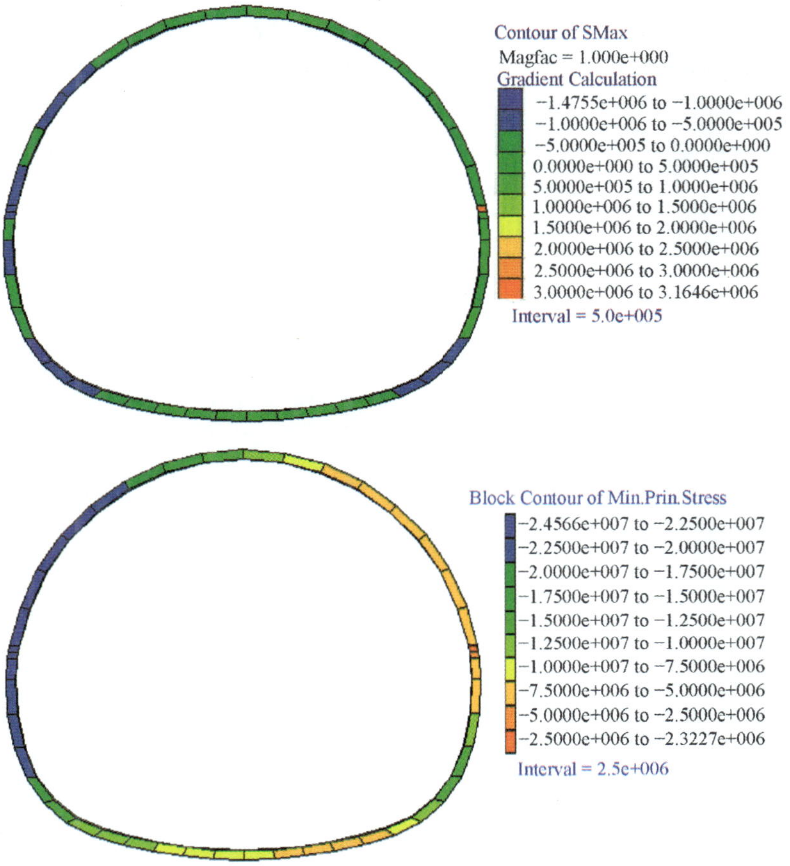

图 3—15　初期支护的主应力(Pa)

(3)塑性区分布

当隧道开挖模拟施工完成后，在裂隙处断面上围岩塑性区分布如图 3—16 所示。

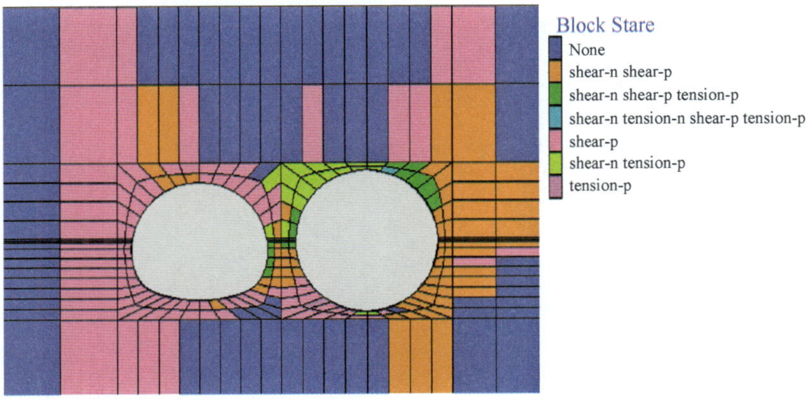

图 3—16　溶洞在隧道断面右侧时围岩塑性区

由图 3—16 可以看出，当有压溶洞出在隧道断面右侧时，岩墙全部范围内的塑性区均贯通，并且围岩塑性区范围较大。在隧道施工过程中揭示出岩墙裂隙时，由于裂隙充填物的被挤出，使得此处初期支护遭到破坏，岩墙出现塑性流动最终导致岩墙失稳，引起大规模的突水/突泥安全事故。

当有压溶洞出现在隧道其他部位，且隧道与溶洞间的岩墙中存在贯通裂隙时，隧道断面变形及支护结构受力特征与溶洞在断面右侧时基本一致。

第4章　大断面软岩隧道自进式管棚预支护技术

4.1　概　　述

4.1.1　软岩隧道变形特征

隧道工程安全施工的基本要求是保持隧道围岩的稳定，可以用隧道变形来衡量地层的稳定性，控制了地层的变形，也就控制了隧道的稳定性。根据已有研究成果，隧道施工过程中总的变形可以分为隧道开挖前的预变形(或先期变形)和隧道开挖后变形。根据围岩变形的时空分布规律，采取相应的对策分别控制开挖面前方及开挖面后方变形，使隧道变形控制在其变形基准值以内，保证隧道稳定性。

软弱围岩隧道变形控制的总原则是隧道开挖后围岩变形控制在容许范围之内，即满足式(4—1)要求，即隧道围岩变形的控制标准。

$$u \leqslant u_s \tag{4—1}$$

式中　u——隧道开挖后围岩的总变形量；

u_s——围岩容许变形量。

一般隧道围岩某点的总变形量 u，包括开挖面到达前的变形(超前变形，也称先期变形)u_p，开挖面通过后量测开始前的变形(初始变形)u_i，以及量测开始后的变形(量测变形)u_m，如图4—1所示。总变形也就是隧道开挖后在有支护条件下达到可能的最大变形值 u。

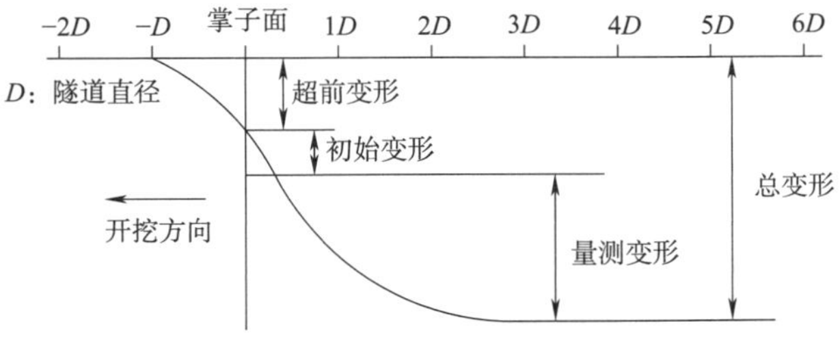

图4—1　开挖面的推进和变形概念图

由图4—1可知，围岩的总变形 u 为：

$$u = u_p + u_i + u_m \tag{4—2}$$

因此，隧道变形控制的总原则即为支护设置后必须把总变形值控制在容许变形值范围之内。

由于高铁隧道开挖断面跨度大及软弱围岩来压快且变形持续时间长的力学特性，隧道开挖后围岩的自稳时间很短，初期支护甚至来不及施作，围岩变形就可能超过其容许范围，使隧道失稳。

隧道工程实践和施工过程力学的理论分析结果均表明，隧道施工过程中隧道拱顶沉降占其总沉降量的百分比随着围岩稳定性的减弱而增加，而在隧道开挖之前对开挖面前方地层进行预支护可以有效降低此百分比，有利于隧道安全。因此，应在隧道开挖之前对开挖面前方地层进行超前支护，预先减轻开挖后可能释放的荷载，用初期支护承担减轻后的释放荷载，即用超前支护和初期支护承担开挖后围岩可能释放的大部分荷载，二次衬砌承受小部分荷载及后期因软弱围岩的流变作用而产生的后期荷载。

4.1.2 软岩隧道超前支护方法

在软弱围岩中进行隧道施工，必须对开挖面前方地层进行超前支护，才能有效控制隧道出现过大变形及避免隧道失稳。合理设置超前支护，使开挖释放的荷载控制在初期支护承载能力之内。有效控制开挖面前方的先期变形及开挖面的挤出变形，才能保证初期支护能够顺利施作，有效承受围岩压力而不至于产生过大变形。

目前在软弱围岩中进行隧道施工可采用的超前支护技术措施有多种，如超前锚杆、超前小导管注浆、水平旋喷预支护及管棚超前支护等，这些超前支护措施也各有自己的特点及适用范围。

超前支护大体上可以按构造分类，分为利用隧道纵向刚性的梁构造和利用横向刚性的拱形构造两大类，如图 4—2 所示。梁构造可分为采用钢管、钢棒系材料的工法和高压喷射改良围岩的工法 2 种。

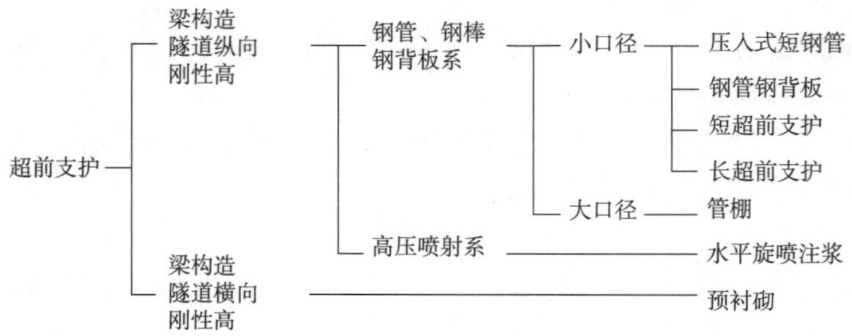

图 4—2 超前支护的分类

各种超前支护的特征列于表 4—1。由于超前支护材料、使用机械、设备、地质条件及一次打设长度等，各具特色。为此选定超前支护时，要选定既适合地质条件和周边环境条件，又施工简单且经济的工法。

表 4—1 超前支护的种类和特征

工法名称	短超前支护		长钢管	水平旋喷注浆	预衬砌	管 幕
	充填式	注浆式				
示意图	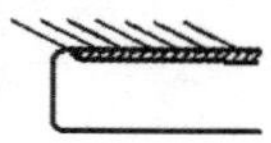	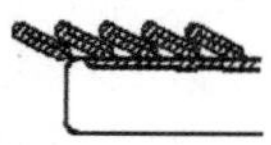		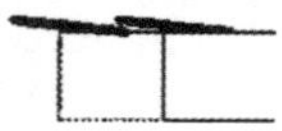		
工法概况	用钻孔台车沿开挖面外周每隔 60 cm 打入超前锚杆(钢筋)等	用钻孔台车沿开挖面外周打入中空锚杆，并注浆，打入间距约 60 cm	用钻孔台车或专用机械打设直径约 100 mm 的钢管并注浆。间距 45～60 cm	用专用机械钻孔后，从前端喷射浆液搅拌并固结地层。间距 60 cm、改良直径约 60 cm	用专用机械在开挖前于开挖面前方构筑拱状衬砌	用机械沿隧道断面外周配置较大直径的钢管
特征	锚杆(钢筋)等提高开挖面前方围岩的约束力	形成的注浆带能够改良围岩	钢管和注浆材能够改良围岩，同时，因超前长度长，能够控制开挖面超前变形	高压喷射确实能够改良开挖面周边围岩，同时，因超前长度长，能够控制开挖面超前变形	预衬砌能够稳定拱部，同时也能够抑制围岩的位移	能够根据环境条件选择各种管径的钢管。钢管的刚性高，抑制变形的效果也高

续上表

工法名称	短超前支护		长钢管	水平旋喷注浆	预衬砌	管　　幕
	充填式	注浆式				
适用地质	黏性土、砂质土、砂砾、裂隙岩体、卵石	黏性土、砂质土、砂砾、裂隙岩体、卵石	黏性土、砂质土、砂砾、裂隙岩体、卵石	黏性土、砂质土	黏性土、砂质土	黏性土、砂质土、砂砾、卵石
施工性	通常设备	需要注浆设备	需要注浆设备	需要高压喷射设备	需要专用设备	需要专用设备
一次打设长度	小于 5 m	小于 5 m	12～25 m	15 m 左右	2～3 m	20～100 m

1. 小导管超前支护

小导管超前支护是普遍采用的防止拱部产生小型坍塌的技术，在隧道施工中普遍采用。小导管超前支护是在开挖前向开挖面前方的拱部，斜向打入长 5 m 以内的锚杆、钢管等，打设范围是隧道中线左右各 60°左右，计 120°～150°左右范围，掘进到搭接长度后打设下一环。也可以根据现场拱部地层情况，调整范围和间距。利用在小钢管壁上钻孔进行注浆对地层进行固结。小导管超前支护适用于具有一定自稳特性的地层，隧道开挖跨度也不能过大，因为小导管的长度及钢管直径都较小，纵向支护效果较差。

2. 插板法

插板法也是采用比较多的一种超前支护方法。例如在比较松软的隧道围岩中，采用钢插板法，以较大面积地支护拱顶，插板相互搭接。钢插板的宽度一般采用 15～25 cm，长度为 1.2～1.6 m，以间隔 30 cm 左右打入。一般都在隧道拱顶 120°范围内施设。由于插板法的纵向长度较小，不适于大跨度隧道软岩的超前支护。

3. 预衬砌

预衬砌法也属于基本超前支护的一种。它是用厚约 20 cm 混凝土壳或砂浆壳，形成比较柔性的拱壳，也可以用厚约 30 cm 混凝土形成刚性比较大的拱壳。柔性拱壳主要用于稳定开挖面，刚性拱壳用于控制地表下沉。图 4—3 是日本铁道和公路隧道的预衬砌的标准模式。

我国预衬砌工法才刚刚起步，在宝兰线隧道内进行工业性试验。

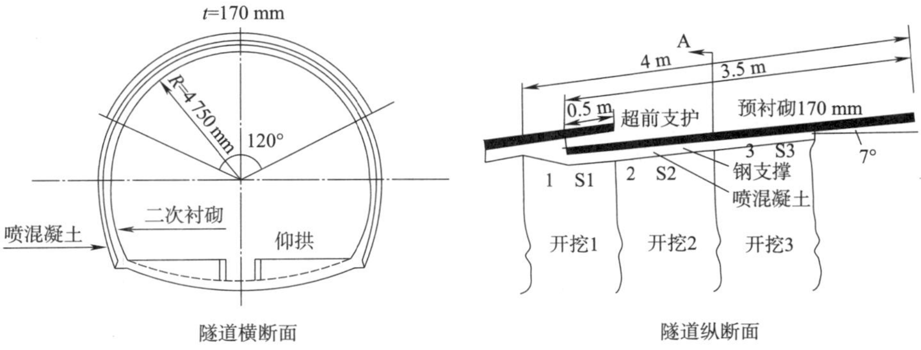

图 4—3　预衬砌设计断面

4. 长钢管

长超前支护是打设长度超过 6 m 的超前支护的总称。多采用长钢管超前支护。钢管直

径采用外径 ϕ108 mm 的最多(称大管棚超前支护),根据对隧道变形控制的要求及环境条件、目的和荷载条件等,外径变化在 ϕ89 mm 和 ϕ140 mm 之间。一次打设标准长度约为 12.5 m,大致变化在 10～20 m,但也有超过 30 m 的施工事例。环向打设间隔在 45 cm 左右。

长钢管的刚性大,能获得梁的效果,同时钢管间的围岩因注浆也有改良围岩效果,因此超前支护的效果好。相对超前锚杆、超前小导管等以防止拱顶小规模坍塌为主的工法来说,此工法主要是能够有效抑制隧道围岩的先期位移,从而提高拱部的稳定性。注浆材料与注浆式小导管相同。

沿开挖断面的外周向开挖面前方的围岩,呈拱形配置长 6～12 m 的钢管,以控制开挖面前方围岩的超前位移,同时发挥稳定开挖面的效果和控制地表面下沉的效果。一般来说,超前支护的钢管多采用直径 80～140 mm、壁厚为 6～11 mm 钢管,打设角度是 4°～8°,打设范围取以拱顶为中心约 120°左右。搭接长度为 3 m 左右,但视围岩条件和地表结构物的位置关系,决定更有效果的配置。其基本构造图如图 4—4 所示。

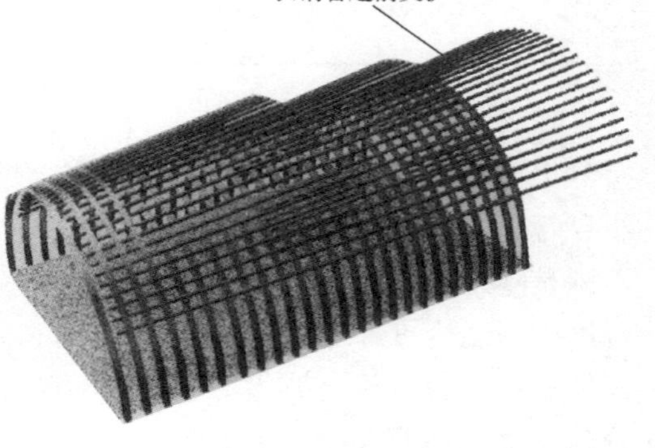

图 4—4 长钢管超前支护概念图

此工法可采用专用钻机进行施工,不需要特殊的作业人员。当围岩松软较破碎时,在钻孔完成后插入管棚时容易塌孔造成重新冲孔,完成 1 个施工循环中需要的时间较长。但是由于管棚的安全性高,如果配置高效施工机械,则可提高开挖效率,加快施工进度。

此工法与利用设置在隧道纵向钢管的刚性补强的管幕类似,但由于长钢管超前支护用注浆改良了钢管周围的地层,在隧道横向也保持了一定的连续性,这一点与下面提到的管幕是不同的。管幕主要是在洞口段按隧道纵向坡度打设的,其全长是用钢支撑来支持的。而长钢管超前支护,主要是在洞内对隧道纵向坡度有 5°～10°的仰角打设的,直接支持钢管的钢支撑只有 1～2 榀。

5. 管幕

管幕法是在隧道开挖前沿隧道外周用钻机打设超前长钢管,而后在钢管内外充填砂浆的工法。此工法是抑制隧道洞口、拱顶稳定和超前变形、地表面下沉及保护周边环境的一种方法。采用的钢管比一般钢管直径大,控制地表面下沉的效果较好。一般采用的钢管直径约 150 mm 以上,施工长度约 30 m 以上,施工范围在拱部 120°左右,打设间隔约 30～50 cm。

此工法多用于在隧道正上方有道路、铁道、建筑物等作为防止地表面产生过大沉降的对策。此工法需要设置反力壁等比较大的临时设备,施工速度也比较慢,要很好地考虑施工条件、隧道的工期等选定。

6. 水平旋喷注浆

水平旋喷注浆是用专用旋喷钻机进行钻孔,按设计速度回转钻杆,从钻杆前端用高压泵喷射水泥系固化浆液形成高压射流,浆液射流切削搅拌土体固结形成旋喷柱体,相邻旋喷柱体之间相互搭接从而形成拱棚。需增加旋喷柱体的抗弯刚度时,也可在柱体内植入钢管。但因采用专用机械、高压泵、水泥仓等设备,费用较高,故在矿山法中采用较少。在城市的细颗粒地层中注浆困难的场合,水平旋喷注浆的效果很好,近年不仅作为拱顶部的超前支护,也作为脚部补强对策得到应用。另外，由于旋喷柱体采用水泥浆为固化剂，因而在含水量较少的砂质地层中应用效果较好，固结体强度高。

从中、长超前支护的发展来看，在洞内施工的主要是两种方式：一个是中、长钢管超前支护；一个是水平旋喷注浆超前支护。但由于国内目前尚缺质量过关的成套旋喷设备，故在大跨度软岩隧道中应用较少。

从目前隧道支护技术的发展趋势看，超前支护是一个很重要的领域。日本在新的"城市矿山法隧道设计标准"中，已经规定短、中、长三种超前支护的基本参数。这对进一步发展超前支护技术具有重要意义。

4.1.3　长大软岩隧道预支护选择

1. 长大隧道施工面临的问题

沪昆高铁贵州段有多座特长隧道，而且软弱围岩长度比较大，工期异常紧张。大独山隧道全长 11 882 m，最大埋深约 385 m。隧道穿越地层围岩松散破碎，岩质松软，断层破碎带广泛分布，洞身断层破碎带发育，穿越区域断层 7 处，地质复杂多变，围岩基本以Ⅴ级为主。隧道开挖过程中多处产生围岩大变形，为施工带来极大的风险。

岗乌隧道全长 13.188 km，隧道最大埋深约 543 m。隧道洞身穿越区域以碳酸盐岩广泛分布为主要特征，具构造剥蚀～溶蚀槽谷地貌特点。隧址区内出露碳酸盐岩地层主要为灰岩、白云岩、白云质灰岩、岩溶角砾岩等，局部为碎屑岩夹层或互层，山间槽谷地带岩溶洼地、落水洞、溶洞等岩溶形态较发育，属岩溶中等至强发育的地层，多为垂直发育，隧道轴线与葫芦井—樱桃窝断层相交，发育有岩溶角砾岩地层，此处隧道埋深 453 m，地应力高，隧道变形大。

大独山隧道和岗乌隧道两座隧道在施工过程中均出现过大变形，如大独山隧道平导在穿越大埋深断层破碎带时，隧道出现大变形，钢架被压弯曲，如图 4—5 所示。岗乌隧道 4 号横洞工区正洞小里程方向初期支护喷层严重开裂，钢架严重扭曲，如图 4—6 所示。

图 4—5　大独山隧道平导钢架挤压变形扭曲

图 4—6　岗乌隧道初期支护变形断裂

沪昆高铁贵州段自 2010 年施工开始，大独山隧道和岗乌隧道均因复杂多变的地质条件给两座隧道施工带来了极大的挑战。一方面，隧道施工过程需要花费极大的精力预防并处治不良地质灾害，保证隧道安全施工；另一方面，隧道受其他因素影响的长时间停工等人为因素，大独山隧道虽然由进口、出口、1 号横洞、2 号横洞等共计 6 个开挖面同时掘进，隧道工期压力依然巨大。而岗乌隧道由原来的进口、出口、1号横洞、2号横洞和3号横洞5个工区进行施工，随后又增加了4号横洞，仍然工期紧张。岗乌隧道成了沪昆高铁贵州段整条线路的工期控制工程，因而在软弱围岩地段进行隧道预支护施工时，需要既能满足控制地层先期位移的要求，又能实现快速施工的要求，才能保证两座隧道按时建成，保证线路正常开通运营。

2. 预支护确定

根据隧道断面大、工期紧张及软弱围岩累计长度所占线路总长度的百分比较大的特点，需要采用一次管棚循环施工长度大，且形成的棚架刚度较大的长管棚超前支护形式。

一般认为，超前支护随着纵向支护距离的增加，预支护拱棚的整体性得到提高，施工效率就会得到相应提高。目前而言，超前支护方式中，超前长管棚有着支护距离长，支护刚度大、地层适应性强等显著优点。然而，大断面深埋特长隧道的工程条件往往更为复杂，传统长管棚的施工需要被纳入施工工序，此时，能够在保留长管棚优良支护特点的同时，有效简化管棚的施工流程，减少每循环管棚的施作时间就显得尤为重要。显然，传统的大管棚在面对频繁出现的塌孔、堵孔现象时，并不能保证有较好的施工效率。另一方面，自进式锚杆得到逐步推广的原因则在于其集钻进、注浆、锚固为一体的工艺特点。但限于杆体的条件限制，因此支护距离不能得到有效保障。这就使得自进式锚杆在特长隧道的施工中会随着施工频率的增加逐渐影响施工效率。若管棚能自进安设，可大为提高功效，只要钢管的刚度满足要求，可以适当减小管棚的钢管直径。

因此，如何使用新工艺、新方法，在保证安全性的前提下有效提升管棚施工效率，成为解决施工难点的主要突破方向。在这样的背景下，自进式管棚应运而生。

4.2 自进式管棚的施工工艺与施工效率分析

4.2.1 自进式管棚

自进式管棚是一种在保留对地层适应性强、形成的棚架整体性好、支护刚度大、支护距离长等特点的同时，克服了一般管棚在成孔及安装过程中的塌孔、堵孔现象，并且集钻孔、安装、注浆和支护为一体化的新型长管棚。

在大独山隧道的施工过程中，主要采用了T76S型自进式管棚作为超前支护方式。选取T76S型自进式管棚的考虑因素有：

(1)宜万铁路的建设过程对钻机设备选型进行了详细研究，研究表明在特长隧道中，C6多功能钻机施工效率最高。因此，考虑到工程地质的相似性，大独山隧道选择C6多功能钻机进行超前支护的施作，而通过现场试验，T76S型自进式管棚与C6多功能钻机工作匹配最为良好，且操作过程钻机改装方便，易于施工。

(2)T76S型自进式管棚由高强度合金材料制作而成，强度与刚度均大于传统管棚，且由于自进式管棚由多节钢管连接而成，换管过程需要现场工人人工架接，单节T76S型自进式管棚钢管长度、重量适当，便于节省体力，提升工作效率。

以T76S型自进式管棚为例，说明其组成及施工过程的资源配置。

4.2.2 自进式管棚的组成

T76S型自进式管棚的主体材料主要为高强度、高刚度的全螺纹厚壁钢管。其结构组成主要包括三部分：高强度外螺纹钢管、高强度连接套管及高强度带孔合金钻头，具体如图 4—7 及图 4—8 所示。

图 4—7　高强度带孔钻头

(a) 外螺纹钢管及高强度连接套　　(b) 连接套参与钻进工作

图 4—8　螺纹钢管与高强度连接套工作图

其中，高强度外螺纹钢管的外壁全为螺纹，管身无孔，单节长度以 3 m、4 m 为主，实际应用中管节长度可根据工程需要任意切割。高强度连接套管内壁分布有螺纹，并与螺纹钢管外壁螺纹条理吻合，管棚钻进的过程各节钢管通过高强度连接套连接，由此形成长管棚并完成钻孔。端部安装有高强度带孔合金钻头，连接在首节螺纹钢管的最前端，并通过孔口在钻进过程中实现注浆。

T76S 型自进式管棚各组成部分的相关参数见表 4—2。

表 4—2　T76S 型自进式管棚参数表

<table>
<tr><th>名　称</th><th>尺寸(mm)</th><th>极限抗拉/压强度(MPa)</th><th>屈服强度(MPa)</th></tr>
<tr><td>螺纹钢管</td><td>外径 76，壁厚 15</td><td rowspan="2">772</td><td rowspan="2">609</td></tr>
<tr><td>高强度连接管</td><td>外径 97，管长 220</td></tr>
<tr><td>高强度带孔钻头</td><td colspan="3">型号：T76/D130/EXX</td></tr>
</table>

4.2.3 自进式管棚的资源配置

机械设备的良好配套是自进式管棚顺利施工的重要保障。大独山隧道采用的 T76S 型自进式管棚的钻进过程主要采用 C6 多功能钻机(钻杆接口改装)与 M400NT 干料连续拌和灰浆泵配合完成,其中 C6 钻机的主要技术指标见表 4—3。M400NT 注浆机的注浆端孔口连接于 C6 钻机,钻进过程中水泥浆液由 C6 钻机输送至螺纹钢管内并注入围岩,进而实现钻进注浆一体化。

表 4—3 C6 多功能钻机技术指标表

技术指标	参数值	技术指标	参数值
钻孔深度(m)	100	最大加压力(kN)	35
钻孔直径(mm)	60～305	爬坡坡度(°)	20
行走速度(km/h)	0～1.7	功率(kW)	93
最大扭矩(N·m)	13 350	外形尺寸(长×宽×高)(mm)	7 528×2 250×2 767
最大起拔力(kN)	63.5		

经大独山隧道现场多次用 T76S 型自进式管棚施工,T76S 型自进式管棚在大独山隧道的最优化人员配置与机具配置详见表 4—4 和表 4—5。

表 4—4 T76S 型自进式管棚施作人员配置表

序号	工种名称	人数	序号	工种名称	人数
1	管理人员	2	5	注浆工	3
2	测量人员	3	6	电焊工	2
3	机械工	5	7	安全员	2
4	电工	1	8	杂工	5
合计	23				

表 4—5 T76S 型自进式管棚施作机具配置表

序号	设备名称及规格	单位	数量
1	C6 钻机	台	1
2	M400NT 注浆机	台	1
3	全站仪	台	1
4	装载机	台	1
5	交流电焊机	台	2

4.2.4 自进式管棚的施工工序

经过现场施工不断调整,总结自进式管棚的主要施工工序如下:

(1)扩挖并预留工作室

为预留工作空间,自进式管棚施作的掌子面起后方约 6 m 范围内,隧道开挖断面适当加大,使拱部挑高约 40 cm,同时喷射加筋混凝土(钢筋网片 100 cm×100 cm,ϕ12 mm),厚度约 10 cm、对掌子面喷 10 cm 厚的混凝土作为保护。该阶段在开挖过程预先完成,示意图如图 4—9 所示。

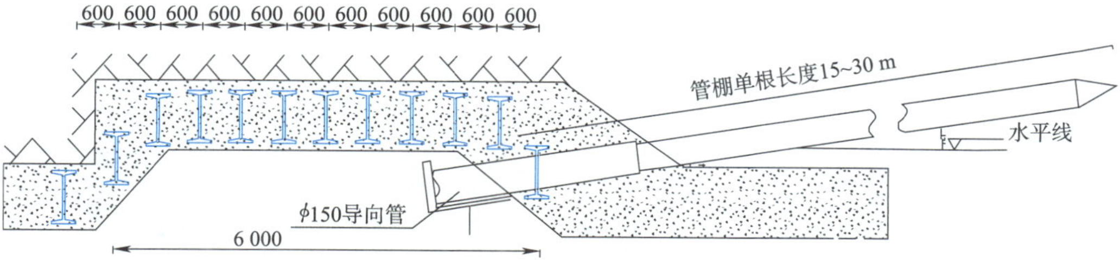

图 4—9　拱顶挑高示意图(单位:mm)

(2)施作护拱与导向管

当开挖至预定施作管棚的掌子面处时,初期支护架设带开孔的工字钢,其中,开孔直径为 150 mm,并按设计要求沿隧道轴线对称开孔。另在每个开孔处焊接 ϕ150 mm 的钢管作为导向管,导向管长度为 1 m;将导向管与隧道内壁的间隙喷填密实,导向管外倾角控制在 3°以内。导向管安装如图 4—10 所示。

(3)搭建钻机工作平台

将隧道上台阶面填弃石渣并垫高,碾压密实并使其平整,铺设形成钻机工作平台,如图 4—11 所示。

图 4—10　护拱及导向管架设

图 4—11　钻机工作平台与钻机准备图

(4)器械准备与调试

将钻机支撑于平台上,为稳固钻机,必要时铺设枕木,用以防止钻进过程中钻机发生不均匀下沉、摆动等影响钻孔质量。

调整注浆机的工作状态,使得注浆机注浆接头在 T76S 型自进式管棚钻进时能够快速对接至 C6 钻机进行注浆,如图 4—12 所示。

图 4—12　注浆泵及压力表调试

(5)管棚钻进

钻孔由高位孔向低位孔依次进行,钻进过程由测量人员实时监测,控制钻进精度。钻进过程同时注浆,每节螺纹钢管钻进完成时停泵,工作人员续接连接套管并将下节螺纹管固定于C6钻机，钻机调整，进入下一节螺纹钢管的钻进并继续完成注浆，依次施工，直至当下的钻进孔的管棚全部完成。再次调整钻机位置及方位参数，进入下一孔钻进。过程具体如图4—13所示。

(a) 螺纹钢管钻进过程　　(b) 工作人员续接连接套管

图4—13　钻孔及更换螺纹管工作图

(6)终孔二次注浆

为了取得更好的注浆效果，充分发挥“棚架体系”的支护能力，当各孔螺纹钢管全部钻进完成后，使注浆接头与已施作好的自进式管棚的钢管依次对接，进行二次高压注浆。具体如图4—14所示。

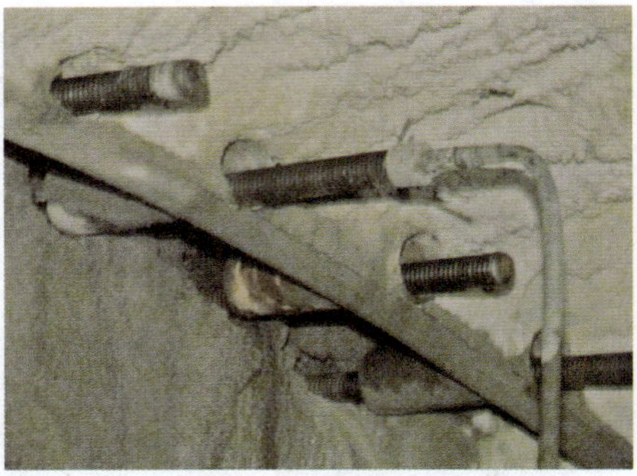

图4—14　终孔二次注浆示意图

(7)器械撤离与平台拆除

当设计的一个循环的所有管棚全部完成之后，撤离相关机械器材。将施作工作平台所用的渣土运输出洞，隧道开挖掘进。

自进式管棚的支护效果如图4—15和图4—16所示。由开挖后掌子面揭示的围岩与支护来看，自进式管棚获得了良好的支护效果。

图4—15　T76S型自进式管棚架设效果图

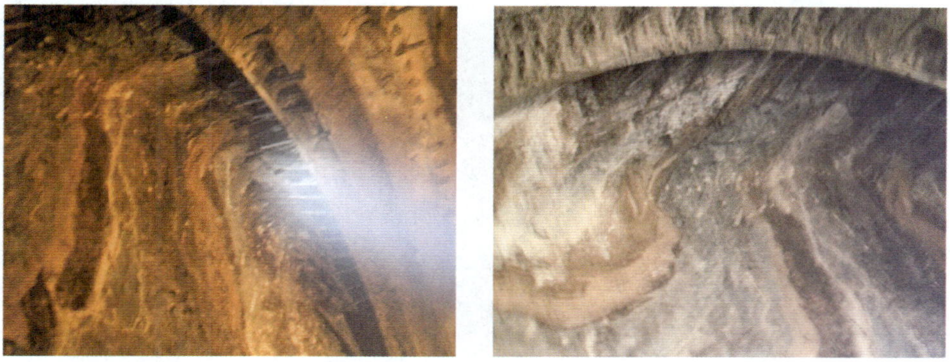

图 4—16　开挖立架后 T76S 型自进式管棚效果图

自进式管棚的施工工艺流程图如图 4—17 所示。

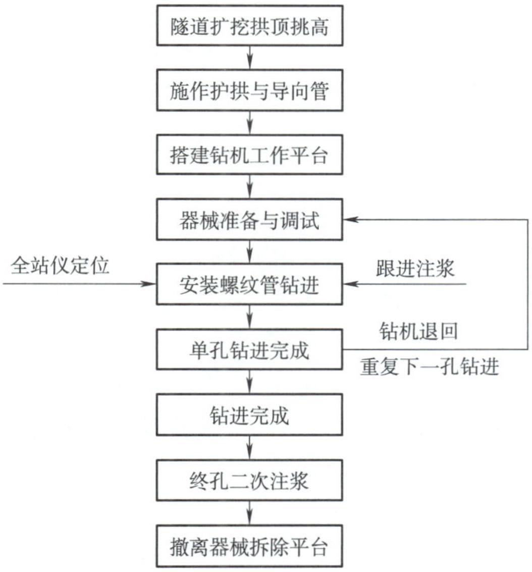

图 4—17　自进式管棚施工工艺流程图

4.2.5　自进式管棚的施工效率分析

管棚的施作时间极大地影响着隧道的工程进度，尤其是在长大隧道中，随着管棚施作循环次数的增加，每循环管棚工序耗时占比的减小，都将显著提高施工效率。因此，有必要对自进式管棚的具体施作耗时进行统计分析研究，以期找出关键工序，改进管棚施作工序，提高管棚施工效率。

每一循环中 T76S 型自进式管棚的施作耗时主要由以下几部分组成：

①准备阶段用时，包括护拱施作、工作平台的搭建、钻机就位及器械准备等；

②钻进阶段用时，指 T76S 型自进式管棚钻孔、接长管棚并注浆的过程；

③结束阶段用时，具体指钻机器械撤离、工作平台拆除等。

为达到研究效果，现场分别设置两组试验段进行对比分析。其中有：试验段 A，T76S 型自进式管棚架设里程为 DK854+370～DK854+389，支护长度为 19 m；试验段 B，T76S 型自进式管棚架设里程为 DK854+386～DK854+417，支护长度为 31 m。施工效率的分析主要由两方面数据对比：两组试验段的施工准备阶段与结束阶段工程用时对比；两组试验段在不同支护长度下 T76S 型自进式管棚钻进时间对比。

(1)T76S 型自进式管棚施工准备阶段与结束阶段工程用时对比

根据现场记录，各试验段 T76S 型自进式管棚在准备阶段及结束阶段的用时统计见表 4—6，表 4—6 中时间单位以小时计。

表 4—6 各试验段准备阶段及结束阶段用时统计表

阶段	项目	试验段	
		A(19 m)	*B*(31 m)
准备阶段	护拱施作用时	8.5	8.0
	平台搭建用时	14.0	8.0
	器械准备用时	4.0	3.0
结束阶段	器械撤离用时	3.0	2.0
	平台拆除用时	10.0	8.0
总用时		39.5	29.0

由表 4—6 中统计数据可知：

①试验段 *B* 在各个环节施工用时均优于试验段 *A*。原因在于试验段 *A* 在施工过程中为首次进行，各项工作流程尚不熟练。随着经验积累，管棚施工在准备阶段及结束阶段用时可以明显减少，施工效率可以明显提升。

②试验段 *B* 在施工准备阶段及结束阶段共计用时 29 h，试验段 *A* 在施工准备阶段及结束阶段共计用时 39.5 h，工程效率提升约 27%。其中提升最大环节为管棚施工平台的搭建。

(2)不同支护长度下 T76S 型自进式管棚钻进时间对比

由于自进式管棚集成孔、钻进、注浆一体化，因此钻进阶段用时，具体是指 T76S 型自进式管棚钻孔注浆的过程，由单孔钻进用时及换接钢管用时两部分组成。

首个试验段 *A* 中管棚共计成 27 孔，因此，为保证数据对比的有效性，记录试验段 *B* 中 T76S 型自进式管棚的 27 孔的钻进时间进行对比分析。试验段 *A* 中管棚施作时间统计见表 4—7，各孔管棚施作用时的柱状统计图如图 4—18 所示，钻进时间与换管时间的占比如图 4—19 所示。

表 4—7 试验段 A 管棚施作时间统计表

孔　号	钻进深度(m)	钻进时间(min)	换管时间(min)	施作时间(min)
1	19	200	40	240
2	19	159	41	200
3	19	70	28	98
4	19	55	18	73
5	19	57	17	74
6	19	59	30	89

续上表

孔　　号	钻进深度(m)	钻进时间(min)	换管时间(min)	施作时间(min)
7	19	43	25	68
8	19	35	11	46
9	19	36	13	49
10	19	35	17	52
11	19	44	9	53
12	19	33	21	54
13	19	29	13	42
14	19	27	19	46
15	19	30	16	46
16	18	31	26	57
17	19	24	18	42
18	18	23	16	39
19	18	39	24	63
20	18	25	20	45
21	18	26	18	44
22	18	31	31	62
23	18	27	17	44
24	18	66	12	78
25	10	43	5	48
26	12	49	7	56
27	9	27	4	31
总计用时(h)		22.0	8.7	30.7

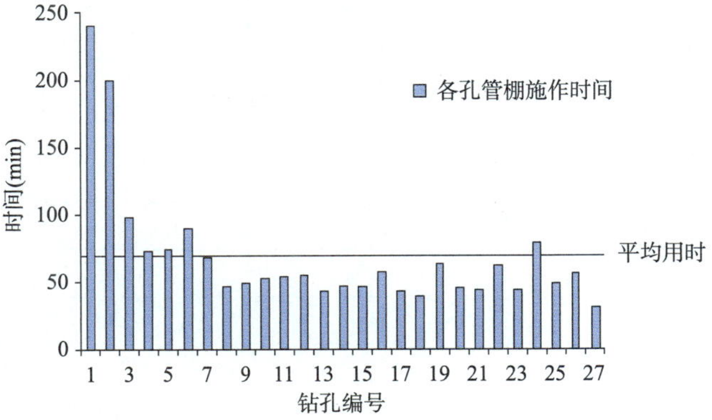

图 4—18　试验段 *A* 各孔管棚施作时间的柱状统计图

由表 4—7、图 4—18 和图 4—19 数据分析可以得到以下结论：

①试验段 *A* 支护长度为 19 m，成孔 27 个，管棚施作过程用时共计 30.7 h，平均每孔用时约 68 min；其中，钻进总时间为 22 h，平均每孔钻进时间约 49 min；换管总时间为 8.7 h，平均

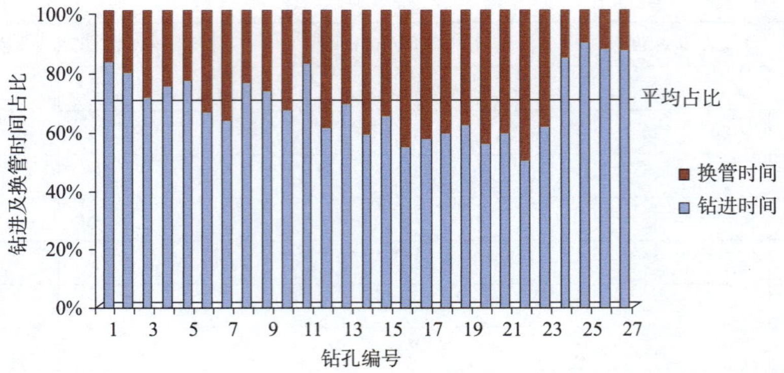

图 4—19　试验段 *A* 各管棚钻进及换管时间占比图

每孔换管时间约 19 min。

②试验段 *A* 在 T76S 型自进式管棚施作过程中，钻进阶段的用时均大于换管时间用时，平均每孔约占总时间的 69.6%。

③试验段 *A* 在 T76S 型自进式管棚施作过程中，1、2 号孔施作时间偏长，其主要原因在于该两孔管棚的施作过程仍为新工法探索的过程，工艺流程尚不熟悉。随着管棚的不断施作，每孔管棚的施作时间逐渐降低，并最终稳定在一个较稳定的数值。

试验段 *B* 中 T76S 型自进式管棚的施作时间统计见表 4—8，各孔管棚施作用时的柱状统计图如图 4—20 所示，钻进时间与换管时间的占比如图 4—21 所示。

表 4—8　试验段 *B* 中管棚施作时间统计表

孔　号	钻进深度(m)	钻进时间(min)	换管时间(min)	施作时间(min)
1	31	64	37	101
2	30	58	26	84
3	21	70	18	88
4	21	62	31	93
5	27	49	25	74
6	22	54	57	111
7	21	44	25	69
8	27	58	32	90
9	30	82	25	107
10	27	52	30	82
11	27	54	28	82
12	30	70	70	140
13	30	71	20	91
14	30	60	19	79
15	30	63	18	81
16	31	55	28	83
17	30	71	39	110

续上表

孔　　号	钻进深度(m)	钻进时间(min)	换管时间(min)	施作时间(min)
18	28	73	39	112
19	28	135	73	208
20	28	62	43	105
21	31	68	36	104
22	31	72	27	99
23	31	60	24	84
24	31	67	28	95
25	30	77	20	97
26	28	59	23	82
27	28	63	31	94
总计用时(h)		29.6	14.5	44.1

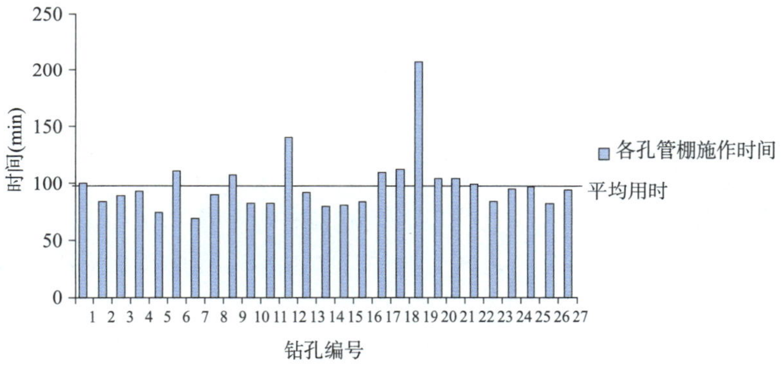

图 4—20　试验段 *B* 各孔管棚施作时间的柱状统计图

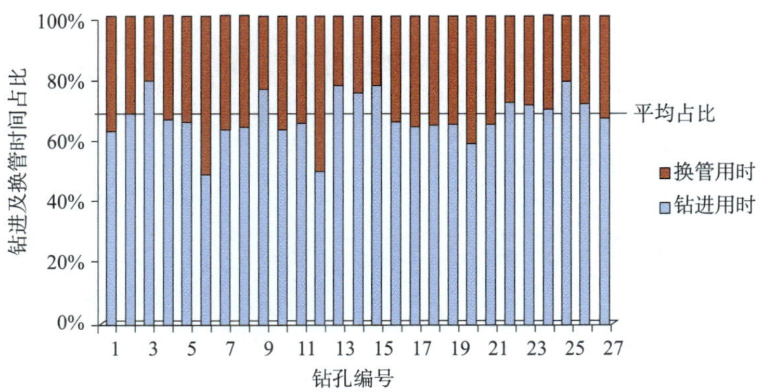

图 4—21　试验段 *B* 各孔管棚钻进及换管时间占比图

由表 4—8、图 4—20 和图 4—21 数据分析可以得到以下结论：

①试验段 *B* 支护长度为 31 m，施工管棚 27 根。管棚施作过程用时共计 44.1 h，平均每孔用时约 98 min；其中，钻进总时间为 29.6 h，平均每孔钻进时间约 66 min；换管总时间为 14.5 h，

平均每孔换管时间约 32 min。

②试验段 B 在管棚施作过程中，钻进阶段的用时均大于换管时间用时，平均每孔约占总时间的 67.1%。该比率较试验段 A 有所下降，原因在于随着支护长度的增加，每孔管棚的换管次数增加，换管过程主要由人工操作完成，故换管阶段的时间占比会随着支护长度与换管次数的增加而增加。

③试验段 B 在管棚施作过程中，每孔管棚的施作时间分布较为均匀。

综上，将各试验段自进式管棚的准备阶段、钻进阶段、结束阶段时间汇总见表 4—9，表中时间单位以小时计。

表 4—9 各试验段 T76S 型自进式管棚施工时间汇总

时 间 段	试验段 A(19 m)	试验段 B(31 m)
准备阶段	26.5	19.0
钻进阶段	30.7	44.1
结束阶段	13.0	10.0
总用时	70.2	73.1

由表 4—9 中数据可得：

①试验段 A 支护长度 19 m，共计用时 70.2 h，约 3 天时间，其中钻进阶段用时占总时间的 43.7%，平均管棚施作效率为 3.7 h/m；试验段 B 支护长度 31 m，共计用时 73.1 h，约 3 天时间，其中钻进阶段用时占总时间的 60.3%，平均管棚施作效率为 2.4 h/m。

②当支护长度增加时，T76S 型自进式管棚的施工效率得到明显提升。主要体现在：管棚钻进时间占比的提高，支护施工效率的提升。

③相比于传统大管棚，T76S 型自进式管棚的施作效率较高，平均施作时间为 3～4 d。

④由平均成孔时间可以推算，若 T76S 型自进式管棚钻进 31 m 并成孔 50 个，施作总时间约为 110.5 h，约 4.6 d，其中钻进阶段用时占比为 73.8%，平均管棚施作效率将达到 3.6 h/m。

⑤由此可以推断 T76S 型自进式管棚在特长隧道中的工程效率：在 V 级围岩正常施工条件下，大独山隧道单循环 31 m 的 T76S 型自进式管棚施作时间约 4.6 d；而单循环 30 m 的 ϕ108 传统管棚施作时间约 25 d。因此，隧道同等开挖掘进速度下，使用 T76S 型自进式管棚，隧道平均每掘进 30 m 即可节省约 20 d 工期。

4.3 自进式管棚的设计方案与支护作用分析

自进式管棚作为一种新的超前支护技术工艺，在大独山隧道等深埋软岩地层中具体应用时，如何设计才能满足结构安全需要，达到施工最优化，为此，需明确其所承担荷载，并依据相应的荷载值给出具体设计方案。

基于深埋隧道围岩压力计算理论，考虑隧道开挖与支护等施工因素，建立相关计算模型，研究深埋隧道管棚棚架体系的荷载计算问题，并针对大独山隧道的实际参数进行分析，基于土拱效应理论，研究 T76S 型自进式管棚在大独山隧道深埋段的具体设计参数并确定设计方案。

在确定设计方案后，为验证 T76S 型自进式管棚支护下结构的安全性，对大独山隧道深埋软岩地层的初期支护力学效应进行了现场试验监测，通过监测数据，直观反映自进式管棚的预支护作用。

4.3.1　深埋隧道管棚棚架体系的荷载分析

T76S 型自进式管棚的设计首先需要对其所受荷载进行分析。研究成果表明：在深埋软弱围岩的管棚预支护体系中，管棚钢管在隧道初期支护和开挖面前方围岩共同支撑下形成棚架体系发挥承载作用，即当隧道开挖后于拱顶上方形成一定的松动区。当未支护时，认为这部分松动区围岩压力全部作用于管棚体系，并由管棚传递给后方初期支护及开挖面前方的围岩。因此，深埋软弱围岩地质中，管棚的受力荷载与隧道的开挖条件及初期支护条件有着密切的联系，隧道的开挖过程亦即管棚与围岩、初期支护相互作用的调整过程。

一般而言，深埋软岩隧道在隧道开挖后能够形成塑性松动区，但区别于浅埋隧道，该塑性区仅局限于一定的范围，并不会由隧道拱顶延伸至地表。松动圈的大小与隧道的开挖尺寸、围岩特性等有关。而由于隧道支护延迟，通常认为塑性松动区的最大高度形成于围岩受到支护作用之前，且支护结构所承担的荷载即为塑性松动区内的围岩自重。因此，在分析管棚所承担荷载时，应基于围岩松动压力理论，一并考虑隧道的开挖条件及支护条件等影响因素。深埋隧道围岩松动压力的确定方法有《铁路隧道设计规范》(TB 10003—2016)(以下简称《隧规》)中推荐的基于隧道塌方高度的统计方法、基于散粒体假设的普氏方法和太沙基方法。

以太沙基理论的计算思想为基础，在深埋隧道管棚受力荷载计算过程中引入开挖步距及衬砌支护，建立计算模型如图 4—22 所示，管棚的受力荷载为松动区内围岩的自重荷载。

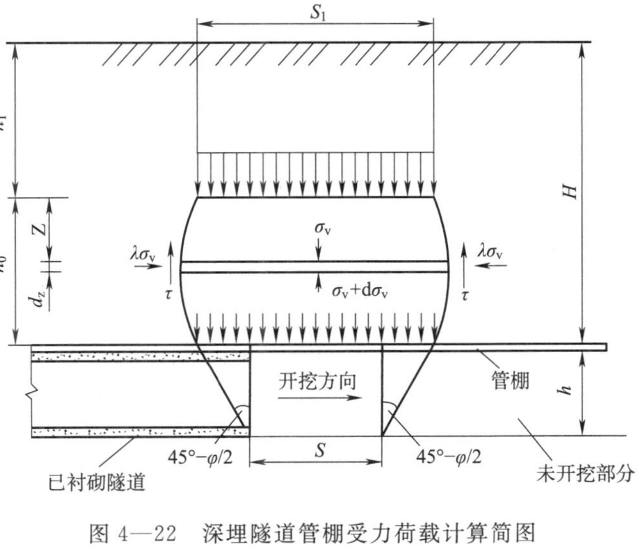

图 4—22　深埋隧道管棚受力荷载计算简图

假定在管棚支护条件下深埋隧道的开挖不会引起上覆围岩产生塑性变形，管棚受到围岩松动压力作用产生挠曲变形，进而引起地层产生微移动。此时，松动区内围岩按极限平衡状态计算，松动区与两侧围岩边界为滑动区，以 φ 表示围岩内摩擦角，γ表示围岩重度，h 表示开挖高度，H 表示隧道埋深，h_0表示松动区高度，h_1表示未松动地层厚度。

计算模型中，破裂面与隧道开挖面呈$(45°-\varphi/2)$的夹角，假定破坏时抗剪强度与破裂面法向水平应力符合摩尔-库伦准则，松动区顶部受荷载$\gamma h_1=\gamma(H-h_0)$的作用。

则由微分条带的平衡条件$\sum v=0$可得：

$$\begin{cases} s_1(\sigma_v+d\sigma_v)-s_1\sigma_v+2\tau dz-rs_1dz=0 \\ s_1=s+2h\tan(45°-\varphi/2) \\ \tau=\lambda\sigma_v\tan\varphi+c \end{cases} \tag{4—3}$$

式中　s_1——围岩松动区长度；

σ_v——距松动区顶部z处的竖向应力；

τ——作用在破裂面上的剪应力；

s——开挖步距，即由于支护迟滞认为的无支护段长度；

h——隧道开挖高度；

λ——围岩侧压力系数；

c——围岩的黏聚力。

方程的边界条件为：

松动区顶部边界条件：$z=0$，$\sigma_v=\gamma(H-h_0)$

产生最大松动区时，洞顶不受力：$z=h_0$，$\sigma_v=0$

将边界条件代入式(4—3)计算可得：

$$h_0=\frac{s_1}{2\lambda\tan\varphi}\ln\frac{2\lambda\gamma H(1-h_0/H)\tan\varphi+2c-s_1\gamma}{2c-s_1\gamma} \tag{4—4}$$

对于深埋隧道，h_0远小于H，$1-h_0/H\approx1$，因此，最大松动区高度为：

$$h_0=\frac{s_1}{2\lambda\tan\varphi}\ln\frac{2\lambda\gamma H\tan\varphi+2c-s_1\gamma}{2c-s_1\gamma} \tag{4—5}$$

作用在管棚棚架体系上的竖向荷载为：

$$q=\gamma h_0=\frac{\gamma s_1}{2\lambda\tan\varphi}\ln\frac{2\lambda\gamma H\tan\varphi+2c-s_1\gamma}{2c-s_1\gamma} \tag{4—6}$$

该式成立的意义在于要求$2c-s_1\gamma>0$，亦即$s_1<2c/\gamma$。由此，可以认为隧道能够保持稳定的最大开挖步距即为$2c/\gamma$。

按上述理论，参考设计单位在相关设计中给定的大独山隧道围岩参数指标，求得管棚棚架体系的荷载。其中，大独山隧道各类主要围岩参数指标见表4—10。从式(4—5)和式(4—6)中关于松动区高度及棚架体系竖向荷载的表达形式中可以看出，影响这两项计算结果的主要施工参数包括隧道埋深、隧道开挖步距、围岩侧压力系数等。为便于计算分析，隧道开挖步距按实际施工取定，$s_1=1.2$ m，主要研究隧道在不同埋深(大独山隧道最大埋深385 m)及不同围岩侧压力系数下的计算结果。

表4—10　大独山隧道各类主要围岩参数指标表

围岩类型		围岩等级	密度(kg/m³)	重度(N/m³)	黏聚力(Pa)	内摩擦角(°)
灰岩	W1	Ⅴ	2 300	22 540	30 000	45
	W2	Ⅴ	2 500	24 500	30 000	65
泥岩、泥质白云岩	W3	Ⅴ	2 200	21 560	30 000	40
	W2	Ⅴ	2 400	23 520	30 000	50

《隧规》中规定Ⅴ级围岩在水平均布压力计算时，围岩侧压力系数取值范围为 0.3～0.5。因此，按相关要求，依次取围岩侧压力系数 $\lambda=0.3$、$\lambda=0.4$ 和 $\lambda=0.5$ 时进行计算，计算结果详见表 4—11、表 4—12 和表 4—13。

表 4—11　$\lambda=0.3$ 时松动区高度及管棚棚架体系荷载计算结果

隧道埋深(m)	围岩类型		最大松动高度(m)	棚架体系承担荷载(kPa)	最大允许开挖步距(m)
200	灰岩	W1	8.84	199.25	2.66
		W2	4.97	121.85	2.45
	泥岩、泥质白云岩	W3	9.94	214.21	2.78
		W2	7.84	184.39	2.55
300	灰岩	W1	9.64	217.34	2.66
		W2	5.35	131.08	2.45
	泥岩、泥质白云岩	W3	10.89	234.78	2.78
		W2	8.51	200.27	2.55
400	灰岩	W1	10.21	230.22	2.66
		W2	5.62	137.63	2.45
	泥岩、泥质白云岩	W3	11.57	249.43	2.78
		W2	9.00	211.56	2.55

表 4—12　$\lambda=0.4$ 时松动区高度及管棚棚架体系荷载计算结果

隧道埋深(m)	围岩类型		最大松动高度(m)	棚架体系承担荷载(kPa)	最大允许开挖步距(m)
200	灰岩	W1	7.06	159.06	2.66
		W2	3.93	96.30	2.45
	泥岩、泥质白云岩	W3	7.96	171.59	2.78
		W2	6.24	146.74	2.55
300	灰岩	W1	7.66	172.67	2.66
		W2	4.21	103.23	2.45
	泥岩、泥质白云岩	W3	8.68	187.07	2.78
		W2	6.75	158.67	2.55
400	灰岩	W1	8.09	182.34	2.66
		W2	4.41	108.15	2.45
	泥岩、泥质白云岩	W3	9.19	198.08	2.78
		W2	7.11	167.15	2.55

表 4—13　$\lambda=0.5$ 时松动区高度及管棚棚架体系荷载计算结果

隧道埋深(m)	围岩类型		最大松动高度(m)	棚架体系承担荷载(kPa)	最大允许开挖步距(m)
200	灰岩	W1	5.91	133.23	2.66
		W2	3.27	80.09	2.45
	泥岩、泥质白云岩	W3	6.68	144.08	2.78
		W2	5.21	122.64	2.55

续上表

隧道埋深(m)	围岩类型		最大松动高度(m)	棚架体系承担荷载(kPa)	最大允许开挖步距(m)
300	灰岩	W1	6.39	144.14	2.66
		W2	3.50	85.63	2.45
	泥岩、泥质白云岩	W3	7.26	156.49	2.78
		W2	5.62	132.20	2.55
400	灰岩	W1	6.74	151.88	2.66
		W2	3.66	89.57	2.45
	泥岩、泥质白云岩	W3	7.67	165.31	2.78
		W2	5.91	138.99	2.55

由表 4—10～表 4—12 计算结果可知：

①相同条件下，深埋隧道开挖后最大松动高度、管棚棚架体系承担荷载随着隧道埋深的增大而增大。

②相同条件下，深埋隧道开挖后最大松动高度、管棚棚架体系承担荷载随着隧道侧压力系数的增大而减小。

③在该理论体系下，隧道的最大允许开挖步距理论值取决于围岩的黏聚力及重度参数，大独山隧道Ⅴ级围岩深埋地层的最小临界值为 2.45 m，实际隧道开挖步距为 1.2 m，小于该临界值，隧道能够保持稳定。

④当隧道埋深为 400 m，侧压力系数 $\lambda=0.3$ 时，各类围岩最大松动高度、棚架体系承担荷载达到最大值。其中，泥岩、泥质白云岩（W3）组的数值最高，最大松动高度为 11.57 m，棚架体系承担竖向荷载值为 249.43 kPa。由于大独山隧道最大埋深 385 m，因此，为统一设计参数并保留一定的安全储备，T76S 型自进式管棚的相关设计按该荷载值进行进一步计算。

4.3.2　T76S 型自进式管棚设计参数

1. T76S 型自进式管棚环向间距

管棚的环向间距设计影响因素较多，主要包括地层性质、地层压力、管棚设置部位、钻孔机具及隧道的开挖方式等。选取合理的管棚环向间距既能够起到很好的支护效果并有效地控制沉降，同时又能使工程成本最优化、施工难度最低化。管棚最大间距的计算公式可以由“土拱效应”计算得到。

土拱效应是指随着管棚间距的减小，相邻管棚的主压应力可以形成一个压力拱，拱脚出现在管棚的内侧。而当围岩与管棚之间的作用力足以平衡松动区上覆岩体的自重时，管棚间距达到最优化。管棚的土拱效应的示意图如图 4—23 所示。

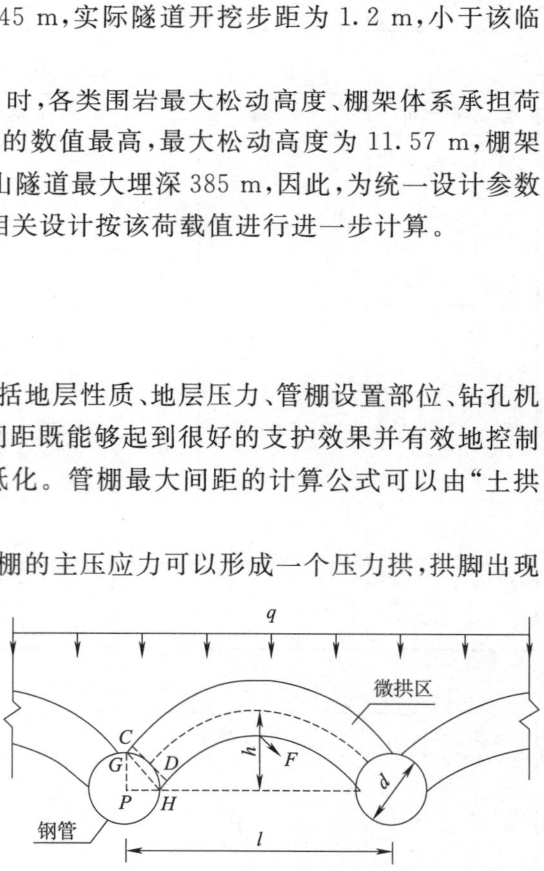

图 4—23　土拱效应示意图

采用垂直管棚纵向的平面分析模型分析管棚环向容许间距时，需要对土拱做以下基本假定：

①假定管棚及围岩共同承受上覆围岩的

重力，微土拱的拱脚传递应力拱的压力。

②假定微土拱区内岩体连续均匀。

③假定作用在微土拱上的压力沿横向均匀分布，且忽略微土拱的自重。

④假定微土拱前端为自由区域，忽略微土拱与前端围岩的相互作用。

在均布荷载作用下，三角拱的合理拱轴线是一条抛物线，且垂直于拱轴线的各个截面上弯矩和剪力均为零。取“微拱”结构的半拱进行研究，以管棚圆心为原点，建立直角坐标系，如图 4—24 所示。

由平衡条件可得：

$$N=H=\frac{ql^2}{8h},V=\frac{ql}{2} \tag{4—7}$$

式中　H,V——拱支座处的竖直和水平反力；

N——拱顶部截面处所受轴力；

l——相邻管棚的圆心间距；

h——拱高。

近似认为围岩与管棚接触面圆弧的圆心角为 90°，并以弧线代替圆弧进行分析。图 4—25 中 O 点是拱轴线与钢管外表面交点，将管棚圆心 P 与 O 点相连并延长得到射线 OB，过 O 点作 GH 平行线 MN。可知 MN 与 OB 垂直，同时沿 O 点作拱轴线的切线得到射线 OA，CD 为拱轴线垂线，即 OA 与 CD 垂直。分别记 OA、OB 与水平线的夹角为 α、β，则 $\beta=\pi/4$。由于垂直拱轴线的各个截面上剪力为零，可得 H,V 的合力垂直于 CD，所以有：

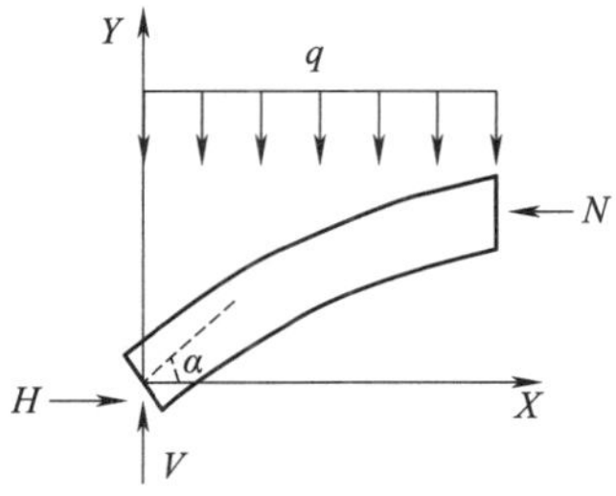

图4—24　微拱受力分析示意图

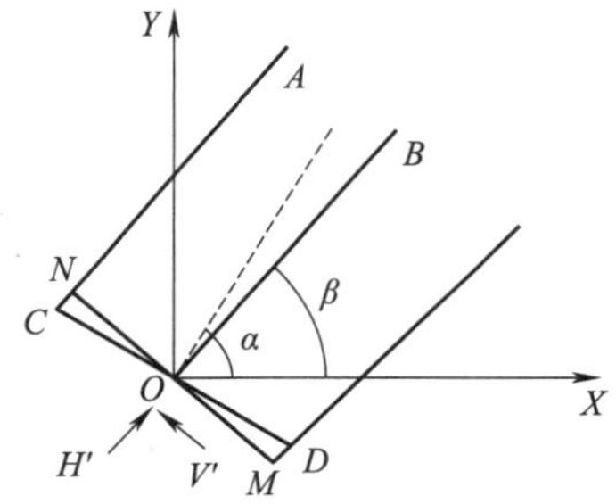

图 4—25　微拱拱脚几何特征示意图

$$\alpha=\arctan\frac{4h}{l} \tag{4—8}$$

将拱脚处围岩与管棚之间的作用力沿垂直和平行 CD 横断面分解，则：

$$\begin{cases} H'=H\cos\alpha+V\sin\alpha \\ V'=-H\sin\alpha+V\cos\alpha \end{cases} \tag{4—9}$$

为保证拱脚稳定性，拱脚处推力 V' 应不超过围岩与管棚侧的摩擦力：

$$V'\leqslant\mu\cdot H' \tag{4—10}$$

其中 μ 为围岩与管棚之间的摩擦系数，显然 $\mu\leqslant\tan\varphi$，φ 为围岩的摩擦角，当管棚与围岩之间作用力处于极限状态时，将式(4—7)、式(4—8)和式(4—9)代入式(4—10)可得：

$$h\leqslant\frac{l(\mu+\tan\alpha)}{4(1-\mu\tan\alpha)} \tag{4—11}$$

土拱截面仅受轴力作用，因此应验算土拱的截面强度。但由于围岩的破坏主要是剪切破坏，因此以围岩的极限平衡条件作为强度标准：

$$\sigma_1 \leqslant \sigma_3 \tan^2\left(\frac{\pi}{4}+\frac{\varphi}{2}\right)+2c\tan\left(\frac{\pi}{4}+\frac{\varphi}{2}\right) \tag{4—12}$$

式中　σ_1——最大主应力；

σ_3——最小主应力。

由于土拱拱顶是最有可能发生破坏的截面，故需要对跨中截面进行强度检算。一般而言，跨中截面的前缘点为最不利受力点，因此，取前缘点 F 作为控制点，F 点的应力为：

$$\sigma_F=\frac{H}{\sqrt{2}d/2} \tag{4—13}$$

式中　d——管棚钢管直径。

此时，F 点处于单向应力状态，σ_F 为最大主应力，将式(4—11)和式(4—13)代入式(4—12)可得：

$$l_{maxi} \leqslant \frac{2\sqrt{2}cd\tan\left(\frac{\pi}{4}+\frac{\varphi}{2}\right)(\tan\alpha+\mu)}{q(1-\mu\tan\alpha)} \tag{4—14}$$

式中　c——岩土体黏聚力；

q——按“2. T76S 型自进式管硼其他参数确定”所述管棚承担荷载计算。

当 $\alpha=\pi/4$ 时，有：

$$l_{maxi} \leqslant \frac{2\sqrt{2}cd\tan\left(\frac{\pi}{4}+\frac{\varphi}{2}\right)(1+\mu)}{q(1-\mu)} \tag{4—15}$$

即设计时管棚钢管环向分布最大允许间距应取各围岩类型下计算值的较小者：

$$l_{max}=\min(l_{max1},l_{max2},\cdots) \tag{4—16}$$

按“2. T76S 型自进式管硼其他参数确定”所述，为保证结构的安全性，取 $\lambda=0.3$，隧道埋深为 400 m 的工况进行计算。其中：T76S 型自进式管棚钢管直径 $d=0.076$ m，由于围岩与管棚之间的摩擦系数 $\mu \leqslant \tan\varphi$，因此，取各组围岩内摩擦角正切值最小者 $\mu=0.839$ 计算。计算结果见表 4—14。

表 4—14　T76S 型自进式管棚钢管环向最大允许间距

围岩类型		管棚钢管最大允许间距(m)
灰岩	W1	0.71
	W2	1.33
泥岩、泥质白云岩	W3	0.63
	W2	0.81

因此，设计时管棚最大允许间距 $l_{max}=\min(l_{max1},l_{max2},\cdots)=0.63$ m，为保证结构的安全性与施工便捷性，在大独山隧道 T76S 型自进式管棚施作时，管棚钢管环向分布间距取 40 cm。

2. T76S 型自进式管棚其他参数确定

对于自进式钢管棚而言，设计参数除管棚环向分布间距外，还应包括管棚支护长度、管棚搭接长度、管棚安装仰角、管棚注浆设计等。通过工程类比，施工中对 T76S 型自进式管棚的其他设计参数选取如下：

(1)管棚支护长度

通常管棚的支护长度主要取决于围岩条件以及施工机械水平。单次循环施作支护长度越长，则隧道工程的施工效率更高，在特长隧道施工中，随着管棚施作循环次数的不断增加，支护长度的增加将给隧道的施工效率带来不可估量的提升。另一方面，支护长度的增加将使得对管棚施作位置控制的难度将会提升，而且由于管棚施工需要外插角的存在会使超挖也越来越大，反而影响工程的施工质量。因此，应当确定适宜的支护长度，对于兼顾工程质量与工程效率有着重要的意义。

现有研究成果一般认为，隧道开挖对管棚的影响范围约为 1.5～2.0 倍的开挖高度，单循环的管棚支护长度应穿越隧道开挖的影响范围，一般取 10～40 m 且不小于 10 m。因此，大独山隧道的施工现场分别以 19 m 及 31 m 作为支护长度进行 T76S 型自进式管棚的施作试验，并对其在不同支护长度下的施工效率及支护效应进行分析。T76S 型自进式管棚施工效率已在 4.2.5 节阐述；支护作用的相关研究将在后面阐述。

(2)管棚搭接长度

在关于管棚受力荷载的计算中，隧道开挖后，将在开挖前方形成一个破裂面，破裂面与隧道开挖面呈$(45°-\varphi/2)$的夹角。因此，为保证开挖面的稳定，纵向两组管棚的最小搭接长度应控制为隧道开挖面与破坏面拱顶相交处的水平距离，值为 $h\tan(45°-\varphi/2)$，式中 h、φ 分别表示隧道的开挖高度及围岩的内摩擦角。亦即表明：管棚的搭接长度与隧道的开挖高度以及隧道的围岩条件均相关。

大量现场经验表明，纵向两组管棚之间的搭接长度宜控制在 2～4 m。在大独山隧道工程现场，T76S 型自进式管棚搭接长度取 3 m。

(3)管棚安装仰角

由于管棚钢管支护长度远大于钢管直径，钢管作为细长杆状物，前端在管棚钻进及隧道开挖过程中必然会因自身重力作用在软弱地层中产生沉降。若管棚安装仰角过小，则管棚前端钢管易侵入隧道界限，开挖过程中需要去除入侵界限的钢管，进而影响隧道掘进安全性和掘进速度，且相邻两个循环管棚要相互搭接也要求管棚有一个适当的外插角。若管棚安装仰角过大，则管棚前端远离隧道拱顶，甚至超越松动区，失去预支护作用，造成支护距离的缩短，且引起超挖过大，反而增加不安全性和浪费支护材料。因此，需要对管棚安装仰角予以控制。类比国内外相似工程中 ϕ108 传统管棚的设计参数，一般均控制在 1°～3°，故结合现场地质情况及机械操作水平，大独山隧道工程现场 T76S 型自进式管棚安装仰角设计为 3°。

(4)管棚注浆设计

区别于传统管棚，自进式管棚在钢管旋转钻进的过程中实现注浆。这样通过全过程循环旋转，注浆效果更为良好，其注浆机理类似于水平旋喷桩。因此，自进式管棚的注浆半径主要由以下因素决定：钻头孔口的流量与流速；钻头孔口的口径；钻头孔口的出口压力；钻进区域围岩的性质；钻进速度与侧向土压力等。由于影响因素众多且机理复杂，因而工程实践主要用工程实践经验的方法来确定。结合工程实际，在大独山隧道工程现场 T76S 型自进式管棚的施作过程中，管棚注浆采用了 42.5 水泥净浆，水灰比为 0.6，注浆压力为 2 MPa。

3. 大独山隧道 T76S 型自进式管棚设计方案

经理论分析及实践论证，大独山隧道深埋软岩地层 T76S 型自进式管棚的设计方案如下：

(1)在开挖断面拱部布置 50 孔管棚，相邻管棚间距 40 cm，管棚外插角控制在 3°以内，并沿隧道轴线对称分布于拱顶约 150°范围；

(2)管棚纵向支护长度分别试做 19 m、31 m，相邻两循环管棚间管棚搭接长度 3 m；

(3)管棚注浆采用 42.5 单水泥浆，水灰比控制为 0.6，注浆压力 2 MPa。

大独山隧道 T76S 型自进式管棚的正面、侧面布置图如图 4—26 和图 4—27 所示。

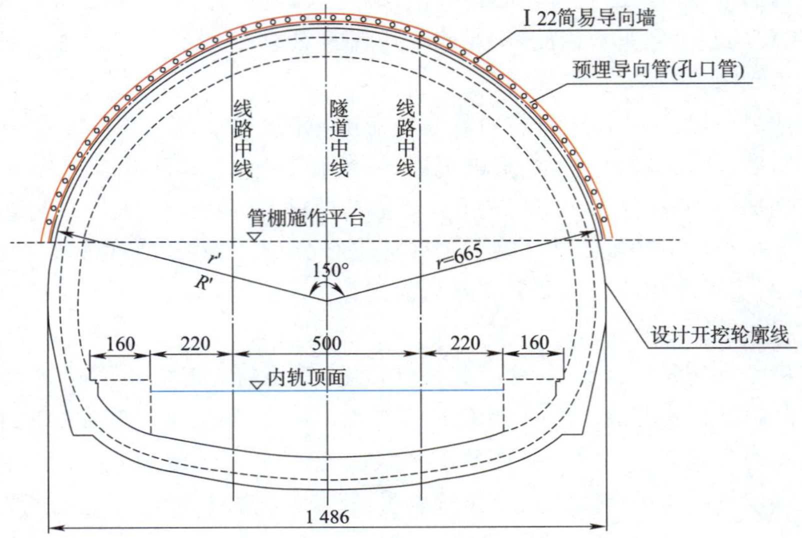

图 4—26 大独山隧道 T76S 型自进式管棚正面布置设计图(单位：cm)

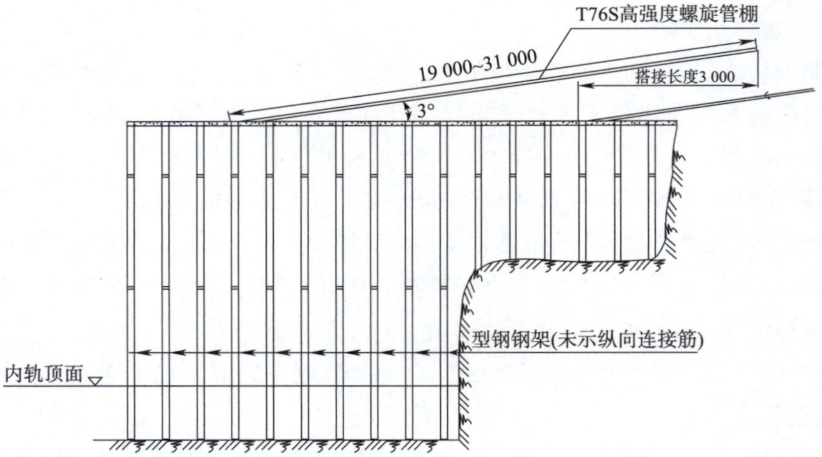

图 4—27 大独山隧道 T76S 型自进式管棚侧面布置示意图(单位：mm)

4.3.3 自进式管棚预支护下隧道支护受力监测分析

1. 现场试验方案

通过理论分析提出了大独山隧道深埋软岩地层 T76S 型自进式管棚的设计方案，为进一步验证 T76S 型自进式管棚设计方案的可行性，分析该套方案中 T76S 型自进式管棚预支护下隧道支护体系的力学作用，进行支护受力监测试验。

监测主要内容包括管棚预支护段型钢拱架应力和初期支护与围岩间接触压力。为保证监测结果的有效性，同时分析 T76S 型自进式管棚在不同支护长度下的支护体系的力学作用，分别在试验段 *A*（支护长度 19 m）和试验段 *B*（支护长度 31 m）各选取代表性试验断面，对各自试验断面的型钢拱架应力及初期支护与围岩间接触压力进行监测。试验段基本施工情况及初期支护参数见表 4—15 和表 4—16。

其中，试验段 A 选取 DK854＋375 作为试验断面，试验段 B 选取 DK854＋395 作为试验断面。钢架应力监测的测点布置如图 4—28(a)所示(示意图中拱顶、拱脚、边墙、墙脚等均用拼音首字母缩写代替，L、R 表示左右，W、N 表示外内)。试验仪器采用 CL-XZ-B 型钢筋计及 ZX-16T 型振弦测频仪。初期支护与围岩之间接触压力监测的仪器安装如图 4—28(b)所示(示意图中拱顶、拱脚、边墙、墙脚等均用拼音首字母缩写代替，L、R 表示左右)，试验仪器采用 XYJ-4 型压力盒及 ZX-16T 型振弦测频仪。现场监测仪器安装如图 4—29 所示。

表 4—15　试验段基本施工情况

地质条件	岩性主要为泥岩、泥质白云岩、泥灰岩，围岩级别为Ⅴ级，埋深约 90～100 m
超前支护方式	T76S 型自进式管棚超前支护
超前支护参数	详见 4.3.2 节
施工方法	两台阶预留核心土、光面爆破开挖
开挖进尺	1.2 m(两榀钢架)
监测频率	初期 2 次/天；后期 1 次/天

表 4—16　试验段初期支护明细表

喷射混凝土		钢筋网		锚杆			钢架		
位置	厚度(cm)	位置	网格间距(cm)	位置	间距(环×纵)(m)	长度(m)	位置	规格	间距(m)
拱墙	25	拱墙	20×20	拱墙	1.2×1.2	3.5	全环	I22b 型钢	0.6
仰拱	25								

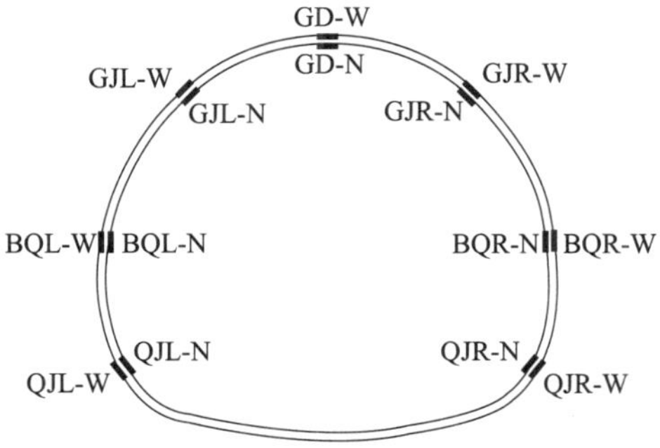

(a) 钢筋计布置示意

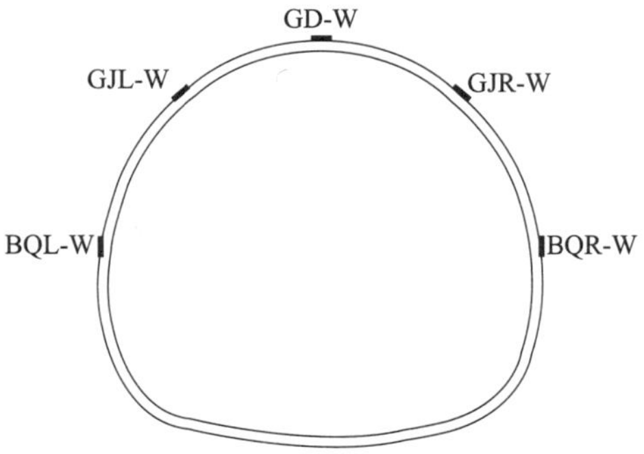

(b) 压力盒布置示意

图 4—28　钢筋计与压力盒测点布置示意图

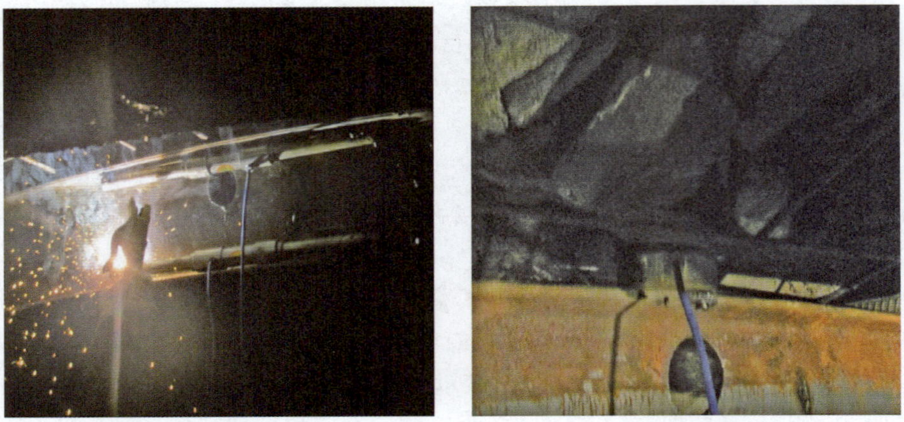

(a) 钢筋计安装　　(b) 压力盒安装

图 4—29　现场监测仪器安装图

2. 型钢拱架应力对比分析

对型钢拱架应力进行监测，可以反映 T76S 型自进式管棚预支护段在隧道开挖过程中型钢拱架受到的应力变化，进而从型钢拱架应力变化的强烈程度上判断隧道结构的安全性，验证隧道支护体系的合理性及预支护手段的有效性。如果隧道开挖后型钢拱架应力调整过程在合理范围内，说明隧道周边围岩稳定，隧道结构处于安全状态；相反，若型钢拱架应力变化剧烈，超出其承载极限，则隧道处于危险状态，此时应当调整超前支护及初期支护的设计参数。

(1)拱架内、外侧应力变化过程分析

DK854＋375 断面的钢架内、外侧应力变化曲线图分别如图 4—30 和图 4—31 所示。该断面埋设仪器时，由于掌子面右侧不断有碎石掉块，比较危险，因此右侧边墙处未能埋设传感器。

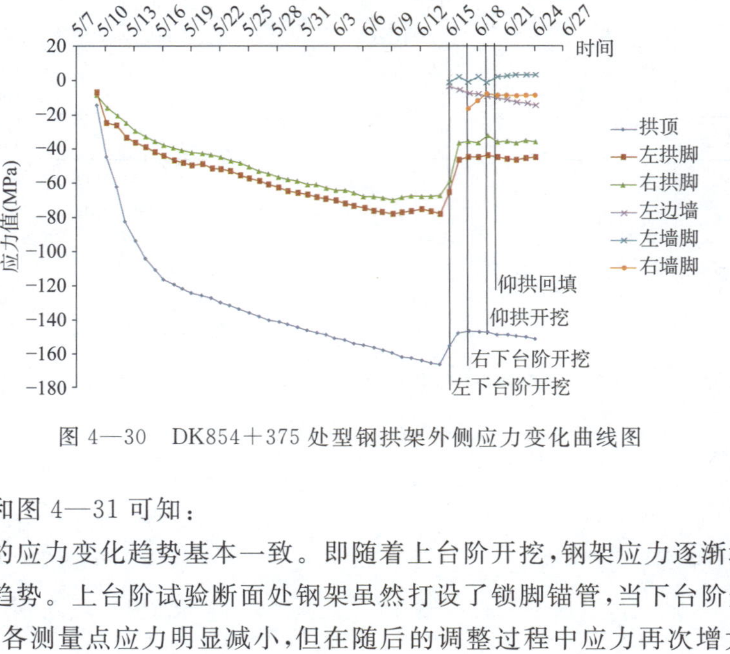

图 4—30　DK854＋375 处型钢拱架外侧应力变化曲线图

由图 4—30 和图 4—31 可知：

①各测量点的应力变化趋势基本一致。即随着上台阶开挖，钢架应力逐渐增大，亦随时间增长逐渐呈收敛趋势。上台阶试验断面处钢架虽然打设了锁脚锚管，当下台阶开挖后，钢架应力仍然有所释放，各测量点应力明显减小，但在随后的调整过程中应力再次增大并最终收敛。

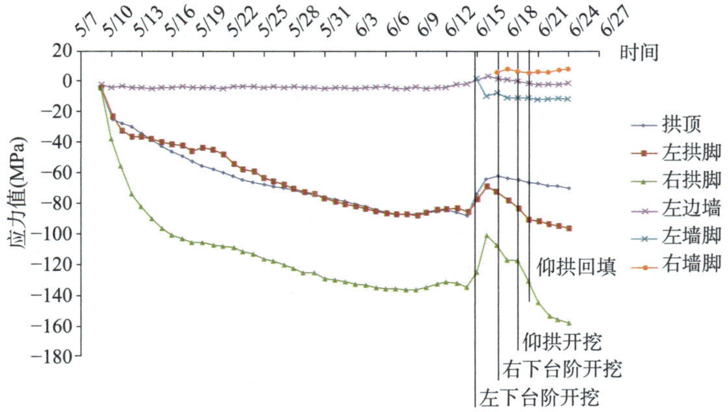

图 4—31　DK854＋375 处型钢拱架内侧应力变化曲线图

下台阶布设的测量点应力变化不大。

②试验断面各测量点的拱架应力最大值出现在下台阶开挖前，该断面仅有两侧拱脚处的量测点内侧钢架应力在下台阶开挖后的再次变化过程中超过下台阶开挖前出现的最大值。

③试验断面钢架外侧应力的最大值为－169.60 MPa，出现在拱顶处，下台阶开挖前；钢架内侧应力的最大值为－156.27 MPa，出现在右侧拱脚处，仰拱二衬施作后。

④下台阶开挖，应力释放前后，各量测点钢架外侧应力变化的最大幅度为 34.98 MPa，出现在右侧拱脚处；各量测点钢架内侧应力变化的最大幅度为 35.44 MPa，出现在右侧拱脚处。内外侧应力变化幅度最大处位于同一测量点，且应力变化幅度相近。

DK854＋395 断面处拱架内、外侧应力变化曲线图如图 4—32 和图 4—33 所示。

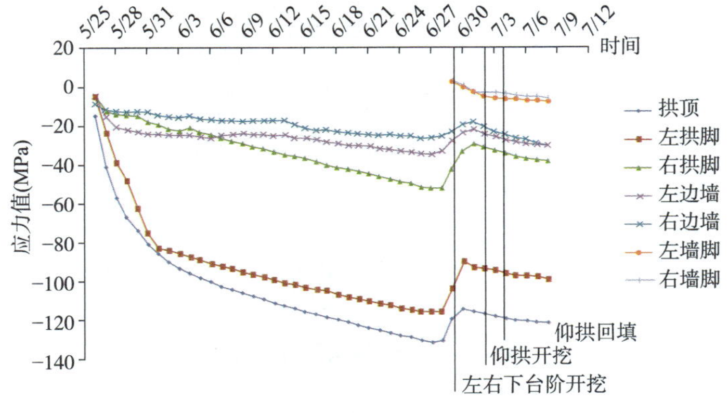

图 4—32　DK854＋395 处型钢拱架外侧应力变化曲线图

由图 4—32 和图 4—33 监测数据可以看出：

①试验断面各测点应力变化趋势基本一致。即随着上台阶开挖，拱架应力逐渐增大，初期应力增长较快，而后增长速率逐渐减小。当下台阶开挖后，钢架应力释放，各测点应力明显减小，但在随后的调整过程中应力再次增大并最终收敛。下台阶各点应力变化较小。

②试验断面各测量点拱架应力最大值一般出现在下台阶开挖前，该断面仅各测点钢架应力在下台阶开挖后的再次变化过程中均未能超过下台阶开挖前出现的最大值。

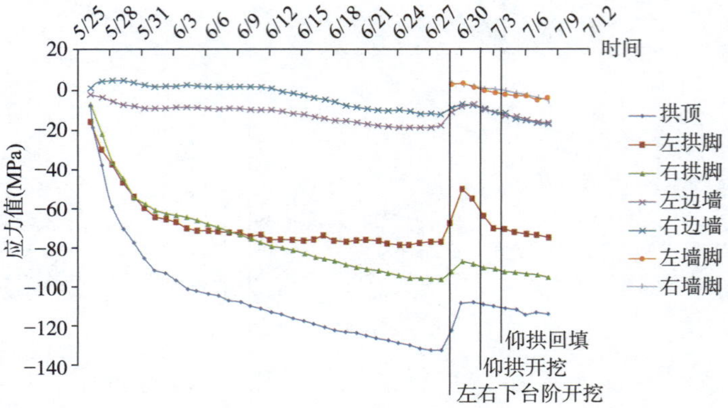

图 4—33 DK854+395 处型钢拱架内侧应力变化曲线图

③拱架外侧应力的最大值为−130.53 MPa，出现在拱顶处，下台阶开挖前；钢架内侧应力的最大值为−132.08 MPa，同样出现在拱顶处，下台阶开挖前。

④下台阶开挖，应力释放前后，拱架外侧应力最大变化幅度为 25.41 MPa，出现在左侧拱脚处；拱架内侧应力变化的最大幅度为 28.63 MPa，出现在左侧拱脚处。内外侧应力变化幅度最大处位于同一测点。

(2)拱架内、外侧应力终值分布对比分析

各试验断面的应力监测值汇总结果详见表 4—17 和表 4—18。表中“负值”表示受压，“正值”表示受拉。

表 4—17 DK854+375 处钢架应力监测值汇总表

监测项目	钢架外侧应力值(MPa)		钢架内侧应力值(MPa)	
	最大值	终值	最大值	终值
拱顶	−165.6	−150.6	−87.2	−69.6
左拱脚	−76.8	−44.6	−94.9	−94.9
右拱脚	−66.4	−34.5	−156.3	−156.3
左边墙	−13.4	−11.6	4.4	−0.7
左墙脚	3.9	3.7	2.88	−10.1
右墙脚	−15.0	−7.6	8.6	8.6

表 4—18 DK854+395 处钢架应力监测值汇总表

监测项目	钢架外侧应力值(MPa)		钢架内侧应力值(MPa)	
	最大值	终值	最大值	终值
拱顶	−130.5	−120.8	−132.1	−113.5
左拱脚	−115.2	−98.4	−77.2	−75.1
右拱脚	−50.9	−37.1	−96.6	−95.1
左边墙	−34.4	−30.1	−19.3	−16.1
右边墙	−29.9	−29.9	−16.9	−16.9
左墙脚	3.2	−7.2	3.2	−4.0
右墙脚	3.3	−5.7	3.2	−5.5

为了进一步对两个代表性断面的监测结果对比分析，将各断面钢架最终应力分布如图 4—34 和图 4—35 所示。

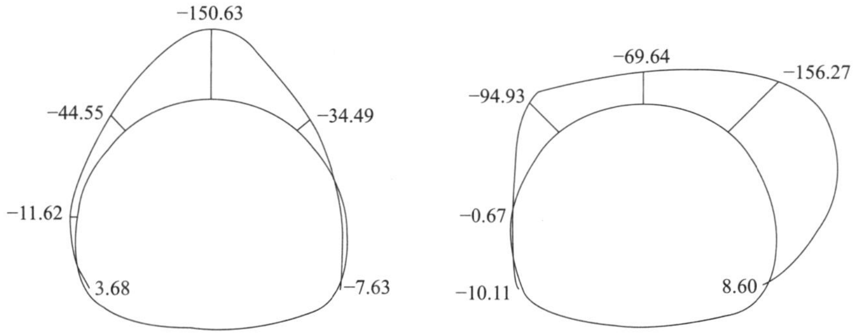

(a) 外侧应力包络图　(b) 内侧应力包络图

图 4—34　DK854＋375 钢架应力终值包络图（单位：MPa）

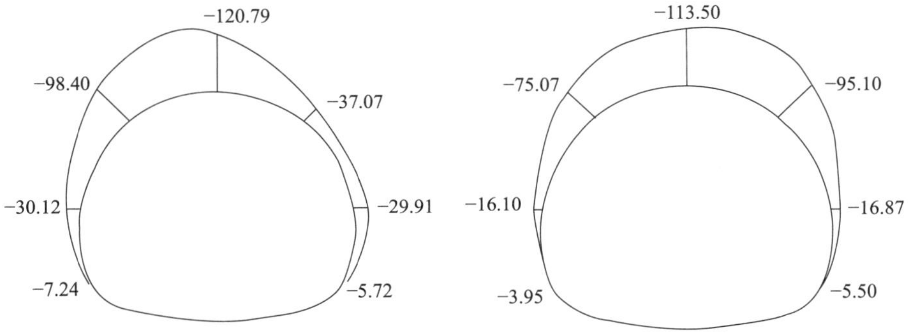

(a) 外侧应力包络图　(b) 内侧应力包络图

图 4—35　DK854＋395 钢架应力终值包络图（单位：MPa）

由表 4—17 和表 4—18、图 4—34 和图 4—35 数据可知：

①DK854＋375 与 DK854＋395 各断面应力终值不一定就是应力最大值，应力最大值一般出现在应力调整的过程中，受隧道施工的影响而产生不同的变化。

②隧道断面拱顶应力一般大于其他部位的应力。DK854＋375 断面右侧拱脚拱架内侧应力偏大，其最大值为 156.27 MPa，可能原因在于开挖揭示右侧围岩岩性较差，拱架在应力调整过程中承担了较大荷载。

③Q235 钢的抗拉、抗压设计强度为 215 MPa，由此可见，两个试验断面的拱架应力均满足工程要求，并有一定安全余量，T76S 型自进式管棚具有较好的预支护效果。

④拱架应力终值分布无显著规律，相较而言，在 V 级围岩相似地质条件下，DK854＋395 断面的应力分布更为均匀。以 31 m 为支护长度的试验段效果更佳。

3. 初期支护与围岩间接触压力对比分析

(1)初期支护—围岩接触压力变化过程分析

断面 DK854＋375 及断面 DK854＋395 处初期支护—围岩接触压力的变化曲线图分别如图 4—36 和图 4—37 所示。

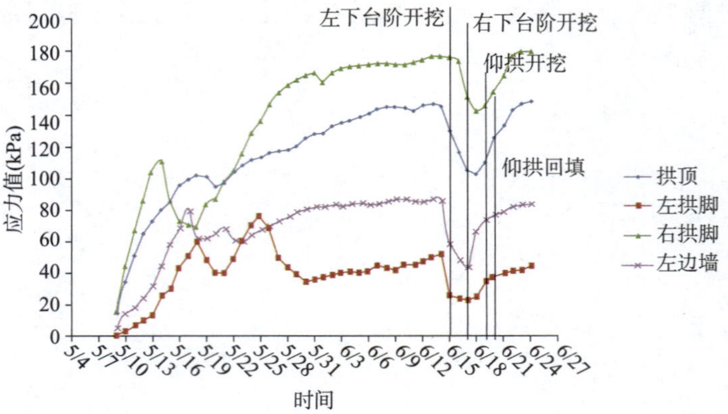

图 4—36　DK854＋375 处初期支护—围岩接触压力变化曲线图

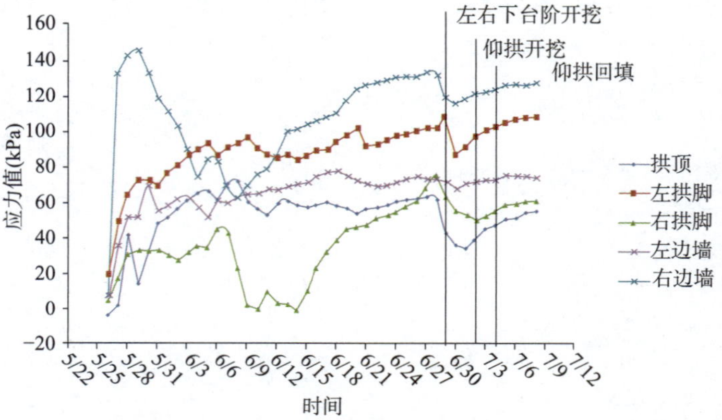

图 4—37　DK854＋395 处初期支护—围岩接触压力变化曲线图

由监测结果可知：

①受施工过程的影响，各点初期支护—围岩接触压力在施工过程中的震荡比较显著。

②下台阶开挖前后，由于应力得到一定的释放，各断面测点压力值均呈现一定的下降。

③随着断面封闭、仰拱回填，各断面初期支护—围岩接触压力值波动逐渐减少，并逐渐趋于稳定。

(2)初期支护—围岩接触压力终值分布对比分析

由于各断面测点的初期支护—围岩接触压力的分布离散性大，为更好的分析，现取两个试验断面各测点接触压力的终值汇总见表 4—19，分别作以压力包络图，包络图如图 4—38 所示。

表 4—19　各试验断面初期支护与围岩间接触压力监测终值汇总表

监测断面	DK854＋375	DK854＋375
监测项目	接触压力终值(kPa)	接触压力终值(kPa)
拱顶	149.05	55.79
左拱脚	45.07	108.54
右拱脚	179.99	61.47
左边墙	84.80	74.35
右边墙	—	127.45

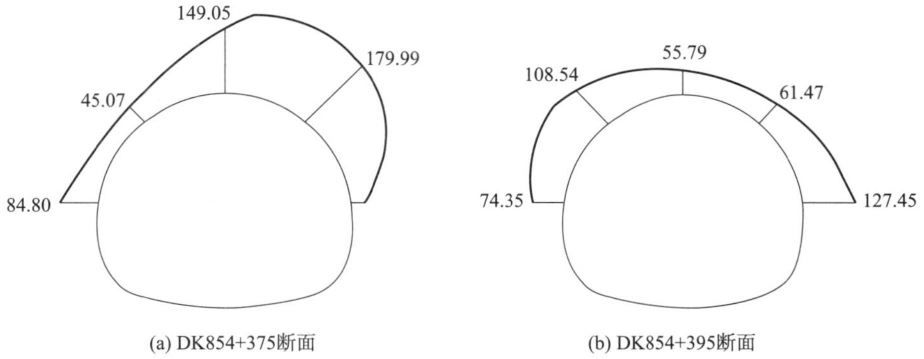

图 4—38　试验段上半断面初期支护—围岩接触压力终值分布图

由图 4—38 可知：

①各断面初期支护—围岩接触压力的终值分布并不均匀，也不对称。

②DK854＋375 断面最大压力值为 179.99 kPa，出现在右侧拱脚处，最小压力值为 45.07 kPa，出现在左侧拱脚处；DK854＋395 断面处最大压力值为 127.45 kPa，出现在右侧边墙处，最小压力值为 55.79 kPa，出现在拱顶处。

③相较而言，断面 DK854＋395 各测点的压力值的整体分布较断面 DK854＋375 更为均匀。以 31 m 为支护长度的试验段效果更佳。

4.4　自进式管棚对深埋软岩隧道变形控制效果分析

在 T76S 型自进式管棚施作之前，大独山隧道现场采用双层超前注浆小导管作为隧道超前支护。较自进式管棚而言，超前注浆小导管施作方便，经济性良好，但由于其支护长度较短，在大独山隧道以泥岩、泥灰岩为主的松散破碎地层的实际应用中并不能与围岩形成良好的承载体系，现场出现了明显的软岩大变形等不良地质现象，这给工程施工的安全性带来安全隐患。

4.4.1　自进式管棚对深埋软岩隧道变形控制的机理分析

1. 自进式管棚对深埋软岩隧道围岩变形控制中的作用分析

超前支护作为软岩隧道大变形控制的常见支护措施，主要作用机理在于对围岩的塑性软化区进行加固和支护，在避免围岩塑性变形的扩大和发展的同时，有效改良隧道塑性软化区的围岩性质，使塑性软化区围岩对塑性强化区围岩的围压得到一定提升，从而最大限度地利用围岩的自承载能力，实现深部围岩的稳定和承载。

针对自进式管棚的支护特点，其对于软岩隧道围岩变形控制的作用主要体现在以下几方面：

(1)改善围岩自身岩体性质，实现软岩塑性变形与蠕变变形的减小。自进式管棚作为一种集注浆、钻进、支护为一体的长管棚，利用充分注浆，使掌子面前方塑性松动圈内围岩形成有效胶结，进而围岩性质得到改变，减小隧道开挖后围岩塑性变形与蠕变变形。

(2)改良塑性松动圈围岩性质,形成共同承载体系。自进式管棚在钻进过程中注浆,因此,注浆覆盖范围更好,浆液使管棚体、松动圈围岩充分胶结,提高整个塑性区的围岩强度,有效提高塑性松动圈围岩的自承载能力,并在一定程度上实现沉降变形的控制。

(3)利用棚架体系高刚度、高强度特性,在预支护阶段实现掌子面前方围岩预收敛变形的有效控制。自进式管棚由高强度、高刚度材料制作,且通过注浆实现初期支护、管棚体、围岩的有效胶结形成整体棚架体系,进而有效控制隧道开挖面前方围岩的先期变形。

2. 自进式管棚对深埋软岩隧道变形控制机理分析

软岩作为一种隧道工程的特殊地质介质,在隧道施工过程中有着诸多不同的工程特性,软岩隧道的大变形即为一种常见的工程问题。了解软岩隧道围岩变形的发展机理并对其进行有效控制一直是隧道界研究的主要任务。

就软岩本身岩体性质而言,通常认为围岩的变形经历三个阶段:弹性变形阶段、弹性变形与塑性变形共存阶段、以蠕变为主的蠕变塑性变形共存阶段。而软岩的变形则主要以塑性变形和蠕变变形为主。就时间效应角度而言,隧道开挖后软岩的变形表现为软岩的流变性质。软岩隧道围岩变形全过程的曲线图如图 4—39 所示。因此,能够在隧道开挖前改善前方围岩的自身性质,减少开挖后流变变形,是软岩隧道围岩变形控制的要点之一。

软岩隧道的变形与隧道的施工也密切相关。隧道开挖的过程是围岩卸载的过程,卸载过程中,由于临空面的形成,围岩由初始三维应力状态调整并改变为二维应力状态。此时,软弱围岩的受力经历弹性变形、塑性变形、破坏三个阶段;相应地,隧道从围岩表面逐渐向深部侧依次形成塑形软化区、塑性强化区和弹性区,具体如图 4—40 所示。围岩的变形可以认为是源于隧道开挖后的围岩应力释放,应力释放过程中以塑性软化区为主的围岩松动圈对围岩变形产生显著影响,松动圈范围越大,围岩变形越大。因此,可以说对围岩的变形控制实质上是对围岩松动圈的控制。

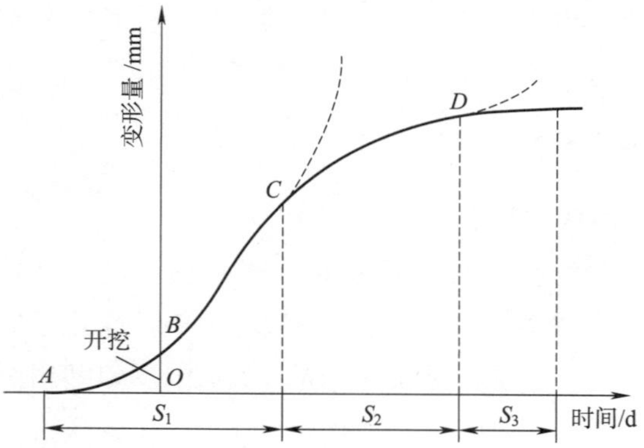

图 4—39　软岩变形全过程曲线图

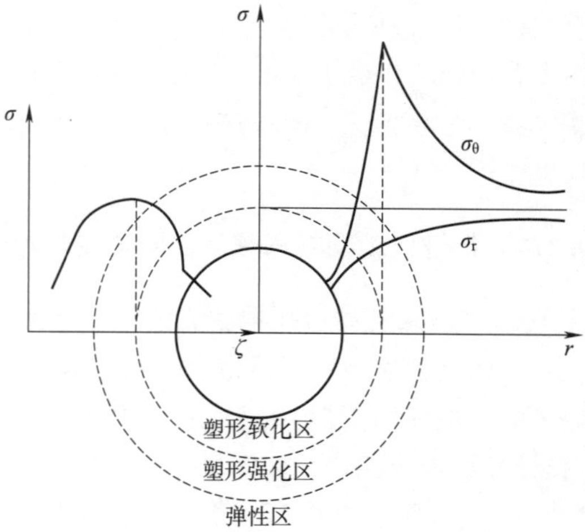

图 4—40　围岩分区及支护特征示意图

另一方面,从空间角度分析,新意法中提出的围岩变形理念指出,隧道开挖后的围岩变形可以分为预收敛变形、掌子面挤出变形与掌子面后方收敛变形,如图 4—41 所示。新意法认为在隧道开挖前,掌子面前方围岩已发生预收敛变形,隧道开挖后掌子面后方的围岩收敛变形是在预收敛变形的基础上进一步形成并发展的。因此，从这个角度出发，对围岩的变形控制也可以理解为通过改善掌子面前方性质改善隧道预收敛变形，进而达到控制效果。

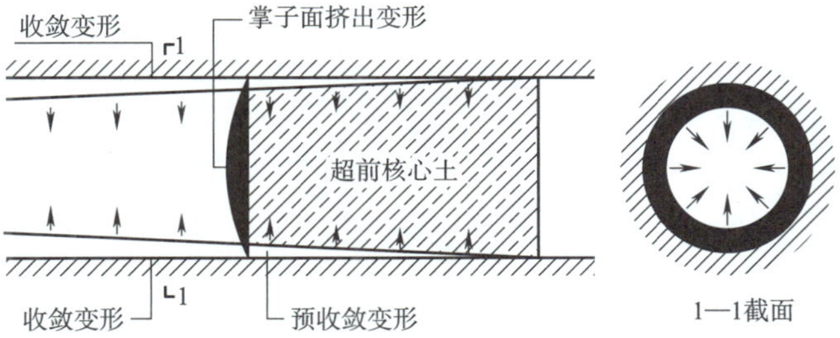

图 4—41　新意法提出的围岩变形示意图

4.4.2　自进式管棚与双层小导管预支护下隧道变形对比分析

1. 隧道变形监测对比方案

大独山隧道现场对于围岩变形的监测通过高精度全站仪及反射膜片按三维非接触量测法进行。主要监测项目有隧道拱顶沉降及断面水平收敛，其中监测测点布置及现场监测如图 4—42 所示。

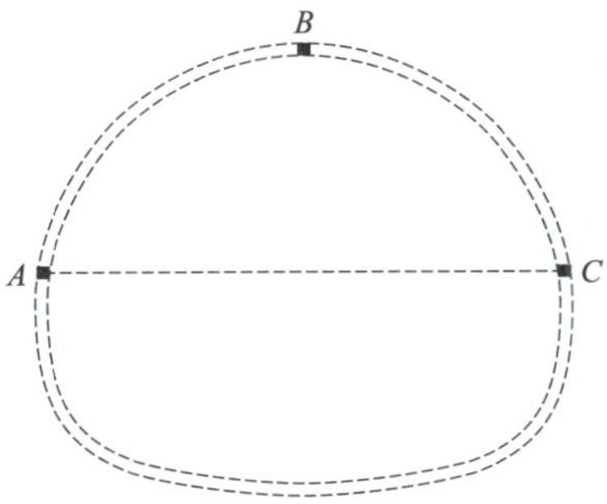

(a) 隧道变形监测布点示意

(b) 隧道变形监测

图 4—42　隧道变形监测

为具体了解自进式管棚作为深埋软岩隧道超前支护对于变形的控制效果，同时保证监测结果的可对比性，分别选取相同围岩等级、相似地质条件、相同掘进工法下 T76S 型自进式管棚与双层超前小导管支护的施工段作为对比段，对其围岩变形的监测数据进行对比分析。DK854＋305～DK854＋340 段采用双层注浆小导管作为超前支护，每隔 5 m 设置一个监测断面，共计 8 个断面。DK854＋370～DK854＋415 段采用 T76S 型自进式管棚作为超前支护，每隔 5 m 设置一个监测断面，共计 10 个监测断面。

由于现场 T76S 型自进式管棚的施工试验段分别采用以 19 m 为支护长度和以 31 m 为支护长度两个试验组，为进一步分析自进式管棚在不同支护长度下对围岩变形的控制效果，将两试验组的围岩变形监测数据又进行了单独对比。其中，以 19 m 为支护长度的施工段（试验段 *A*），DK854＋370、DK854＋375、DK854＋380、DK854＋385，共计 4 个断面；以 31 m 为支护长度的施工段（试验段 *B*）监测断面包括：DK854＋390、DK854＋395、DK854＋400、DK854＋405、DK854＋410、DK854＋415，共计 6 个断面。各试验断面基本施工参数详见表 4—20 和

表 4—21。

表 4—20 试验段基本施工参数

地质条件	主要为泥岩、泥质白云岩、泥灰岩，围岩级别为Ⅴ级，埋深 90～100 m	
超前支护方式	双层超前小导管支护	T76S 型自进式管棚超前支护
支护参数	管长 3 m，两排导管外插角分别为 10°、40°；注水泥净浆，注浆压力 1.0 MPa	详见 4.3.2 节 两个循环各支护 19 m、31 m
施工方法	两台阶预留核心土、光面爆破开挖	两台阶预留核心土、光面爆破开挖
开挖进尺	1.2 m(两榀钢架)	1.2 m(两榀钢架)
监测频率	初期 2 次/天；后期 1 次/天	初期 2 次/天；后期 1 次/天

表 4—21 试验段初期支护明细表

喷射混凝土		钢筋网		锚杆			钢架		
位置	厚度(cm)	位置	网格间距(cm)	位置	间距(环×纵)(m)	长度(m)	位置	规格	间距(m)
拱墙	25	拱墙	20×20	拱墙	1.2×1.2	3.5	全环	I22b 型钢	0.6
仰拱	25								

2. 隧道变形监测结果

隧道变形控制的主要指标有：容许变形、容许变形速率及收敛比等参数，这是判定隧道稳定性的依据。大独山隧道双层注浆小导管超前支护与 T76S 型自进式管棚超前支护的施工段围岩变形监测数据主要统计结果分别见表 4—22 和表 4—23。

表 4—22 双层注浆小导管超前支护下隧道变形监测数据

监控断面	最大拱顶沉降(mm)	相对沉降位移(%)	最大沉降速率(mm/d)	最大水平收敛(mm)	相对水平收敛(%)	最大收敛速率(mm/d)	平均沉降速率(mm/d)	监测时长(d)
DK854+305	134.73	1.08	22.20	120.53	0.81	17.57	0.00	35
DK854+310	147.00	0.92	21.43	114.80	0.77	19.90	0.00	34
DK854+315	111.70	0.89	12.74	109.40	0.74	10.94	0.00	38
DK854+320	153.03	1.22	19.33	229.91	1.55	39.14	0.00	52
DK854+325	130.29	1.04	25.44	130.33	0.88	16.78	0.00	46
DK854+330	176.95	1.42	39.00	129.96	0.87	20.00	0.03	47
DK854+335	225.88	1.81	54.98	199.33	1.34	36.78	0.00	37
DK854+340	125.30	1.00	19.33	103.56	0.70	10.00	0.01	42
平均值	150.61	1.17	27.33	142.23	0.96	21.39	0.01	41

表 4—23 T76S 型自进式管棚超前支护下隧道变形监测数据

监控断面	最大拱顶沉降(mm)	相对沉降位移(%)	最大沉降速率(mm/d)	最大水平收敛(mm)	相对水平收敛(%)	最大收敛速率(mm/d)	平均沉降速率(mm/d)	监测时长(d)
DK854+370	20.97	0.17	4.94	22.76	0.15	4.92	0.01	27
DK854+375	42.67	0.34	4.92	39.56	0.27	4.92	0.00	29
DK854+380	50.27	0.40	4.86	48.66	0.33	4.86	0.01	28

续上表

监控断面	最大拱顶沉降(mm)	相对沉降位移(%)	最大沉降速率(mm/d)	最大水平收敛(mm)	相对水平收敛(%)	最大收敛速率(mm/d)	平均沉降速率(mm/d)	监测时长(d)
DK854+385	44.87	0.36	5.40	43.00	0.29	4.94	0.07	24
DK854+390	29.83	0.26	4.26	30.33	0.20	4.86	0.03	21
DK854+395	33.10	0.28	4.88	30.77	0.21	4.80	0.04	23
DK854+400	35.40	0.30	4.80	35.87	0.24	4.94	0.03	23
DK854+405	38.10	0.30	4.94	38.44	0.26	4.94	0.03	22
DK854+410	37.37	0.30	5.54	36.67	0.25	5.94	0.02	21
DK854+415	34.27	0.27	5.08	35.00	0.24	5.32	0.01	23
平均值	36.69	0.30	4.96	36.17	0.24	5.04	0.03	24

3. 隧道变形监测结果分析

目前而言，对于上述隧道变形的定量控制指标，尚没有统一标准。目前我国《隧规》给出了隧道极限相对位移的参考范围值。双线铁路隧道的极限相对位移见表 4—24。

表 4—24　现行规范中双线铁路隧道极限相对位移表

围岩级别	隧道埋深(h)		
	$h\leqslant50$	$50<h\leqslant300$	$300<h\leqslant500$
拱顶相对下沉(%)			
Ⅱ	—	0.03～0.06	0.05～0.12
Ⅲ	0.03～0.06	0.04～0.15	0.12～0.30
Ⅳ	0.06～0.10	0.08～0.40	0.30～0.80
Ⅴ	0.08～0.16	0.14～1.10	0.80～1.40
拱脚水平相对净空变化(%)			
Ⅱ	—	0.01～0.03	0.01～0.08
Ⅲ	0.03～0.10	0.08～0.40	0.30～0.60
Ⅳ	0.10～0.30	0.20～0.80	0.70～1.20
Ⅴ	0.20～0.50	0.40～2.00	1.80～3.00

注：硬岩取表中较小值，软岩取较大值。

将表 4—22 和表 4—23 中各断面的最大变形、最大变形速率及相对变形断面里程的变化规律分别如图 4—43、图 4—44 和图 4—45 所示。

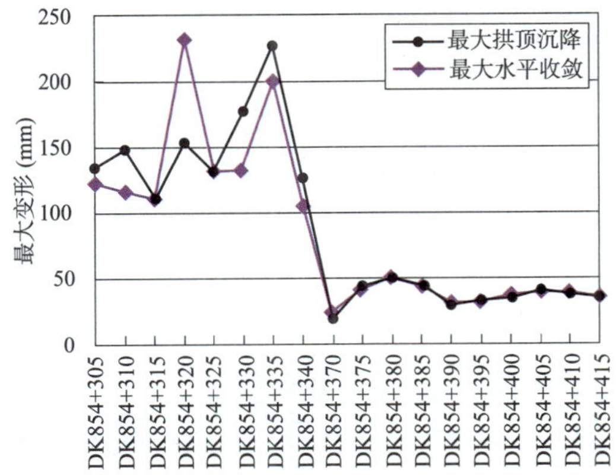

图 4—43　各监测断面最大变形值

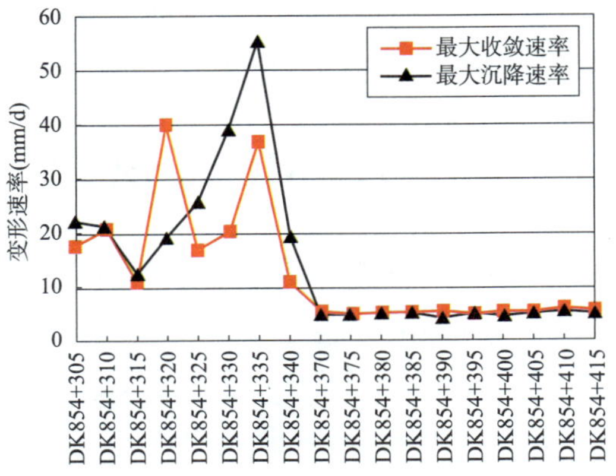

图 4—44　各监测断面最大变形速率

由监测结果统计数据对比可知：

(1)隧道使用双层超前小导管支护的 8 个监测断面中 DK854＋320、DK854＋330、DK854＋335 等多个断面的相对拱顶沉降超过《隧规》中 1.10％的极限值，其中，最大拱顶沉降值达 225.88 mm，拱顶相对下沉达 1.81％，出现在 DK854＋335；8 个监测断面的最大拱顶沉降平均值 150.61 mm，平均拱顶相对下沉 1.17％，平均值已经超过《隧规》中 1.10％的极限值。

(2)隧道使用双层超前小导管支护的 8 个监测断面的水平相对收敛值均小于《隧规》中的极限值 2.00％，其中，最大水平收敛值为 229.91 mm，相对水平收敛为 1.55％，出现在 DK854＋320；8 个监测断面的平均最大水平收敛为 142.23 mm，平均相对水平收敛 0.96％，平均值未超过《隧规》中的极限值 2.00％。

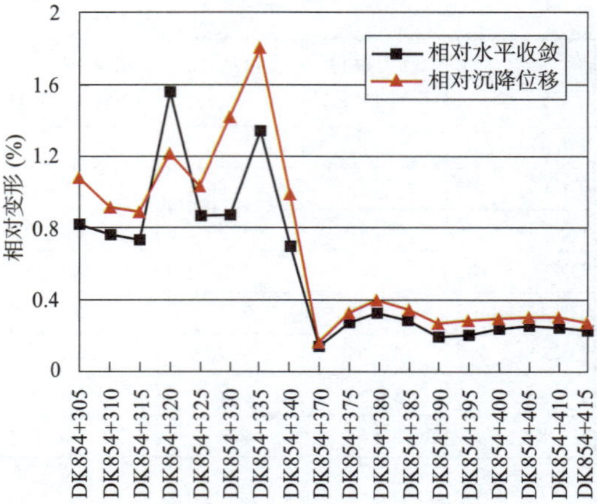

图 4—45 各监测断面最大相对变形

(3)隧道使用 T76S 型自进式小管棚预支护的 10 个监测断面中最大拱顶沉降出现在 DK854＋380，最大拱顶沉降值为 50.27 mm，拱顶相对下沉达 0.40％，达到了较高的控制水准；10 个监测断面的平均最大拱顶沉降为 36.69 mm，平均拱顶相对下沉 0.30％，平均值均远小于《隧规》中 1.10％的极限值。

(4)隧道使用 T76S 型自进式管棚预支护的 10 个监测断面中最大水平收敛值为 48.66 mm，相对水平收敛为 0.33％，出现在 DK854＋320，变形控制效果较好；10 个监测断面的平均水平收敛值为 36.17 mm，平均相对水平收敛为 0.24％，平均值远小于《隧规》中 2.00％的极限值。

(5)隧道使用双层超前小导管预支护的 8 个监测断面平均最大拱顶沉降速率为 27.33 mm/d，平均最大水平收敛速率为 21.39 mm/d；使用 T76S 型自进式小管棚预支护的 10 个监测断面平均最大拱顶沉降速率为 4.96 mm/d，平均最大水平收敛速率为 5.04 mm/d。总体而言，T76S 型钢管棚对于围岩变形的控制效果更好。

由上述支护结构受力及变形监测结果可知，在超前管棚充分发挥作用的前提下，隧道支护结构的受力均是比较小的，即初期支护有较大的安全储备。因此，当管棚超前支护施作质量有保证的前提下，在有充分监测数据证明初期支护受力较小时，按照动态施工原则适当减弱初期支护，既可以节省投资，又可提高功效。

4.5 自进式管棚在软岩地层隧道塌方处治中的应用

4.5.1 深埋软岩隧道塌方的基本概述

1. 深埋软岩隧道塌方影响因素分析

由于软弱围岩工程力学性质较差，在断面较大、地质条件复杂的地层段，隧道开挖过程中围岩稳定性问题比较严峻，处理不当极易引起隧道塌方。岩体是一种包含有各种结构面的复杂地质体，经历一系列复杂地质构造运动，并处于一定的应力平衡状态。隧道开挖后，围岩的初始应力状态破坏并重新调整，当支护措施强度或刚度不足、支护时机不当时隧道就会发生塌方。塌方具体表现为围岩已有层理、节理的松弛、剥离，岩石、泥沙的大量塌落等现象。一般而言，隧道塌方的基本过程为：隧道开挖→围岩产生塑性变形→支护变形过大→支护局部破坏→支护与围岩破坏失稳→隧道塌方。

从结构受力角度分析，深埋软岩隧道中超前支护与初期支护、围岩形成共同的棚架承载体系，隧道支护在承担围岩压力的同时反作用于围岩，改善围岩的受力状态。当地质条件较差地段支护体系不能满足围岩稳定要求时，隧道围岩变形失控并最终导致塌方。

因此，深埋软岩隧道塌方的主要影响因素包含自然因素与人为因素两方面。其中，自然因素是指由于隧道所处地质环境的特殊性而造成塌方的一类因素；人为因素是指由于设计施工方法不当、支护时机不当等原因造成塌方的一类因素。

影响深埋隧道塌方的自然因素主要有：

(1)不良地层条件。地质条件是造成隧道塌方的基本因素，当隧道穿越断层破碎带，岩体节理充分发育或者岩溶发育地段、堆积层地段等，隧道开挖易引起围岩失稳，进而造成塌方。高地应力也是塌方常见诱因之一，在软岩地层高地应力的常见表现为围岩大变形。

(2)不良水文条件。自然界对岩体的风化和侵蚀，暴雨、泥石流等灾害也是隧道产生塌方的主要诱因。在富水条件下，地表水与地下水发育，施工过程中软岩遇水软化，强度大幅降低导致稳定性显著降低，并随着隧道的开挖形成塌方。

影响深埋隧道塌方的人为因素主要有：

(1)施工方法不当。隧道的地质条件具有不确定性，尤其在软弱破碎围岩地层，不合理的施工方法极易使原本自承载能力较差的围岩强度再次削弱。施工的过程即为围岩应力调整的过程，因此，施工方法的不同会造成围岩应力调整过程的差异。选取适宜的施工方法，确定合理的施工参数是避免隧道塌方的重要措施之一。

(2)监控量测与施工调整。由于软岩一般具有明显的流变特性，软岩地层隧道的开挖易出现大变形等不良地质问题。新奥法强调信息的反馈与动态施工，由于我国现阶段施工管理尚不完善，因此，由于监控量测不及时，围岩特征改变后施工调整不及时等造成隧道塌方案例也不在少数。

在地质勘探技术和隧道支护技术均有很大发展和提高的今天，只要充分细致地做好地质勘测及预报，认真做好施工组织及技术措施适当，塌方是可以避免的。

2. 深埋软岩隧道塌方基本处治原则

深埋软岩塌方的处理主要原则为：明晰原因、加固后方、稳定塌体、超前支护、先护后挖。

(1)明晰原因。隧道塌方的处治必须建立在对既有塌方正确认识的基础上，在隧道发生塌方后，应首先详细调查塌方段地层围岩特性与地层的水文条件；分析塌方的规模、塌方形态、塌方部位与塌方影响范围。根据具体情况改变施工方法，有针对性地提出塌方治理方案。

(2)加固后方。一般大型塌方会导致掌子面全部堵塞，部分初期支护破坏，局部初期支护开裂变形。为了保证施工安全性并控制塌方的继续发展，应立即对塌方影响段的初期支护进行加固并加强对围岩变形的监测。

(3)稳定塌体。一般情况下，隧道的塌方稳定需要 1～2 天。施工经验表明，过早地清理塌方体会破坏塌体的临时平衡，导致隧道塌方的二次扩大。因此，隧道塌方后，应及时封闭塌体掌子面，对松散塌方体进行注浆预加固。

(4)超前支护。超前支护和塌体预加固是塌方处理的两个重要辅助措施。主要作用在于通过管棚、超前注浆等超前支护稳固拱顶围岩与塌方体。

(5)先护后挖。先护后挖是指塌方的处治必须在超前支护体的保护下才能进行开挖,并按照“短进尺、强支护、快封闭、勤量测、速反馈、跟进二衬”的原则,谨慎向前掘进。

4.5.2 超前管棚在深埋软岩隧道塌方处治中的作用分析

管棚作为一种行之有效的辅助施工措施,在隧道塌方处治中发挥了重要作用。大独山隧道深埋软岩地段分布广泛,在隧道施工过程中由于复杂地质条件引发了多次隧道塌方。

深埋软岩隧道的失稳塌方最基本的影响因素,在于地层软岩岩体的工程力学特性及软岩岩体的水环境。普氏理论认为深埋隧道在开挖后拱部围岩失稳产生坍塌,随之形成自然拱。因此,对于深埋隧道而言,塌方段自然拱范围会因围岩性质改变而有所扩大,但塌方最大范围在隧道横断面上必然会限于塌落拱范围以内。此外,大量的工程实践表明,深埋软岩隧道对于掌子面前方围岩预收敛变形影响范围为 1.0～1.5 倍洞径,因此,深埋软岩隧道的塌方在隧道纵向最大范围不会超过隧道的 1.5 倍洞径。可见,深埋软岩隧道的塌方范围是有限的。

结合超前管棚支护特点和围岩变形控制等观点,超前管棚在深埋软岩隧道塌方处治中的作用机理如下:

(1)改善松散岩体工程力学性质。管棚沿隧道开挖轮廓周边间隔一定间距施作,通过管棚注浆,在隧道拱顶范围内可以形成有效的固结圈,松散岩土裂隙被填充,并与浆液充分胶结,形成连续的、密实的、有充分自承载能力的加固圈,为后续的隧道开挖提供安全保障。对岩体工程性质与水环境的改善是从根本上解决软岩隧道塌方问题的先决条件。

(2)形成稳定的“简支梁”支撑结构。深埋软岩隧道的塌方在隧道纵向范围是有限的,它不会超过隧道的 1.5 倍洞径。因此,长管棚在进口段以套拱和钢架初支为依托,另一端则可以伸入到稳定围岩之中,利用管棚自身高刚度、高强度的特点,形成稳定的“简支梁”支撑结构,并承载梁上的围岩荷载,限制围岩的先行位移,进而提高隧道的开挖稳定性。

(3)形成预承载拱与棚架支护体系。管棚在有效改善周边岩体性质的同时,还能使管棚与围岩紧密胶结,在隧道开挖前起到预承载拱的作用,隧道开挖后则依靠形成棚架体系使拱内围岩与支护体系处于减压状态,进而提升隧道的施工稳定性。

虽然管棚作为超前支护可以成为深埋隧道塌方处治的重要辅助措施之一,但限于软岩隧道的特殊性质,塌方的处治往往需要进一步改善施工工法,减少隧道施工对于松散围岩的进一步扰动。多种方法综合应用,才能较好地处治深埋软岩隧道塌方。

4.5.3 工程实例

1. 现场概况

2015 年 1 月 3 日,当大独山隧道进口工区正洞掌子面施工至 DK854+755 处时,掌子面揭示的围岩变差,以灰、灰黄色泥页岩夹泥灰岩为主,岩层产状极度紊乱,岩质极软,泥质含量较重,破碎严重,岩体呈极破碎状,以土体状为主,自稳能力极差,如图 4—46 所示。

图 4—46 DK854+755 揭示的塌方掌子面围岩

同时,隧道拱部少量裂隙水渗出,围岩遇水发生软化,随后掌子面陆续发生围岩掉块、掉渣现象(图 4—47),最后形成塌方,塌方一直延伸至隧道拱顶以上,如图 4—48 所示。

图4—47　DK854+755掌子面围岩陆续掉块

图4—48　DK854+755掌子面形成大规模塌方

2. 方案比选

经过查看现场分析认为,造成此次隧道塌方的主要原因在于:

(1)围岩性质突然变差,支护没有及时加强。由开挖掌子面所揭示的围岩可知,DK854+755断面处岩层揉皱现象严重,产状极其紊乱松散,主要以块状、层状松散堆积物为主,隧道开挖后的支护仍按照原设计施工,因此,掌子面在较短的时间内失稳,由掉块演变为塌方。

(2)开挖断面大,掌子面没有及时封闭。由于围岩性质进一步恶化,按原设计采用的两台阶预留核心土开挖方法已经不适用于特殊地层;另一方面,开挖后掌子面没有及时喷射混凝土进行封闭,使掌子面挤出位移增大,造成了掌子面的失稳塌方。

(3)爆破振动。现场采用光面爆破开挖,使本就松散的围岩受爆破振动的影响更加破碎,承载能力进一步下降。

(4)地下水浸泡。灰、灰黄色泥页岩夹泥灰岩在裂隙水的浸泡后极度软化,在隧道开挖后造成了塌方。

在明晰隧道塌方原因后,塌方的处治方案比选主要从以下两方面入手:

(1)采用双层加强超前支护,改善围岩条件,提升围岩自承载能力;

(2)改进塌方段施工工法,保证隧道施工的安全性;

(3)加强初期支护。

双层超前管棚支护在我国下穿隧道与浅埋隧道施工中发挥了良好的预支护效果,对地层沉降控制、周边围岩改善、掌子面稳定性都有着极大的提升作用,保证了隧道施工的安全性。因此,将双层超前管棚应用于隧道的塌方处治成为一种可行的施工方式。针对超前支护的加强,现场提出了两种不同的施作方案:双层ϕ108大管棚支护与双层T76S型自进式管棚预支护。两者的主要对比详见表4—25。

表4—25　ϕ108大管棚与T76S型自进式管棚的对比

序号	项目		比较内容
1	安全性	ϕ108大管棚	管棚钢管接头通过丝扣连接,接头处强度较低,存在受力薄弱环节
		T76S型管棚	管棚钢管采用高强度连接套管,实现等强度连接,无受力薄弱环节
2	工期	ϕ108大管棚	施工周期长,每循环ϕ108大管棚(30 m)施工时间需25～30天,对工期影响严重
		T76S型管棚	施工周期短,每循环T76S型管棚(30 m)施工时间需4～5天,可有效加快施工进度

续上表

序号	项　目		比较内容
3	黏结强度	ϕ108 大管棚	管棚为光面薄壁钢管，低压灌浆，管棚体与围岩黏结性较差，与围岩形成的共同体系承载力较低
		T76S 型管棚	管棚为连续螺纹厚壁钢管，螺纹高度 3 mm，高压注浆，与围岩形成有效黏结，共同承载
4	注浆效果	ϕ108 大管棚	低压灌浆，浆液扩散半径相对较小。注浆浆液充填近端孔口后易阻断排气通道，使管棚远端出现空气包，注浆不能饱满。高压注浆需设止浆墙
		T76S 型管棚	边钻进边注浆，浆液扩散半径相对较大，远端钻头注浆，可有效解决排气问题。高压注浆不需设止浆墙
5	可操作性	ϕ108 大管棚	施工灵活性较差，支护长度及相关参数难以根据实际施工情况及时调整
		T76S 型管棚	管棚为全螺纹管体，可切割及接长，施工过程可灵活调整支护长度及相关参数
6	施工难度	ϕ108 大管棚	需跟管钻进，施工工序多，工序衔接复杂
		T76S 型管棚	操作容易，工艺流程简便，施工难度小
7	支护效果	ϕ108 大管棚	管棚极限承载力主要取决于管棚钢管(壁厚 6 mm)及管体中插入的 ϕ16 钢筋笼强度，钢管钢筋抗拉力 1 500 kN，屈服力 936 kN
		T76S 型管棚	由于注浆良好，管棚极限承载力主要取决于管棚钢管(壁厚 10 mm)及注浆圈与围岩有效黏接形成的体系。钢管抗拉力 1 900 kN，屈服力 1 600 kN

经分析，大独山隧道存在工期紧张的限制，T76S 型自进式管棚工艺简单，在试施作过程中取得了良好的施工效率，尤其当施作双层管棚时，自进式管棚的优势更加明显；塌方段围岩以松散泥页岩、泥灰岩为主，岩体遇水成泥，可以预见 ϕ108 大管棚在施作过程中必然遇到严重的塌孔堵孔现象，进一步影响施工质量；自进式管棚可以有效改善掌子面周边及前方围岩的工程性质，提升其自承载能力。因此，现场决定采用 T76S 型自进式管棚作为塌方处治的超前支护方式。

对于施工工法的改进，现场提出了两种不同的开挖方式：三台阶七步开挖法与 CRD 法，如图 4—49 和图 4—50 所示。三台阶七步开挖法主要是指将隧道断面分为上中下三个台阶，各台阶之间保持一定距离进行开挖支护，以此来保证围岩稳定的开挖方法。CRD 法指的是将隧道断面分成上下左右四个部分进行开挖，开挖过程通过临时支护对每一分部及时封闭成环，依次提高隧道开挖面的稳定性的方法。两种工法的主要优缺点对比见表 4—26。

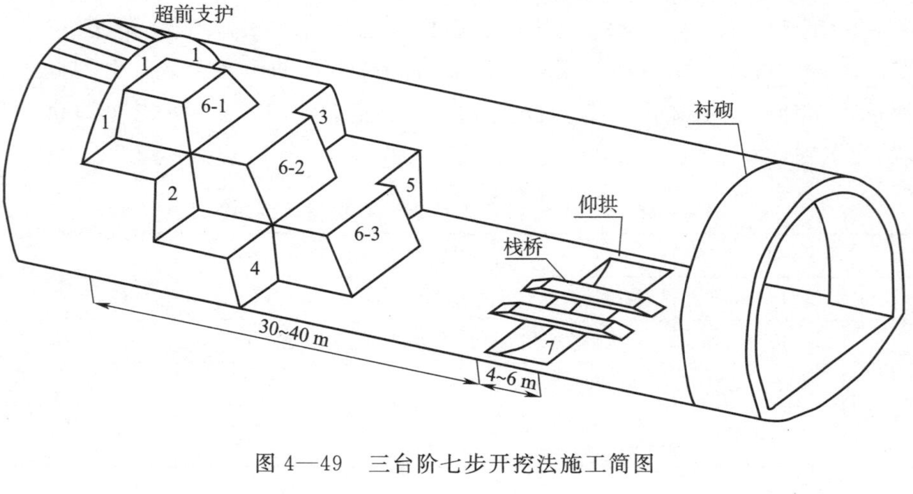

图 4—49　三台阶七步开挖法施工简图

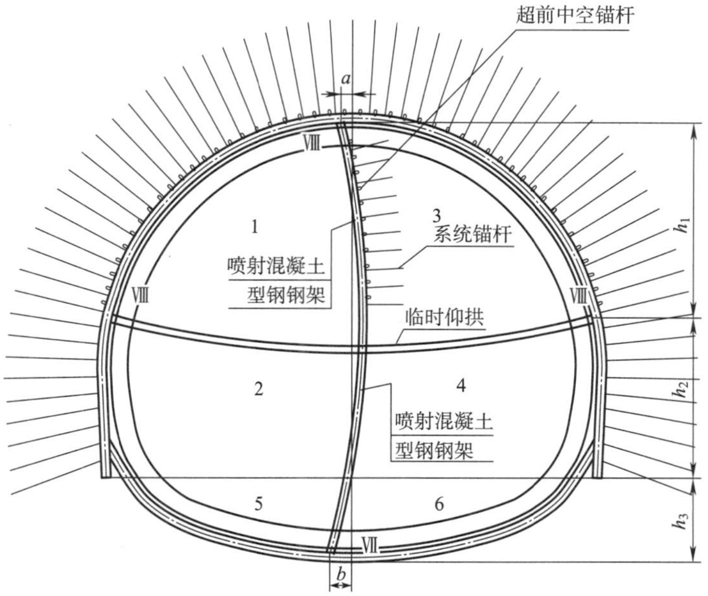

图 4—50　CRD 法施工简图

表 4—26　三台阶七步开挖法与 CRD 法优缺点的对比

方　　案	优　　点	缺　　点
三台阶七步开挖法	(1)上中下台阶同时作业，便于组织平行流水作业，利于施工工序的转换有效地加快施工进度； (2)工序间隔短，初期支护能够及时封闭成环，较好地控制隧道变形； (3)能够发挥大型施工机械多工作面快速施工的优势	(1)施工需要进行两次落底，对初期支护沉降变形影响较大； (2)工序较多，所需施工人员较多，组织协调工作多，管理难度大； (3)施工出渣与立架平行施工，工作条件较差。
CRD 法	(1)各部开挖及支护自上而下，步步成环，及时封闭，各分部封闭时间短； (2)中隔壁能有效地阻止支护结构的下沉和收敛变形，在围岩拱顶沉降及水平收敛控制方面有优势。	(1)需要施作临时支护增加工程成本，拆除中隔壁时风险较大； (2)工序繁琐，施工速度较慢； (3)资源及配置需求高，施工成本高。

经分析，塌方段处治的主要问题是开挖过程减少围岩的扰动，缩小单次开挖面积，保证掌子面的稳定性，在以超前管棚为预支护的条件下，三台阶七步开挖法在合理控制掘进进尺的情况下可以有效保证掌子面的稳定性，且三台阶七步开挖法施工比 CRD 法的施工效率更高。因此，现场决定采用三台阶七步开挖法进行施工。

3. 处治方案

按照“明晰原因、加固后方、稳定塌体、超前支护、先护后挖”的塌方处治原则，现场最终采用“双层 T76S 型自进式小管棚＋注浆小导管超前支护，三台阶七步开挖法”对隧道塌方进行处治。具体措施如下：

(1)控制滑塌

为控制掌子面继续滑塌，采用岩质好的洞渣对掌子面反压回填，回填时分台阶反压并用挖掘机进行压实，逐层回填至拱顶处，对塌方体喷混凝土进行二次封闭。

(2)邻近段初期支护加固

对 DK854＋745～DK854＋755 范围内的初期支护增设 ϕ42 注浆锁脚锚管加固，每榀钢架分别于左右侧拱腰位置加设两根 6 m 注浆锁脚锚管，锁脚锚管与钢架焊接牢固。

(3)塌方段超前支护加强

对塌方掌子面施作双层 T76S 型自进式管棚支护，管棚支护长度 31 m。其中，内层管棚按 4.3.2 节设计方案施作，外层管棚与内层管棚相隔 50 cm，按环向分布间距 40 cm 施作于拱顶对称约 150°范围。掌子面最后一榀拱架施作 ϕ42 注浆小导管，长 4.5 m，管体呈梅花形开孔，端头加工成锥尖形，尾部预留 20 cm 不开孔止浆段，自起拱线位置沿拱顶中线对称施作，环向间距为 20 cm；左右两侧滑塌处埋设两根 ϕ80 注浆管，埋设长度根据现场滑塌情况施作，两根注浆管的埋设长度交替错开。

(4)改善施工工法

塌方段的施工工法由两台阶预留核心土工法改为三台阶七步开挖法，同时为了减小隧道施工对围岩的扰动，由光面爆破掘进改为机械人工开挖掘进，且每次开挖进尺控制在 60 cm 以内。待初期支护完全达到设计强度后，采用 C20 混凝土回填滑塌空腔部分。

通过对塌方段超前支护加强及施工工法改善两项主要施工措施，DK854＋755 掌子面塌方最终得到了有效处治，隧道最终顺利通过塌方体，并为自进式小管棚在隧道塌方处治中的应用积累了工程经验。

第5章　高速铁路隧道岩溶处理技术

5.1　岩溶溶洞分类

由于岩溶溶洞的成因、发育规模、几何形态、充填情况等的不同，可以有不同的分类方法。合理的分类是为了为岩溶的有效处理提供依据或者是为了更好地对溶洞进行治理。本章根据溶洞规模形态大小，按岩溶工程地质及水文地质特征，对沪昆客专贵州段第九标段的隧道工程施工中所遇到的岩溶溶洞进行分类，以利于岩溶的规范化处理，如图5—1所示。此处对岩溶的分类仅仅针对的是在隧道施工工程中揭露出或是采用地质探测手段发现的溶洞。

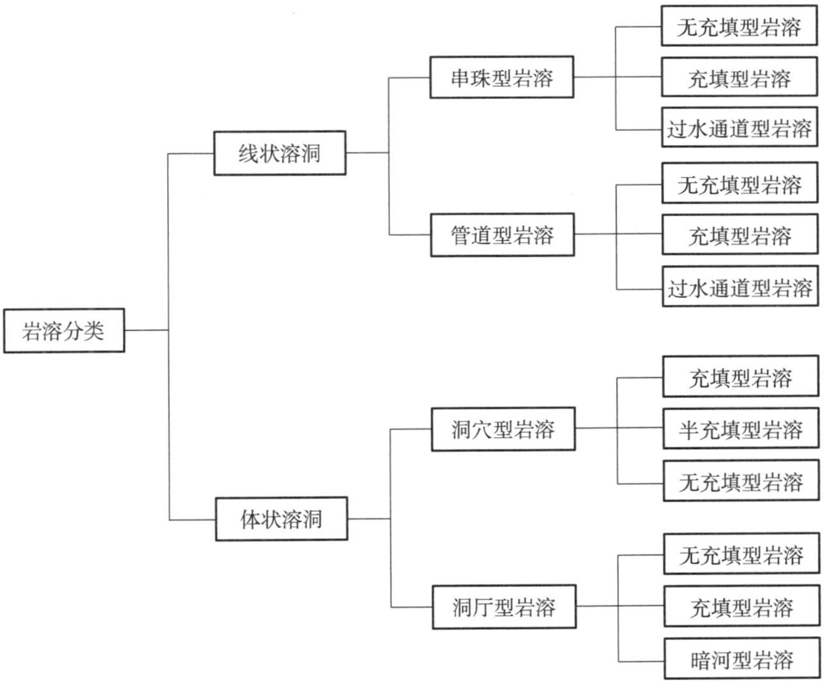

图5—1　岩溶分类图

首先按照溶洞发育的三维尺寸形态特征将溶洞分为线状溶洞和体状溶洞。

线状溶洞就是溶洞的三维尺寸中其中某一方向的尺寸远大于溶洞的其他两个方向的尺寸，形态上表现为线状、管道状、串珠状及狭长宽大裂缝状等，在长度方向上一般为垂直或接近于垂直发育，其主要走向一般与水平面夹角较大。线状溶洞截面的横向尺寸都小于3 m。根据线状溶洞截面面积的大小又可以将线状溶洞分为串珠型溶洞和管道型溶洞。若线状溶洞的截面面积上下相差较大，类似于“糖葫芦”的溶洞，则称之为串珠型溶洞；若线状溶洞的截面面积相差不是很大，则可称之为管道型溶洞。这两种不同形态的溶洞又可根据是否充填或过水再细分为无填充型、填充型和过水通道型。线状溶洞的发育规模一般小于 50 m^3。

体状溶洞是指溶洞截面两个方向的尺寸相差不大，且大于 3 m，体状溶洞的规模较大，大于 50 m^3。若溶洞三向尺寸差别不是很大，则其形态呈现为洞穴形，有一定的边界，且定义洞穴型溶洞的规模小于 500 m^3。溶洞规模大于 500 m^3时则称为洞厅型溶洞。若是一个方向远远大于其他两个方向的尺寸且延伸很远，则其形态呈现洞厅型，如果常年有水流或是季节性有水流通过，则称为暗河。洞穴型溶洞又可根据溶洞的充填情况，将洞穴型溶洞再分为充填型溶洞、半充填型溶洞和无充填溶洞。

岩溶的处理方式主要取决于岩溶溶腔的规模、是否为过流通道(贫水型或富水型)或有无补给水源、溶洞的填充情况以及溶洞与隧道的相对位置关系等。

5.2 岩溶隧道处理原则

5.2.1 设计阶段的处理原则

在岩溶区修建高速铁路隧道，在设计阶段需要较为详细的勘察资料，对勘察发现风险较大的泥水充填型岩溶或地下暗河，进行针对性的设计。

首先对按照相关规范和规定，对已经揭示的岩溶溶洞或可能在施工中揭示的溶洞进行风险辨识与评估，确定隧道施工过程中可能发生风险的等级，并系统制定与之匹配的风险控制和施工管理技术措施。

对于施工过程中揭示出的岩溶，应综合溶洞类型、规模、富水程度、充填性质和与隧道的空间位置关系等因素，因地制宜进行动态设计。对于有补给的岩溶水处理应遵循以排为主、排堵结合的原则，对环境敏感区段应采取以堵为主、限量排放的原则。

对于规模较小、岩溶管道类的岩溶地段，隧道二衬所承受的水压力和土压力应根据岩溶类型、富水程度、充填状况和排水能力等综合分析确定。在岩溶隧道设计中应明确提出施工中超前地质预报、溶洞及岩溶水处理、注浆加固、支护结构体系、施工方法、防排水监测等的基本要求。

另外，隧道穿越充填型岩溶时，除了对隧道周边一定范围内的岩溶填充物进行注浆加固，并进行大刚度的超前支护，并在开挖之前通过钻孔取芯以检验注浆加固效果。隧道初期支护应予以加强。隧道底部一定深度内的充填物应采用钢花管注浆加固，保障隧底地层有足够的承载能力。

5.2.2 隧道施工中的岩溶处理原则

岩溶隧道溶洞的治理会受到多方面因素的影响，需要考虑多方面的因素，如岩溶洞形态、规模大小、充填情况、溶洞与隧道相对位置关系及管道型岩溶是否过水通道等。其中大规模岩溶在充填泥水状态时严重威胁隧道施工安全，尤其是高水压富水或泥水充填型的溶腔在意外揭露时对隧道施工的危害性最大。因而，较大规模的溶洞处理措施主要取决于是否有泥水充填及压力大小。

在隧道施工中对岩溶的一切处理措施，均应以施工期及运营期的安全为根本目的和着眼点。对于雨量充沛、岩溶极其发育的贵州地区的岩溶隧道，应以“以疏排为主、排堵结合、因地制宜、综合治理”的原则。对于施工过程中揭示出的溶洞根据其溶洞的规模大小、形态特点、是否充填及充填特征、富水特征及水压力大小等给出针对性的技术应对措施。岩溶水处理宜采取疏导为主的处理措施，尽量恢复或维持既有水流排泄通道，施工中不得随意将爆破开挖下来的石渣倾倒进尚不能判断是否为过水通道的管道型溶洞。对于过流型岩溶管道根据预测水量必要时增设排水通道；对地表生态环境有较大影响地段的地下水敏感区域，应采取注浆预加固措施，保护生态环境，保障隧道结构安全。

对于高压富水岩溶地段，隧道衬砌结构应根据岩溶类型、排水能力等充分考虑衬砌可能承受的水、土压力，适当加强二次衬砌和仰拱。

1. 串珠型或管道型的线状溶洞

对于确认为干燥无水的无充填、半充填或完全充填管道型溶洞，可以直接采用隧道弃渣填塞溶洞(石块最大边长不宜大于 80 cm)，然后用水泥砂浆灌注片石之间的孔隙。

若此管道型溶洞在大气降雨时有水流通过，则此管道型溶洞为过流型的溶洞。应综合分析富水岩溶管道的水量、水压、连通性等特征，充分考虑其季节性变化对隧道施工和运营的影响之后再行处理。富水管道型溶洞的处理还要考虑地面有没有明显的落水洞及汇水面积的大小，预测丰水期的溶洞流量及可能的最大水压力。另外，还可以根据隧道埋深大致估计水压力。若此处隧道埋深小于 50 m 且地表汇水面积较小，则可以采取用石渣填充溶洞并用水泥砂浆灌注石渣间的空洞。若溶洞贯穿隧道断面，在隧道初期支护进行适当加强后，对拱顶以上 5 m 范围进行吹砂并进行注浆固结，并对二衬考虑采用耐水压衬砌。若此溶洞处隧道埋深大于 50 m，宜采取疏导为主的处理措施，维系其原有的过水通道，必要时增设排水洞、管涵等措施将水流引离隧道轮廓 5 m 以外后，再设置专门的排水通道并与专门泄水洞进行连接。隧道结构还应根据岩溶管道的排水效果，充分考虑水压力作用。

对于富水岩溶裂隙，应首先对富水岩溶裂隙水压、渗透性、整体稳定性等特征综合分析，预测最大涌水量及最大水压力。对于可能存在高水压的富水岩溶裂隙，宜采用钻孔排水减压措施；整体稳定性差的富水岩溶裂隙，宜采用超前周边注浆或超前帷幕注浆加固等措施；整体稳定性较好的富水岩溶裂隙，宜采用径向注浆或超前周边注浆等措施；隧道结构应根据排水减压、注浆加固的效果，考虑水压力作用对隧道支护及衬砌的影响。

对于半充填或充填型贫水管道型溶洞，在对充填物特性进行综合分析评价的基础上，根据充填物特性，可采用注浆加固或钢花管注浆加固影响范围内的区域。

2. 洞穴型溶洞

对于无充填的洞穴型干溶洞，首先应进行岩溶洞壁稳定性进行综合分析评价，根据评价结论，采取清除洞壁危岩、喷锚网、护墙、护拱、立柱支顶、锚索等措施对岩溶洞壁进行防护。溶洞体积不是很大的可以直接将爆破石渣填入溶洞，并用自密实砂浆填充碎石间空隙。对于体积较大的溶洞，则需要将隧道边墙置于稳固的基础之上，基础形式可采用拱跨、板、梁、桩、复合地基等。

对于已经充填的贫水洞穴型溶洞，首先应对洞穴充填物的物理力学特性进行综合分析评价，然后确定充填物的加固范围，比选隧道超前预加固和预支护措施，基础形式可采用桩、钢花管注浆、换填、复合地基等形式通过。

对于富水的洞穴型溶洞，应采用现场实测方式确定水压力和涌水量，并保证隧道与溶洞之间岩墙厚度不小于 5 m。通过打设泄水孔，将溶洞内的泥水压力降下来，确定没有压力且涌水量显著下降或趋于干涸,此时可以打开溶腔。进一步明确溶腔的形态、规模、岩壁稳定性、地下水补给特征等。对于存在地下水补给途径的富水洞穴型溶洞,宜在距隧道一定安全距离之外开凿专门的泄水洞将进入溶洞的地下水顺利排出。另外,尚需考虑溶洞水流对隧道安全性的影响,必要时对隧道支护和二次衬砌进行加强。

3. 洞厅型溶洞

(1)无充填干溶洞

洞厅型溶洞的三维尺寸都很大。对于无充填无水的洞厅型溶洞,由于其形态复杂、规模庞大,在隧道施工揭露出溶洞之处,很难在短时间内探查清楚其形态特征及地下水特征,因而为不耽误隧道施工工期,宜在隧道无溶洞的一侧开挖一条绕洞到隧道前方继续对隧道正洞施工。在隧道向前掘进的同时,测量技术人员就可以进入溶洞测量溶洞的形态、三维尺寸及与隧道的相互位置关系,溶洞底部有无堆积体,并对溶洞顶部是否有危岩及溶洞岩壁是否稳定做出评价。对于存在潜在不稳定风险的岩壁进行挂网、打锚杆、喷混凝土支护,并保证在溶洞中施工人员的安全。

由于洞厅型溶洞的尺寸一般都比较庞大,隧道断面轮廓常常全部位于溶洞之内,如果隧道仰拱以下距溶洞底部较深,则常需要采用洞中架桥的方式跨过溶洞,两端桥台需落在完整基岩上。隧道结构外侧需要设置不少于 1.5 m 厚的混凝土护拱。如果隧道仰拱底部距溶洞底部距离较小,则可在清除溶洞底部松动岩石后采用抛石混凝土填筑,由于溶洞横向尺寸一般都较大,线路两侧用片石混凝土砌筑,坡率根据其稳定性确定。另外,有必要时在隧道两侧设置两排立柱以支顶溶洞顶板,隧道拱部上方设置护拱和缓冲层,以保证运营阶段安全。

(2)充填溶洞

如果充填溶洞富水且具有较高水压力,则需要综合分析富水充填溶洞的储量、水压、连通性、地下水补给情况、充填物特性等特征,充分评估其对隧道施工和运营的危害程度。如果剩余岩墙安全性不足,则需要钻孔排放溶腔内积水,将水压力降下来;然后采用帷幕注浆加固溶洞内填充体,帷幕厚度应在考虑洞内水压力及填充体性质的基础上,通过工程类比和理论分析计算确定。采用大刚度的大管棚超前支护,开挖过程中若发现有注浆薄弱部位应进行补充注浆加固。隧道初期支护和二次衬砌结构要永、临结合,考虑水压力作用,加强初期支护刚度和强度,根据需要初期支护可以采用双层支护。溶腔水要有永久排泄通道,并有措施保证永久排泄通道的畅通。二次衬砌按抗水压衬砌设计,要考虑泄水不畅形成的水压。隧道底部填充体如果较为深厚,可视填充体的性质,采用注浆钢花管桩加固或可选择桩梁式结构、复合地基桩基＋承台等措施跨越溶洞。

(3)地下暗河

当隧道邻近(下穿、上跨、旁侧)暗河通过时,应综合评价隧道与暗河间剩余岩盘的稳定性,当岩盘安全厚度不满足要求时,应对其进行加固处理,以减少对隧道施工和运营的影响。当隧道穿越暗河时,须采取疏导措施,尽量保持其原有的过水通道,对河道有淤积或岩壁坍塌下来的堆积物还应该进行清理以保证河道顺畅,必要时增设专门的泄水洞等引排地下暗河水,保障地下暗河水流通畅。隧道结构应根据与暗河的空间位置关系,充分考虑暗河及堆积物等对隧道的影响,基底宜采取桩、板、梁等工程措施,确保稳固可靠。

5.3　典型岩溶处置案例

5.3.1　丫口寨隧道岩溶处理

1. 工程概况

贵州省碳酸盐岩分布较广，主要由石灰岩层组和白云岩层组组成，由于两种层组所含化学成分有所不同，导致石灰岩层组多形成大型溶蚀洞穴与管道；白云岩层组则主要形成溶蚀孔洞与洞隙。

丫口寨隧道位于安顺市关岭镇，隧道全长 4 475 m，最大埋深约 355 m，线路走向近北东—南西向。测区属侵蚀构造中低山地貌，地面高程 1 125～1 530 m，相对高差约 405 m。可溶岩分布广泛，岩溶形态多样，地表溶蚀洼地、落水洞普遍分布，岩溶水赋存于隧道穿越段的碳酸盐岩类含水岩组中。含水岩组岩溶化程度较高，测区岩溶大部分为覆盖型。溶蚀现象以地表岩溶溶蚀洼地、落水洞、溶洞等垂直溶蚀现象为特征。从测区地形地貌看，隧道洞身段顶部有山坡洼地负地形，植被发育，有利于大气降雨入渗式或注入式补给。在深部则以网络状岩溶裂隙、岩溶管道以及巨大的溶蚀～侵蚀洞穴为主。地下水具有庞大复杂的运移赋存空间，地下水十分丰富，径流复杂，常以岩溶大泉、暗河出露地表。测区通过可溶岩，使大气降水及地表水沿着可溶岩裂隙进入地下，对可溶岩进行溶蚀和冲刷作用，使裂隙不断扩大，加速了地下水的循环，使地表形成落水洞、岩溶洼地，形成各种岩溶管道，造成地下水埋深较深。

2. D2K849＋220～280 溶洞群处理

(1)溶洞揭示情况

在丫口寨隧道出口工区发现多处溶洞，隧道施工过程中在 D2K848＋940～D2K849＋280 段溶洞群揭示情况如下：

2011 年 12 月 25 日，丫口寨出口工区掌子面 D2K848＋281 爆破后在线路方向左揭示一溶洞，如图 5—2 所示，洞口高约 1.5 m，宽约 2.5 m，进洞后揭示为一溶洞大厅，如图 5—3 所示。因其规模较大，设计单位随即安排测量补勘，在确保安全后于 27 日进洞勘察。经过洞内观察测量，该溶洞已超出隧道洞身断面范围，并继续向线路右侧上下两个方向同时延伸，为两层发育的溶洞，溶洞顺线路纵向长约 20 m，横向延伸长约 70 m，净空高约 10～30 m 不等，该溶洞与线路大角度相交。溶洞在 D2K849＋270 右边墙脚发育一直径约 1.5 m 的消水洞，有流水痕迹，并向线路外侧延伸。

图 5—2　D2K849＋281 线左溶洞口照片

图 5—3　D2K849＋281 溶洞大厅照片

2012 年 7 月 22 日，现场复工施工至 D2K849＋239，在隧底右线右 2.0 m 处揭示一斜向大里程发育的溶洞，如图 5—4 所示，直径约 1.5～2.0 m，可见深度约 15 m，向大里程约以 40°倾角斜向线左方向延伸，揭露时无水，具体延伸深度不详，洞底已被开挖的掉落的虚渣掩埋，该洞向小里程斜向延伸至 D2K849＋232～D2K849＋235 右侧拱腰及边墙附近，如图 5—5 所示。

图 5—4　D2K849＋239 隧底右线右 2 m 溶腔

图 5—5　D2K849＋232～＋235 右侧拱腰及边墙溶腔

2012 年 7 月 26 日，丫口寨隧道出口工区施工至 D2K849＋224，在隧底中线处揭示一竖向发育的空溶腔，如图 5—6 所示，横向长约 2 m，纵向宽约 0.5～1.5 m，可见深度约 15 m，洞底向左侧有一支洞斜向左下方发育，现场施工时曾将一车渣倒入未见踪迹，故推测溶洞具体深度不详。

2012 年 7 月 26 日，丫口寨隧道出口施工至 D2K849＋220～＋214 右拱腰～边墙脚揭示为一空溶腔，在＋219 右边墙右侧约 1 m 处发育一斜向右边墙脚约 40°斜向下延伸的空溶腔(图 5—7)，空溶腔直径约 0.5～1.5 m 不等，斜向延伸长度约 15 m，洞底已被开挖的虚渣掩埋，揭露时无水，具体延伸长度不详。

施工过程中揭示出溶洞后，设计单位采用物探和地质钻孔相结合的方法，以查清岩溶的大小规模及空间分布特征。施工过程中揭示的 D2K849＋220～＋280 段落溶洞群主要为岩溶管道、小型溶洞和溶洞大厅，基本没什么充填。施工中揭示岩溶管道时没有发现有水流，但在大气降雨后，有地下水涌出，但水量较小，可能是因为地表汇入该岩溶管道的汇水面积较小。溶洞群隧底的平面图如图 5—8 所示。

图 5—6　D2K 849＋224 隧底中线处垂向溶腔

图 5—7　D2K 849＋219 右边墙脚斜向溶腔

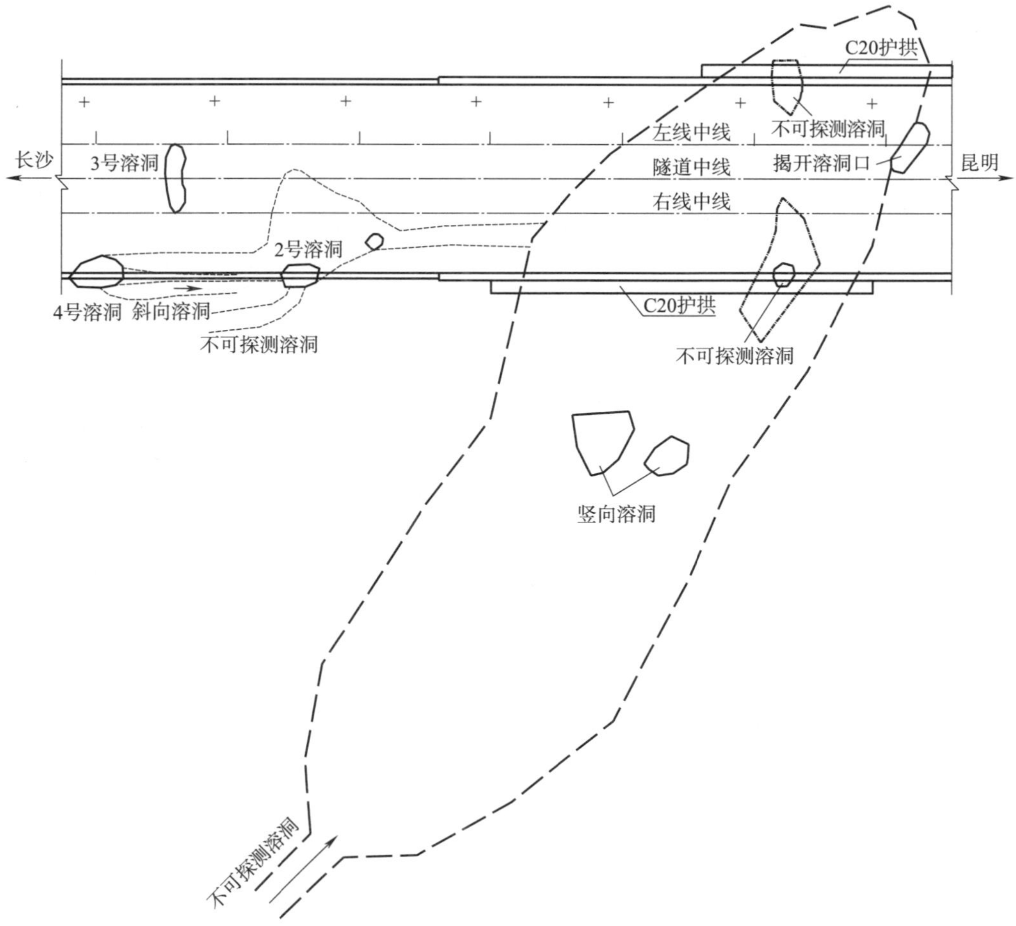

图 5—8　隧底溶洞群平面图

(2)溶洞群处理

为确保施工及隧道结构安全，在清除溶洞内的孤石和危岩后，按照Ⅴ级围岩断面开挖，将钢架间距调整为 0.4 m。对于侵入隧道断面内较大范围的溶洞，在可能存在掉块的溶洞段拱架顶部间隔 2 m 预留 DN150PVC 泵送管，管长 5 m。隧洞顶部的溶洞范围采用拱架和喷射混凝土封闭，待达到设计强度后，在隧道拱部泵送 C20 混凝土形成护拱，护拱厚 100～250 cm，墙脚和拱脚位置设置各 2 根 ϕ42 锁脚锚管，长度 3.5 m。护拱坐落在基岩的岩面上(清除岩面上的松散岩块，保证基岩承载力)，在基岩中植入锚杆并将露出部分置于护拱中。对于隧道拱部上方溶洞尚有较大空间的段落，在护拱达到设计强度后通过预留的泵送管吹砂回填，吹砂厚度 2.0 m 左右。依据隧道施工揭露及地质勘探查明的溶洞大小规模发育特征、有无充填及有无地下水通过等，对隧道出口工区 D2K849＋220～280 段落溶洞群的总体处理如图 5—9 所示。隧道底部的小型溶腔的顶板厚度如果小于 5 m，则采用 C20 混凝土填充溶腔，如 D2K849＋276 断面及 D2K849＋233 断面[图(b)和(f)]下部溶洞顶板厚度为 3.58 m，对溶洞进行 C20 混凝土填充；如果顶板厚度大于 5 m，则不予填充，如图 D2K849＋270 断面。对侵入隧道断面内的小型无充填溶洞，直接用 C20 混凝土回填，如 D2K849＋233 断面和 D2K849＋224 断面。

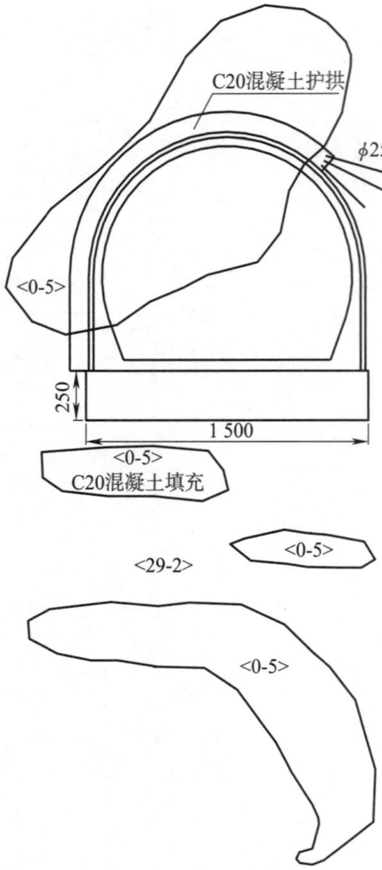

(a) D2K849+276断面

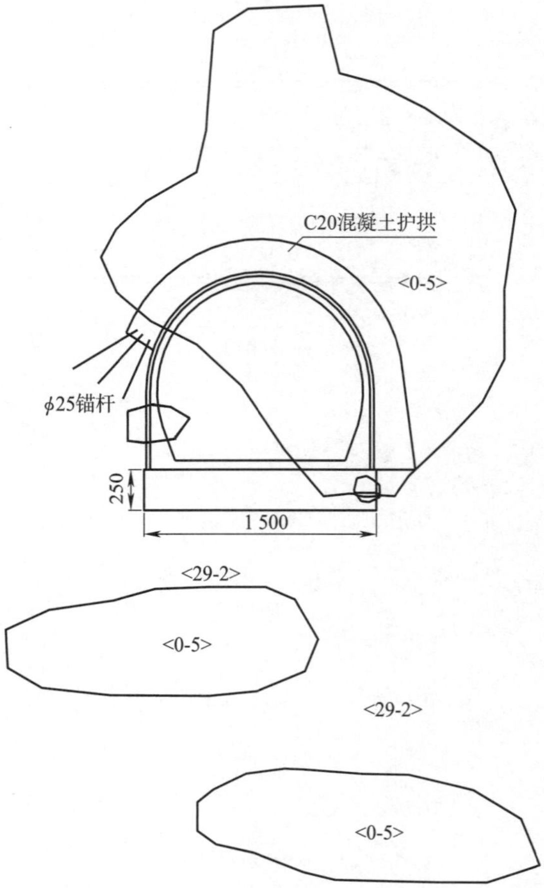

(b) D2K849+270断面

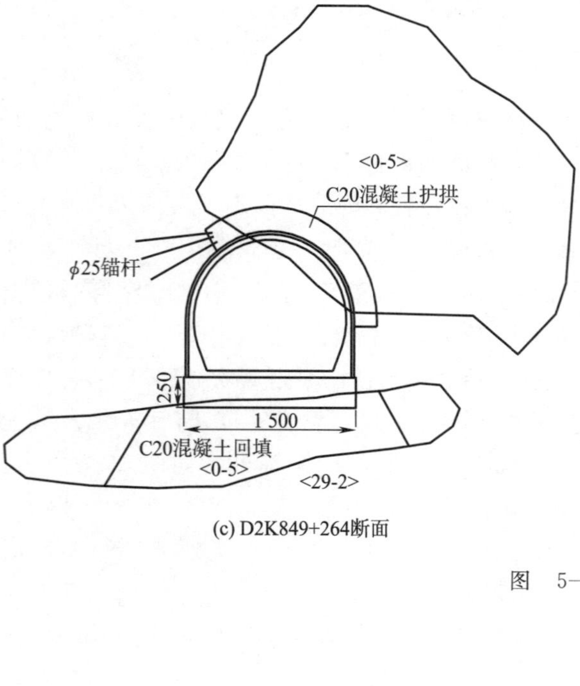

(c) D2K849+264断面

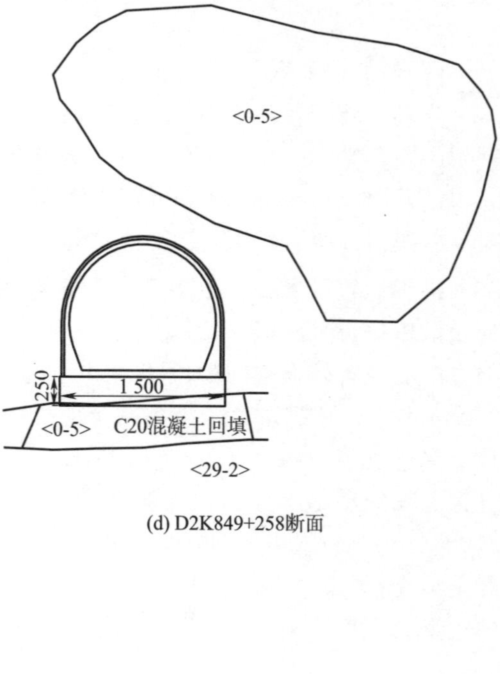

(d) D2K849+258断面

图 5—9

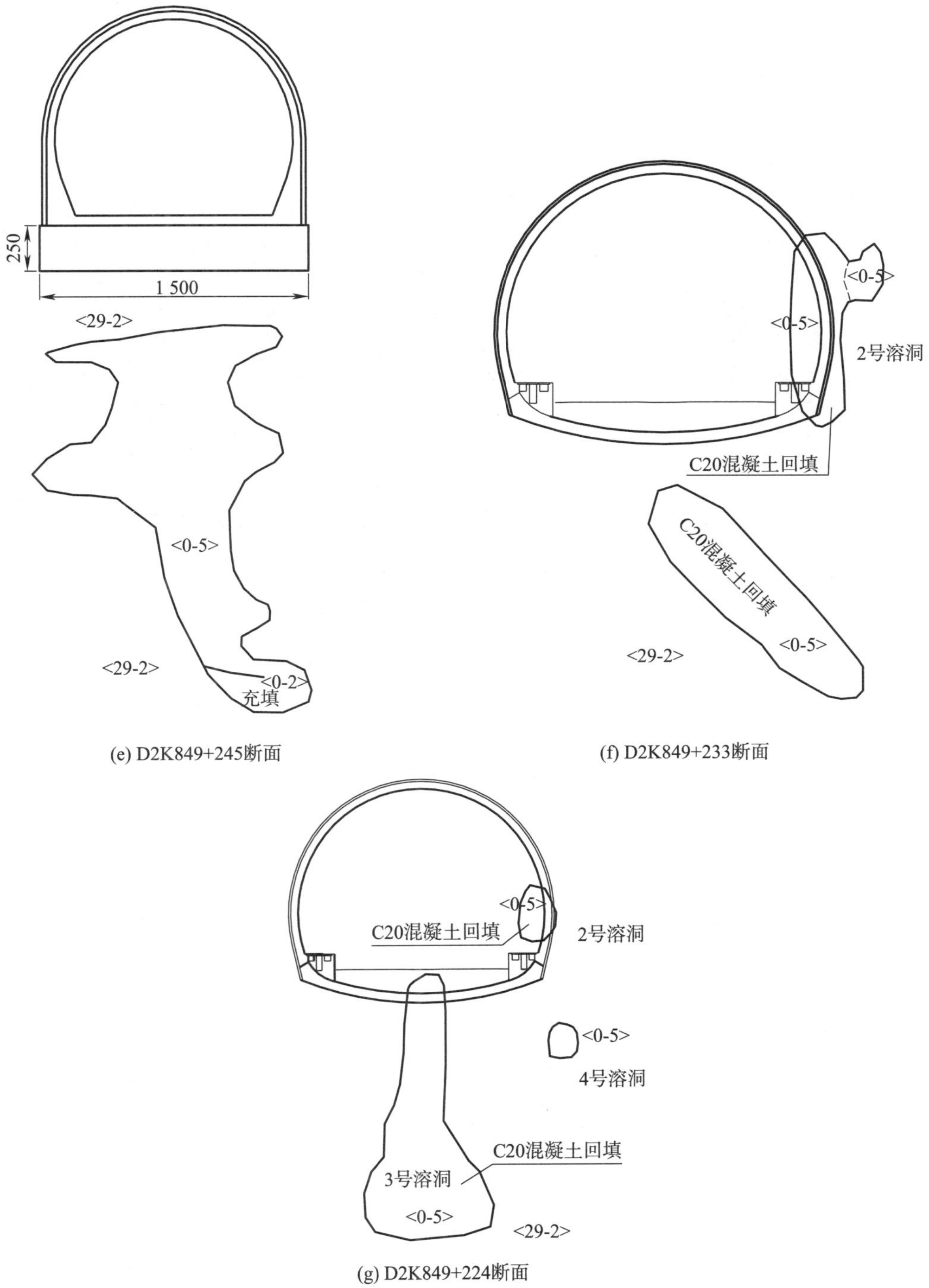

(e) D2K849+245断面　(f) D2K849+233断面

(g) D2K849+224断面

图 5—9　D2K849＋220～280 段溶洞群处理断面图

3. D2K849＋132 线路右侧溶洞和处理

(1)溶洞揭示情况

2012 年 8 月 16 日，丫口寨出口工区施工揭示一半填充溶腔：为一自 D2K849＋132 线路右边墙斜向 D2K849＋125 左边墙延伸的空溶腔，如图 5—10 所示。技术人员进洞观察，发现该溶洞向线路两侧延伸，在左右两边墙外约 8 m 处均有竖向消水洞发育(图 5—11)，从线路右侧到左侧与线路方向大致成 70°夹角。超出线路右侧边墙约 20 m，发育有多个小支溶洞。从线路左侧边墙外朝斜下方发育，并远离隧道，尺寸渐小，溶洞的隧底平面分布如图 5—12 所示。洞内无水，填充物厚度较薄，多为黏土及局部洞顶坍塌的碎块石填充。

图 5—10 D2K849＋132 右边墙脚溶腔口

图 5—11 D2K849＋125 左边墙脚溶腔口

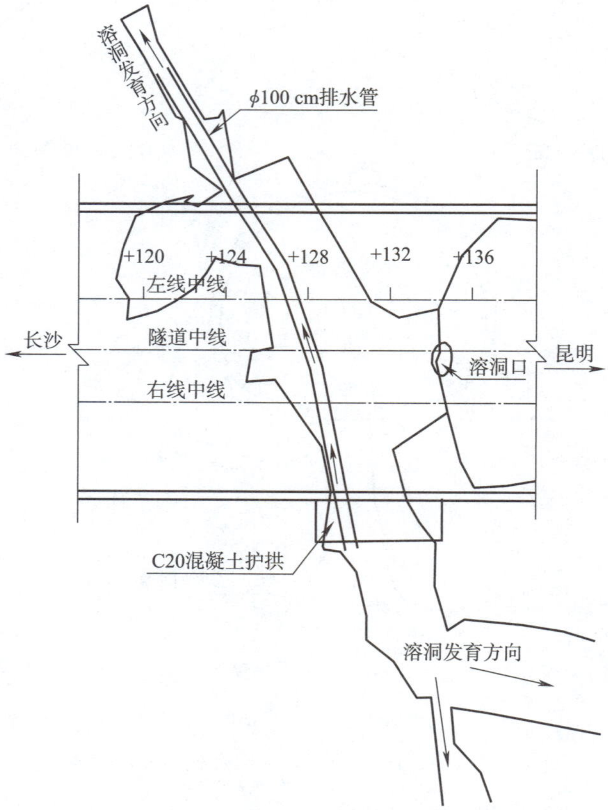

图 5—12 D2K849＋132 线路右边溶洞隧底平面图

(2)溶洞处理

溶洞内发育有消水洞，溶洞底部填充物有黏土，由此可以推断，在施工过程中虽然没有发现有水流通过,但在雨季大气降雨时很有可能会有水流通过,只是水流量可能不大。因而,对此处溶洞的处理就必须考虑排水,溶洞处理不能堵塞岩溶水流的过流通道。为此在溶洞内圬工施工时,在原有溶洞底部安装一根直径 100 cm 的排水管,以保证隧道运营期间的安全。

隧道断面右侧溶洞面积较大,且延伸至边墙,所以施作 C20 混凝土护拱型挡墙进行加固支护,溶洞底部开挖成台阶状,用 C20 混凝土回填并振捣密实,挡墙上部宽 150 cm,外侧边以 1∶10 坡度施作,如图 5—13 所示;在溶洞断面减小时,开始设置泄水管,如图 5—14 所示。由于溶洞断面随着小里程方向逐渐减小,因而溶洞位置开始出现位于隧道断面左侧墙角处,且溶洞体积较小,所以在设置直径 100 cm 的排水管保证岩溶水过流通道后采用 C20 混凝土回填方法进行处理,如图 5—15 和图 5—16 所示。

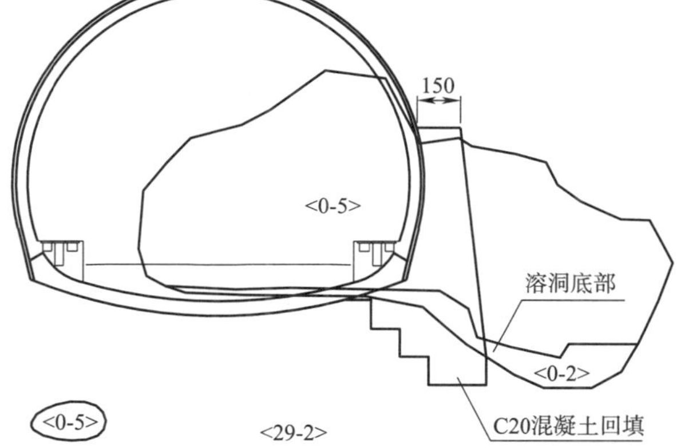

图 5—13　D2K849＋133 横断面图

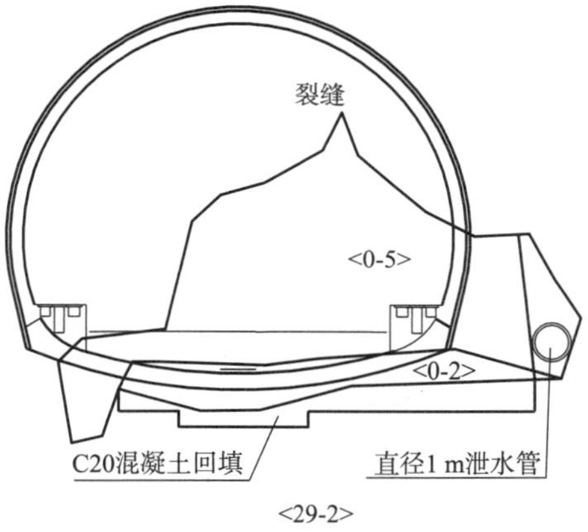

图 5—14　D2K849＋130 横断面图

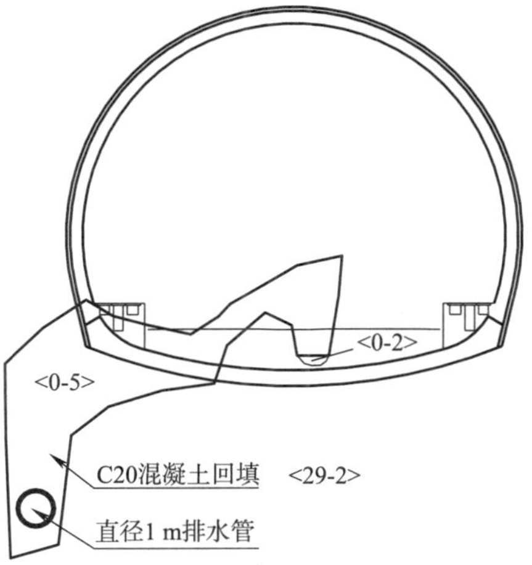

图 5—15　D2K849＋126 横断面图

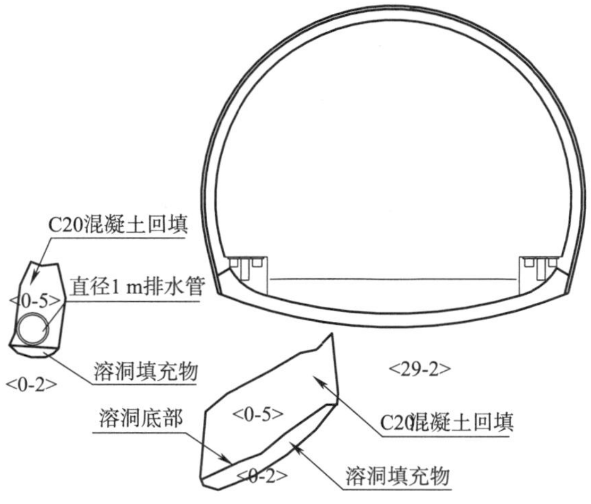

图 5—16　D2K849＋121 横断面图

4. D2K 848＋860～970 段暗河处理

(1)暗河揭露情况

在丫口寨隧道出口工区 D2K848＋850～D2K848＋950 段附近,在开挖到里程 DK848＋948 断面时在隧道断面左侧拱脚处揭露一溶洞口。测量人员进洞查看后发现有一段暗河发育，两侧洞壁有危岩岩块，暗河河床底部有岩壁掉落的大小不等的岩块。当时暗河中水流量较小，但从暗河两侧岩壁上黏挂有机质和黄色泥土的迹象来看，暗河中的水可以达到接近暗河洞顶，约有 2 m 高，暗河中的水是由地表在大气降雨时流入地下暗河的，且暗河走向离开隧道左侧发育有一消水洞。由于暗河的发育情况、雨季时暗河具体水流量大小及暗河向小里程方向延伸情况在短时间不易查勘清楚。为了保证隧道施工顺利进行及隧道施工工期，遂在隧道中线右侧 40 m 处设置一迂回导坑，全长 149 m，采用无轨双车道运输，断面净空 7.5 m(宽)×6.2 m(高)。绕到暗河前方(向小里程方向)隧道正洞继续向小里程方向施工。雨季时，通过大气降雨入渗式或注入式补给，使得暗河地下水量丰富。暗河出口在隧道左侧，与路堑地表相接。但是，暗河离开隧道左侧的消水洞的河床坡度较缓，消水洞口有明显的滞留物，说明此消水洞水流不畅。另外暗河向隧道右侧方向发育有较大溶洞，暗河及溶洞的隧底平面图如图 5—17 所示。

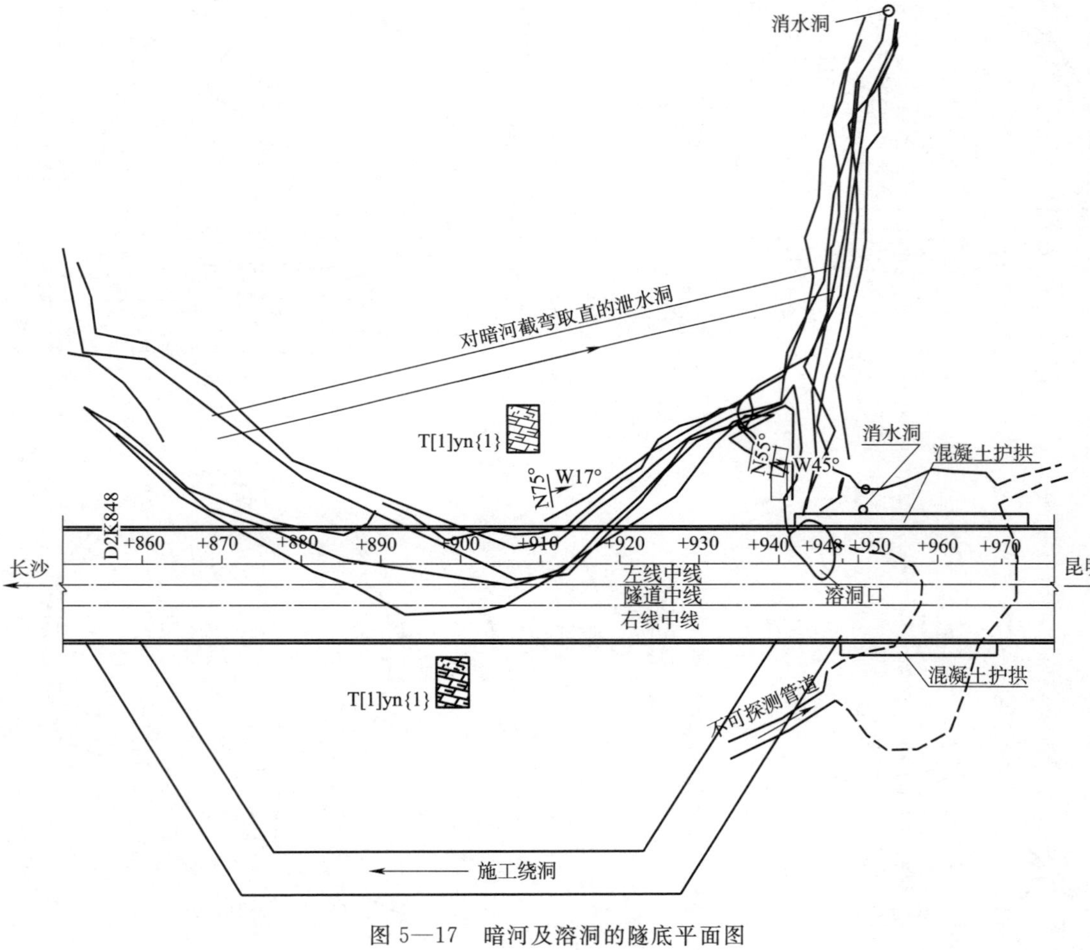

图 5—17　暗河及溶洞的隧底平面图

(2)暗河及溶洞处理

由于暗河河床坡度平缓，当雨季施工时，暗河内涌水量明显增大，暗河排水经消水洞排泄缓慢，有时甚至会出现倒灌进入隧道的情况，严重威胁着隧道施工的安全性。为解决隧道内排水不畅保证施工安全的问题，结合地形，地质条件，先清理隧道左侧消水洞口堆积物，然后将河道截弯取直，以利于暗河水尽快由消水洞排出。考虑到今后隧道运营期间安全，结合其他地段溶洞水处理，在隧道左侧修建一泄水洞，以保证暗河内水流的顺利排出。另外，暗河侵入或距隧道断面较近的段落处理，典型方案采用护拱如图 5—18 所示。

泄水洞全长 154 m，纵坡坡度为 5‰，净轮廓尺寸为下部 3 m×3 m，拱顶处为半径 1.5 m 的半圆。由于 D2K848＋850～D2K848＋950 地处Ⅲ级围岩，所以采用Ⅲ级围岩模筑衬砌，泄水洞形式如图 5—19 所示。

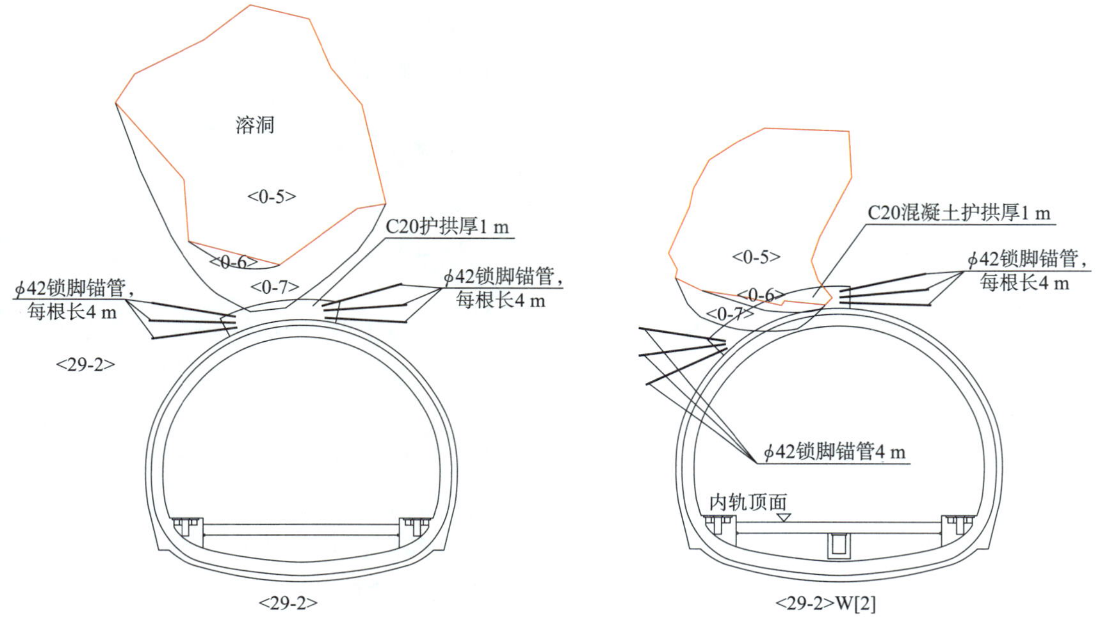

(a) D1K848+900断面处理方案　　(b) D1K848+910断面处理方案

图 5—18　距暗河较近处隧道断面处理方案

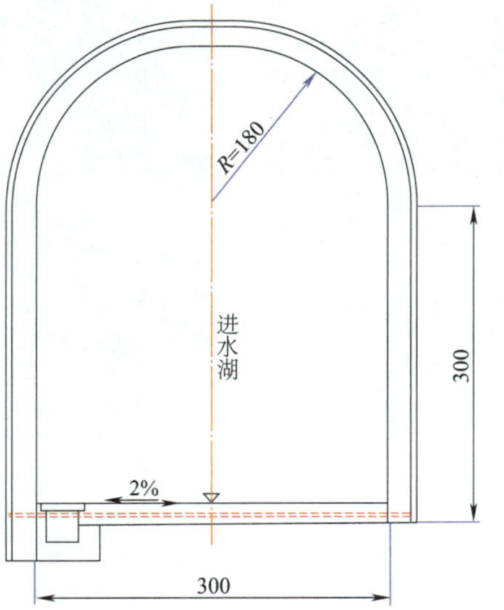

图 5—19　泄水洞横断面示意图(单位:cm)

通过修建泄水洞，保证溶腔内积水及时排除，形成空腔，然后再对溶洞进行处理，保证施工安全顺利进行。

5.3.2 斗磨隧道岩溶处理

1. 富水填充型岩溶处理

(1)现场施工概况

隧道于2011年10月由进口、出口开始掘进，斗磨隧道出口掌子面里程为D1K842＋697时，经超前地质预报及钻探补勘，揭示掌子面前方存在高压富水溶腔，且为一含泥富水溶腔。

斗磨隧道出口D1K842＋650～＋720段通过地层岩性为三叠系下统夜郎组黏土岩、粉砂岩及灰岩、泥质灰岩，为紫红色、灰绿色薄～中厚层黏土岩，粉砂岩与灰色中厚层状灰岩、泥质灰岩互层，呈带状分布，风化成块状。岩溶中等发育。隧道D1K842＋650～＋720段为Ⅲ级围岩共70 m。

2012年1月斗磨隧道出口工区上台阶掌子面施工至D1K842＋697，揭示地层岩性为三叠系下统夜郎组灰色中厚层状灰岩、泥质灰岩，岩层产状为N35°W/48°S，岩层走向与隧道交角约67°，石质坚硬，完整性较好。地表D1K842＋200～＋350右侧30～142 m发育较大岩溶洼地，其间有落水洞发育，具体深度不详。D1K842＋736～＋765左侧发育一较大洼地。根据超前地质雷达探测及超前水平地质钻孔预报，掌子面D1K842＋697前方3～30 m(D1K842＋694～＋667)为溶腔，富水，其间夹泥较重。其中在超前钻孔过程中掌子面左右侧均发生泥水将钻杆从钻孔中顶出现象，钻杆拔出后有泥浆喷出，喷出物为流塑状灰黑色黏性土，有臭味，如图5—20所示。泥浆喷射距离最远约15 m，根据喷射压力分析溶腔高度及规模可能较大。

图5—20　洞内涌水照片

2012年5月9日在掌子面D1K842＋697处进行超前钻孔钻探，钻孔布置如图5—21所示，各钻孔参数见表5—1，当第二钻孔钻进到8.5 m时，掌子面发生泥水从钻孔中喷出，泥浆水平喷射，射程约15 m。掌子面喷射泥水至2012年5月10日停止。

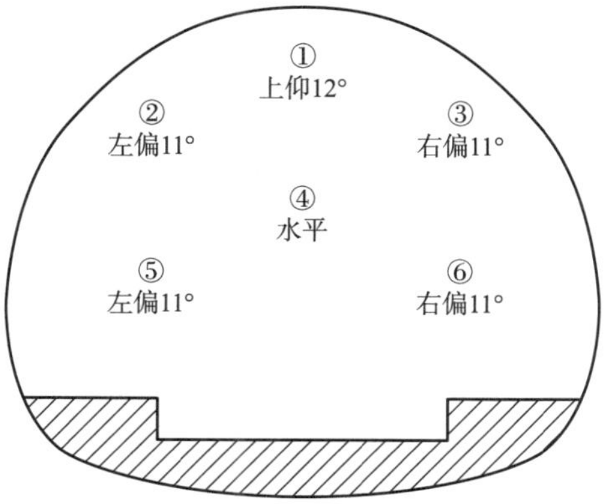

图 5—21　掌子面钻孔布置图

表 5—1　钻孔参数

钻孔数(个)	钻孔编号	钻孔偏角(°)	钻孔深度(m)	纵向探测长度(m)	中孔位置对应开挖轮廓距离(m)
6	①	上仰 12	30.7	30	4.9
	②	左偏 11	30.6	30	4.7
	③	右偏 11	30.6	30	4.7
	④	水平	30	30	—
	⑤	左偏 11	30.6	30	4.7
	⑥	右偏 11	30.6	30	4.7

采用钻孔取芯及物理探测(TSP 法和 TRT 法)等方法大致确定了斗磨隧道出口工区充填型富水溶腔大致情况,溶洞在隧道内轨顶面高程处平面图如图 5—22 所示,在隧道左线纵剖面如图 5—23 所示。

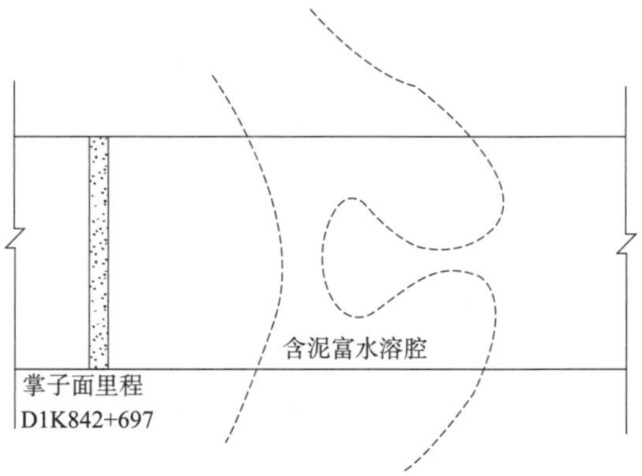

图 5—22　斗磨隧道出口溶洞平面图

(2)处理方案

根据施工及补堪地质资料,钻孔显示充填区段长度约为 23 m,该充填区富水富泥沙,充填

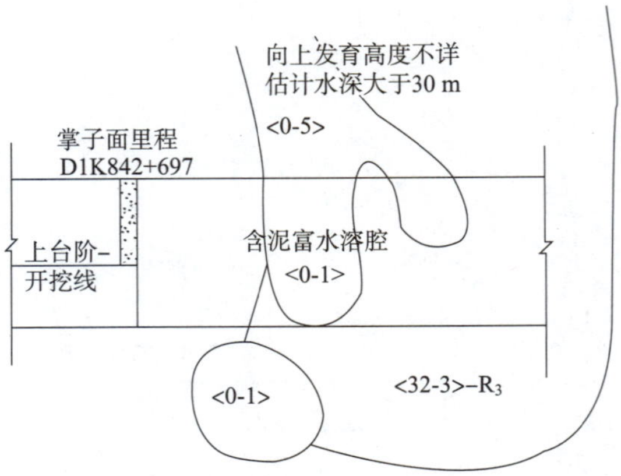

图 5—23 斗磨隧道出口左线线路中线纵断图

区内岩体强度较低，直接开挖极易引发塌方、突水事故，所以需进行必要的专项施工。根据该段围岩及溶腔充填情况，从隧道工期、安全性、经济性角度出发，决定 D1K842＋697 掌子面富水溶腔采用帷幕注浆加固处理，开挖采用三台阶法加临时横撑，支护按照斗磨隧道五级围岩段的加强支护参数进行支护。

(3)帷幕注浆设计

1)帷幕参数

根据探测到充填溶腔的规模及形态、围岩特征、隧道断面特征及以往施工经验，确定帷幕纵向长度为 30 m，止浆墙厚度 2.5 m，帷幕厚度 5.0 m，初步预定单孔浆液扩散半径 1.5 m，终孔间距 2.0 m。帷幕注浆孔及检查孔在止浆墙上设计孔位如图 5—24 所示，帷幕注浆钻孔平面布置如图 5—25 所示，帷幕注浆钻孔纵剖面布置如图 5—26 所示。

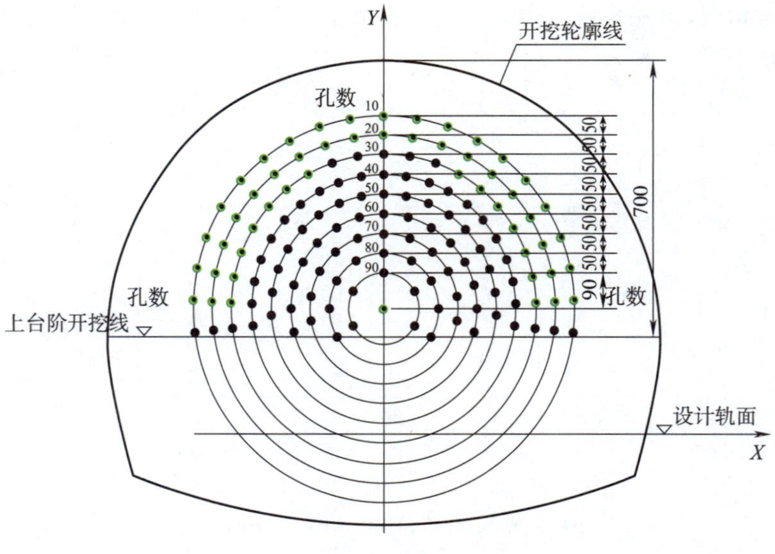

图 5—24 上台阶止浆墙注浆孔布置

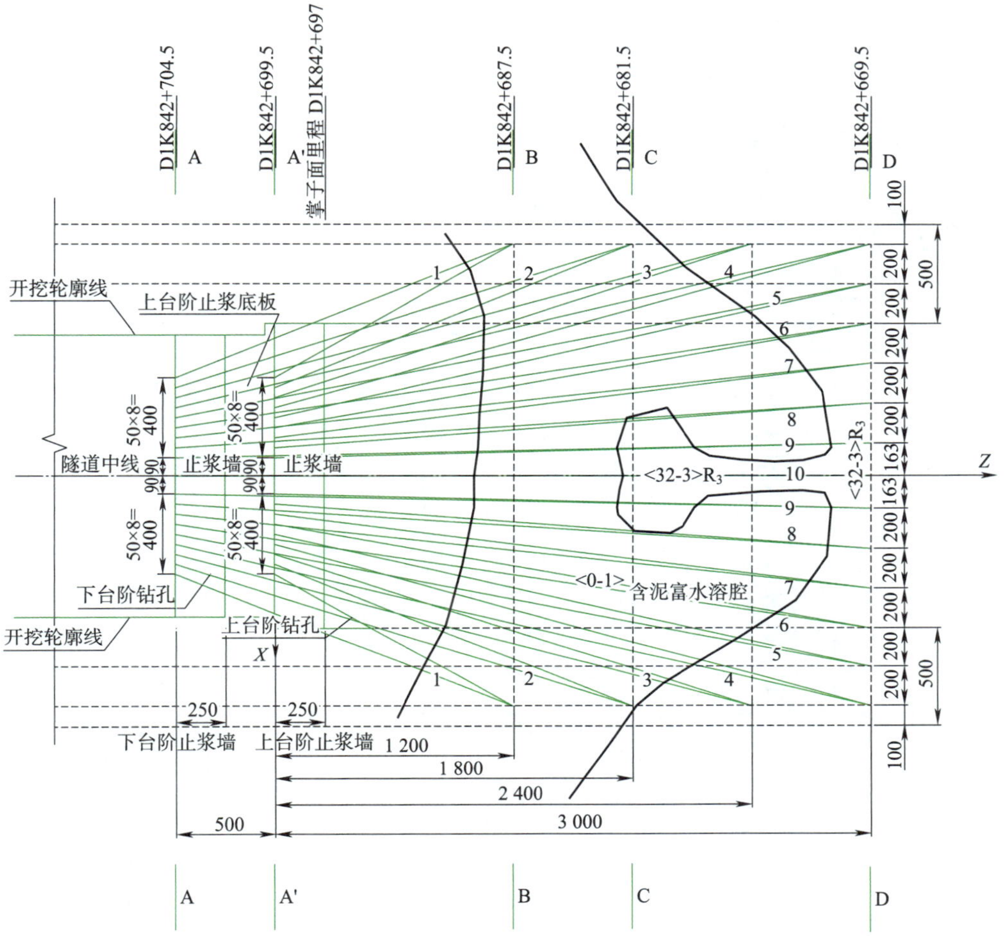

图 5—25　帷幕注浆平面图

2)注浆参数

注浆材料主要为水泥浆液，当溶腔出现小量突水突泥时，采用水泥-水玻璃双浆液或(必要时)停止施工。

①水泥为 42.5 号普通硅酸盐水泥；

②水玻璃浓度：40′Be；

③水泥浆水灰比：$W/C=(0.8\sim1):1$，水泥浆与水玻璃浆液的体积比：$WC/SS=1:0.8$；

④注浆孔单孔有效扩散半径 1.5 m；

⑤终孔间距 2.0 m，注浆范围为隧道开挖轮廓线外 4 m，注浆终压力为 1.5～2 MPa。

3)注浆管路连接

注浆管路连接如图 5—27 所示，通过压水检查管路的密封性，同时冲洗岩石裂缝，扩大浆液通路，增加浆液充塞的密实性。对注浆系统进行压水实验，压力一般为设计注浆压力的 1.2 倍，以检查注浆机具的密实性和完好性。在一般水压的钻孔中，止浆塞采用人力或机械帮助能够送入孔中的情况下，孔口采用机械膨胀式止浆塞。当静水压力很高时，普通的止浆塞难以送入孔中，必须在孔口管上安装止浆阀。

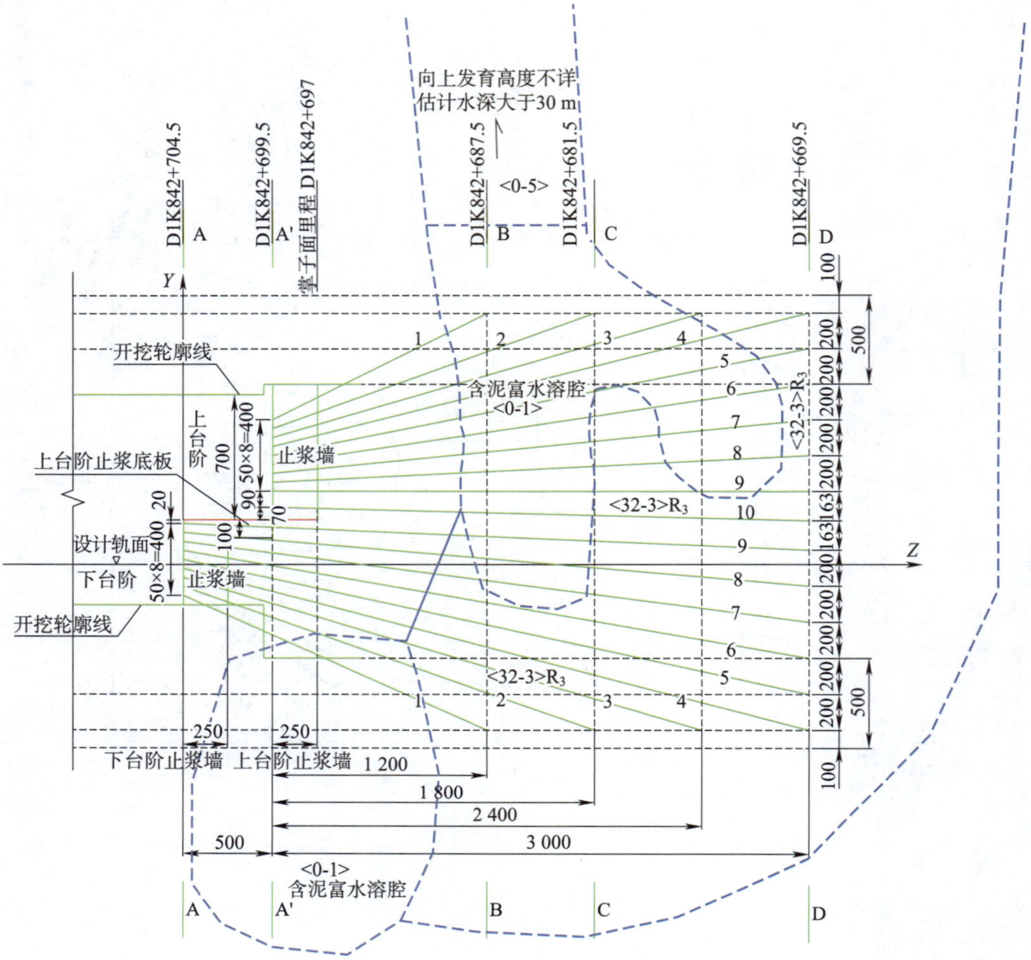

图 5—26 帷幕注浆纵断面

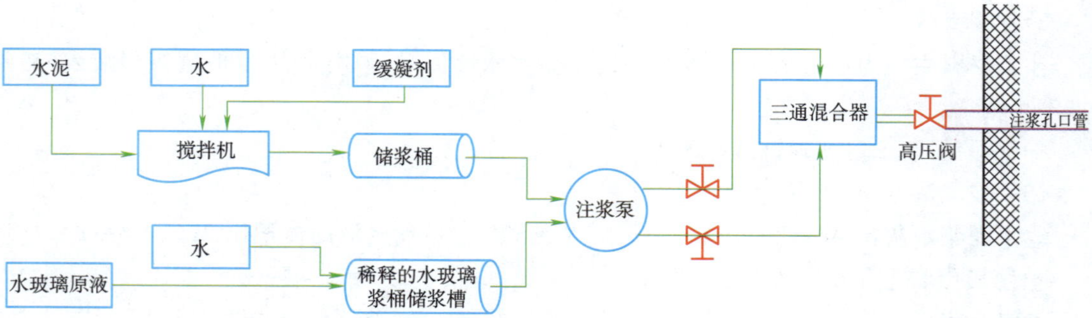

图 5—27 注浆管路连接

4)浆液种类确定

一个注浆孔到底需要采用单水泥浆液还是双浆液，主要根据注浆孔涌水量来确定，具体标准见表 5—2。

表 5—2　浆液选择标准

注浆孔涌水量	选用的注浆浆液
注浆孔涌水量小于 30 L/min	纯水泥浆
注浆孔涌水量在 30～200 L/min	凝胶时间为 4～6 min 的浆液
注浆孔涌水量大于 200 L/min	凝胶时间为 3～4 min 的浆液

5)注浆结束标准

注浆结束标准根据注浆压力和注浆量来控制，一般采用定压注浆。

①单孔注浆标准：

a. 注浆压力逐步升高至设计终压，并继续注浆 10 min 以上；

b. 注浆临近结束时的注浆注入量小于 10 L/min；

c. 检查孔内涌水量(包括水及水泥浆)小于等于 0.2 L/(m · min)；

d. 检查孔钻取岩芯，浆液充填饱满。

②全段注浆结束的标准：

a. 所有注浆孔均已符合单孔注浆结束的标准，并且无漏注情况；

b. 注浆后实测涌水量小于 3.5 m^3/(m · d)；

c. 注浆有效注入、扩散范围大于等于设计值。注浆全部完成时，须打开泄浆管道开关，之后关闭进浆管阀门，用清水把注浆管线冲洗干净。

(4)帷幕注浆施工配置

1)机械配置及主要工程量预算

施工准备 2012 年 10 月 1 日～10 月 5 日，帷幕注浆开始施工为 2012 年 10 月 6 日，完工为 2012 年 11 月 10 日。钻孔主要采用一台多功能 C6 钻机，主要机械设备配备见表 5—3。现场施工钻机和搅拌机图片如图 5—28 所示。

表 5—3　主要机械设备配备表

序　号	设备名称	规格型号	单　位	数　量
1	钻机	C6	台	1
2	单液注浆机	ZG6310	台	2
3	聚强灰浆搅拌机	—	台	2
4	双液注浆机	KBY50/70	台	2
5	高压胶管	48 * 19	套	6
6	止浆阀	—	个	240
7	高压专业配电柜	—	台	1

2)帷幕注浆工作流程

通过在掌子面钻注浆孔，向孔内压注水泥浆液以及水泥—水玻璃双浆液，浆液挤出开挖断面及其周围一定范围内的岩缝中的水，保证围岩裂隙被具有一定强度的浆液体充填密实，并与岩体黏结成一体，形成止水帷幕。注浆遵循边释放溶腔压力边注浆的施工原则，释放溶腔压力孔设在隧道上半断面圆心附近为宜。其中，释放压力孔安装阀门，根据注浆情况适当释放溶腔

图 5—28　钻机、搅拌机现场工作图片

液体压力。注浆顺序为先外圈后内圈，先上半断面后下半断面。

由于溶腔充填物流动性过大，拟采用分段注浆以及一次性注浆两种方案施工。优先采用分段注浆，分段注浆长度根据注浆孔漏水程度确定；单段注浆浆液凝固后在该孔继续钻进难以成孔（或成孔短）时，则全孔采用一次性注浆。注浆范围为隧道开挖轮廓线外 5 m，即帷幕厚度。

止浆墙采用泵送混凝土施工，通过 5 cm 厚木板立模一次性浇筑完成，混凝土强度等级 C20，上下半断面止浆墙厚度 2.5 m，上半断面底板厚度 1 m。在圆心附近施作一个孔径为 ϕ127 泄水孔，安装孔口管及止水阀门，以利于有控制地释放孔内水压力。

在离下台阶 10 m 左右修筑一污水沉淀池，沉淀池 3 m×1 m×1 m（长×宽×深），周边设 1 m 高的防护格栅，沉淀后的清水抽放至中央排水沟排至洞外。

注浆方式根据钻孔情况采用全孔分段注浆或全孔一次性注浆施工。

①全孔分段前进式注浆

钻一段注一段，一直到注浆完成，如图 5—29 所示。开孔时按照轻加压、速度慢、给水要多的操作要点施工。钻孔按先外圈、后内圈的顺序进行，先近后远，同一圈的孔由下而上间隔施作，同时外圈各孔间距离要尽可能大一些。内圈钻孔可参照外圈钻孔的顺序，后序孔可检查前序孔的注浆效果。逐圈钻孔，一方面可根据钻孔情况调整注浆参数，另一方面如果钻孔情况证明注浆效果已达到设计要求，即可进行下一圈孔的钻进，减少钻孔的工作量，加快施工进度。

②全孔一次性注浆

a. 钻孔

采用潜孔锤跟管钻进法施工，即外套管及钻头与内钻管及潜孔锤同时钻进，要求潜孔锤直径不小于 ϕ108，钻进至设计深度后退出内钻管及潜孔锤，安装注浆钢花管。

b. 钢花管加工及安装

钢花管采用 ϕ108 热轧无缝钢管加工，节长 3 m、6 m、9 m 不等，节与节之间采用正丝与反丝方式通过丝扣连接。退出内钻管及潜孔锤，安装注浆钢花管后将外套管及钻头拔出。

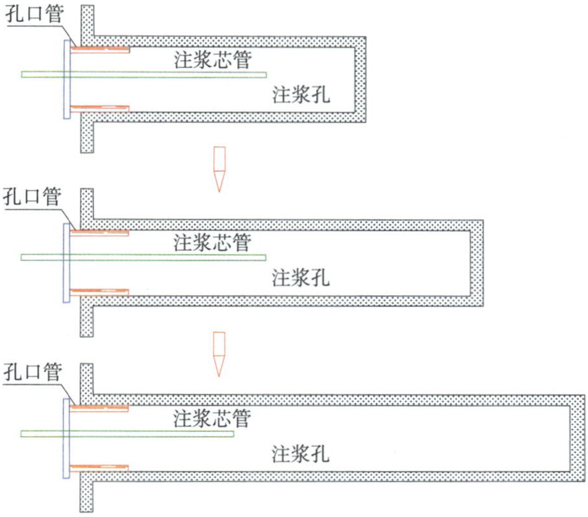

图 5—29　全孔分段前进式注浆示意图

(5)注浆参数分析

1)注浆施工过程

掌子面分上、下台阶两部分注浆，先进行上台阶注浆，现场钻机钻孔工作及孔口布置如图 5—30所示。

(a) C6钻机正在钻孔　　(b) 孔口注浆管与孔口连接

图 5—30　C6 钻机钻孔及孔口管安装

钻孔注浆施工自 2012 年 11 月 16 日开始，到 2013 年 2 月 15 日结束，历时 90 天，并于 2013 年 2 月 16 日开始钻孔注浆施工。在钻孔过程中部分孔出现泥浆喷涌现象，并伴随有腥臭气味，喷出泥浆，如图 5—31 所示。

2)注浆量及注浆结束时注浆压力

这里仅对处于隧道中线上由外向内的第一至第五圈注浆孔进行分析，其位置如图 5—32 所示。

帷幕注浆中 5 圈注浆孔注浆结束时，各孔总的注浆量及注浆压力分别如图 5—33 和图 5—34 所示。

图 5—31　钻孔喷出泥浆图

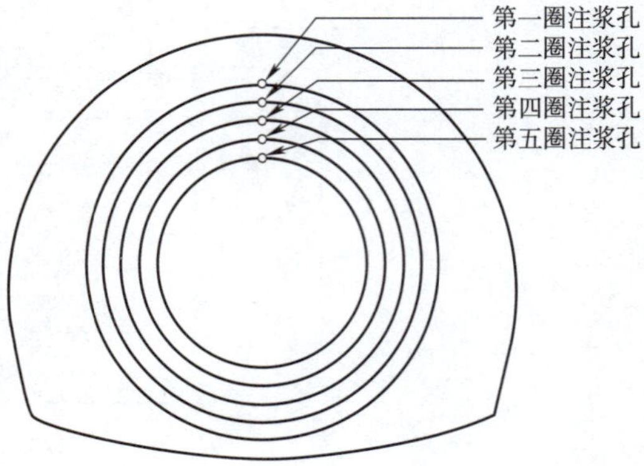

图 5—32　选取的注浆孔分布图

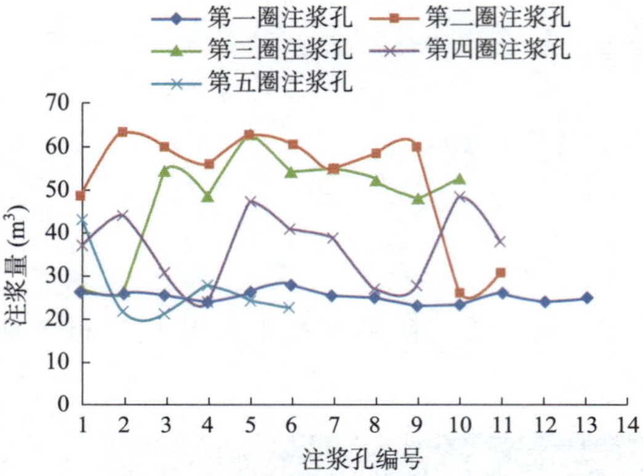

图 5—33　注浆孔注浆量汇总曲线

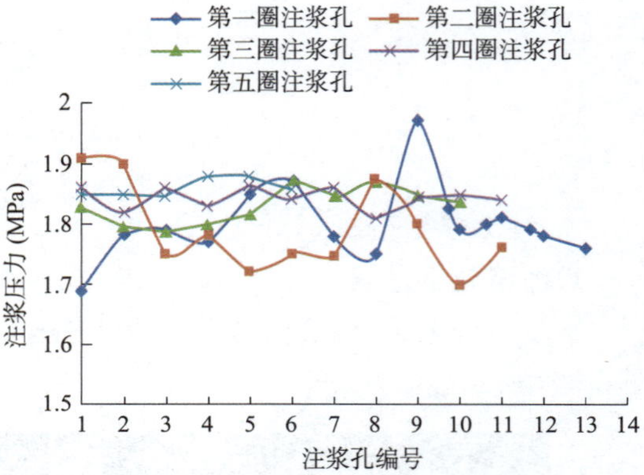

图 5—34　注浆孔实际注浆压力汇总曲线

①由图 5—33 注浆量曲线可知：

a. 第一圈注浆量较小较稳定，各孔总注浆量维持在 25 m^3 左右；

b. 第二圈注浆孔由于注浆孔位置及注浆时间关系，注浆量较大，平均每孔注浆量在 60 m^3 左右，后期注浆量迅速下降，在 2～10 孔处，注浆量降至最低，为 26.6 m^3；

c. 第三圈注浆孔由于靠近第二圈，而且与第二圈注浆孔间隔注浆，且本圈注浆孔也为间隔注浆，所以，其注浆量略小于第二圈注浆孔注浆量，且呈波浪式分布（注浆孔间隔施作所致），最大注浆量在 62 m^3 左右，最小注浆量为 56 m^3；

d. 第五圈注浆孔注浆量较第四圈已有明显减少，注浆量趋于稳定。

②由图 5-34 各孔完成注浆时的注浆压力曲线可知：

a. 注浆压力起伏变化不大，基本维持在 1.7～1.9 MPa 之间，每一圈注浆压力呈波浪式起伏变化，变化幅度不大，压力变化最大值出现在第一圈 8、9 号孔之间，变化值为 0.22 MPa。

b. 注浆压力最后都趋于稳定，大小在 1.8 MPa 左右。

(6)注浆段施工

1)开挖方法

斗磨隧道帷幕注浆段采用三台阶加临时横撑法进行开挖，如图 5—35 所示。

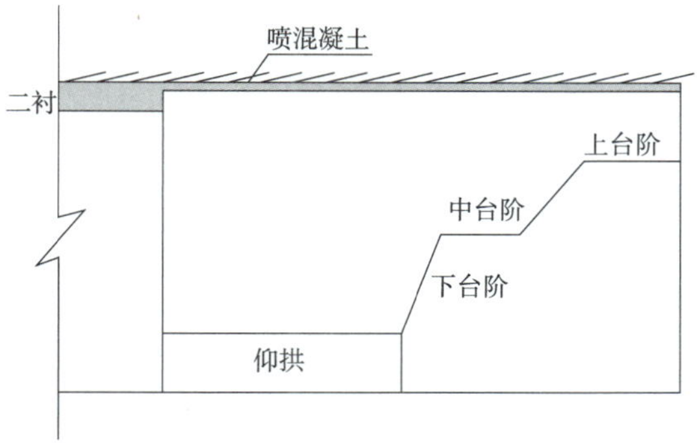

图 5—35　开挖示意图

斗磨隧道出口工区帷幕注浆段开挖时的现场图片如图 5—36 所示。

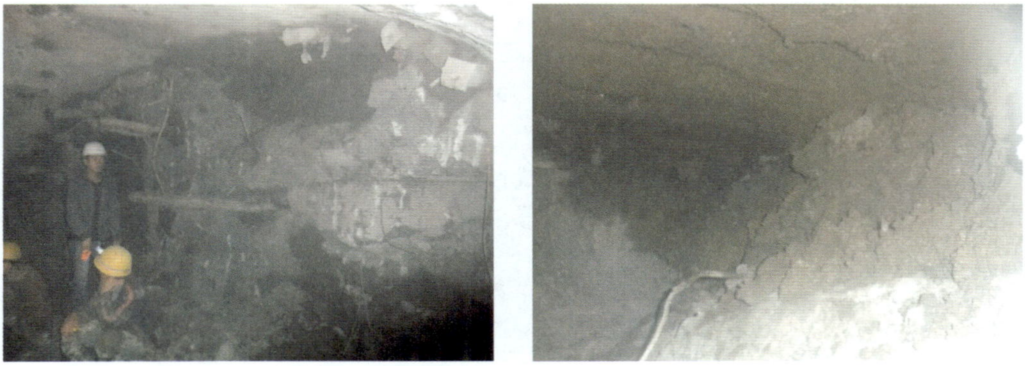

图 5—36　帷幕注浆段隧道开挖现场图片

开挖后揭示岩石间空隙基本被注浆浆液充填，现场开挖揭示的围岩情况如图 5—37 所示。

图 5—37　现场开挖揭示的围岩情况(D1K842＋694)

2)变形监测

现场开挖时，选取 DK842＋695、DK842＋685 和 DK842＋675 为测试断面，并选取注浆段之前的一个断面(DK842＋720)为参照断面。各观测断面的实测拱顶沉降曲线如图 5—38 所示。

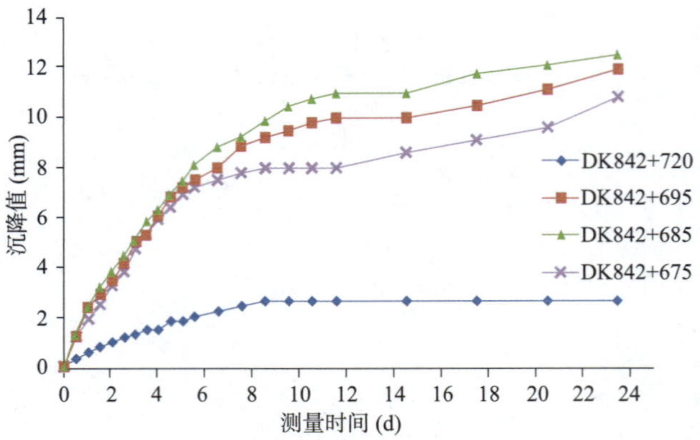

图 5—38 沉降数据汇总图

由图 5—38 可以看出：

①四个断面沉降的总体趋势为先增大，后趋于稳定，最后趋于稳定状态。

②DK842＋720 段为围岩较好的不注浆区段，DK842＋695、DK842＋685、DK842＋675 为注浆区段断面，可以看出，DK842＋720 最终沉降值为 2.6 mm，明显小于注浆段观测断面。

③注浆段面的沉降曲线在开始时表现为线性增加，且三条曲线的线性增加段斜率基本一致，自隧道掘进通过观测断面起，从第 7 d 开始，隧道沉降出现明显收敛，表现为沉降曲线曲率小，沉降趋于稳定。

分析其产生的原因，分列于下：

a. 隧道在未注浆段(＋720 断面位置处)，围岩完整性较好，为Ⅳ级围岩，沉降较小，基本与之前开挖的隧道四级围岩处沉降值相近，略有增大。

b. 注浆段虽然进行了注浆加固，但围岩总体强度仍不及Ⅳ级围岩强度高，而且由于注浆不可能将溶腔所有的孔隙全部充填密实，所以，表现为其沉降值明显高于未注浆的Ⅳ级围岩段。

2. 隧道出口工区过水通道型岩溶处理

(1)施工过程中溶洞揭示情况

斗磨隧道施工过程中于 2011 年 8 月 2 日，出口工区上台阶施工至 D1K842＋893 里程时，在线路右侧发育一较大溶洞，与右侧隧道壁距离 2～5 m。D1K842＋893 断面左侧地面下方 2～30 m 范围内，节理夹层较发育，右侧地面 6 m 以下存在含水溶腔或富水带。2011 年 8 月 4 日，现场采用红外摄像头从钻眼处伸入探测溶洞情况显示：D1K842＋893 右侧发育一暗河，暗河水位标高比上台阶拱脚低 6.0 m，摄像资料能清晰看见暗河水面的水流情况。8 月 4 日，本地区适逢中到大雨，雨后 4 小时，D1K842＋893 右侧拱脚外的暗河水流声音响亮，水位上涨较快，并由右侧拱脚处的地质探孔中冒出，探孔内水面比没下雨时水面高 6.5 m。

8 月 7 日，现场对暗河进一步探测，发现该溶洞位于线路右边墙底，为一地下暗河，水面标高 1 166.5 m，较隧道基底低 1.0 m 左右，水域面积约 90 m^2，宽约 6 m，长约 15 m，水深约 25 m。初步判断水流从线路小里程往大里程方向通过两条支流排出，一条支流沿隧道横断面方向与隧道夹角 40°左右外排，另一条直流沿隧道线路方向与线路夹角 30°左右外排，同时在线路小里程方向有一直径 6～8 m 斜向上发展的干溶洞，其往上逐渐变小。大气降雨之后溶洞现场图片如图 5—39 所示。

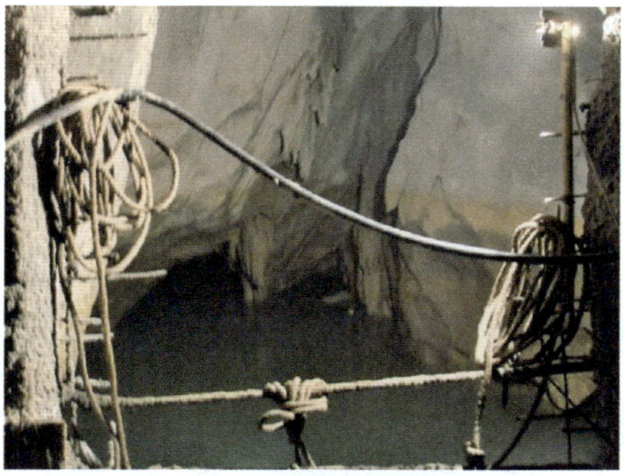

图 5—39 富水溶腔水位图

勘察设计单位随后采用物探和地质钻孔方法进一步在洞内进行地质补勘，具体揭示的地质情况见表 5—4。溶洞在隧道仰拱底部的平面分布如图 5—40 所示。

D1K842+880 段线路右侧为一较大的充水型溶腔，水深 20～25 m，水面标高 1 166.5 m，水域面积约 90 m^2，宽约 6～8 m，长 8～12 m，溶腔壁较稳定。

该暗河处地表岩溶形态较为发育，局部见岩溶洼地，未见大的岩溶泉点及暗河出口。隧道出口富水溶腔地下水主要为岩溶裂隙水，水量受降雨控制，勘探揭示水位标高与 D1K842+891～+894 段右侧富水溶腔水位标高一致，其中 7# 孔水位高出 0.3 m，下小雨见有水溢出，略带承压性；旱季流量 20 m^3/h。经采用大气降水入渗法按单日最大降雨量预估暗河出水量为 $Q=23\ 200\ m^3/d$。为避免发生突涌水问题，采用泄水洞疏排地下水。

表 5—4 揭示地质情况汇总

施工时间	里　程	揭示地质情况
2011.8.2	D1K842+893	右侧发育一较大溶腔，与右侧壁距离 2～5 m，线路左侧 D1K842+890～+877 范围内存在溶腔
2011.8.4	D1K842+893	采用小型红外摄像头揭示：D1K842+893 右侧发育一暗河，暗河水位标高约比上台阶拱脚低 6.0 m
2011.8.4	D1K842+893	本区突发中到大雨，暗河内水流上涨，并逐渐从 D1K842+893 右侧拱脚探测孔处流出，探测孔内水面比没下雨时高出 6.5 m
2011.8.7	D1K842+893	暗河溶洞位于线路右边墙底，其水面标高为 1 166.5 m，较隧道基底低 1 m 左右，水域面积大约 90 m^2，宽约 6 m，长约 15 m，水深约 25 m
2011.10.24	D1K842+893	揭示 D1K842+880～+894 段线路右侧为一较大的富水溶腔，D1K842+878～+891 段右侧边墙外侧溶腔壁发育情况不明

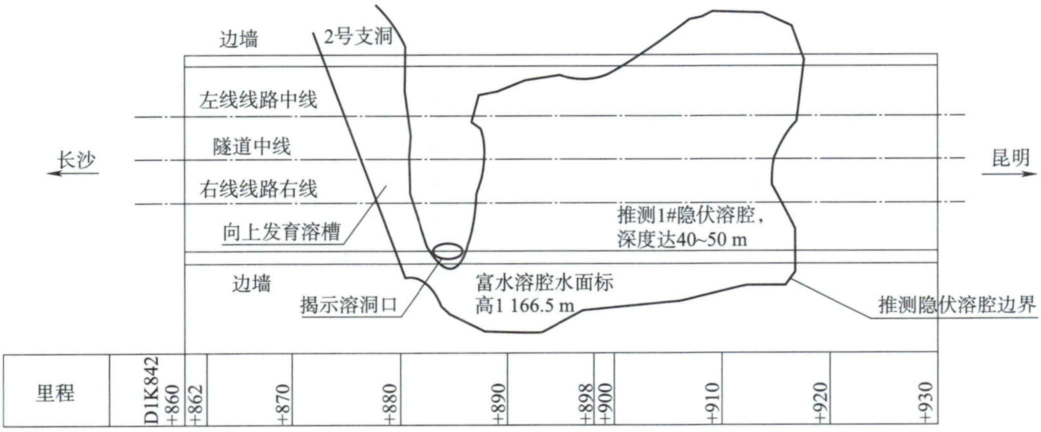

图 5—40 斗磨 D1K842+880～+920 段基底溶腔平面图

(2)溶洞处理方案

由于该段溶洞为过水型,在大气降雨后由地表大面积的汇水进入溶洞,需要从该溶洞通过,成为输水通道,且水量较大。为保证隧道建成后的运营安全,宜采用疏排的方式排泄岩溶地下水,即需要采用泄水洞方式对该段溶洞进行处理。

(3)泄水洞布置

泄水洞中线距左线线路距离为 30 m,泄水洞起点里程 XDK842+920,对应正洞里程 D1K842+920,泄水洞长 328 m,泄水洞向洞外排水坡度为 0.3%,其净空断面尺寸为 3 m(宽)×3.5 m(高),满足 C6 钻机入洞要求。隧道邻近坡贡大桥施工图水文资料显示出口水沟百年洪水位高程 1 143.68 m,泄水洞出口处坑底高程定为 1 145.18 m,并由泄水洞向洞外排水坡度为 0.3%,考虑施工等不确定因素,与溶腔交界处的引水横通道坑底高程为 1 146.22 m。

泄水洞采用全断面开挖,除洞口 XDK843+223~+248 段采用模筑衬砌外,其余地段均采用锚喷衬砌。当泄水洞掌子面距离暗河 15 m、5 m 时还应设超前泄水孔排水,掌子面距暗河距离为 15 m 时,掌子面设 3 排共 6 个直径 127 mm 钻孔进行超前排水(探水)。钻孔应由上而下施作,当超前泄水孔内基本无水排出时,再开始掘进施工;当掌子面距离暗河 5 m 时再于坑底以上 50 cm 距离钻设超前排水孔,确认无水后才开始掘进施工,放炮采用小炮或松动爆破,确保施工安全,如图 5—41 所示。泄水洞纵断面布置如图 5—42 所示。

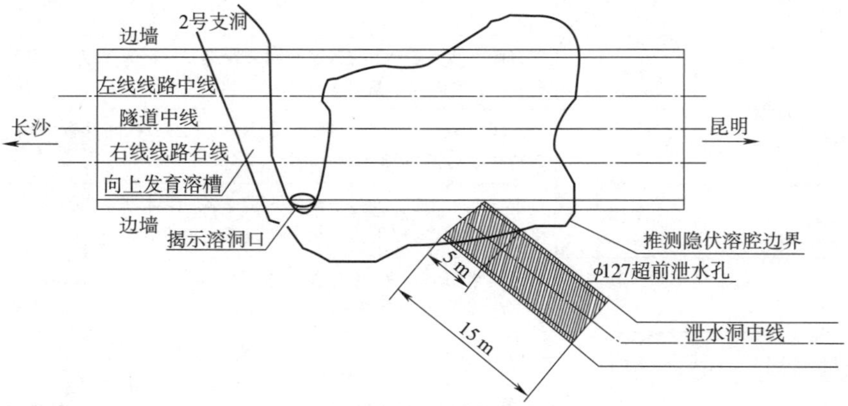

(a) 超前泄水孔布置平面图

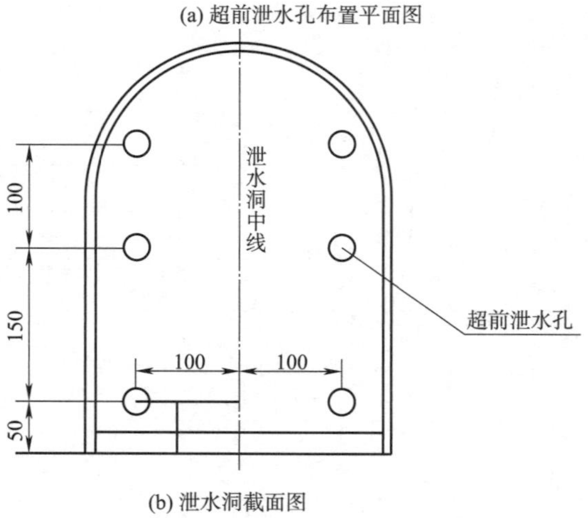

(b) 泄水洞截面图

图 5—41

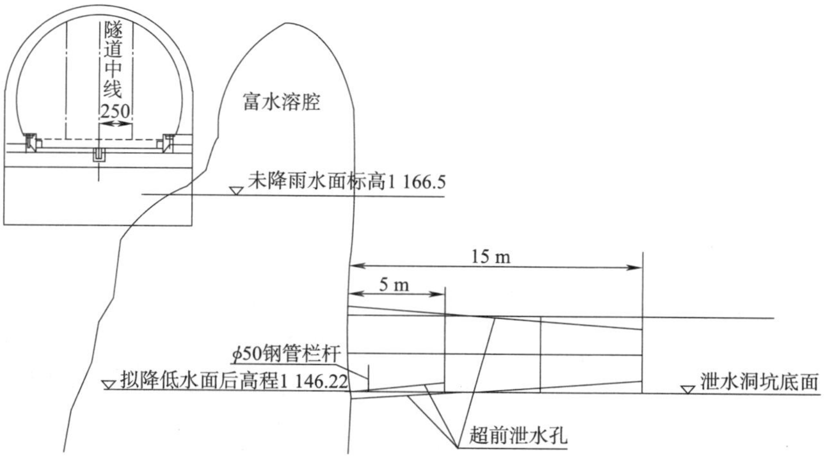

(c) 纵断面图

图 5—41 超前泄水孔布置示意图

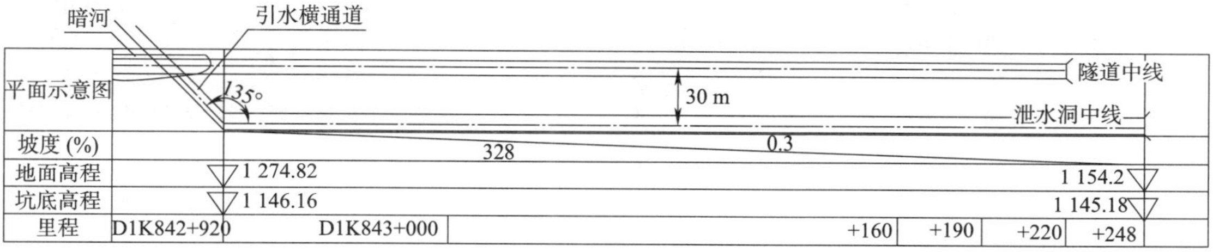

图 5—42 斗磨隧道泄水洞纵断面设计图

5.3.3 大独山隧道溶洞处理

1. DIK862＋148～248 段大型溶洞处理

(1)工程概况

大独山隧道位于关岭—普安区间，双线隧道，左右线线间距为 5.0 m，隧道进口里程 D1K852＋772，出口里程 D1K864＋654，全长 11 882 m。隧道进口紧邻关岭车站，出口紧邻大花地刚构中桥长沙端桥台，隧道最大埋深 367 m。隧道洞身主要穿越白云岩、灰岩、泥岩、泥灰岩、泥岩夹砂岩等地层，其中可溶岩段长 8 753 m。隧道洞身依次穿越大兴寨断层、龙门地断层、垮岩断层、大湾断层、营盘坡断层、杨家冲断层、永宁镇断层等 7 条断层，对隧道施工安全影响较大。地表岩溶洼地、岩溶漏斗及村庄分布较多，地表水环境敏感。

隧道共设两座横洞及一座贯通平导，1 号横洞位于线路 D1K856＋500 左侧，长 1 043 m；2 号横洞位于线路 D1K861＋500 左侧，长 1 361 m；贯通平导设置于线路左线右侧 35 m 处，两座横洞及贯通平导均采用无轨单车道运输。

(2)施工中溶洞揭示情况

2013 年 7 月 22 日，大独山隧道 2 号横洞工区平导开挖施工至 PD1K862＋160(对应正洞里程为 D1K862＋204)处揭示一溶洞如图 5—43 所示。经现场踏勘，该溶洞纵向发育约 10～32 m，横向发育约 25～100 m，高约 12～60 m 不等。溶洞向线路左侧延伸发育并与正洞贯通，洞壁较潮湿，部分附着黄色黏土，洞内无水，洞底有洞顶掉落的块石及碎石。为确保平导正常施工，考虑到洞内无水，故对平导段溶洞底部先采用弃渣回填予以通过。

因该溶洞规模较大，支洞发育，且相互串通，现场实测困难，为确保正洞溶洞的及时处理，现场确定自大独山隧道22号横通道D1K862＋134处转入正洞开挖予以进一步揭示：

1)2013年10月1日晚，开挖至D1K862＋148，掌子面拱部揭示一溶洞(图5—44)，纵向长3.5 m，横向宽约10 m，洞高约15 m，并斜向前方延伸，现场核实后采取加强支护通过，并立即施作超前地质预报，根据预报结果确定进一步的开挖揭示方案。

图5—43　平导PD1K862＋160掌子面揭露出溶洞

图5—44　正洞D1K862＋148拱部溶洞

2)2013年10月7日，开挖掘进至D1K862＋156，揭示一黄色黏土填充物溶洞(图6—45)，掌子面及拱顶滑落约50 m^3黄色黏土填充物，溶洞高约7.5 m，宽约11 m，纵向发育深度7 m，具体延伸情况不明。

3)2013年10月19日，开挖掘进至D1K862＋172，掌子面揭示一较大竖向发育的空溶洞(图5—46)，溶洞竖向高约30～40 m，纵向长约15 m，横向宽约30 m，洞底为部分开挖掉入的虚渣填充，无水，洞壁溶蚀破碎较严重。

图5—45　D1K862＋156掌子面溶洞充填物

图5—46　D1K862＋172掌子面揭示溶洞

4)2013年12月25日，开挖至D1K862＋196，揭示一大型溶洞(图5—47)，溶洞揭示口处于线路方向左侧，底板上高约3.5 m，斜向下发育7 m后为一溶蚀大厅，该溶蚀大厅目测延线路大里程方向长约 30 m、沿线路小里程方向长约 15 m，横向宽度目测 45 m，左右两边未探明具体宽度，现场观察大厅左侧底有一溶洞分支，发育方向不明。整个溶腔未见水流，洞壁溶蚀破碎严重。

5)从 D1K862＋196 揭示的溶洞口观测，该溶洞对岸大里程方向还有一支洞发育，具体形态不详，考虑到大独山隧道 D1K862＋181～＋244 段溶洞规模大，形态复杂，施工风险高，测量困难，为进一步落实溶洞形态，创造补勘条件，从溶洞大里程方向对其全面揭示，经研究确定在平导 PD1K862＋190(对应正洞里程 D1K862＋235)处增设一横通道，该横通道与正洞线路左中线夹角为 90°，开挖揭示正洞溶洞后进一步确认溶洞形态及范围。2014 年 11 月新增横通道在溶洞右侧将其揭开(图 5—48)。

图 5—47　D1K862＋196 掌子面揭示溶洞口

图 5—48　新增横通道 D1K862＋235 揭示溶洞

(3)补勘揭示岩溶发育情况

后续补勘揭示 D1K862＋148～＋244 段溶洞群共由大小、规模不一的 4 个溶洞组成：

1)1# 溶洞(D1K862＋148)

发育于 D1K862＋148，为一竖向发育干溶洞(图 5—49)，溶腔纵向长约 3.5 m，横向宽约 10 m，溶洞顶在隧道拱顶上 5.5 m，底板下多被隧道施工开挖虚渣掉落填充，洞壁溶蚀破碎严重，稳定性差，无水。

2)2# 溶洞(D1K862＋156)

D1K862＋156 溶洞为一填充溶腔，填充物为黄色可塑状黏土，开挖后填充物产生滑塌，方量约 50 m^3，空溶腔高约 7.5 m，宽约 11 m，纵向发育深度 7 m，洞壁溶蚀破碎严重，如图 5—50 所示。

图 5—49　D1K862＋148 拱部溶腔照片

图 5—50　D1K862＋156 充填溶腔

3)3# 溶洞(D1K862＋158～＋181)

溶洞口揭示发育于 D1K862＋172,为一竖向发育的空溶洞(图 5—51),目估深度约 20 m,拱顶以上空腔高约 10～15 m,进洞后见一横向发育的大厅,斜向隧道小里程端延伸至 D1K862＋158 附近,致使 D1K862＋158～＋172 段隧底局部倒悬,该大厅竖向高约 30～40 m,纵向长约 15 m,横向宽约 30 m,洞底为部分开挖掉入的虚渣填充,无水,洞壁溶蚀破碎较严重,稳定性差,施工爆破振动后掉块严重,局部易坍塌,故该溶洞对前方施工及今后的运营安全的影响极大。

图 5—51　D1K862＋172 竖向溶腔

4)4# 溶洞(D1K862＋183～＋245)

该溶洞为一较大的空溶洞,先自平导 D1K862＋160 处揭示(图 5—52),后于正洞小导洞在 D1K862＋196 处揭开(图 5—53)。经测量人员进入溶洞进一步测量核实:D1K862＋196 及＋235 揭示口下方倒悬,深度较深,并斜向延至 D1K862＋182 附近为一狭长支洞向左下方发展。整个溶腔经多次进洞测量揭示:溶腔形态复杂,主要由 D1K862＋196 及＋235 揭示的两个较大的溶洞相互串通,并与多个小的支洞连通,溶腔横向宽约 30～100 m 不等,高度约 30～60 m 不等,纵向延伸长约 60 m,其中 D1K862＋217～＋223 为一横向发育的溶洞壁。两个较大的溶洞相互串通。

图 5—52　PD1K862＋160 揭示溶洞

图 5—53　D1K862＋196 与 D1K862＋235 揭示的溶洞

整个溶洞的溶腔壁溶蚀破碎较严重,如图 5—54 所示。隧道爆破施工施工振动后掉块及局部小坍塌较重如图 5—55 所示,溶腔内无水,整个溶腔洞底堆积有碎石土及大块石如图 5—56 所示,未发现有水流痕迹。

(4)溶洞基本评价

D1K862＋196 溶洞规模巨大,以空溶腔为主,局部有填充,岩性以角砾状白云岩、白云岩为主,岩层产状平缓,节理裂隙较发育,溶腔发育以顺岩层层面及陡倾结构面发育为主,溶腔壁溶蚀破碎严重,局部掉块及小坍塌较重,洞底多为堆积的碎块石土,地下水不发育,未见有水流痕迹。

2013 年 7 月揭示后溶洞内未见有暗河管道水,测段位于岩溶水垂直循环带,地下水贫乏;溶洞内主要为裂隙水,水量小,受降雨控制,旱季无水,雨季有少量滴渗水,通过对相同地层取水化验,对混凝土无侵蚀性。

经过技术人员多次进入溶洞进行勘测,D1K862＋172～＋224 段溶洞平面基本展布情况

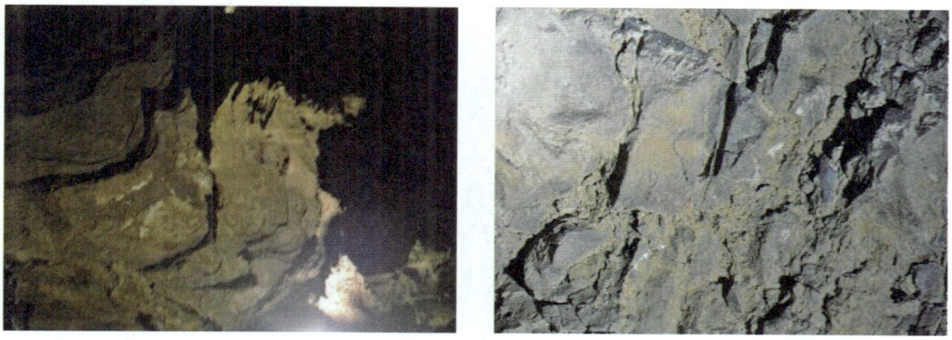

图 5—54　溶洞大厅破碎岩壁

图 5—55　溶洞大厅底部坍塌碎石土

图 5—56　溶洞大厅岩壁脱落堆积在底部大块石

如图 5—57 所示。

(5)大型溶洞处理

1)总体处理方案

对于隧道仰拱底部以下空腔全部采用 C20 混凝土回填密实；对溶腔高度大于隧道拱顶之处，隧道拱部采用护拱防护。如果溶腔高度较大，在护拱外吹砂或堆放废旧轮胎，以缓冲后期可能落石冲击隧道护拱。对于其他有充填的局部溶腔或隧道开挖弃渣部分可以采用钢花管注浆加固。

2)混凝土回填

对于隧道仰拱底部以下空腔全部采用 C20 混凝土回填密实，共约 10.5 万 m^3；回填完毕后对本段 C20 混凝土回填体进行沉降观测，并做好观测记录，如有异常，需进一步处理。D1K862＋148～＋244 溶腔处理总体方案如图 5—58 所示。

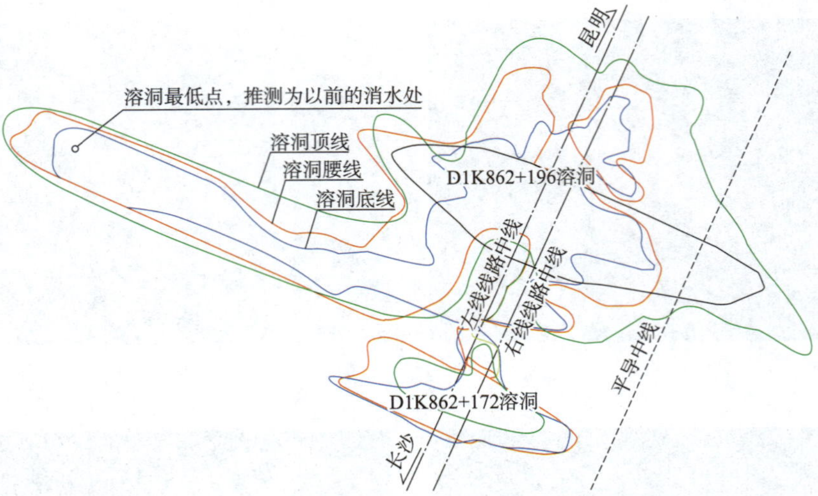

图 5—57 D1K862＋172～＋224 段溶洞平面基本展布情况

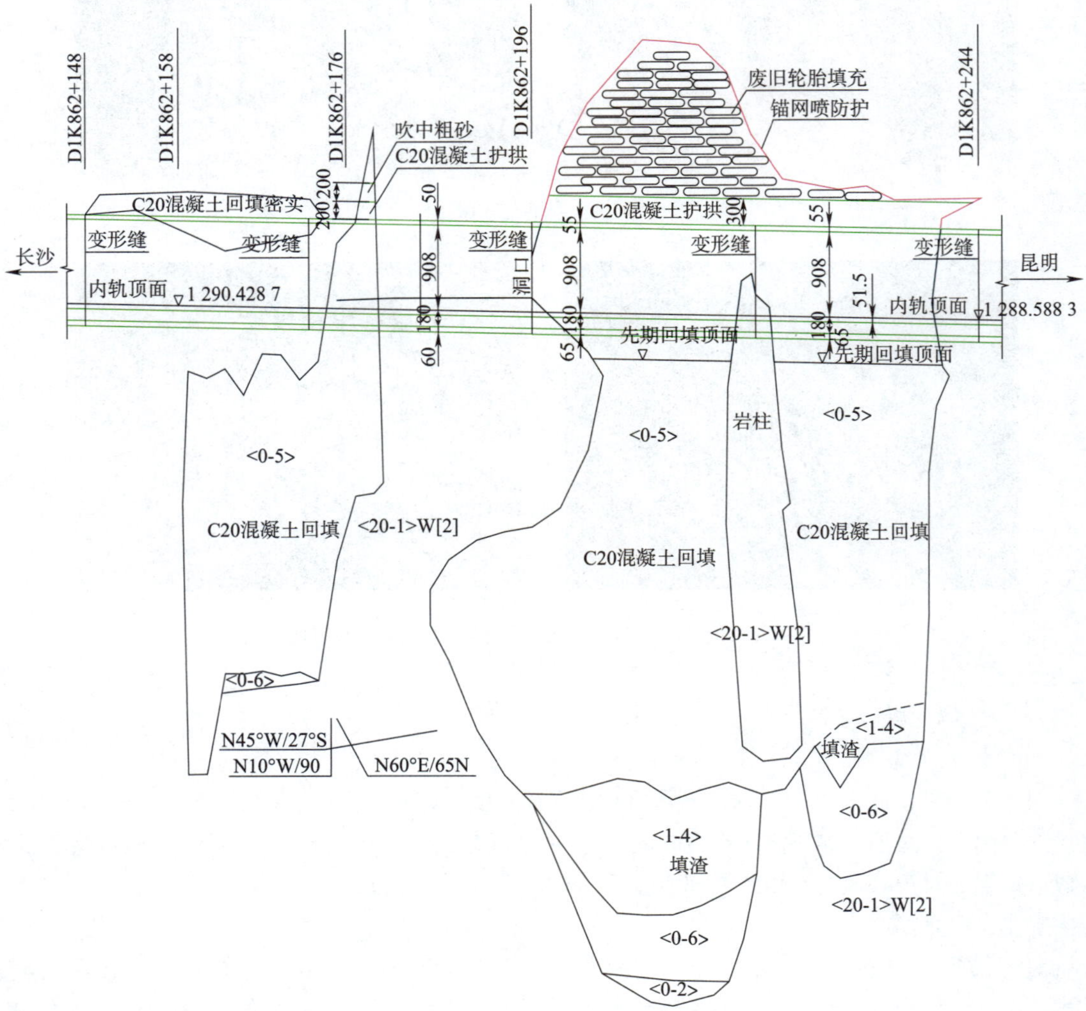

图 5—58 D1K862＋148～＋244 溶腔处理总体方案

3)注浆加固

①平导 PD1K862＋163～＋173 段底板以下 20 m 范围内的弃渣部分采取 ϕ75 钢花管注浆加固，间距 1 m×1 m，交错布置。浆液采用水泥砂浆(水灰比 0.8∶1～1∶1)，注浆压力控制在 1～1.2 MPa，浆液配合比及注浆压力可根据现场试验进行适当调整，如图 5—59 所示。

②钢花管加固采用探灌结合的方法施工，即施工中应利用钢管桩钻孔进一步探明隧底弃渣规模及填充情况等，当发现与设计不一致时采用合理处理措施，确保安全。钢管桩钻孔及注浆过程均需详细记录，对注浆压力及进浆速度进行综合分析，评判注浆压力和注浆量变化是否合理。若注浆量较大而注浆压力不上升，应调整注浆工艺，进行间歇注浆。

③注浆结束条件：当注浆压力达到设计终压值并稳定持续 10 min 不进浆时，可结束注浆。

④钢管桩施工完成后 28 d 应对注浆效果进行检查，钻孔取芯检查注浆是否饱满，要求注浆加固后复合地基承载力不小于 200 kPa。施工结束后应立即进行沉降观测，当监控量测出现异常情况时，应及时采取必要的加固措施。

4)D1K862＋148～＋176 段隧道拱部轮廓外空腔设置 C20 混凝土护拱，将其填充密实。D1K862＋179 处附近隧道拱顶轮廓外的空腔施作 2 m 厚 C20 混凝土护拱，护拱上方吹 2 m 厚中粗砂作为缓冲层，并埋设 ϕ100PVC 管引至隧道排水系统。

5)PD1K862＋140～＋160 段溶蚀破碎严重，对该段破碎岩体采用径向注浆加固，注浆管采用 ϕ42 钢花管，纵环间距 0.8 m，每根长 5 m，注浆采用水泥浆(水灰比 1∶1)，注浆压力控制在 0.8～1.2 MPa 之间。

6)D1K862＋196～＋244 段隧道漏空部分，边墙设置 3 m 厚 C20 混凝土护墙，拱部设置 3 m 厚 C20 混凝土护拱，护拱顶面至溶腔顶之间采用废旧轮胎码放，以防止不稳定岩体掉落，影响隧道结构安全，废旧轮胎上下层应交错布置，如图 5—59 所示。

7)隧道正洞 D1K862＋205～＋228 段线路右侧，护墙施作后还有空腔位置设置钢筋混凝土方柱对溶腔进行支顶，共计 3 根。方柱尺寸根据支顶高度参数具体见表 5—5。

表 5—5　溶洞大厅支挡方柱位置及参数

柱　号	柱中心里程	柱靠正洞侧边与线路左线关系		柱长(m)	尺寸(m×m)
		左侧(m)	右侧(m)		
1#	D1K862＋205	—	13	22.7	4×4
2#	D1K862＋218	—	13	23.4	4×4
3#	D1K862＋228	—	13	15.8	3×3

8)平导 PD1K862＋156～＋171 段靠正洞侧边墙脚水沟处间隔 5 m 设置 ϕ100PVC 排水孔，引入平导侧沟。

9)为防线路左侧地下裂隙水集聚过高对隧道产生偏压，与 D1K862＋205～＋240 段线路左侧明洞边墙脚与侧沟之间预埋 ϕ100PVC 管，纵向间距 10 m，将地下水引至隧道侧沟排放。

2. 出口工区 D1K864＋350～＋563 段隐伏岩溶处理

(1)施工揭示隧道工程地质条件

施工揭示，D1K864＋350～D1K864＋563 段为三叠系中统杨柳井组(T2y)角砾状白云岩

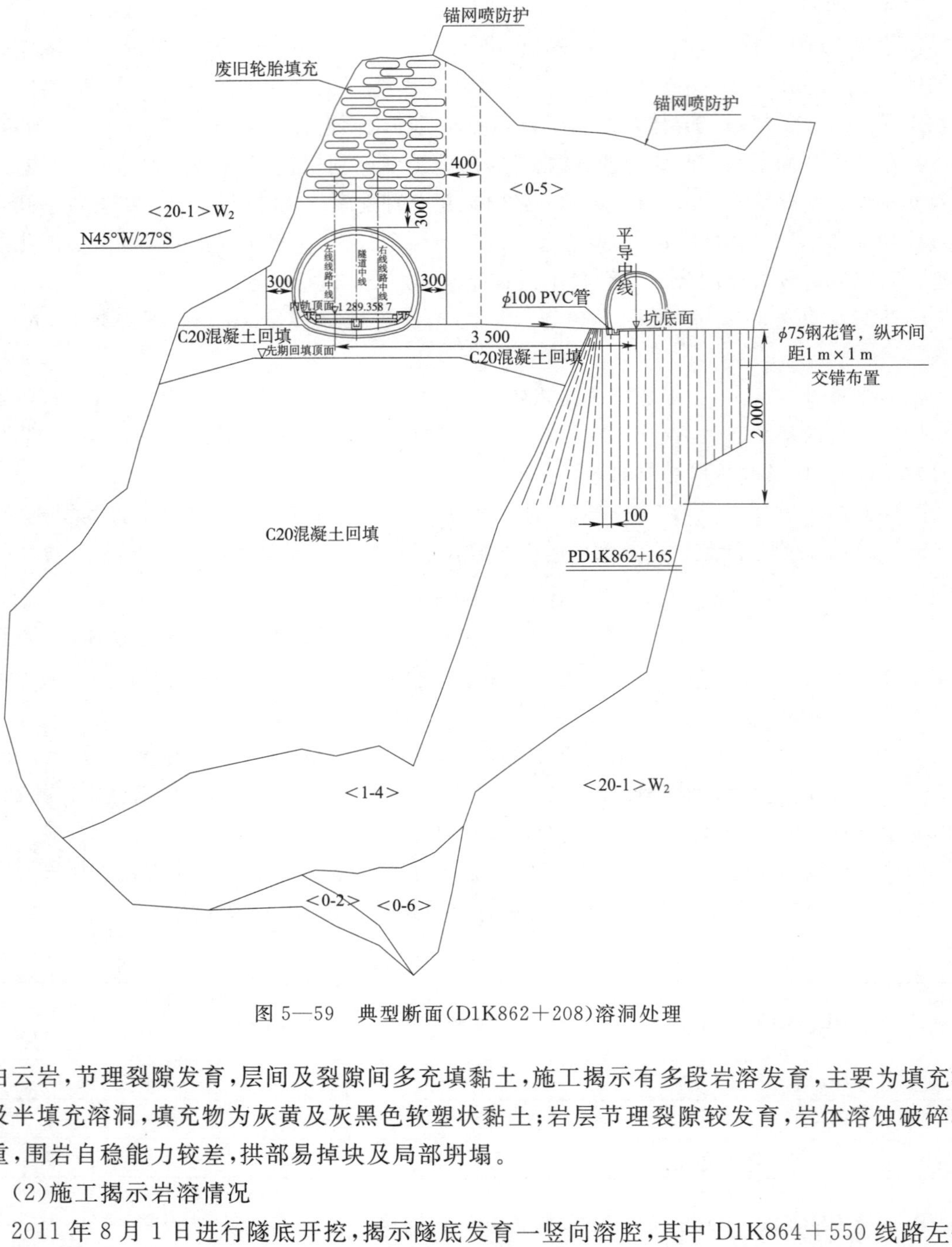

图 5—59　典型断面(D1K862＋208)溶洞处理

夹白云岩，节理裂隙发育，层间及裂隙间多充填黏土，施工揭示有多段岩溶发育，主要为填充溶洞及半填充溶洞，填充物为灰黄及灰黑色软塑状黏土；岩层节理裂隙较发育，岩体溶蚀破碎较严重，围岩自稳能力较差，拱部易掉块及局部坍塌。

(2)施工揭示岩溶情况

2011 年 8 月 1 日进行隧底开挖，揭示隧底发育一竖向溶腔，其中 D1K864＋550 线路左侧发育竖向溶洞，洞深约 8.0 m，洞口直径约 1.0 m，往下直径约 2.5 m 不等，底部有黏土填充，洞壁溶蚀破碎严重，稳定性差，无水，如图 5—60 所示。D1K864＋543 左边墙脚发育一竖向溶洞，长约 13 m，宽约 2～3.5 m，洞高约 5～8.0 m，已揭开洞口直径约 1.0 m，溶洞底部有黏土填充，洞壁溶蚀破碎严重，稳定性差，无水，隧道施工开挖后多被虚渣掉落填充，如图 5—61 所示。D1K864＋556 右侧沿结构面发育一竖向溶腔，长约 40 m，溶洞高约 20～35 m，宽约 10～18 m 不等，如图 5—62 所示，洞内岩壁稳定性差，如图 5—63 所示。

图 5—60 D1K864+550 处溶洞口

图 5—61 D1K864+543 处溶洞口

图 5—62 D1K864+556 处溶洞口

图 5—63 D1K864+556 处溶洞右侧溶洞壁

2012 年 3 月 24 日，大独山隧道出口上台阶施工至 D1K864+481，发现掌子面发育充填型溶洞(图 5—64)，充填物为软塑状黏土，夹大孤石，孤石呈长宽高 0.3～2 m 不规则形，充填型溶洞沿近垂直的节理斜向小里程方向延伸，向里发育深度及高度不详。拱顶块石间有部分为空洞。D1K864+481 上台阶拱脚发育一空溶洞，空溶洞斜向外发育，深约 3～5 m，高约 2 m，纵向发育约 2～4 m，溶洞内可见少量石钟乳溶蚀现象，局部滴水。

2012 年 4 月 10 日，大独山隧道出口掌子面里程 D1K864+461，掌子面为全充填溶洞(图 5—65)，充填软塑～硬塑状黄褐色黏土，夹块石，块石成不规则状，横向发育深度不明。

图 5—64 断面 D1K864+481 处充填型溶洞

图 5—65 断面 D1K864+461 处充填型溶洞

(3)物探方法对溶洞进一步探测结果

2012 年 6 月 28 日对 D1K864+369～+430 段隧底进行物理探测，探测结果显示：D1K864+

369～＋400 段隧底以下 3～9 m 发育充填型溶洞。D1K864＋400～＋430 段隧底0～30 m 范围内岩层溶蚀裂隙严重发育，夹泥层现象普遍，裂隙水发育，其中 5～20 m 范围内存在空腔，开挖后情况如图 5—66 和图 5—67 所示。

图 5—66 D1K864＋390 隧底填充型溶洞

图 5—67 D1K864＋425 隧底填充型溶洞

根据施工揭示的地质情况，对 D1K864＋350～＋450 段隧底做了进一步的补充地质工作，补充地质钻孔 8 个，其中 4 孔揭示溶洞；并进行钻孔电磁波层析成像（电磁波 CT）法勘探，完成 6 对孔之间的电磁波层析成像实验。结构显示该段隧底 0～36.4 m 发育溶洞，主要以局部发育充填型溶洞为主，其次为空溶洞及溶蚀破碎带，充填物主要为硬塑状黏土夹块石。

根据现场施工揭示隐伏岩溶及隧底物探资料，在现场具备条件后对 D1K864＋450～＋570 段进行了详细的补充勘察工作。在本次补勘中，完成工作量为：1∶200 溶洞平面一份；横断面按间距 5 m 一个测量，计 28 个；纵断面 2 个；补充钻探 651.2 m/15 孔（含验证孔 3 孔），完成 4 条电磁波剖面；其中有 14 孔揭示溶洞，隧底隐伏岩溶主要分布在隧底 0～41.9 m 范围内，隧底岩溶发育范围为 D1K864＋446～D1K864＋563 段。

补勘所揭示的溶洞主要为空溶洞、半填充溶洞及全填充溶洞，范围为 D1K864＋446～＋563。

1）空溶洞

空溶洞主要由大小、规模不等的 3 个溶洞组成：

1# 溶洞：溶洞口发育于 D1K864＋543 线路左线边墙脚，为一顺边墙纵向发育的空溶洞，其间钟乳石等岩溶型态发育，延伸长约 13 m，宽约 2～3.5 m，洞高约 5～8.0 m，已揭开洞口直径约 1.0 m，溶洞底部有黏土填充，洞壁溶蚀破碎严重，稳定性差，无水，隧道施工开挖后多被虚渣掉落填充。

2# 溶洞：发育于 D1K864＋550 线路左线底板处，为一竖向发育空溶洞，洞深约 8.0 m，洞口直径约 1.0 m，往下直径约 2.5 m 不等，底部有黏土填充，洞壁溶蚀破碎严重，稳定性差，无水，隧道施工开挖后多被虚渣掉落填充。

3# 溶洞：该溶洞为一较大的空溶洞，洞口于 D1K864＋556 右边墙脚揭开，洞口呈一椭圆形，在确保安全后下溶洞进行了现场测量：该溶洞大致顺右边墙外向小里程方向发育，纵向延伸长约 40 m，溶洞高约 20～35 m，宽约 10～18 m 不等；其中 D1K864＋538～＋556 段约 18 m 侵入隧道，侵入距离最大约为 3.5 m。该段靠近线路右侧边墙处溶洞壁岩体受节理及层面切割后多呈块体状，且倒悬腔发育，部分呈危岩体，进洞观察，见溶洞壁溶蚀破碎严重，溶洞底有崩积碎块石及软塑状黏性土填充，厚度约 5～20 m 不等；D1K864＋556～＋538 段下导落底开挖振动及在重车碾压后右侧溶洞壁极易坍塌。故该溶洞对大独山隧道出口施工及今后的运营安全的影响较大。

2)填充溶洞

测段经施工开挖及综合勘探揭示：D1K864＋446～D1K864＋563 段隧底为充填型溶洞发育段，充填物主要为硬塑状黏土夹粉细砂夹块石土，呈软塑～硬塑状，碎块石含量约 25%～35%，石质为白云岩质，主要分布在隧底 0～41.9 m 范围内，块石间及溶洞壁部分为空腔，溶洞发育不规则，主要为沿层理发育，其次是沿节理裂隙发育；溶洞充填物遇水浸泡后软化较快，力学指标较低，基底软硬不均。

(4)D1K864＋350～＋563 段地下水特征

溶洞内未见有暗河管道水，通过测绘查明，测段位于岩溶水垂直循环带，地下水贫乏；溶洞内主要为裂隙水，水量小，受降雨控制，旱季无水，雨季有少量滴渗水及线状、股状水。2014 年 7 月 20 日，适逢本地区降大到暴雨，7 月 21 日现场核实，D1K864＋456～＋520 段渗漏水较严重，局部有淋雨及小股状水流出，多为地表水下渗。

D1K864＋350～D1K864＋560 段施工过程中，经取水样进行水质分析，按试验结果根据《铁路混凝土结构耐久性设计规范》(TB 10005—2010)，地下水对混凝土结构无侵蚀性。

(5)岩溶处理

大独山隧道 D1K864＋350～＋563 段拱顶埋深约 10～105 m，地表为一面坡，基岩多裸露，岩性为三叠系中统杨柳井组(T_2y)白云岩夹角砾状白云岩及白云质黏土岩。原设计将 D1K864＋415～＋520 段围岩级别划分为Ⅳ级，D1K864＋315～＋415、D1K864＋520～＋560 段划分为Ⅴ级。经过施工阶段揭示的地质情况，结合物探、深孔地质钻探揭示情况等，将 D1K864＋290～＋560 段围岩级别划分为Ⅴ级。

隧道施工揭示，D1K864＋350～＋563 段岩性为白云岩夹角砾状白云岩，节理裂隙发育，层间及裂隙间多溶蚀充填黏土，岩体溶蚀破碎，岩溶强烈发育，发育多个充填溶洞、半充填溶洞、空溶洞，溶洞充填物主要为硬塑～软塑状黏土，围岩完整性、均匀性、稳定性差，易掉块、坍塌。隧底溶洞发育主要有 2 段：D1K864＋355～D1K864＋430 段溶洞分布在隧底 0～36.4 m 范围内，以局部充填型溶洞为主，其次为空溶洞及溶蚀破碎带，充填物主要为硬塑状黏土夹块石；D1K864＋446～D1K864＋563 段溶洞分布在隧底 0～41.9 m 范围内，主要为空溶洞、半填充溶洞及全填充溶洞，充填物主要为硬塑～软塑状黏土夹粉细砂、块石。根据开挖揭示围岩完整程度、岩溶发育及填充情况、地下水情况，决定对 D1K864＋350～＋563 段衬砌类型及工程措施进行加强处理，对隧底溶洞进行加固处理。

针对溶洞发育特征，不同段落采取具体处理措施如下：

1)D1K864＋441～D1K864＋481 段支护措施、衬砌类型及施工方法调整

①超前支护参数调整

根据开挖面围岩稳定性及溶腔充填物的力学特征，对该段隧道施工超前支护及加强支护进行调整。各段超前支护及加强支护情况见表 5—6。

表5—6 各段加强及超前支护变更对比表

起讫里程	长度(m)	原设计		变更设计后	
		超前支护	加强支护	超前支护	加强支护
D1K864+481～D1K864+441	40	拱部 ϕ42 小导管，4.0 m/根，环向间距 0.4 m，每环 50 根，纵向 2.4 m/环	全环 I20b 型钢钢架，间距 0.6 m	拱部 ϕ89 管棚，15 m/根，环向间距 0.4 m，每环 50 根，纵向 10 m/环	全环 I22a 型钢钢架，间距 0.5 m

②施工方法调整

依据围岩稳定特性及岩溶充填物的力学特性，对该段隧道施工方法进行调整，见表5—7。

表5—7 各段施工方法变更情况对比表

起讫里程	长度(m)	原设计		变更设计后	
		围岩级别	施工方法	围岩级别	施工方法
D1K864+350～D1K864+441	91	Ⅴ	台阶法加临时横撑	Ⅴ	台阶法加临时横撑
D1K864+441～D1K864+481	40	Ⅴ	台阶法加临时仰拱	Ⅴ	三台阶七步法
D1K864+481～D1K864+560	79	Ⅴ	台阶法加临时仰拱	Ⅳ	台阶法加临时仰拱

③衬砌类型及支护调整

根据开挖揭示的岩溶发育情况，结合开挖后掌子面围岩的稳定情况，相应对衬砌类型及系统支护进行调整。隧道初期支护参数调整列于表5—8，衬砌类型调整情况见表5—9。

表5—8 调整后的支护参数表

衬砌类型	预留变形量(cm)	喷射混凝土		钢筋网			锚杆		
		部位	厚度(cm)	设置部位	网格间距(cm)	钢筋规格	设置部位	锚杆参数	
								间距(m)环向×纵向	长度(m)
V_c型复合	10～15	全环	28	拱墙	20	ϕ8	拱墙	1.0×1.0	4.0

表5—9 衬砌类型调整情况对比表

起讫里程	长度(m)	原设计			变更设计		
		衬砌类型	衬砌厚度(cm)		衬砌类型	衬砌厚度(cm)	
			拱墙	仰拱		拱墙	仰拱
D1K864+480～D1K864+461	19	V_b型复合	50	60	V_c型复合	55	65
D1K864+461～D1K864+441	20						

2）D1K864＋350～D1K864＋450 段岩溶处理

D1K864＋400～D1K864＋430 段隧底隐伏岩溶探测表明，D1K864＋400～＋430 段下台阶仰拱下方 0～30 m 范围内岩层溶蚀裂隙严重发育，夹层夹泥现象普遍，裂隙水发育，其中 5～20 m 范围内存在溶腔。

针对岩溶发育及填充特征，对 D1K864＋390～D1K864＋395、D1K864＋417～D1K864＋420、D1K864＋437～D1K864＋440 及 D1K864＋443～D1K864＋450 四段共 18 m 范围内隧底隐伏岩溶采取钢管桩注浆加固，如图 5—68 所示。钢管桩纵向及横向间距 0.8 m，交错布置，钢管桩长度嵌入溶洞底部完整基岩 W_2 不小于 0.5 m 控制。

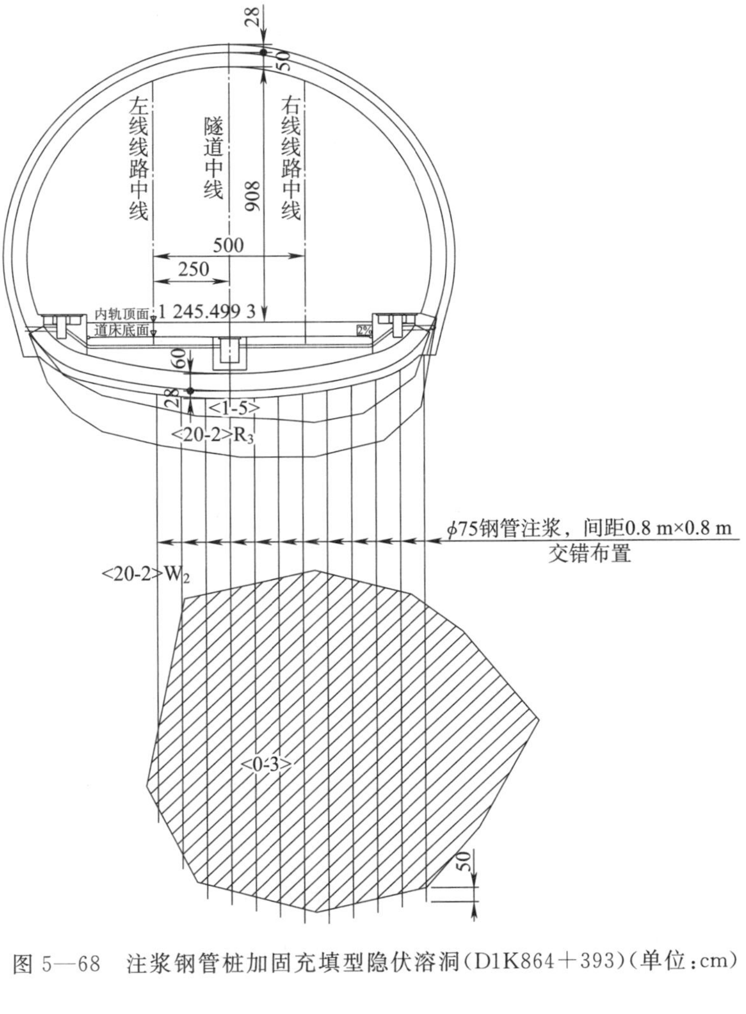

图 5—68　注浆钢管桩加固充填型隐伏溶洞（D1K864＋393）（单位：cm）

3）D1K864＋446～＋563 段

①空溶洞处理（图 5—69）

a. 洞底回填工程：1 号、2 号溶洞清除溶洞充填软塑状黏土后采用 C20 混凝土回填，3 号溶洞采用干砌片石回填至隧道拱顶齐平；

b. 岩墙较薄部位处理：D1K864＋520～D1K864＋560 段右侧薄壁处系统锚杆改为 ϕ42 注浆锚管，右侧仰拱与边墙转角处及仰拱底部岩壁较薄部位亦采用 ϕ42 注浆锚管加固。ϕ42 注

浆锚管采用 ϕ42 钢花管(壁厚 3.5 mm),纵、环向间距 1.0 m,长 5.0 m,注浆采用水泥浆(水灰比 1∶1),注浆压力 0.8～1.0 MPa;

c. D1K864＋520～D1K864＋560 段环向排水盲管间距加密为 3 m。

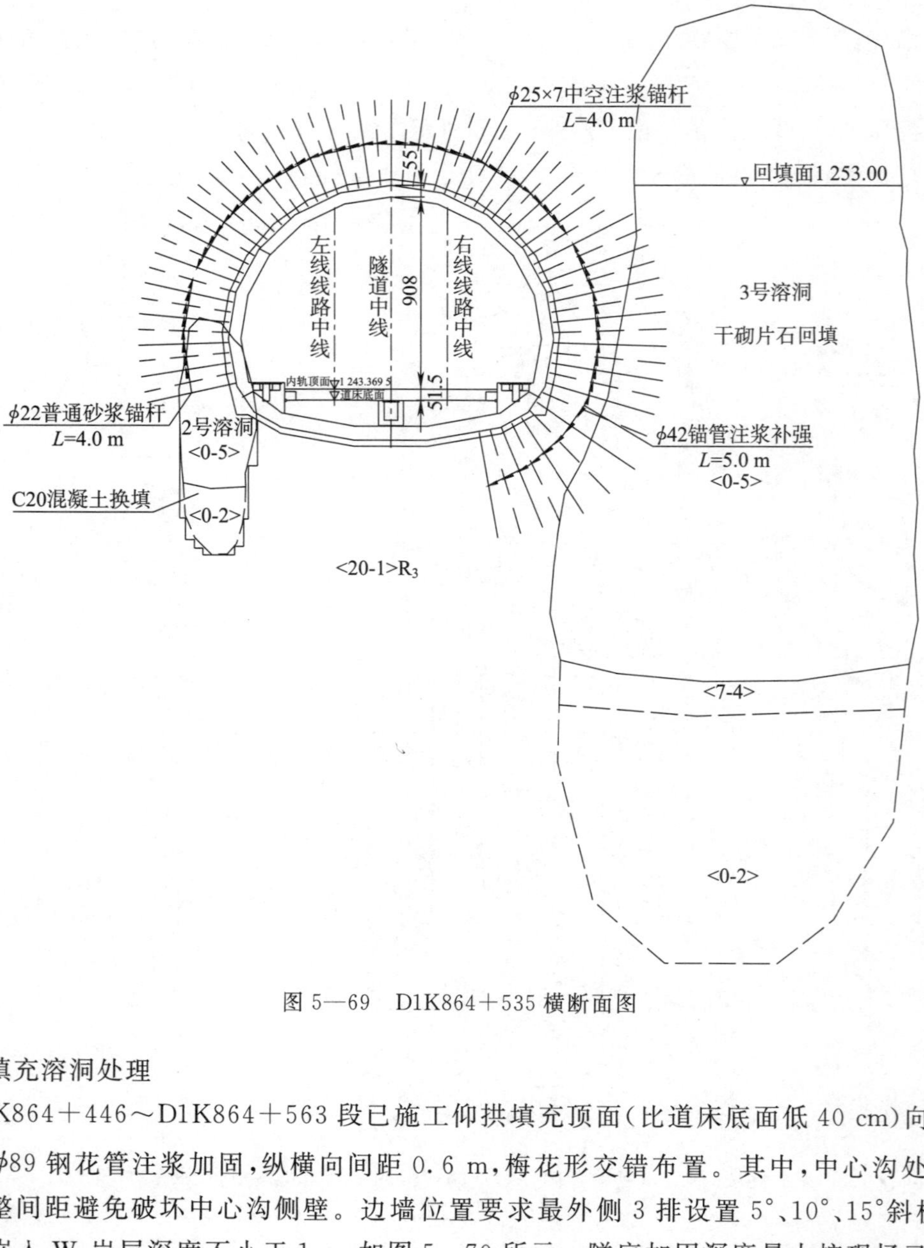

图 5—69 D1K864＋535 横断面图

②填充溶洞处理

D1K864＋446～D1K864＋563 段已施工仰拱填充顶面(比道床底面低 40 cm)向下对隧底采用 ϕ89 钢花管注浆加固,纵横向间距 0.6 m,梅花形交错布置。其中,中心沟处钢管桩适当调整间距避免破坏中心沟侧壁。边墙位置要求最外侧 3 排设置 5°、10°、15°斜桩,加固深度按嵌入 W_2 岩层深度不小于 1 m,如图 5—70 所示。隧底加固深度最大按现场已施工的仰拱填充面以下 25 m 深度控制。采用钢花管注浆加固,钻孔达到设计深度后,注水泥浆,水灰比 1∶0.8～1∶1,注浆压力 0.8～1.0 MPa,浆液配合比及注浆压力根据现场试验进行调整。

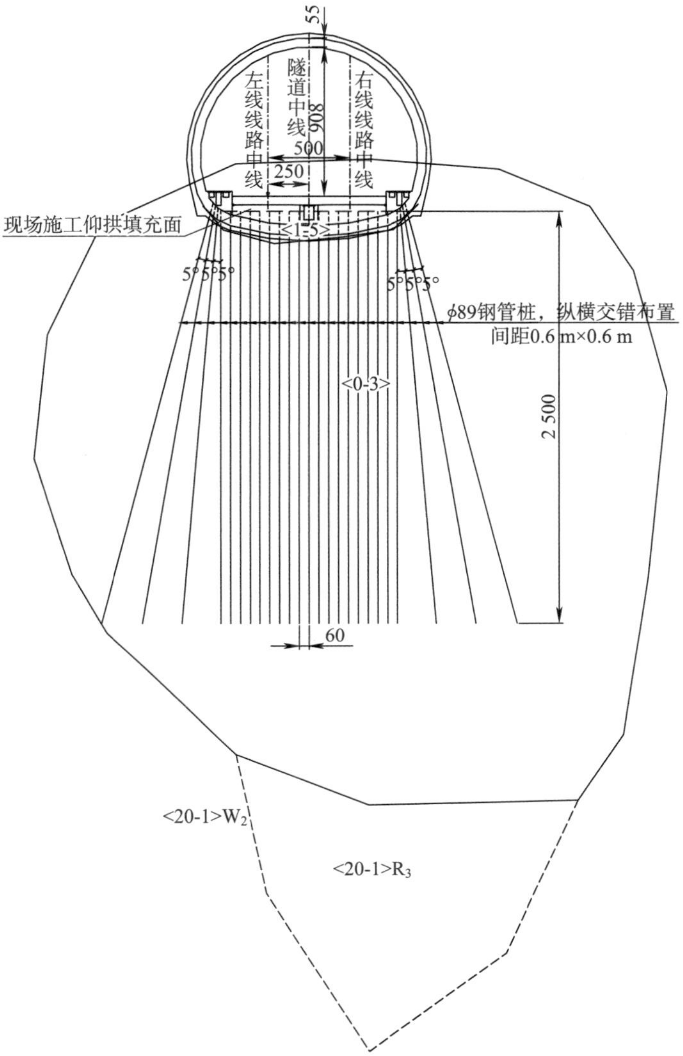

图 5—70 D1K864＋495 横断面图

5.4 岗乌隧道岩溶涌水处置技术

5.4.1 隧道概况

1. 地质概况

岗乌隧道全长 13.188 km，隧道最大埋深约 543 m。隧道洞身穿越区域以碳酸盐岩广泛分布为主要特征，具有构造剥蚀～溶蚀槽谷地貌特点。隧址区内出露碳酸盐岩地层主要为灰岩、白云岩、白云质灰岩等，局部为碎屑岩夹层或互层，山间槽谷地带岩溶洼地、落水洞、溶洞等岩溶形态较发育，属岩溶中等至强发育的地层，多为垂直发育，隧道轴线与葫芦井—樱桃窝断层相交。隧道区址内各类型地下水的埋藏、分布、富水性受地质构造、地形地貌、岩性及裂隙发育程度控制，主要为岩溶水和裂隙水。隧道通过可能遇到暗河管道、洞穴、溶蚀现象等，对隧道影响大，易造成突水、突泥、岩溶塌陷等。

隧道位于溶蚀中山槽谷、沟谷，总体地势北高南低。受北盘江及其支流深切，山高坡陡，沟深窄长。区内最高点岗乌镇南侧埋头山，标高 1 592.2 m；最低点北盘江河谷，标高 585.4 m，相对高差 1 006.8 m。隧道洞身穿越以碳酸盐岩广泛分布为主要特征，具有构造剥蚀～溶蚀槽谷地貌特点。谷底有成串珠状分布的溶蚀洼地、漏斗、落水洞等岩溶地貌景观；坡麓自然斜坡陡峻，自然坡度 30°～50°，局部为陡崖，地表多为杂草。此外，区内的其余地段溶蚀洼地、漏斗、落水洞等岩溶地貌亦比较常见。

2. 辅助导坑设置

隧道进口里程 D1K868＋415，出口里程 D1K881＋602，全长 13 187 m。

隧道初期设计辅助坑道采用三横洞加一平导方式，横洞采用双车道无轨运输，1 号横洞全长 1 590 m，2 号横洞全长 1 546 m，3 号横洞全长 653 m，平导全长 2 500 m。后期由于工期压力问题，在 2 号与 3 号横洞中间增设 4 号平导。隧道横洞整体布置情况如图 5—71 所示。

5.4.2　现场涌水情况

2013 年 9 月 20 日 12 时，岗乌隧道 4 号横洞前进方向 H4D1K0＋099 起拱线处发生涌水，涌水较大，估计涌水量约 1 100 m^3/h。根据应急预案要求，撤出洞内施工人员，并逐级上报各级领导，制定临时处理方案和疏散洞内施工人员以策安全，安排专人不间断观测。2013 年 9 月 20 日 16 时，洞口实测涌水量为 1 280 m^3/h。洞口排水现场及洞内积水如图 5—72 和图 5—73 所示。

5.4.3　现场水平钻探

根据现场实际情况，针对前方地质水文情况的不确定性，经多方研究决定采用超前水平钻探揭示前方岩体中富水情况。具体开展情况如下：

(1)2013 年 9 月 20 日 8:30 开始钻第 1 个孔，钻进 6 m 时有少量出水，9:03～9:51 钻入 10 m 时孔内有大量水呈股状水流出，喷射距离 2.5 m；继续钻孔至 20 m 因卡钻而停止，钻进长度 20 m。

(2)2013 年 9 月 20 日 10:27 开始钻第 2 个孔，钻入 10 m 时有少量出水，(11:31～11:59)钻入 16 m 时有大量的出水，喷射距离约 3 m，11:59 钻到 20 m 有大量的出水无法钻进，钻进长度 20 m。

(3)2013 年 9 月 20 日 13:10 开始钻第 3 个孔，钻入 8 m 时有少量出水，14:01 钻入 10 m 超前钻孔内有大量水呈股状水流出，14:13 钻到 12 m 有大量出水，喷射距离有 2.3 m 远，随后因卡钻无法钻进而停止，钻进长度 12 m。

(4)2013 年 9 月 20 日 14:52 开始钻第 4 个孔，钻入 10 m 时围岩较硬，有少量的出水，16:20～16:43 钻入 16 m 时孔内有大量水呈股状水流出，喷射距离 3.2 m，施工人员无法操作，因卡钻无法钻进，钻进长度 16 m。

(5)2013 年 9 月 20 日 17:27 开始钻第 5 个孔，18:32 钻入 12 m，围岩较硬，钻进缓慢，有少量出水，(19:08～20:13)钻入 18 m 时孔内有大量水呈股状水流出，喷射距离约 4.3 m，施工人员无法操作，因卡钻无法钻进，钻进长度 18 m。

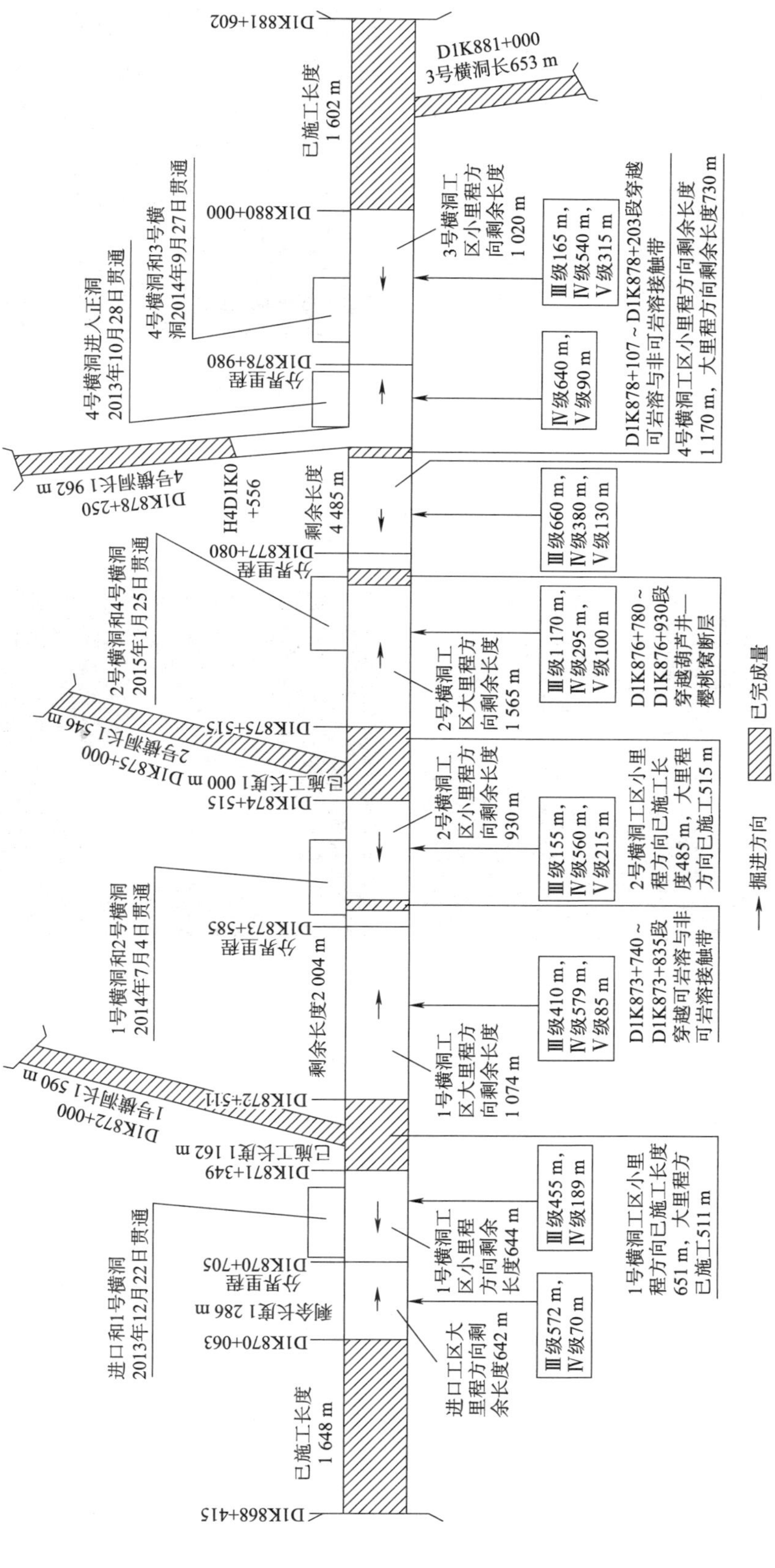

图 5—71　隧道横洞设置图

图 5—72 揭露地下水时洞口排水情况

图 5—73 钻孔泄压后洞内积水情况

(6)2013 年 9 月 20 日下午 21:32 开始钻第 6 个孔，钻入 16 m，围岩较硬，钻进缓慢，有少量的出水，22:43～0:41 钻入 18 m 孔内有大量水呈股状水流出，喷射距离约 6.2 m，围岩施工人员无法操作，因卡钻无法钻进，钻进长度 18 m。

所有钻孔完成后的现场掌子面各孔出水情况如图 5—74 所示。

图 5—74 掌子面钻孔出水情况

5.4.4 现场 TST 超前地质预报

为揭示横洞掌子面前方 100 m 范围内围岩地质情况及富水情况，探明隧道掌子面前方岩溶、断层及影响带、节理裂隙发育带等地下水赋存环境，采用现场 TSP 技术进行预报。

根据 TSP 法解译结果并结合从掌子面开挖情况和地震波探测结果综合分析认为，岗乌隧道 4 号横洞 H4D1K0＋099 掌子面前方 99 m 内地质情况分为 5 段，具体结论如下：

(1)在 H4D1K0＋099～H4D1K0＋085 段围岩稳定性和完整性较差，局部节理裂隙发育，岩体破碎，疑存在夹层(夹泥)。

(2)在 H4D1K0＋085～H4D1K0＋065 段围岩稳定性和完整性差，围岩节理裂隙较发育，岩体较破碎，疑存在裂隙破碎带或溶洞、富水。提请施工时采用加深炮孔或超前水平钻探进一步探测。

(3)在 H4D1K0＋065～H4D1K0＋026 段围岩稳定性和完整性较差，节理裂隙较发育，岩体较破碎，特别注意 H4D1K0＋059 附近，可能存在夹层或溶蚀裂隙。提请施工时采用加深炮孔或超前水平钻探进行探测。

(4)在 H4D1K0+026～H4D1K0+010 段围岩稳定性和完整性差，围岩节理裂隙发育，岩体破碎，疑存在软弱夹层、裂隙破碎带或溶洞、富水。提请施工时采用加深炮孔或超前水平钻探进行探测。

(5)在 H4D1K0+010～H4D1K0+000 段围岩稳定性和完整性较差，节理裂隙较发育，疑存在夹层夹泥。

5.4.5　岩体中赋存地下水压力分析

1. 计算模型

根据超前水平钻钻孔出水情况、钻孔深度及出水射出的水平距离，依据流体力学理论进行岩盘后水头高度的计算。

假设钻孔均为水平，根据现场情况，简化后的力学分析模型，如图 5—75 所示。

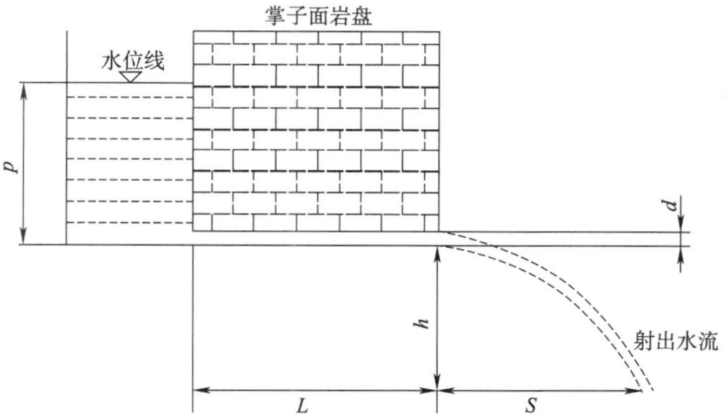

图 5—75　简化的计算模型

根据 2013 年 9 月 20 日所做的钻孔深度及水流喷射距离，建立图 5—75 所示力学模型。图中 p 为岩体中赋存水体的静水压力；h 为钻孔距隧道横洞底板的高度，根据钻孔位置实测得到；L 为岩盘厚度，也即钻孔深度，根据各钻孔实际钻孔深度得出；S 为水流从钻孔射出后至落地时所喷射的水平距离；d 为钻孔直径，采用 C6 钻机钻孔，钻孔采用 ϕ108 mm 的钻头，根据实际情况取 d=110 mm。

由牛顿经典力学中物体的平抛运动理论计算方法，计算目的为求出水柱由钻孔射出时的水平初速度 v，计算过程中，由于隧道内基本没有空气流动，气流相对稳定，故忽略空气阻力对水流的阻力作用，按式(5—1)计算。

$$\begin{cases} h=\dfrac{1}{2}gt^2 \\ S=vt \end{cases} \tag{5—1}$$

式中　g——重力加速度，取 9.8 m/s^2；

t——水流从孔口喷出到落地所经历的时间。

根据钻孔距底板的高度 h、钻孔中水流喷出距离 S 就可以计算出水流从孔口喷出时的流速，即 $v=\dfrac{S}{t}=S\sqrt{\dfrac{g}{2h}}$；然后根据水力学理论中的能量方程，可估算出岩体中赋存水体的压力，据此可以给出合理的处置措施。

根据现场实地钻孔时记录的数据，将钻孔出水时的深度 L、钻孔孔口至底板的高度 h、喷出距离 S 及计算得到的孔口出流速度 v 汇总于表 5—10。

表 5—10　钻孔实测数据

孔　号	出水时的钻孔深度(m)	喷出距离(m)	钻孔高度(m)	孔口出流速度(m/s)	雷诺数
1	10	2.5	3	3.195	268 286
2	16	3	3	3.834	321 944
3	12	2.3	2.85	3.016	253 236
4	16	3.2	3	4.090	343 407
5	18	4.3	1.7	7.300	613 004
6	18	6.2	3.3	7.555	634 387

由表 5—10 可以看出，1 号与 3 号孔所钻探到的富水溶腔可能为同一个，2 号与 4 号可能为同一个，5 号 6 号可能为同一个水源。

2. 内部水压确定

假设岩体内水体在钻孔打通之后，钻孔向外泄流过程中，假设岩体内水体压力为 p，水流经过钻孔流到孔口泻出，则可应用水力学中的能量方程有：

$$z_1+\frac{p_a}{\gamma}+\frac{\alpha_1 v_1^2}{2g}=z_2+\frac{p_0}{\gamma}+\frac{\alpha_2 v_2^2}{2g}+h_w \tag{5—2}$$

式中　z_1、z_2——围岩中水体和钻孔孔口的位置高度，如果取水平钻孔轴线为参考水平线，则 $z_1=z_2=0$；

γ——水的容重；

p_a、p_0——围岩中水体和钻孔孔口的水压，由于水流直接进入空气，所以 $p_0=0$；

v_1、v_2——围岩中水体和钻孔孔口的流速，由于岩体中储量较大，在岩体内水流速度较小，可以近似认为 $v_1=0$；

α_1、α_2——围岩中水体和钻孔孔口相应流速的速度系数，理论证明速度系数非常接近 1，因而这里可近似 $\alpha_1=\alpha_2=1$；

h_w——水流从岩体内部经钻孔流至孔口而产生的沿程水头损失，且水头损失的表达式为：

$$h_w=\lambda\frac{L}{d}\frac{v^2}{2g} \tag{5—3}$$

其中　λ——沿程阻力损失系数；

L——钻孔长度。

因此，由式(5—2)和式(5—3)得到岩体中等效水头高度 H：

$$H=\frac{p_a}{\gamma}=\left(1+\lambda\frac{L}{d}\right)\frac{v^2}{2g} \tag{5—4}$$

沿程阻力损失系数 λ 与水流的雷诺数有关，水流的雷诺数与水的密度、动力黏性系数 μ、水流流速 v、钻孔直径 d 有关，雷诺数的表达式为

$$R_e=\frac{\rho v d}{\mu} \tag{5—5}$$

当雷诺数 $R_e<2.7\times10^6$，且流速 $v>2.1$ m/s时，且在水温度为10℃时，得到确定沿程阻力系数 λ 的经验计算公式为：

$$\lambda=\frac{0.021}{d^{0.3}} \tag{5—6}$$

式中　d——钻孔直径，以m计。

观察表5—10可以发现，几个钻孔出流的雷诺数均小于 2.7×10^6，且流速 $v>2.1$ m/s的条件。现场测得水温最低值为9.2℃，最高温度为12.1℃，所以近似认为水温10℃，因此可以采用式(5—6)计算沿程阻力系数 $\lambda=0.0432$。

根据式(5—4)及表5—10中数据可以得到6个孔内等效水头高度和水压，见表5—11。

表5—11　各钻孔等效水头高度及水压

孔　号	等效水深(m)	计算水压(kPa)	两孔平均水压(kPa)
1	2.45	24.0	24.4
3	2.52	24.7	
2	5.19	50.9	504.4
4	5.90	57.8	
5	20.82	204.0	211.2
6	22.29	218.4	

从表5—11中计算确定的各孔水压来看，同为一个水源体的两个孔的计算等效水头高度是比较接近的，1号和3号钻孔揭露的岩体地下水的压力最小，2号和4号孔所在水源体的水压次之，5号和6号孔所揭示水体的压力最大，达到218.4 kPa。

这些数据仅仅为刚刚揭示地下水时钻孔喷出水流的相关数据。现场进一步的监测表明，随着时间的推移，钻孔中流出水量的持续增加，钻孔中出流喷射距离越来越小，说明在4号横洞揭示的地下水的性质可能为岩溶裂隙水，而且没有很好的补给来源，因而随着钻孔中水流的进一步排泄，内部压力逐渐降低。

3. 应该采取的支护结构

从前述分析可以知道，在此次4号横洞揭露的地下水性质为岩溶裂隙水，而且没有很好的补给来源，岩盘背后并无富水大型溶腔。因而，随着排出水量的增加，压力自然就会下降，只要保证钻孔能够通畅排水，岩体中的岩溶裂隙水就可以疏排掉。现场经过两周的钻孔排水，水量逐渐减小，而且喷射距离显著减小。此类岩溶裂隙水存在时，只要不是突然揭露，对隧道施工安全不会有大的影响。

由于揭露的地下水没有很好的补给来源，释能降压后，采取如下施工方案：

(1)继续掘进，但是减小掘进进尺，改为每循环进尺1.5 m，同时，加强支护，支护参数见表5—12，钢拱架换装I16a，并设置 $\phi22$ 系统锚杆，断面如图5—76所示。

表5—12　支护参数

喷混凝土		系统锚杆（$\phi22$ 砂浆锚杆）			钢筋网			型钢钢架I16a	
设置部位	厚度(cm)	设置部位	长度(m)	间距(m)	设置部位	规格(mm)	间距(cm)	设置部位	间距(m)
拱墙	7	拱部	2	1.2×1.5	拱部局部	$\phi6$	25×25	拱墙	0.8～1.2

(2)每掘进 10 m,做一次超前水平钻,探测前方地质情况,水平钻深度控制在 20～30 m,根据实地钻探情况具体设置。

(3)加强对涌水的监测,并保证排水通道畅通,当出现大量出水时,及时撤离人员,待涌水稳定后安排水平钻进行钻探,揭示前方地质水文情况。

现场于 2013 年 10 月 5 日开始施工,至次年 2 月 30 日,安全通过裂隙富水带,并未出现大的涌水灾害,施工顺利进行。

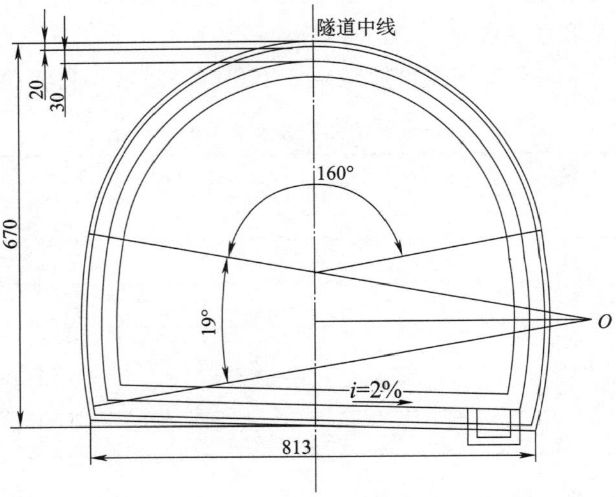

图 5—76　横洞设计图

第6章　岗乌大埋深岩溶角砾岩隧道变形机理与变形控制

6.1　岗乌隧道概况

6.1.1　隧道设计情况

沪昆铁路客运专线贵州段岗乌隧道位于关岭—普安区间，隧道纵坡设计为15‰和25‰构成的单面坡。隧道进口里程D1K868+415，出口里程D1K881+602，全长13 187 m。隧道最大埋深545 m。岗乌隧道是当时贵州省长度最长的隧道，同时也是岩性最差的隧道。岗乌隧道开挖经过的区域主要以碳酸盐岩类为主，具有构造剥蚀～溶蚀槽谷地貌特点，并且穿越地区地下水埋藏丰富，以裂隙水和岩溶水为主。

岗乌隧道共有4座横洞，从进口到出口方向，依次为约1 620 m的1号横洞、1 630 m的2号横洞、1 962 m的4号横洞、634.5 m的3号横洞。由于岗乌隧道区域地层中地下水丰富，为及时排水，分别在1号横洞和2号横洞设有泄水洞。同时，为便于施工、加快工程进度等原因，在4号横洞与正洞小里程方向之间设一斜通道以增加工作面。

6.1.2　工程地质特点

岗乌隧道区基岩大多裸露在外，隧道洞身分别穿越关岭组二段地层、三叠系中统杨柳井组、三叠系下统永宁镇组第三和第四段地层，隧道出口和缓坡地带有少量植被和覆土。

地层由新到老主要为：第四系全新统坡洪积层、第四系全新统坡残积层、三迭系中统杨柳井组、三迭系中统关岭组二段、三叠系中统关岭组一段、三迭系下统永宁镇组第三四段。其中软弱围岩以古岩溶塌陷填充形成的岩溶角砾岩最为突出，此段隧道埋深大(约400 m)，围岩稳定性差，隧道开挖后来压快且大，隧道变形大，施工难度大。

岗乌隧道区域范围内有多个断层且较为发育，地质情况也较为复杂，与东北走向的葫芦井—樱桃窝断层相交。相邻丁头山向斜的法郎向斜为隧道区主体构造，同时法郎向斜的东北方向为隧道线路的方向。

法郎向斜东段轴向290°，西段近东西向，核部地层为三叠系上统赖石科组泥岩夹灰岩，倾角10°左右，两翼地层为三叠系中统竹杆坡组及杨柳井组，北东翼地层较南东翼陡。

隧道进口段主要发育两组节理，节理产状分别为：N-S/80°W，N23°-45°W/36-62°SW，较规则，节理发育间距一般0.2～0.5 m，多呈密闭型，部分为微张裂隙，少有充填物。节理较发育～发育，岩体被节理切割成块状。隧道出口段主要节理有两组，分别为N25°E/78-82°NW，N75°W/30°NE，节理发育间距一般0.1～0.4 m，多呈密闭型。

6.1.3 水文地质特点

1. 地表水

隧址区属珠江水系北盘江流域，区内主要河流为北盘江，其谷底高程仅为585.4 m，成为隧址区地下水排泄的最低侵蚀基准面。在隧道轴线北侧斜坡上多发于季节性冲沟，仅在隧道北东向有一条谷日河，自南东向北西向径流，至丙坝处沿地下暗河管道汇入北盘江，使得局部分水岭以东的地下水大部分汇入此河流。隧道轴线南侧的小盘江及大盘江为北盘江的支流，控制着隧道南部地下水的径流和排泄方向。此外，在隧道轴线南侧至北盘江的斜坡上发育多条由北向南径流的季节性冲沟。

2. 地下水特征

隧址区大片基岩裸露地表，也存在较厚的黏土覆盖，各类型地下水的埋藏、分布、富水性受地质构造、地形地貌、岩性及裂隙发育程度控制。区内地下水位埋藏较浅，类型主要为岩溶水和裂隙水，孔隙水次之。

3. 地下水的补给、径流、排泄

隧址区地下水除接受大气降水垂直渗入补给外，还接受相邻区段或不同含水岩组和蓄水构造间的侧向补给。其主要补给期在雨季(6～8月)，而初夏(4～5月)降雨则多补偿冬春枯季地下水的耗损，亦是一个重要的补给期。隧址区地下水的补给方式大体上可分为两种：一种为降雨直接或形成地面汇流，通过微细孔隙、裂隙和溶隙或土壤、风化层，分散缓慢下渗补给；另一种则是降雨形成地面线状水流，通过落水洞、漏斗、竖井、溶洞等较大的岩溶洞穴，集中快速补给。对于该区域地下水来说，这两种补给方式并存，以补给量而论，则以后者为主，因而该区地下水表现为流量大，动态变化更大的特点。对于基岩裂隙水和松散堆积物孔隙水来说，补给形式则以前者为主，因而表现为流量及动态变化均小的特点。

6.2 岩溶角砾岩隧道变形机理分析

6.2.1 施工中出现的问题

1. 4号横洞工区小里程方向

(1)原设计情况

岗乌隧道4号横洞工区小里程方向D1K877＋740～D1K878＋210段原设计围岩为T_2g^1泥岩、泥质白云岩及T_1yn^{3+4}白云岩夹灰岩及角砾状白云岩，D1K877＋950～D1K878＋210段为Ⅳ级围岩，采用Ⅳb型复合衬砌，D1K877＋740～D1K877＋950段为Ⅳ级围岩，采用Ⅳa型复合衬砌。

(2)施工揭示地质

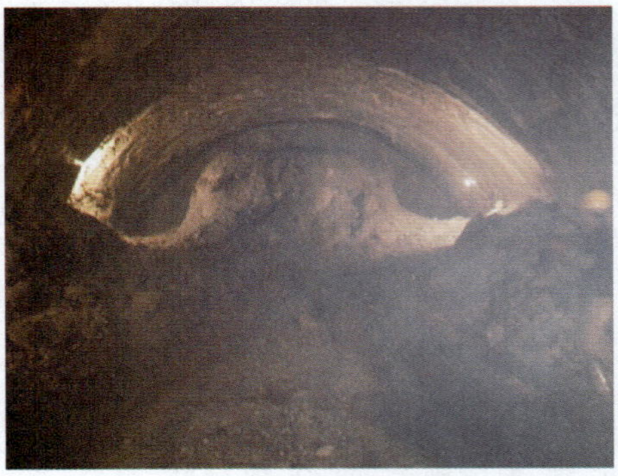

图6—1 开挖揭示的掌子面情况

开挖揭示岩性为灰至灰黄色，薄～中层状泥灰岩(图6—1)，泥质白云岩及岩溶角砾岩，岩体破碎，以泥质胶结为主，结合力较差。岩体受构造影响严重，岩层产状紊乱，节理、裂隙发育，岩体破碎，遇水容易软化，隧道开挖后围岩自稳能力极差，开挖后拱部容易产生较大变形，甚至出现坍塌。

(3)支护变形

2014 年 6 月 14 日，岗乌隧道 4 号横洞正洞小里程方向施工至可溶岩与非可溶岩接触带 D1K878＋135 附近，施工中发现 D1K878＋175～＋135 段初支拱部混凝土开裂、掉块严重，同时拱部拱架发生扭曲变形直至断裂。D1K878＋175～D1K878＋398 段均存在不同程度的变形侵限，拱顶沉降累计最大值 164 mm，收敛累计最大值 473 mm。

(4)变形未侵限段的支护加强

由于该段多处变形过大，因而决定对初期支护进行加强。对 D1K878＋175～＋135 段在拱腰部位打设每侧 4 排 ϕ32 自进式锚杆，锚杆长 9 m，纵向间距 0.6 m，环向间距 1.2 m，并进行注浆加固围岩。拱顶范围采用径向 ϕ42 mm 的小导管注浆加固，共 4 排，小导管间距 1.5 m×2.5 m，长度 5 m，注浆压力 0.8～1.2 MPa。D1K878＋175～＋398 段拱墙范围采取径向 ϕ42 mm 的小导管注浆加固，小导管间距为 1.5 m×2.5 m，长度为 5 m，注浆压力 0.8～1.2 MPa。D1K878＋175～D1K878＋398 段拱墙施作 9 m 长锚杆进行加固，锚杆采用 ϕ32 自进式锚杆，纵向间距 1.2 m，环向间距 0.6 m，并进行注浆加固。

2. 4 号横洞斜洞小里程方向

(1)原设计情况

岗乌隧道 4 号横洞斜洞小里程方向 D1K876＋980～D1K877＋740 段施工图原设计为Ⅲ级围岩。隧道洞身通过地层岩性为三叠系下统永宁镇组第三、四段(T_1yn^{3+4})白云岩夹灰岩及角砾状白云岩。采用Ⅲ$_b$型复合式衬砌及支护，台阶法开挖。该段上覆三叠系中统关岭组一段(T_2g^1)泥页岩、泥灰岩夹泥质白云岩。

(2)施工揭示地质情况

2015 年 5 月 11 日，四号横洞斜通道小里程方向施工至 D1K877＋455，开挖揭示岩性为灰、深灰及灰黄色，薄～中层状泥页岩，泥灰岩，泥质白云岩，岩溶角砾岩。岩体质软，泥质胶结为主，结合力较弱。岩体受构造影响挤压褶皱严重，岩层产状紊乱，节理、裂隙发育，岩体破碎，手捏即碎，遇水容易软化，拱部多处有裂隙水渗出，围岩自稳能力极差，易变形，开挖后拱部容易产生坍塌。隧道掌子面开挖揭示情况如图 6—2 所示。

图 6—2　D1K877＋455 掌子面揭示情况

(3)支护变形及破坏情况

由于该段围岩以软质岩为主，受构造影响严重，小褶皱发育，岩层产状紊乱，岩体呈破碎～

极破碎状，多呈碎块状，遇水浸泡后易软化及泥化，隧道开挖后拱部易产生坍塌，初期支护易产生较大沉降及较大收敛。

在隧道 D1K877＋511～＋479 段多处拱腰处变形严重侵限，初期支护混凝土开裂掉块，钢架扭曲（图 6—3 和图 6—4），随后发生坍塌，此处隧道埋深约 430 m。

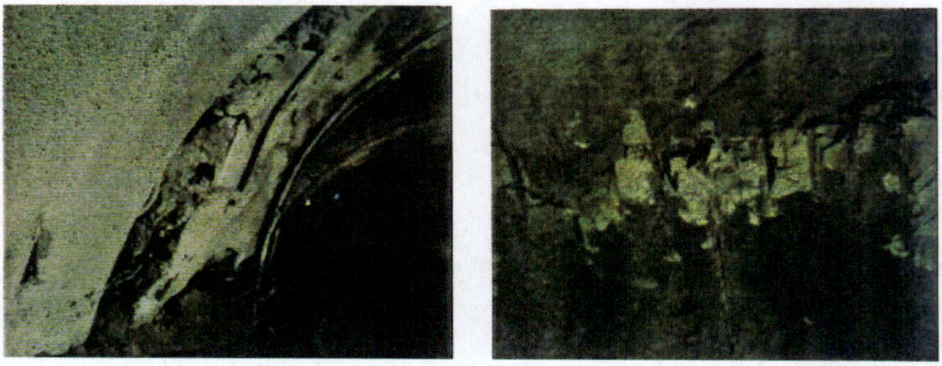

图 6—3 D1K877＋511～＋479 段局部初支变形

图 6—4 初期支护严重变形开裂

岗乌隧道 D1K877＋507～＋504、D1K877＋501～＋491、D1K877＋488～＋479 段初期支护变形侵限，左侧边墙至拱顶采取换拱处理，D1K877＋511～＋507、D1K877＋504～＋501、D1K877＋491～＋488 段施作套拱。

（4）处理方案

①D1K877＋755～＋435 段围岩级别调整为Ⅴ级。采用Ⅴc 型复合式衬砌。开挖预留变形量 40 cm，二次衬砌浇筑之前进行净空测量，二次衬砌超出部分采用同级别混凝土回填。

②D1K877＋755～＋435 段拱部超前支护采用 T76S 自进式螺旋管棚，壁厚 15 mm，环向间距 0.4 m，共计 50 根，长度 25 m。

③采用 HW175 型钢钢架加强支护，钢架间距 0.6 m。

④拱墙系统锚杆 $\phi32$ 自进式锚杆，长 9 m，间距 1.0 m。

⑤锁脚锚管采用 T76S 自进式螺旋管棚代替，每根长度为 9 m，锁脚锚管与 U 形筋焊接牢固。开挖采用台阶法加临时仰拱施工。

⑥在施工过程中进行支护及二衬受力测试。

6.2.2　隧道产生大变形的宏观分析

1. 隧道埋深大导致地应力高

软弱围岩地段隧道地应力主要取决于隧道埋深的大小。岗乌隧道研究区域最大埋深达 430 m。隧道在大埋深的条件下因围岩自重必然产生较高的地应力。在隧道设计断面几何参数、施工开挖方法及初期支护参数不变条件下，围岩初始应力大必然导致隧道支护后产生较大变形，可能导致初支喷射混凝土层的开裂、掉块、拱架扭曲，甚至出现隧道变形严重侵限，以及隧道产生坍塌等事故，也给隧道工程的施工安全及隧道结构的施工质量带来严重威胁。

2. 岩溶角砾岩力学性质差

因岩溶角砾软岩本身较差的工程力学性质：岩体破碎严重、岩石强度低、岩体自稳能力极差，在较高应力条件下显示出较强的流变特性。隧道施工后，围岩压力增长快且量值大，引起支护结构变形持续时间较长。

岗乌隧道周围的围岩又具有较高地应力，岩体稳定性极差，更容易受到剪切而变形过大，最终导致破坏。软弱围岩出现大变形所表现出的变形特征主要有：变形量大、变形速率大和变形持续时间长。软弱围岩出现较大变形的原因，除了围岩地应力高和围岩自身软弱稳定性差外，还与隧道施工方法和支护方法有关。因此，控制软弱围岩出现大变形的措施，除了改善围岩自身强度外，也需重视隧道施工方案和支护方案的选择。

3. 地下水的影响

地下水的存在可以降低岩石的强度，润滑岩体各种软弱面，降低岩体稳定性。地下水对岩体产生的不利影响与围岩的种类有密切关系，特别是强度低、稳定性差泥质类岩体，其力学特性受地下水的影响尤其严重。岩溶角砾岩的形成与地下水对岩溶地质的软化作用存在着密切的关系。地下水的存在显著降低破碎岩体的稳定性，因而地下水是否存在及其影响是隧道设计与施工的重点考虑因素，尤其是水对其影响较大的岩溶地质。岩溶地质的溶蚀作用对隧道的影响最为常见，尤其是地下水渗出，岩体遇水浸泡易软化、泥化等现象，会对围岩的稳定性造成严重影响。一般情况下，岩溶地质围岩节理、裂隙发育，岩石破碎或充填物松软，岩体强度低，在施工中极易发生坍塌，危害施工安全。

4. 隧道开挖断面大

在围岩及地应力相同的条件下，隧道开挖跨度越大，隧道开挖后作用在初期支护上的围岩压力越大，因而在隧道开挖跨度较大的情况下，也必须采用较强的支护方案。在揭示岩溶角砾岩地质之后，该段隧道开挖跨度已经大于 16.5 m，因此在此类软弱岩体中进行隧道开挖，必然会使隧道支护结构产生较大的变形。

5. 隧道支护较弱

在岩溶角砾软岩地段，隧道最大埋深达到 430 m，隧址区存在较大的初始地应力，地下水的渗出加剧了岩体力学性质的恶化，导致围岩稳定性进一步降低。由于施工之前对该段岩体的力学性质过于乐观的估计，且隧道开挖跨度大，预支护刚度及强度不足以有效减少围岩压力，使得原来开挖支护参数下支护强度和刚度不足，支护结构不能够有效抵抗产生的较大的围岩压力，因而导致隧道初期支护产生较大的变形，一些部位出现隧道变形侵限，支护喷层开裂、掉块。

6. 隧道开挖方法

在软弱围岩地层中进行大断面隧道施工，在岩体中存在较大地应力时，常常需要采用具有临时支护的分部开挖法，如带有临时仰拱的台阶法、CD 法等，尽量使断面支护尽早闭合，以形成刚度较大的支护结构，抵抗软弱围岩产生较大的围岩压力。

从以上分析可见，岗乌隧道开挖跨度大，岩溶角砾岩地段隧道埋深大而导致初始地应力较大，围岩破碎稳定性较差，地下水的渗出进一步恶化了围岩力学性质，在乐观估计围岩的稳定性条件下，没有适时采用刚度较大的超前支护，而且采用台阶法开挖，在原设计支护参数较弱，在较大围岩压力作用下支护的刚度明显不足，且随着时间的推移，软弱围岩在地下水的浸润下后期围岩压力进一步增大，最终导致岗乌隧道支护结构产生过大变形，甚至导致支护结构喷层开裂、掉块及钢架扭曲等支护破坏现象。

6.2.3 隧道产生大变形机理的数值分析

1. 模型建立

(1)断面尺寸

依据原设计文件，岗乌隧道该段落施工按照Ⅳb 围岩隧道复合式衬砌进行施工，断面如图6—5 所示。

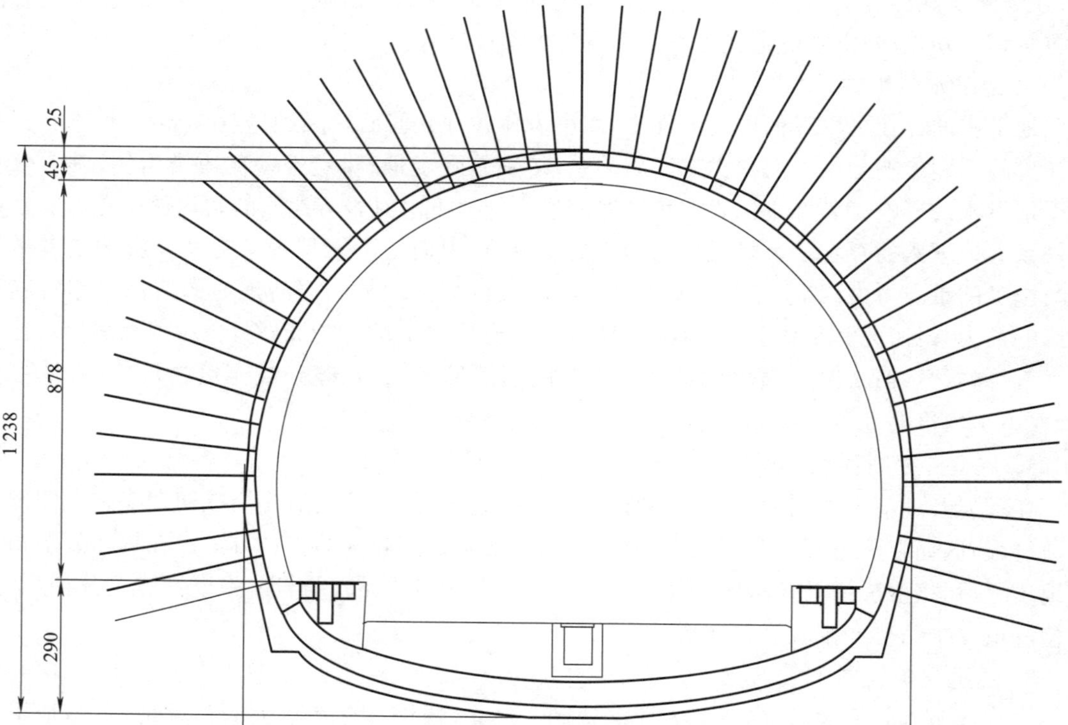

图 6—5 Ⅳb 级围岩隧道复合式衬砌断面图(单位:cm)

(2)计算模型

依据变更设计之前的设计要求与现场施工的实际情况，4 号横洞两个掌子面断面距离较远，相互影响较小，因此可分别建立两台阶法、三台阶法的数值模型，模拟大里程、小里程断面的实际施工，并分析其力学特征。模型 Y 轴正方形为隧道开挖方向，Z 轴方向向上。为减小模型边界效应的影响，模型范围的左右边界距隧道外轮廓和隧道顶部距模型上边界的距离均约为隧道洞泾的 5 倍，隧道底部边界距模型底部的距离约为 4 倍的隧道高度。综合考虑后，整个模型在 X、Y、Z 方向的尺寸为 120 m×60 m×125 m，并且模型除地表外，各向施加法向位移约束。在计算模型中将围岩视为 Mohr-Coulumb 理想弹塑性材料，初期支护和临时支护均视为弹性模型。

实际上，岗乌隧道监测区域的最大埋深约为 430 m，故模型以上的埋深用等效的应力边界条件加以模拟。除了隧道模型上表面到拱顶范围内的围岩之外（拱顶到模型顶部 100 m），经计算，在模型上边界施加的附加应力为 6.66 MPa。由于二衬主要作用为安全储备功能，为充分研究大埋深岩溶角砾软岩隧道在开挖时的变形规律，故模型中不考虑二次衬砌。小里程断面两台阶法与大里程断面三台阶开挖前的数值模型如图 6—6 和图 6—7 所示。

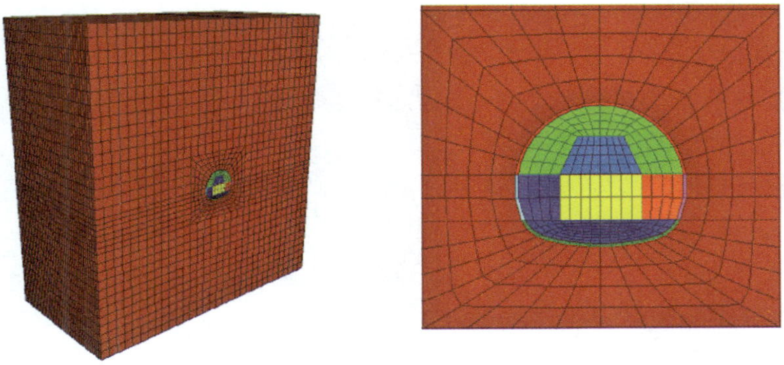

图 6—6　两台阶法模型示意图（开挖前）

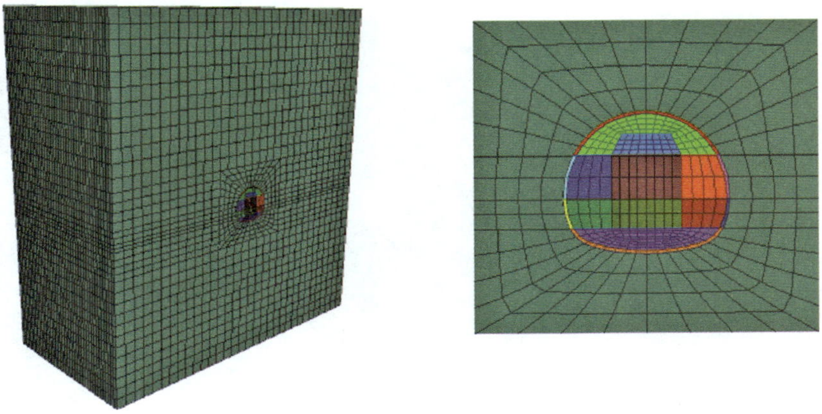

图 6—7　三台阶法模型示意图（开挖前）

（3）两台阶法的施工流程

两台阶法施工顺序如图 6—8 所示，即上台阶开挖并支护、下台阶开挖并支护和仰拱开挖支护，为符合实际情况，上下台阶开挖的循环进尺与钢架间距一致。

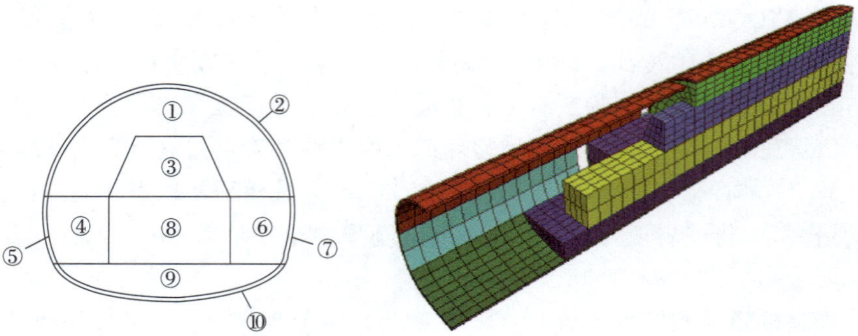

图 6—8 两台阶法施工流程示意图

具体开挖顺序为：

1)先开挖上台阶第①部分和第②部分，并预留核心土。

2)施作初期支护第②部分和拱部系统锚杆、锁脚锚管；开挖核心土第③部分，落后第①部分 4.5 m。

3)开挖下台阶左侧第④部分与第⑤部分，落后第③部分 3 m。

4)施作初期支护第⑤部分和左侧系统锚杆、锁脚锚管，并开挖下台阶右侧第⑥部分与第⑦部分，落后第④部分 3 m。

5)施作初期支护第⑦部分和右侧系统锚杆、锁脚锚管；并开挖第⑧部分，落后第⑥部分 3 m。

6)开挖仰拱第⑨部分与第⑩部分，一次开挖 6 m，落后第⑧部分 4 m。

7)最后施作初期支护第⑩部分，一次支护 6 m。

(4)三台阶法的施工流程

三台阶法施工顺序如图 6—9 所示。为符合实际情况，上、中、下台阶开挖循环进尺 1.5 m，仰拱开挖循环进尺为 8 m。

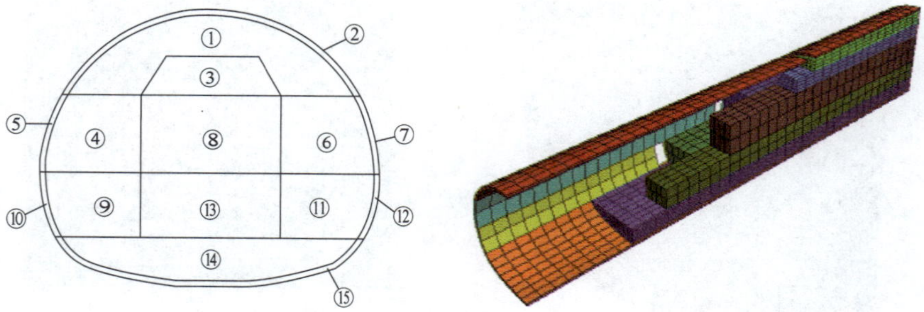

图 6—9 三台阶法施工流程示意图

具体开挖流程为：

1)先开挖上台阶第①部分和第②部分，并预留核心土③部分。

2)施作初期支护第②部分和拱部系统锚杆、锁脚锚管；开挖核心土第③部分，落后第一部分开挖面 4.5 m。

3)开挖下台阶左侧第④部分与第⑤部分，落后第③部分开挖面 3 m。

4)施作初期支护第⑤部分和左侧系统锚杆、锁脚锚管；并开挖下台阶右侧第⑥部分与第⑦

部分，落后第④部分开挖面 3 m。

5)施作初期支护第⑦部分和右侧系统锚杆、锁脚锚管；并挖第⑧部分，落后第⑥部分 3 m。

6)开挖台阶右侧第⑨部分与第⑩部分，落后第⑧部分开挖面 3 m。

7)施作初期支护第⑩部分和左侧系统锚杆、锁脚锚管；并挖下台阶右侧第⑪部分与第⑫部分，落后第⑨部分开挖面 3 m。

8)施作初期支护第⑫部分和右侧系统锚杆、锁脚锚管；并开挖第⑬部分，落后第⑪部分 3 m。

9)开挖第⑭部分和第⑮部分，仰拱一次开挖 8 m，落后第⑬部分开挖面 4 m。

10)最后初期支护第⑮部分，仰拱一次支护 8 m。

(5)断面内位移及受力分析点位的布置

隧道在开挖过程中，为更好分析支护结构的受力与位移情况，考虑到边界效应的影响，在 $Y=30$ m 的断面拱顶、拱底、上下台阶、边墙中点等处设研究点位，在计算过程中记录研究点位的位移，如图 6—10 所示。

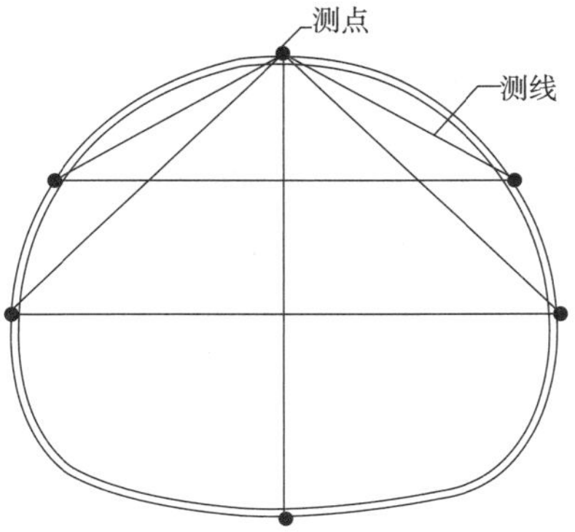

图 6—10　位移记录点布置示意图

2. 计算参数

为充分了解隧道开挖时相应的变形规律，如位移、应力和塑性区的变化，通过 ANSYS 建立二台阶、三台阶模型，将模型导入 $FLAC^{3D}$ 进行计算，分析隧道的变形机理与变形规律，确定原设计出现工程问题的原因。

(1)隧道围岩参数的选取

考虑到岩溶角砾软岩的工程性质，确定围岩的物理力学参数见表 6—1。

表 6—1　隧道围岩参数取值

材料类型	重度(kN/m³)	变形模量(GPa)	泊松比	黏聚力(MPa)	内摩擦角(°)
Ⅴc 围岩	18	1.2	0.38	0.18	25

(2)初期支护参数

该段隧道初期支护参数为：厚度为 25 cm 的 C25 喷射混凝土；钢架采用 I18 型钢钢架，间隔 0.6 m；钢筋网采用直径 $\phi6$，网格间距 20 cm×20 cm；拱部系统锚杆采用 $\phi25$ mm×7 mm 中空注浆锚杆，长 3.5 m，梅花形布置方式；边墙采用 $\phi22$ 普通砂浆锚杆，长 3.5 m，梅花形布置方式；围岩预留变形量 10 cm；在拱、墙脚位置设置 $\phi42\times3.5$ mm 锁脚锚管，每处两根，长为 4.5 m。

在计算时为简单起见，将钢架的作用通过提高初支结构弹性模量的方法间接考虑，可利用等效方法对钢架的支护作用进行简化，其方法是通过提高初期支护的弹性模量等参数来实现：

$$E=E_0+\frac{S_g\times E_g}{S_c} \tag{6—1}$$

式中　E——考虑钢架作用后初期支护结构的弹性模量；

E_0、E_g——原喷混凝土的弹性模量和钢架的弹性模量，取 C25 初喷混凝土弹性模量为 23 GPa；

S_c、S_g——一个钢架间距范围内喷混凝土层的截面积和钢拱架截面积。

综合考虑下，隧道围岩与初期支护的参数取值，见表6—2。

表6—2 隧道支护参数取值

材料类型	重度(kN/m^3)	变形模量(GPa)	泊松比
初期支护	23.8	25.5	0.2

系统锚杆与锁脚锚管参数的选取可参考《岩土锚固技术手册》，取值见表6—3。

表6—3 隧道锚杆及锚管支护参数取值

位置	横截面积(m^2)	弹性模量(GPa)	抗拉力(N)	抗压力(N)	标准设计屈服强度(MPa)
拱部锚杆	3.96×10^{-4}	206	0.12×10^6	0.12×10^6	310
边墙锚杆	3.8×10^{-4}	200	0.11×10^6	0.11×10^6	302
锁脚锚管	4.2×10^{-4}	206	0.13×10^6	0.13×10^6	310

利用软件$FLAC^{3D}$计算分析时，还需赋予材料体积模量K、切变模量G。其中，弹性模量E、泊松比ν与体积模量K、剪切模量G的转变关系为：

体积模量：

$$K=\frac{E}{3\times(1-2\nu)} \tag{6—2}$$

切变模量：

$$G=\frac{E}{2\times(1+\nu)} \tag{6—3}$$

岗乌隧道初期支护喷射混凝土等级为C25，C25喷射混凝土的设计强度可根据《铁路隧道设计规范》中的相关规定选取。由于初期支护属于偏心受压构件的受力特点，选取其弯曲抗压强度为13.5 MPa，抗拉强度1.3 MPa。

3. 计算结果分析

(1)隧道断面变形分析

当隧道模型模拟施工完成后，取模型$Y=30$ m的断面作为监控断面，模拟隧道大、小里程相关的断面研究。图6—11和图6—12为小里程断面两台阶法X、Z方向位移云图，图6—13和图6—14为大里程断面三台阶法X、Z方向位移云图。

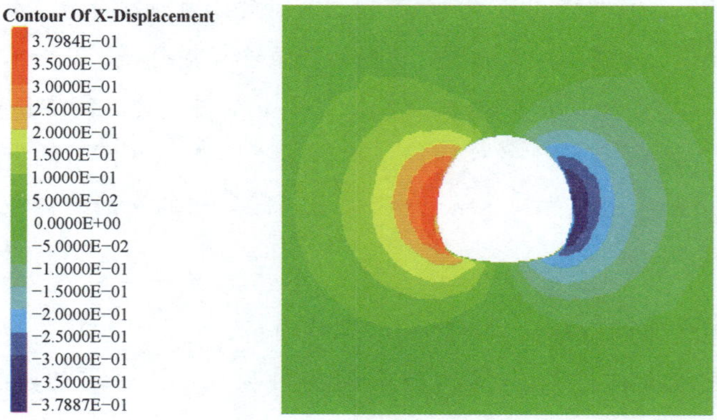

图6—11 两台阶法水平位移云图(m)

图 6—12　两台阶法竖向位移云图(m)

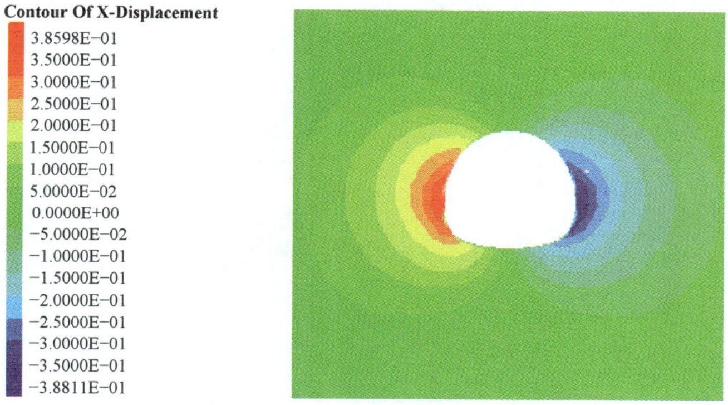

图 6—13　三台阶法水平位移云图(m)

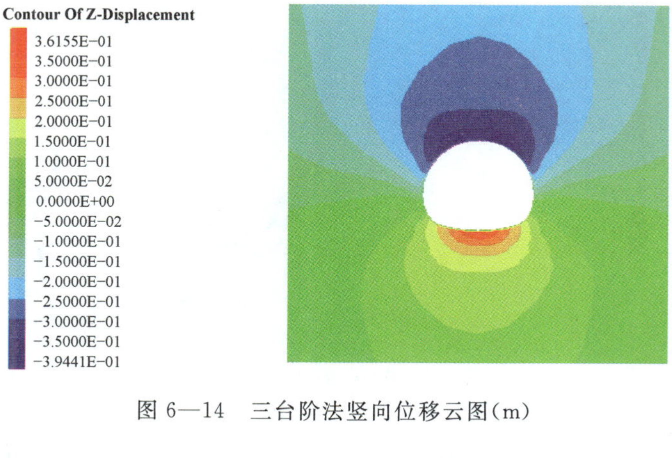

图 6—14　三台阶法竖向位移云图(m)

从图 6—11～图 6—14 中可见，隧道大、小里程不同的开挖方法引起不同的隧道位移变形，但存在一些共同之处。在断面水平方向上，位移大体上呈对称分布，但位移方向相反，并且对应点上，左侧水平位移与右侧水平位移大体相等；水平收敛的位移值最大值出现在边墙区域，尤其是边墙中点处，与实测情况相符。两种工法引起的水平位移大小非常接近，但三台阶法引起的水平位移略大，台阶法施工引起的最大水平位移为 37.9 cm。隧道断面的竖直位移同样大体上呈对称分布，拱顶发生下沉，拱底受挤压隆起，拱顶沉降位移值较大。两种工法的竖直位移大小也非常接近，但三台阶法引起的水平位移略大，台阶法施工引起的最大拱顶沉降为 38.2 cm。

由此可见，两种开挖方法最终位移值远大于设计预留变形量的最大值 10 cm，这也从侧面证明了变更设计之前大、小里程掌子面工程问题出现的原因，尤其可能导致拱顶塌方和断面水平位移过大等工程问题。因此，施工过程中应采取一定的超前支护，更为保守的开挖工法和更强的支护参数，多管齐下，才能有效控制隧道过大变形，保证隧道安全。

(2)初支应力分析

开挖贯通后，取模型 Y＝30 m 的断面作为监控断面，图 6—15 和图 6—16 为小里程断面两台阶法初期支护最大主应力与最小主应力云图，图 6—17 和图 6—18 为大里程断面三台阶法最大主应力与最小主应力云图。

图 6—15 两台阶法初支最大主应力云图(Pa)

图 6—16 两台阶法初支最小主应力图(Pa)

从图 6—17 和图 6—18 中可以看出，两种施工方法初期支护的最小与最大应力大体上成对称分布，两种工法下的支护结构的受力特征基本相同。初期支护主要承受压应力，其初期支护最大主应力的最大值出现在初期支护的拱底内侧处，三台阶初支的拉应力略大于两台阶法的拉应力，三台阶法的最大拉应力为 1.13 MPa，拉应力的量值并不是很大。两种工法施工下，三台阶工法的最大压应力略小于两台阶法的最大压应力，最大压应力均出现在台阶底部两侧。台阶法和三台阶法初期支护最大压应力分别为 22.1 MPa 和 21.1 MPa。由于初期支护的压应力较大，初期支护的混凝土喷层首先被压碎，剥落，在钢架接头等薄弱位置产生较大变形，最终导致隧道支护结构变形过大，甚至侵限，因而对于该种地层，不论现实施工中采用的台阶法或是三台阶法，均会导致初期支护的过大压应力，使隧道初支变形侵限。

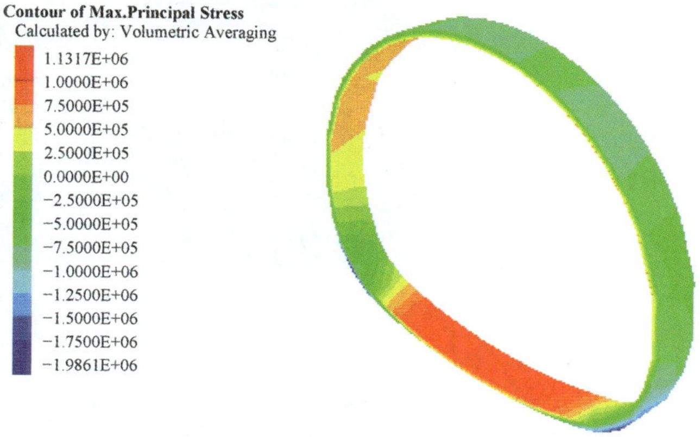

图 6—17　三台阶法初支最大主应力云图(Pa)

图 6—18　三台阶法支护最小主应力云图(Pa)

(3)围岩塑性区分析

即使强度较高的脆性岩石，在较大的三向应力作用下，也会出现弹塑性特性。而本身强度较低的岩溶角砾岩本来就是典型的软弱围岩，在应力水平不大时就可能表现出较强的塑性性能，且具有一定的流变特性，所以在隧道开挖后，初期支护变形会持续增加。隧道开挖过程中，由于围岩与初期支护之间力的相互作用，围岩因受到的应力可能超过自身强度而进入塑性状态，即在外力大小不变的情况下，其变形不断累积增加，影响隧道的稳定性。两种开挖方法开挖贯通后，隧道围岩塑性区如图 6—19 和图 6—20 所示。

由图 6—19 和图 6—20 可知，隧道贯通后，围岩塑性区大体上对称分布；提取数据并计算可知：小里程断面两台阶法 shear-n、tension-n、shear-p 和 tension-p 面积分别为 464.8 m^2、0 m^2、1 688.1 m^2、0 m^2；大里程断面三台阶法 shear-n、tension-n、shear-p 和 tension-p 面积分别为 187.0 m^2、0 m^2、1 839.2 m^2、0 m^2；采用两台阶法施工后，隧道边墙区域的围岩处于塑性状态，且远离隧道部分区域也出现了塑性区，而拱顶与拱底处有一定范围的非弹性区；采用三

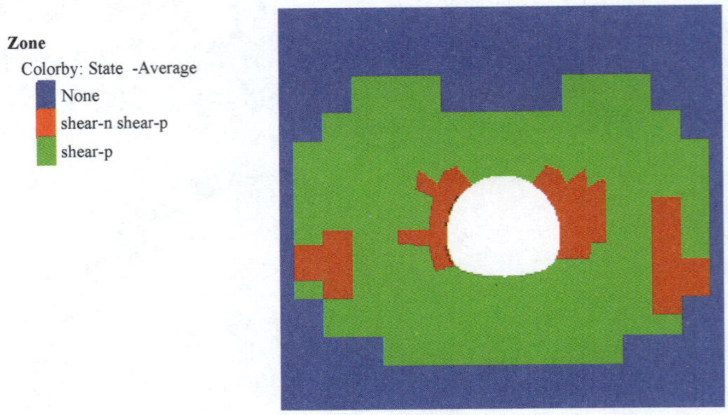

图 6—19 两台阶法围岩塑性区

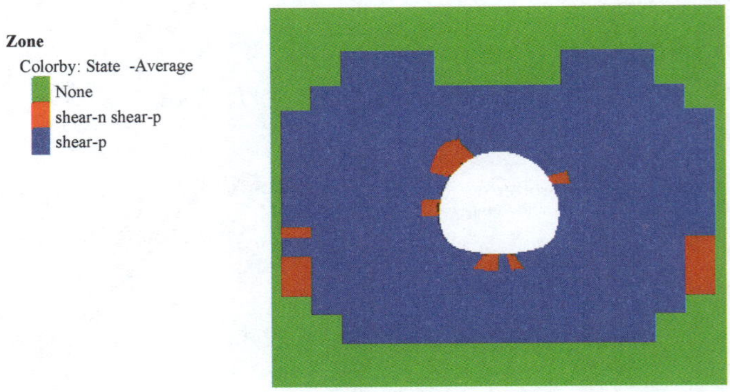

图 6—20 三台阶法围岩塑性区

台阶法施工后，塑性区域集中出现在拱顶左侧、上下台阶交界处、左侧边墙中点与拱底处，其他隧道周围区域出现了塑性区。塑性区在隧道周围的出现，表明围岩受力处于屈服状态，不利于隧道施工的安全，也从侧面表明按照原设计施工后，两台阶法和三台阶法分别出现边墙变形过大、拱顶一侧掉块等工程问题的原因。由于隧道本身的特点，也表明了高地应力与围岩强度差是大埋深软岩隧道出现工程问题的主要原因。

从上述围岩塑性区范围的大小，也说明了在岩溶角砾岩软弱地层中进行隧道施工引起的塑性区范围是很大的，导致产生较大的围岩压力，从而使隧道支护结构产生过大变形，使喷层开裂，变形侵限等问题。因此，为了保证隧道施工过程中的安全，保证隧道变形在允许范围之内，必须在隧道开挖之前就要采取支护刚度较大的超前支护，开挖采用分部开挖方法，并采用较强的支护参数和临时支护，才能保证隧道安全。

在隧道埋深较大时，软弱围岩一般都会表现出明显的流变特性，因而需要对岩溶角砾岩段隧道受力进行长时间的监测，以掌握隧道长期安全性。

6.3 大埋深岩溶角砾岩隧道变形控制技术

对岩溶角砾岩地段隧道产生大变形的机理进行了分析，并从超前支护、隧道初期支护参数和施工工法等进行了变更，针对变更后的设计方案，能否控制隧道支护不再发生破坏，需要采用三维数值模拟方法来验证该变更方案的合理性。

6.3.1　原设计方案变更

由于岗乌隧道岩溶角砾岩地段的原设计对围岩的稳定性估计不足，没有采取相应的超前支护、较强的初期支护参数和合理的施工工法，导致 4 号横洞小里程方向和斜洞小里程方向正洞均出现了隧道变形过大甚至侵限、支护喷层开裂及钢架扭曲等问题。

通过多方对现场踏勘及超前地质钻孔验证，对 4 号横洞小里程方向正洞未开挖地段进行设计变更，具体方案如下：

(1)围岩级别

由于该段落围岩主要为受构造运动影响较大的泥质灰岩、泥质白云岩及岩溶角砾岩等软弱围岩，把该段围岩定位为Ⅴ较差级别，支护采用Ⅴc 复合式衬砌结构。

(2)超前支护

对未施工地段，把原来超前小导管注浆的超前支护方案改为刚度较大的 T76S 自进式螺旋管棚，壁厚 15 mm，环向间距 0.4 m，共计 50 根，外插角小于 3°，管棚纵向长 25 m。

(3)初期支护参数

初期支护的混凝土强度等级为 C25，厚度 28 cm；钢拱架采用 HW175 型钢，间距0.6 m；设置双层钢筋网，网格尺寸仍为 20 cm×20 cm，钢筋直径 8 mm。拱墙系统锚杆采用 ϕ32 自钻式长锚杆，每根长度 9 m，环向间距 1.2 m，排距 0.6 m，梅花形布置；锁脚锚管采用 T76S 自钻式螺旋管代替，每根长度调整为 9 m，锁脚锚管与钢架采用 U 形筋焊接牢固。

(4)施工工法

对未开挖段，采用台阶法加临时仰拱施工，预留变形量为 40 cm，加强施工过程中的隧道变形监测。

(5)二次衬砌

二次衬砌采用 C35 钢筋混凝土结构，衬砌厚度 55 cm。

6.3.2　隧道施工过程数值计算分析

1. 计算模型

模型建立的原则与前述模型建立过程类似，主要区别在于初期支护厚度的改变，支护结构上增加了超前支护实体单元、临时仰拱实体单元、锁脚锚管单元和系统锚杆的长度改变等。模型中围岩仍然采用 Mohr-Coulumb 弹塑性模型，初期支护和超前支护都等效为实体单元通过提高实体单元的弹性模量来间接考虑管棚支护中钢管和初支中钢架的作用。初支厚度改为 28 cm；拱墙系统锚杆改为 ϕ32 自进式锚杆，每根长度 9 m，梅花形布置。锁脚锚管长度 9 m，规格为 ϕ42×3.5 mm，数量为每侧 1 组(每组 2 根)。锚杆采用锚杆单元模拟。两台阶法与断面三台阶开挖前的数值模型分别如图 6—21 和图 6—22 所示。隧道贯通之后，模型如图 6—23 和图 6—24 所示。

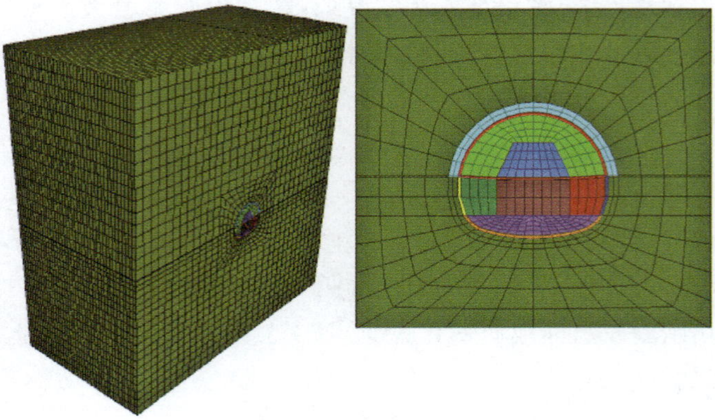

图 6—21　两台阶法模型示意图

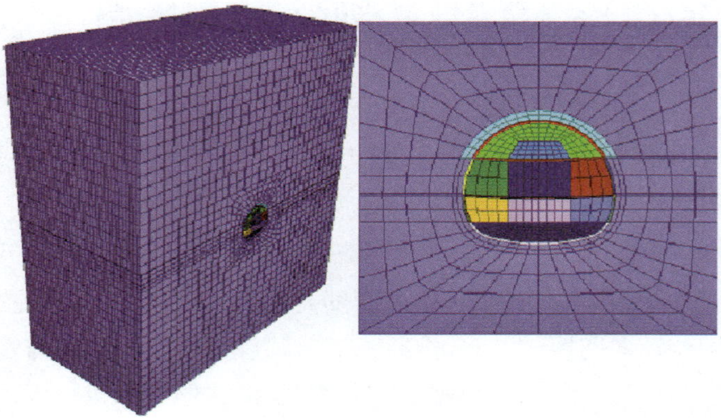

图 6—22　三台阶法模型示意图

2. 模拟施工流程

(1)台阶法施工流程

设计变更之后两台阶法的开挖流程与变更设计之前的开挖流程基本一致，区别在于上台阶底部临时仰拱的施作，如图 6—23 所示。

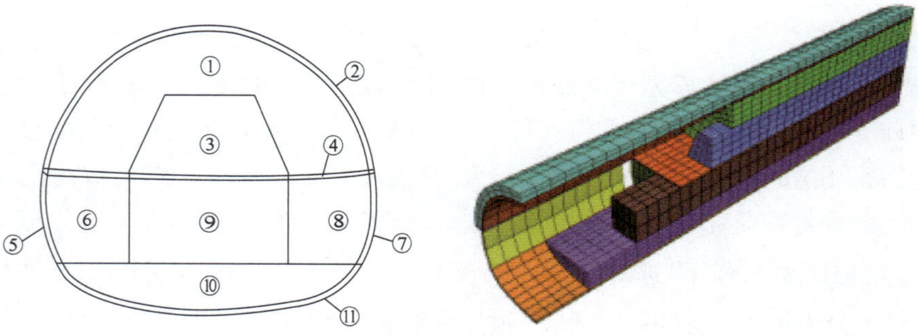

图 6—23　两台阶法施工流程示意图

具体开挖顺序为：

1)先开挖上台阶第①部分和第②部分，并预留核心土。

2)施作初期支护第②部分和拱部系统锚杆和锁脚锚管；并开挖核心土第③部分，落后第一部分 4.5 m。

3)在开挖第③部分时,及时施作临时仰拱第④部分,落后第③部分 1.5 m。

4)开挖下台阶第⑤部分和第⑥部分与临时仰拱第④部分,落后第④部分 3 m。

5)施作初期支护第⑤部分和左侧系统锚杆、锁脚锚管;并开挖下台阶右侧第⑦部分与第⑧部分,落后第⑥部分 3 m。

6)施作初期支护第⑦部分和右侧系统锚杆、锁脚锚管;并开挖第⑨部分,落后第⑧部分 3 m。

7)开挖仰拱第⑩部分与第⑪部分,一次开挖 6 m,落后第⑨部分 4 m。

8)最后施作初期支护第⑪部分,一次支护 6 m。

(2)三台阶法的施工流程

设计变更之后三台阶法的开挖流程与变更设计之前的开挖流程基本一致,区别在于上台阶底部和中台阶底部临时仰拱的施作,如图 6—24 所示。

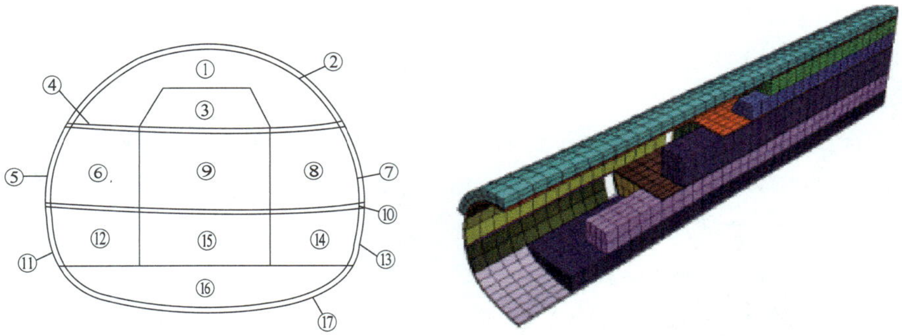

图 6—24　三台阶法施工流程示意图

具体开挖流程为:

1)先开挖上台阶第①部分和第②部分,并预留核心土③部分。

2)施作初期支护第②部分和拱部系统锚杆、锁脚锚管;并开挖核心土第③部分,落后第①部分开挖面 4.5 m。

3)再开挖第③部分时,及时施作临时仰拱第④部分,落后第③部分 1.5 m。

4)开挖下台阶第④部分、第⑤部分和第⑥部分,落后第④部分 3 m。

5)施作初期支护第⑤部分和左侧系统锚杆、锁脚锚管;并开挖下台阶右侧第⑦部分与第⑧部分,落后第⑥部分开挖面 3 m。

6)施作初期支护第⑦部分和右侧系统锚杆、锁脚锚管;并挖第⑨部分,落后第⑧部分 3 m。

7)再开挖核心土第⑨部分时,及时施作临时仰拱第⑩部分,落后第⑨部分 1.5 m。

8)开挖下台阶⑪部分和⑫部分,落后第⑩部分开挖面 3 m。

9)施作初期支护第⑪部分和左侧系统锚杆、锁脚锚管;并挖下台阶右侧第⑬部分与⑭部分,落后第⑫部分开挖面 3 m。

10)施作初期支护第⑬部分和右侧系统锚杆、锁脚锚管;并开挖第⑮部分,落后第⑭部分 3 m。

11)开挖仰拱处第⑯部分和第⑰部分,一次开挖 8 m,落后第⑮部分开挖面 4 m。

12)最后施作仰拱处初期支护第⑰部分,一次支护 8 m。

3. 计算参数

围岩参数与表 6—1 中参数相同,初期支护参数见表 6—4,锚杆和管棚加固区参数见表

6—5 和表 6—6。

表 6—4　初期支护参数

材料类型	重度(kN/m³)	弹性模量(GPa)	泊松比
初期支护(换算后)	23.8	26.6	0.2

表 6—5　锚杆及锚管支护参数

位置	横截面积(m³)	弹性模量(GPa)	抗拉力(N)	抗压力(N)	屈服强度(MPa)
拱墙锚杆	5.09×10^{-4}	206	0.16×10^{6}	0.16×10^{6}	310
锁脚锚管	2.3×10^{-3}	206	0.71×10^{6}	0.71×10^{6}	310

表 6—6　管棚加固区力学参数

材料类型	弹性模量(GPa)	泊松比	厚度(m)	重度(kN/m³)	内聚力(kPa)	摩擦角(°)
管棚加固区	3.0	0.30	0.9	23.0	55	42

4. 计算结果分析

(1)隧道变形分析

隧道施工模拟完成后,取模型中部断面(Y=30 m)作为分析断面。两台阶法施工的水平和竖直方向位移云图分别如图 6—25 和图 6—26 所示,三台阶法施工的水平和竖直方向位移云图如图 6—27 和图 6—28 所示。

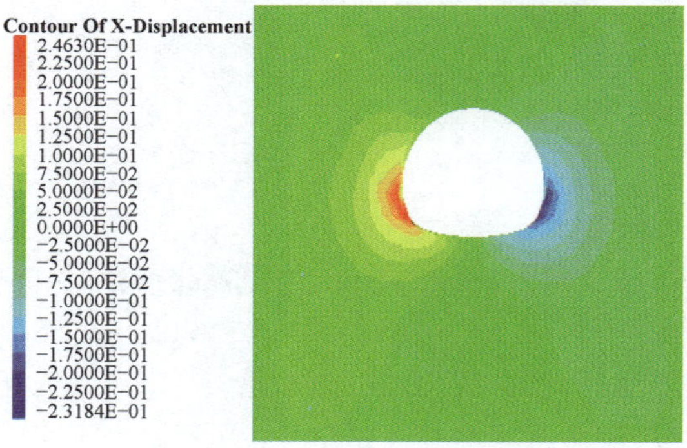

图 6—25　两台阶法水平位移云图

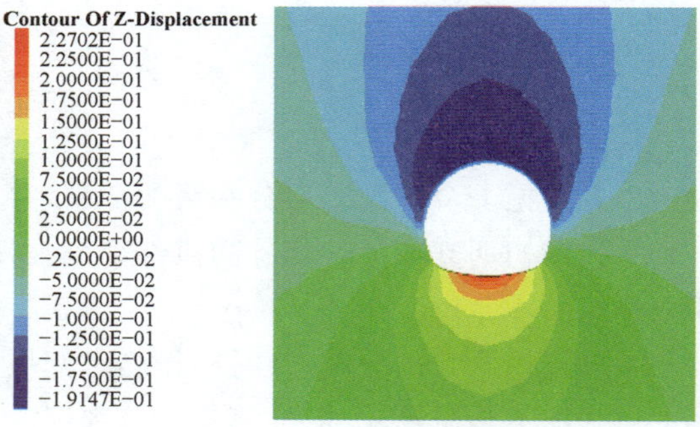

图 6—26　两台阶法竖直位移云图

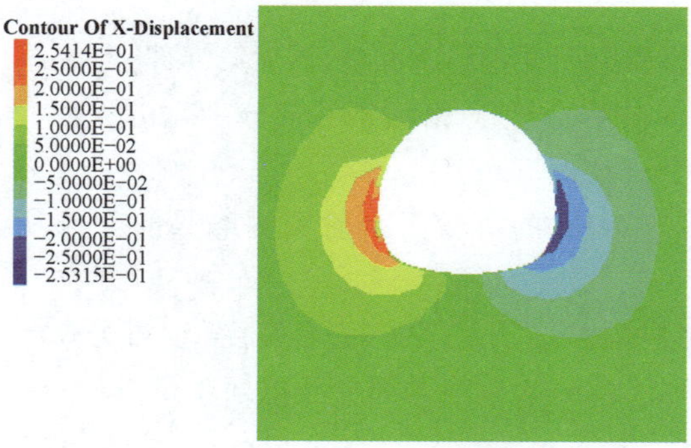

图 6—27　三台阶法水平位移云图

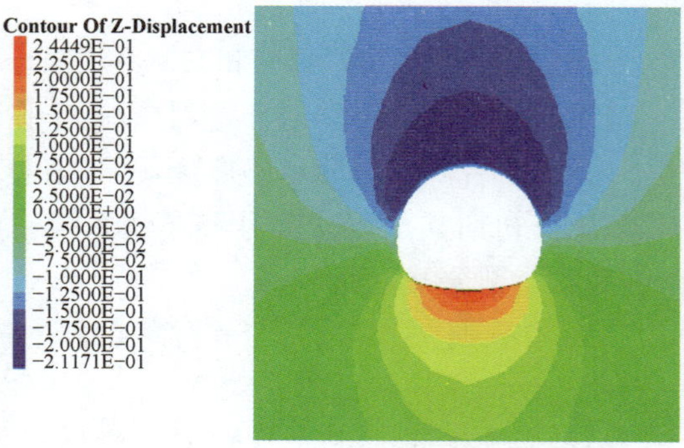

图 6—28　三台阶法竖直位移云图

由图 6—25～图 6—28 可见，两台阶法与三台阶法在隧道贯通后的最大水平位移分别为 23.2 cm 和 25.3 cm，对比原设计参数条件下的施工结果，其水平位移值均显著减小，尤其是边墙中点处，表明临时仰拱对水平位移起到了较好的约束作用。两台阶法与三台阶法在隧道贯通后的最大拱顶沉降位移分别为 19.1 cm 和 21.2 cm，对比原设计参数条件下的施工结果，拱顶沉降位移值减小明显，表明变更设计后的超前支护参数、隧道初期支护参数和隧道开挖施工方法一起共同发挥作用，隧道变形得到控制。

对比设计变更之前的计算结果，两台阶法拱顶沉降和水平位移，相比变更设计之前模型的位移值分别减小 49.8%和减小 35.2%；三台阶法拱顶和水平收敛的位移值，相比变更设计之前的位移值分别减小 46.3%和减小 34.5%。可以看出在隧道各支护参数的改善，超前支护和临时仰拱的施作下，使隧道位移得到控制。

(2)初支应力

隧道模型施工模拟完成后，取模型中部断面(Y＝30 m)作为研究断面。采用两台阶法初期支护最大主应力与最小主应力云图分别如图 6—29 和图 6—30 所示，采用三台阶法初期支护最大主应力与最小主应力云图分别如图 6—31 和图 6—32 所示。

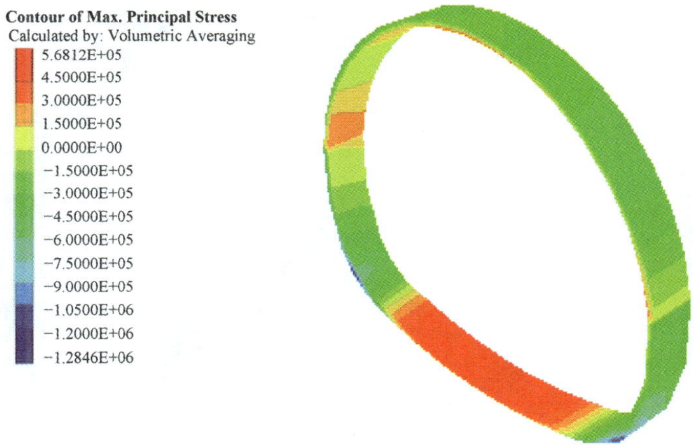

图 6—29　两台阶法最大主应力云图(Pa)

图 6—30　两台阶法最小主应力云图(Pa)

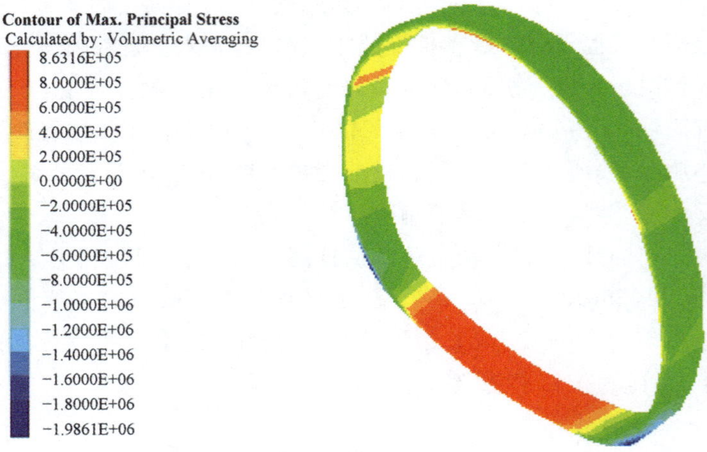

图 6—31 三台阶法最大主应力云图(Pa)

图 6—32 三台阶法最小主应力云图(Pa)

从图 6—29～图 6—32 可以看出，两种施工工法下的初期支护应力的分布与原设计方案的应力分布基本一致，拱顶和仰拱内表面拉应力最大，但拉应力幅值较小，采用变更方案后的支护结构的拉应力和压应力均有显著的减小，能够保证隧道的稳定。

施作超前支护后两台阶法的最大拉应力与最大压应力分别为 0.57 MPa 和 12.72 MPa，对比设计方案变更前的支护应力，其最大拉应力减小了 35.2%，最大压应力减小了 42.3%；三台阶法的最大拉应力与最大压应力值分别为 0.86 MPa 和 12.60 MPa，对比设计方案变更之前的支护应力，其最大拉应力减小 34.3%，最大压应力减小了 40.5%。由此可知，该段落隧道设计方案变更之后的隧道施工引起初期支护的最大拉应力和最大压应力均有显著的减小。虽然变更方案后的支护最大压应力仍然较大，但不同的开挖方法最大拉应力与最大压应力最大值均小于 C25 喷射混凝土的抗拉强度设计值 1.3 MPa 与弯曲抗压强度设计值 13.5 MPa，满足施工安全要求。

(3)围岩塑性区

贯通后取模型中部断面(Y＝30 m)作为研究断面，两种开挖方法引起的围岩塑性区影响范围分别如图 6—33 和图 6—34 所示。

图 6—33　两台阶法围岩塑性区

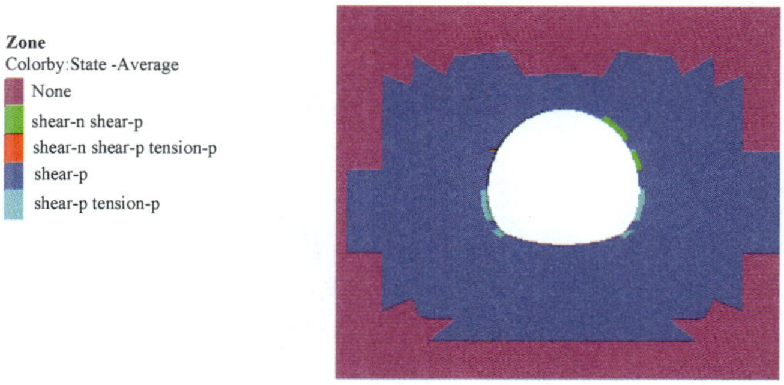

图 6—34　三台阶法围岩塑性区

由图 6—33 和图 6—34 可知，隧道贯通后，围岩塑性区大体上非对称分布；对不同类型的屈服区面积计算可知：两台阶法 shear-n、tension-n、shear-p 和 tension-p 面积分别为 26.3 m^2、0 m^2、807.3 m^2、4.83 m^2；相比施作临时仰拱和超前支护施工方法 shear-n、shear-p 分别减小 94.3%、52.2%；三台阶法 shear-n、tension-n、shear-p 和 tension-p 面积分别为 7.2 m^2、0 m^2、906.9 m^2、4.2 m^2；相比施作临时仰拱和超前支护施工方法 shear-n、shear-p 分别减小范围 96.1%、50.7%。同时可以看出，两种开挖方法造成隧道轮廓线周围出现 tension-p，此为施工过程中曾经出现的塑性区，由于应力路径的改变，转化为弹性区，其原因可能是超前支护和临时仰拱的施作，导致初期支护未能及时闭合成环，导致隧道开挖区域应力进一步释放，围岩进一步变形而进入了塑性状态。

两台阶塑性区出现在隧道右下角处，并且没有与初期支护相接触；三台阶塑性区出现在上、下台阶的交界处右侧，并与初期支护相接触，与原设计相比，拱顶处无塑性区，说明超前支护措施限制了拱顶塑性区的发展。总体上，隧道各参数的改善、超前支护和临时仰拱的施作，使塑性区影响范围进一步减小，尤其是拱顶及两侧的塑性区，有利于保证隧道施工安全。

为了验证上述分析结果的可靠性，在岩溶角砾岩地段后续施工中进行了隧道变形及支护受力监测，监测结果及分析见 6.4 节。

6.4　隧道支护变形及受力监测分析

6.4.1　监测目的

岗乌隧道 4 号横通道往小里程方向，曾经在横通道与正洞交叉口附近出现过围岩变形侵限，喷射混凝土层支护开裂和钢架扭曲的情况，并对侵限区段进行了换拱处理。

在后续的向前施工中，又遇到支护变形过大并侵限的情况，另外在 4 号横通道斜洞向大里程方向的施工中也出现类似情况。

在岗乌隧道《变更设计会审纪要》(2015. 5. 11)中也明确要求在后续施工中埋设监测传感器，监测支护及二次衬砌受力。

在后续隧道施工过程中设置监测断面，埋置传感器以监测支护结构和二次衬砌受力特征，掌握围岩力学状态的变化和规律，了解支护结构的工作状态，评价围岩和支护系统的稳定性、安全性，为后续施工提供技术支持。

6. 4. 2 监测断面布置

根据岗乌隧道变更设计文件的要求及隧道现场施工具体情况，共设置 4 个支护受力监测断面。

(1) 4 号横通道向小里程方向

4 号横通道向小里程方向换拱结束后，在进行后续隧道施工的过程中设置 2 个受力监测断面，另外还进行变形监测。

(2) 4 号横通道斜洞大里程方向

在 4 号横通道斜洞大里程方向换拱结束后，进行后续隧道施工的过程中设置 2 个受力监测断面，另外还进行变形监测。

6. 4. 3 监测项目、测点布置及监测频率

1. 监测项目及测点布置

(1)监测断面及量测项目

根据岗乌隧道现场施工情况，4 号横通道小里程方向和斜洞采用台阶法施工，4 个监测断面分别设置在 D1K877＋985、D1K877＋966、D1K877＋950 和 D1K877＋935。

设置的 4 个隧道监测断面，分别进行隧道拱顶沉降、围岩与初期支护之间的接触压力，初期支护钢拱架内外翼缘应力，初期支护与二次衬砌之间的接触压力和二次衬砌内侧混凝土应力等项目的监测。

(2)测点布置

每个监测断面监测项目的测点布置分别如图 6—35 所示。

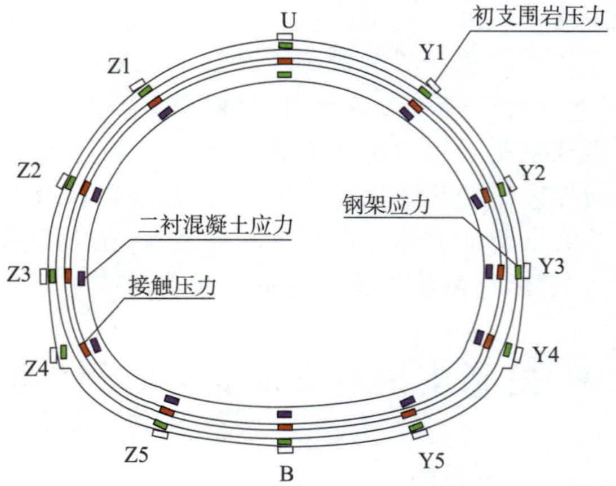

图 6—35 隧道断面监测项目测点布置图

2. 监测频率

传感器安装之前，在洞外先进行读数测试，测试正常后再运输到洞内安装，洞内安装之前再测试一次，保证监测元件正常。

传感器安装之后，立刻对传感器读取初读数并存储数据。

施工阶段所有传感器全部完成安装，并喷混凝土至设计厚度后，再次对所有的传感器进行读数。

开挖面距监测断面的距离小于2 倍隧道

跨度或者传感器埋设时间少于 3 周时，监测频率为每天 1～2 次。

当开挖面距离监测断面的距离在大于 2 倍隧道跨度或者传感器埋设时间大于 3 周，监测频率为每 2 天 1～2 次。

6.4.4　传感器、监测仪器及监测方法

1. 传感器及监测仪器

4 号横通道小里程方向及斜洞大里程方向的 4 个监测断面的监测项目相同，每个监测断面内各监测项目所采用传感器类型及二次仪器见表 6—7。

表 6—7　监测传感器及二次仪器

类　型	监测项目	传感器类型	二次仪器
变形监测	拱顶沉降及断面收敛	反光标识测点	全站仪
支护结构及二衬受力	地层与初支间接触应力	压力盒	智能读数仪 24 通道集线箱
	初支钢架应力(内、外)	钢筋应力计	
	初支与二衬间接触应力	压力盒	
	临时支护钢架应力	钢筋应力计	
	二衬混凝土应力	混凝土应变计	

2. 监测方法

隧道变形监测项目采用全站仪监测。

支护结构及二次衬砌的受力监测均采用钢弦式传感器配合集线箱和智能读数仪监测。智能读数仪可以将读取的传感器数据存储起来，当监测人员回到室内，将智能读数仪与电脑专用数据线连接，将监测数据读取到电脑之中，再利用 excel 办公软件进行数据处理及进一步的分析。

3. 工作进程

监测人员在 2015 年 7 月 21 日到达岗乌隧道 4 号横通道工区施工队，将监测元件运输至隧道施工现场，并进行传感器清查和分类及现场监测的准备工作。在准备工作完成后准备埋设监测元件时，发生了开挖面处局部溜坍，并在不久后又再次发生小型塌方。直至 2015 年 9 月 11 日才开始埋设监测元件。由于现场初期支护施工喷混凝土时监测元件的引线被混凝土覆盖固结无法使用，损失 3 只压力盒和 6 只钢筋计。第二天继续安装监测元件，断面里程为 D1K877＋985。随后开展了其他 3 个断面支护受力及变形监测的工作，里程分别为 D1K877＋966、D1K877＋950 及 D1K877＋935。隧道断面变形监测除了上述 4 个断面之外还有 D1K877＋991、D1K878＋032 和 D1K878＋150 等 3 个监测断面。

从 2015 年 7 月 21 日到达岗乌隧道施工现场，2015 年 9 月 11 日开始埋设监测元件，到 2016 年 1 月 30 日完成岗乌隧道 4 号横通道的 4 个监测断面的隧道支护结构受力及变形监测工作，历时半年多。在二次衬砌结构浇筑完成后，各项监测数据随着混凝土强度的增长而逐渐趋于稳定，并在 2016 年 1 月 30 日停止监测。

6.4.5　隧道变形监测结果分析

1. D1K877＋991 断面变形分析

从监测断面中选取 D1K877＋991 断面的数据进行分析，原因在于此断面采用两台阶法施

工，并且此断面埋深较深，围岩性质较差，更能反映围岩的变形规律。通过分析相关数据，可知监测数值在后期已经趋于稳定，可以更好地的验证数值模拟的结果和变更设计之后施工方法的正确性与可靠性。

(1)拱顶沉降分析

4 号横洞斜洞 D1K877＋991 断面的拱顶沉降变化曲线如图 6—36 所示，拱顶沉降变形速率如图 6—37 所示。

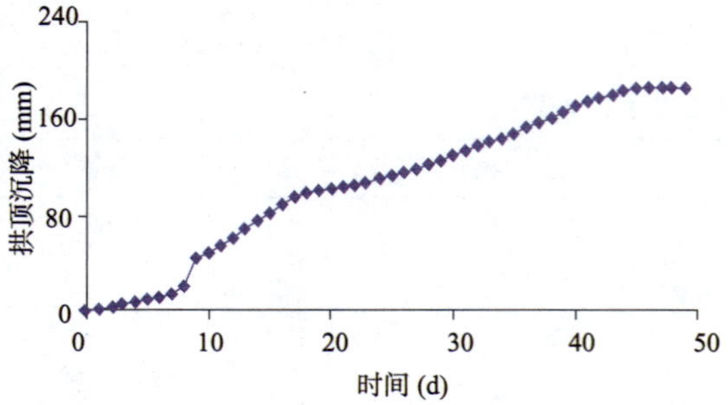

图 6—36　D1K877＋991 断面拱顶沉降曲线

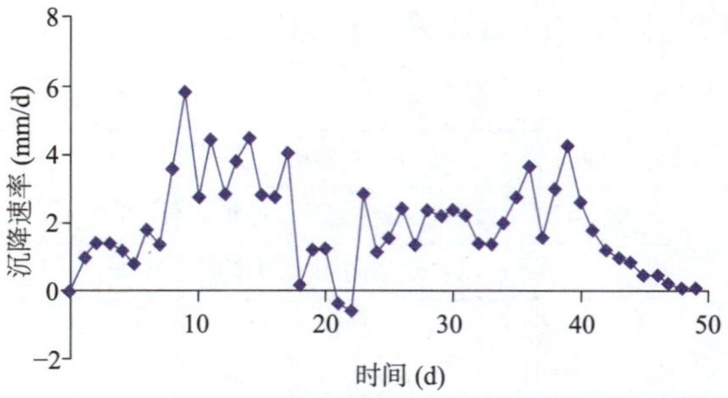

图 6—37　D1K877＋991 断面拱顶沉降速率

从图 6—36 和图 6—37 可以看出：隧道开挖后，前 5 天隧道变形有所增大，初期变形速率为 0～1.4 mm/d；随后在 5～11 d 拱顶沉降迅速增加，最大变形速率为 5.8 mm/d。原因在于随着隧道下台阶左侧的开挖，上台阶的左侧钢拱架拱脚突然脱空或锁脚锚杆锚固不足，导致初期支护对围岩的反力突然减小，拱顶位移在围岩压力作用下突然增大。12～16 d，随着下台阶钢拱架架立的施作和下台阶的支护完成，变形速率变为 2.8～4.4 mm/d，其变形速率相对减小；在第 17 d 时，随着仰拱的开挖及支护的完成，初期支护及时闭合成环，变形速率进一步减小，最大速率为 1.2 mm/d；在 45 d 时，由于开挖面的远离以及围岩应力释放的结束，其变形速率进一步减小，并逐渐趋于稳定。最终其变形速率小于 0.15 mm/d，说明围岩的变形已经逐渐趋于基本稳定。隧道拱顶最终的变形量约为 185.4 mm，与第 6.3 节数值模拟所计算的位移 191.5 mm 比较接近。

(2)水平收敛分析

D1K877＋991 断面边墙水平收敛曲线如图 6—38 所示，水平收敛变形速率如图 6—39 所示。

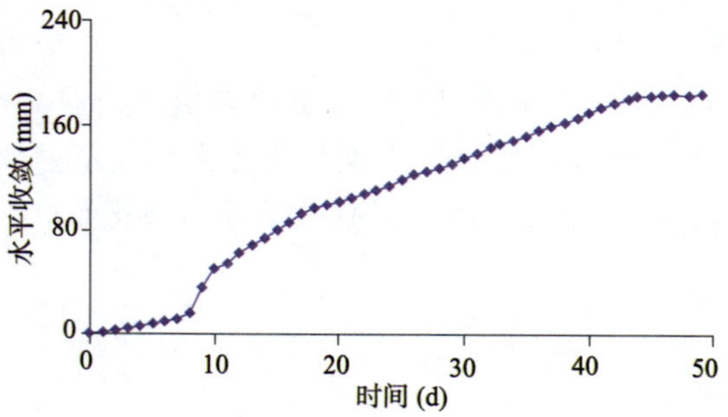

图 6—38　D1K877＋991 断面边墙水平收敛曲线

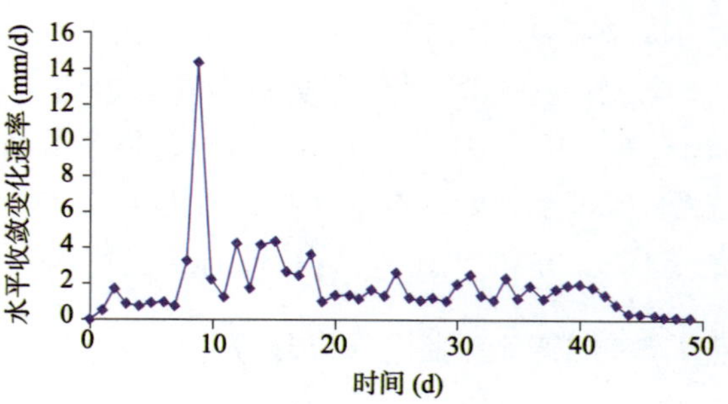

图 6—39　D1K877＋991 断面水平收敛变化速率

从图 6—38 和图 6—39 可以看出：隧道开挖后，隧道开挖区域的围岩应力开始逐渐释放，在 0～7 d 隧道变形有所增加，初期变形速率为 0～2.1 mm/d；随后在 8～9 d 水平收敛位移值迅速增加，最大变形速率为 15.3 mm/d。原因在于随着隧道下台阶右侧的开挖，扰动围岩，同时未能立即施作初期支护，导致边墙区域的围岩应力突然释放，水平收敛位移值在围岩应力作用下突然增大。10～18 d，随着下台阶钢拱架架立的施作和喷射混凝土施工完成的作用下，变形速率变为 1.9～4.5 mm/d，其变形速率相对减小；在 19～25 d，随着仰拱的开挖及支护的完成，初期支护闭合成环，变形速率进一步减小，变为 1.8～2.2 mm/d；在 45 d 时，随着开挖面的远离以及围岩应力释放的结束，其变形速率进一步减小，速率变为 0.08～0.11 mm/d，小于规定的 0.2 mm/d，说明围岩的变形已经基本稳定。

隧道水平最大变形量为 212.9 mm，与第 6.3 节数值模拟计算位移 246.3 mm 比较接近。

2. D1K878＋032 断面监测结果与分析

选取断面 D1K878＋032 的数据来进行分析，原因在于此断面埋深较深，经过长时间的观察，监测数值已经趋于稳定，可以更好地的验证数值模拟的结果；此断面采用三台阶施工方法施工，可充分验证变更设计之后大里程断面开挖方法的正确性与可靠性。

(1)拱顶沉降分析

D1K878＋032 断面拱顶沉降曲线如图 6—40 所示，拱顶沉降变形速率如图 6—41 所示。

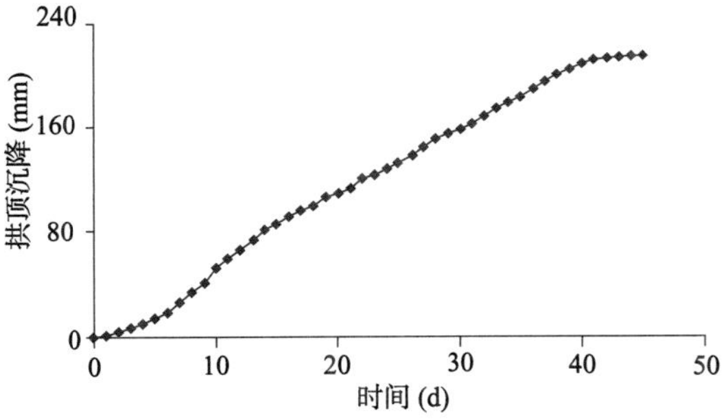

图 6—40　D1K878＋032 断面拱顶沉降曲线

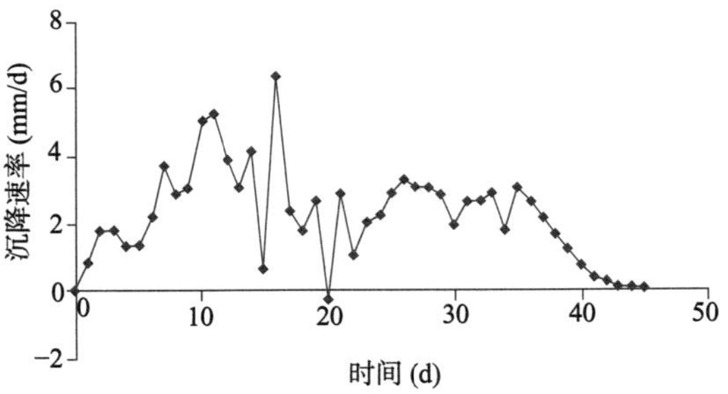

图 6—41　D1K878＋032 断面拱顶沉降速率

从图 6—40 和图 6—41 中可以看出：三台阶法施工的隧道拱顶位移值随时间的变化规律与两台阶法施工的变化规律大体一致，区别在于三台阶法施工隧道的拱顶位移变化更加缓和，无突然增加现象，原因在于三台阶法施工开挖断面的面积相对较小，对围岩的影响较小；同时，拱顶变形速率也相对较小，最大变形速率出现在中台阶开挖 16 d 过程中，其值为6.9 mm/d；在 36～40 d，随着仰拱的开挖及支护的完成，初期支护闭合成环，拱顶变形速率逐渐减小，为 0.8～3.1 mm/d；最终，在 41 d 左右，随着围岩应力的重新分布，其变形速率进一步减小，并逐渐趋于稳定。

隧道拱顶最终的变形量约为 208.5 mm，与 6.3 节数值模拟所计算出的 211.7 mm 较接近。

(2)水平收敛分析

D1K878＋032 边墙中点处水平收敛变化曲线如图 6—42 所示，水平收敛的变形速率如图 6—43 所示。

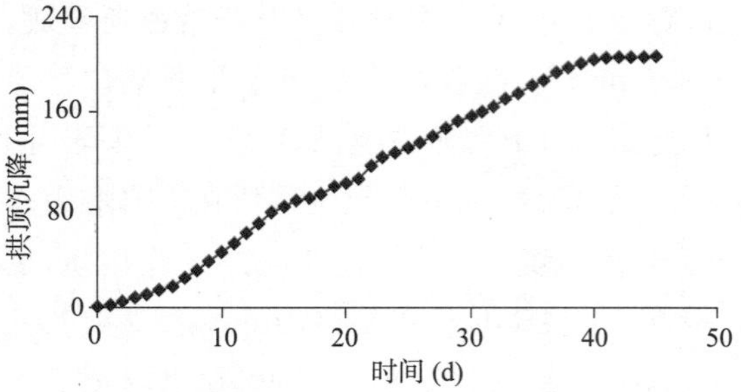

图 6—42 D1K878＋032 断面水平收敛曲线

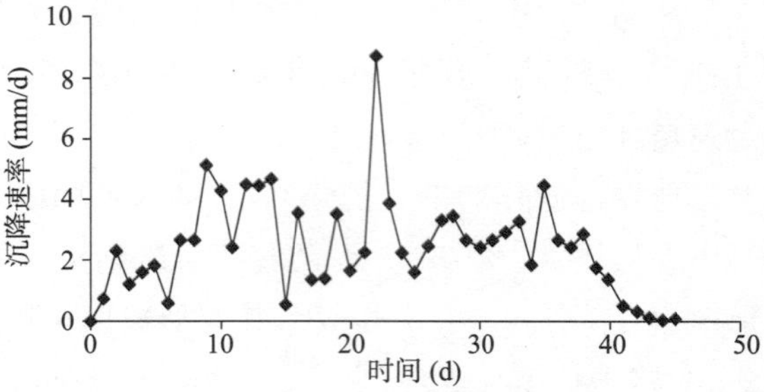

图 6—43 D1K878＋032 断面水平收敛变化速率

从图 6—42 和图 6—43 可以看出：隧道开挖后，三台阶法施工的隧道水平收敛位移值随时间的变化规律，相比两台阶法施工的变化规律，位移变化更加缓和，无突然增加的现象，原因在于三台阶法施工断面面积较小，可及时封闭成环；在开挖初期，随着上台阶的开挖及支护的完成，隧道水平收敛变形速率振荡增加，为 0～5.8 mm/d；在 23 d 变形速率在仰拱开挖过程中出现最大值，其值为 9.1 mm/d；最终，在 38 d 开始，随着围岩应力的重新分布，其变形速率进一步减小，并逐渐趋于稳定。

隧道水平变形量约为 220.7 mm，与 6.3 节数值模拟计算位移 254.1 mm 比较接近。

3. 4 号横通道断面变形

将岗乌隧道 4 号横通道施工过程中 5 个监测断面的隧道拱顶沉降及上台阶水平收敛等变形监测数据列于表 6—8。

表 6—8 监测断面隧道拱顶沉降及水平收敛(单位：mm)

断面里程 / 变形类型	D1K878＋150	D1K877＋985	D1K877＋966	D1K877＋950	D1K877＋935
拱顶下沉	201.3	254.7	242.4	190.0	135.2
水平收敛	203.4	249.1	262.4	185.4	138.4

从表 6—8 可以看出：

(1)这 5 个监测断面拱顶沉降的最大值出现在 D1K877＋985 断面，拱顶沉降量为 254.7 mm；其次为 D1K877＋966 断面，沉降量为 242.4 mm；最小拱顶沉降值发生在 D1K877＋935 断面，沉降量为 135.2 mm，该断面设置有临时仰拱。

(2)断面上台阶的水平收敛最大值在 D1K877＋966 断面，收敛值为 262.4 mm；其次为 D1K877＋985 断面，收敛值为 254.7 mm；最小值仍然出现在 D1K877＋935 断面。

上述 5 个监测断面中，隧道拱顶沉降最小值和上台阶水平收敛最小值均是在断面 D1K877＋935，原因是设置了临时仰拱，使得上部断面提前形成封闭结构，有效增大了支护刚度。

6.4.6 隧道支护受力监测结果分析

1. 围岩与初期支护间接触压力

图 6—44～图 6—47 分别为监测断面 D1K877＋985、D1K877＋966、D1K877＋950 及 D1K877＋935 四个监测断面周边 12 个测点的围岩与初期支护之间接触压力随时间的变化规律曲线。图中图例所代表断面中的位置如图 6—35 所示。

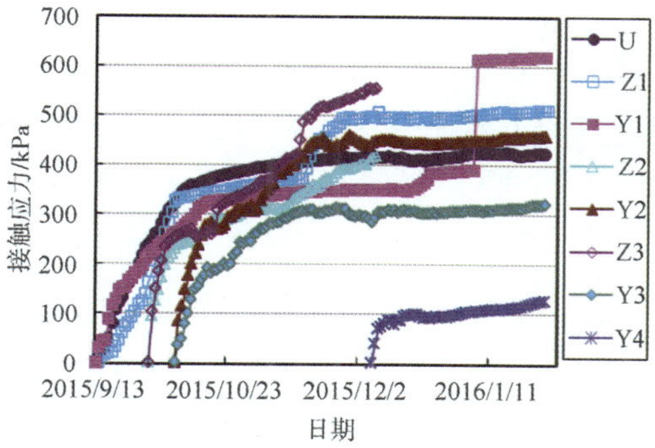

图 6—44　D1K877＋985 围岩与初支间接触压力曲线

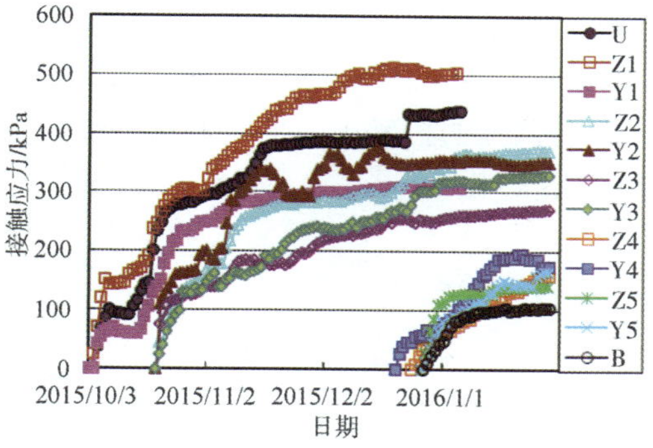

图 6—45　D1K877＋966 围岩与初支间的接触压力曲线

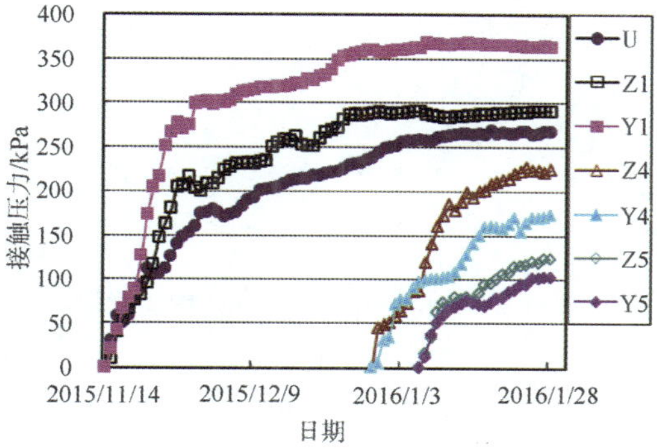

图 6—46　D1K877＋950 围岩与初支间接触压力曲线

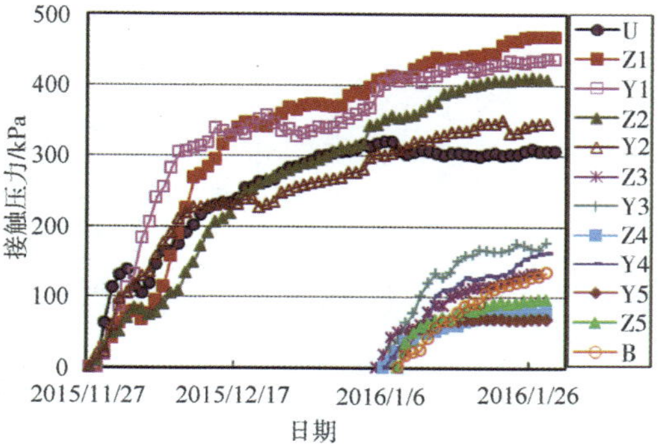

图 6—47　D1K877＋935 围岩与初支间接触压力曲线

从图 6—44～图 6—47 可以看出：

①4 个隧道监测断面内各点处围岩与初支间的接触压力，在围岩与初支钢架牢固接触后初期增长速度很快，并随后进入稳定增长阶段，再进入缓慢增长阶段后逐渐趋于稳定。期间受后续开挖支护等工序的影响，支护因下部土体开挖而减弱支撑作用，使得拱部一些点位的接触压力会有一个掉落的波动现象，随着后续施工支护发挥作用，又迅速恢复到原来的增长态势。

②4 个监测断面的拱部接触压力显著大于两侧边墙的接触压力。在压力盒安装后初期(约两周内)接触压力增长较快，随后增长速度逐渐减小。

③监测断面的围岩与初支间的接触压力最大值一般并不出现在隧道拱顶。D1K877＋985、D1K877＋966、D1K877＋950 和 D1K877＋935 等 4 个监测断面接触压力的最大值的前三位分别列入表 6—9。

表 6—9　4 个监测断面围岩与初支间接触压力较大值(单位 kPa)

断面里程	压力数值及位置					
	最大值	位置	次大值	位置	第三大值	位置
D1K877＋985	656	右侧拱肩	612	左侧拱肩	552	左侧墙中
D1K877＋966	516	左侧拱肩	458	隧道拱顶	370	左侧拱脚
D1K877＋950	436	右侧拱肩	384	左侧拱肩	340	隧道拱顶
D1K877＋935	450	左侧拱肩	417	右侧拱肩	374	左侧拱脚

从表 6—9 可知，隧道围岩压力较大值主要发生在拱部，个别出现在墙中位置。

D1K877＋985、D1K877＋966、D1K877＋950 和 D1K877＋935 监测断面的围岩与初期支护之间各测点的接触压力最终值在隧道断面周边的分布分别如图 6—48～图 6—51 所示，图中单位 kPa。

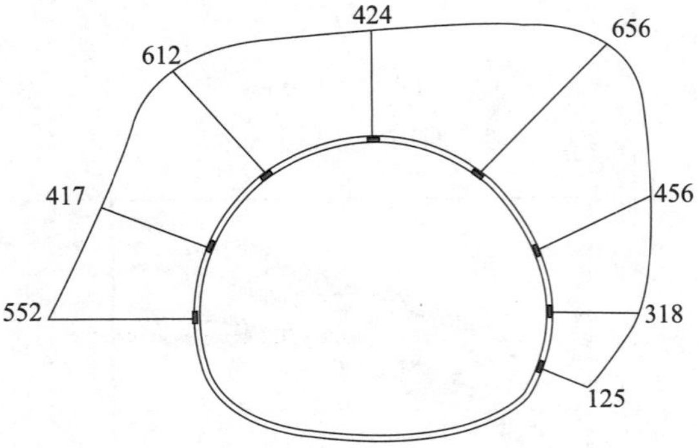

图 6—48 D1K877＋985 围岩与初支间接触压力分布

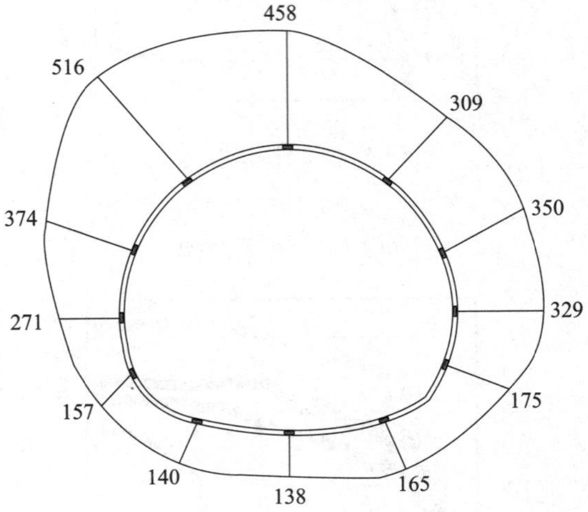

图 6—49 D1K877＋966 围岩与初支间接触压力分布

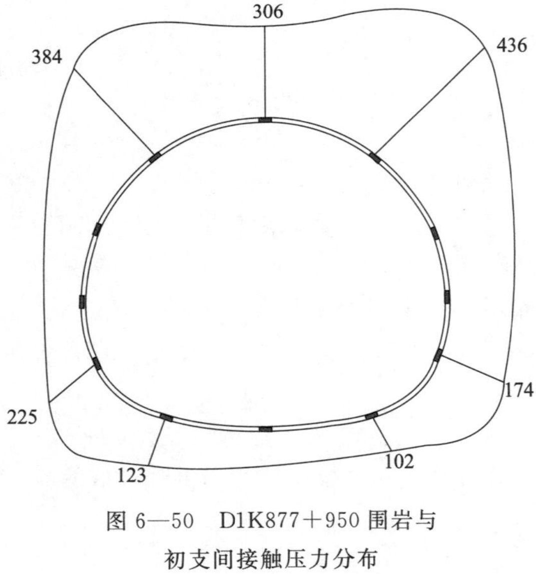

图 6—50 D1K877＋950 围岩与初支间接触压力分布

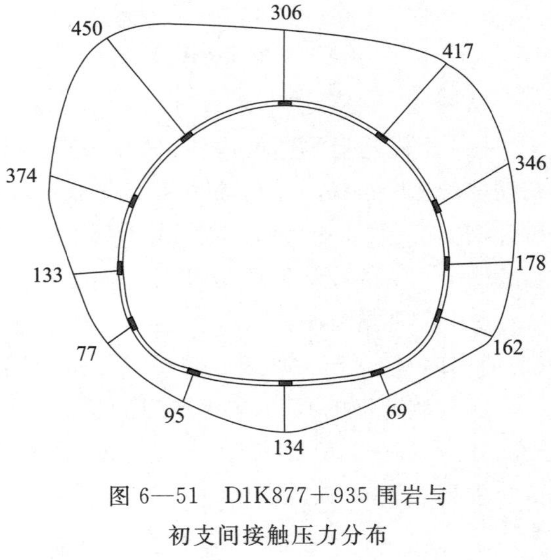

图 6—51 D1K877＋935 围岩与初支间接触压力分布

从图 6—48～图 6—51 可以看出，4 个监测断面的围岩与初期支护间的接触压力呈现非对称态势，但均表现为拱部围岩压力显著大于下部断面，这说明围岩与支护结构之间存在显著的剪力，主要是锁脚锚管和长锚杆的锚固作用。锚杆或锚管的存在可以有效承受支护传递过来的轴力，相当于增大了围岩与支护之间的剪力。因而在架立隧道初支型钢钢架时，在隧道开挖断面两侧打设锁脚锚杆或锚管对于支护承受围岩压力的效果是比较显著的，有利于隧道的稳定。

2. 型钢拱架翼缘应力

为了监测型钢拱架内、外翼缘的应力，掌握型钢拱架的工作状态，对隧道初支钢架的内、外翼缘焊接钢筋计监测钢架翼缘的应力。钢拱架内、外翼缘应力随时间的变化规律曲线分别如图 6—52～图 6—55 所示。图中的拉应力为正，压应力为负。图中图例代表的测点所在断面位置同图 6—35，字母带角标“′”表示断面外侧翼缘，没有角标的表示断面内侧翼缘。

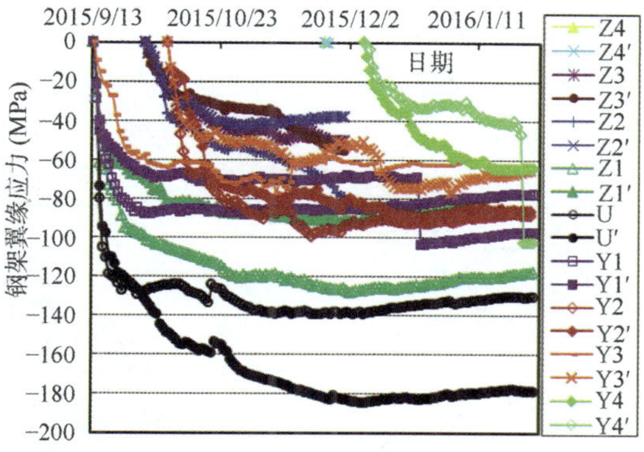

图 6—52　D1K877+985 钢拱架翼缘应力变化曲线

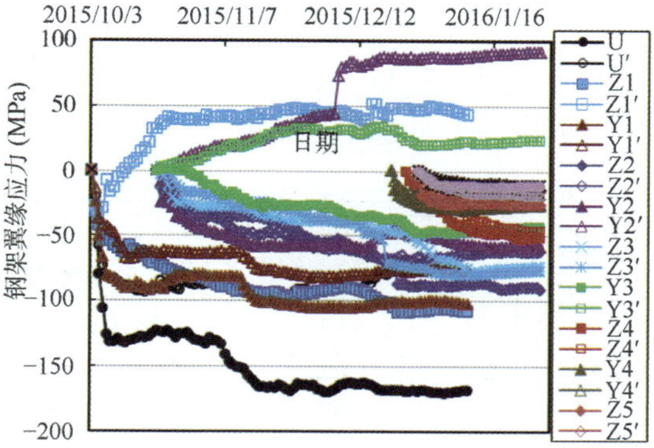

图 6—53　D1K877+966 钢拱架翼缘应力变化曲线

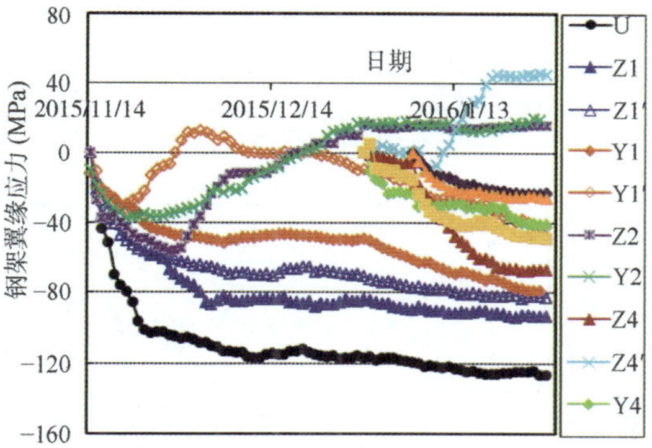

图 6—54　D1K877+950 钢拱架翼缘应力变化曲线

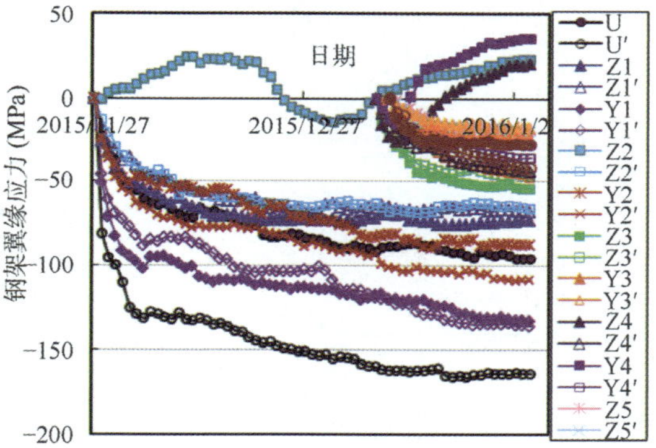

图 6—55　D1K877+935 钢拱架翼缘应力变化曲线

从图 6—52～图 6—55 可以看出：

(1)4 个监测断面初支型钢钢架内、外翼缘的应力大部分为压应力，仅有个别点位的钢架翼缘应力为拉应力，主要是钢架的受力属于偏心受压之故。

(2)各个监测断面的钢架翼缘应力在监测元件安装初期，应力迅速增长，其后增长速率降低，但应力仍逐渐增大。D1K877+985 和 D1K877+966 两个监测断面的个别点位的钢架应力出现突变的现象。

(3)D1K877+985 断面钢架应力均为压应力，最大压应力出现在拱部，钢架内、外翼缘应力分别为 145 MPa 和 185 MPa，其次大值出现在拱肩部位。D1K877+966 断面钢架应力多处为压应力，也有个别点位出现拉应力；最大压应力出现在拱部为 171 MPa，最大拉应力出现在右侧拱脚部位，最大拉应力为 91 MPa。D1K877+950 断面钢架应力多处为压应力，也有个别点位出现拉应力；最大压应力出现在拱部为 127 MPa，最大拉应力出现在右侧拱脚部位，最大拉应力为 45 MPa。D1K877+966 断面钢架应力多处为压应力，也有个别点位出现拉应力；最大压应力出现在拱部为 164 MPa，最大拉应力出现在右侧墙脚部位，最大拉应力为 35 MPa。

钢架各点的拉压应力均小于其强度(235 MPa)。

(4)虽然各个断面的压应力或是拉应力均小于钢材的抗压或抗拉强度,但由于存在施工过程中的钢架连接处这样的薄弱部位,支护结构仍然会出现较大变形,例如在施工过程中断面D1K877+985曾经因为变形过大接近侵限而不得已在初期支护下设置套拱。

3. 初支与二衬间的接触应力

为了监测初支与二衬间的接触压力,掌握二次衬砌的受力情况,在隧道初支与二衬间安设压力盒,进行接触应力监测。4个监测断面的初期支护与二次衬砌间接触应力随时间变化曲线分别如图6—56～图6—59所示。

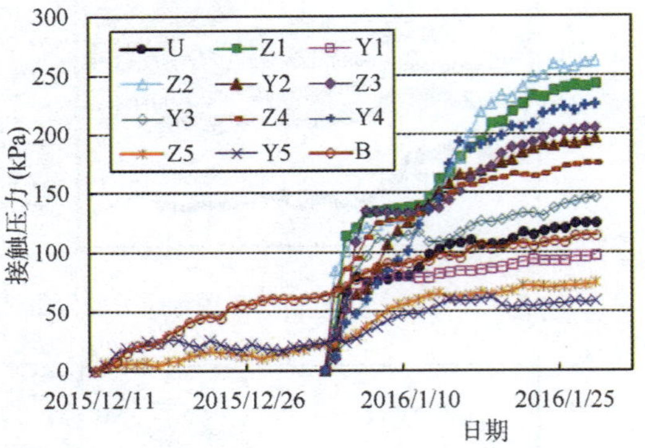

图6—56 D1K877+985初支与二衬间的接触应力

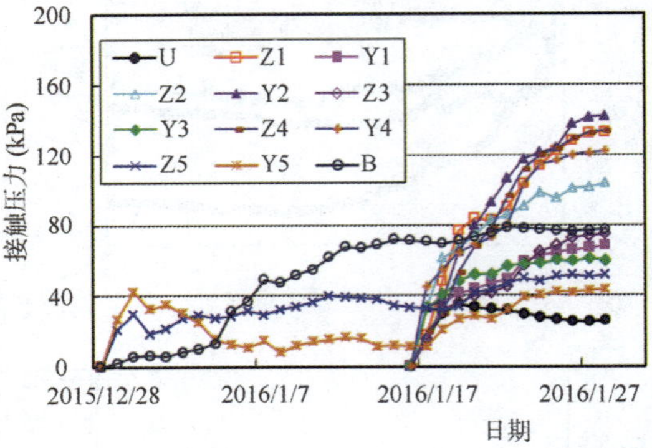

图6—57 D1K877+966初支与二衬间的接触应力

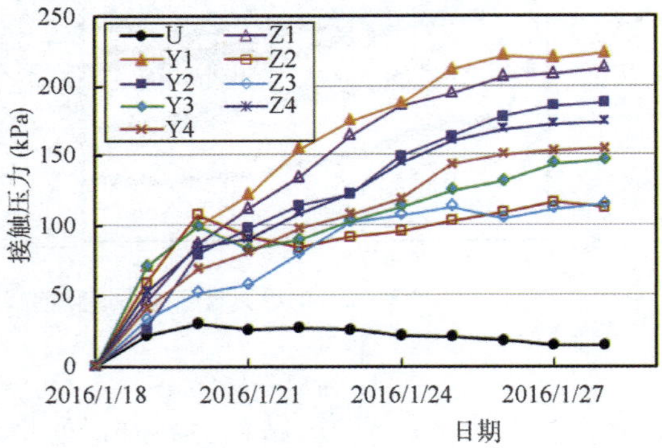

图6—58 D1K877+950初支与二衬间的接触应力

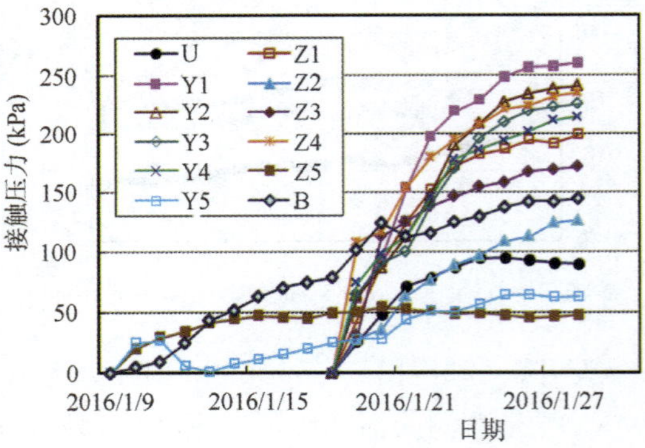

图6—59 D1K877+935初支与二衬间的接触应力

从图6—56～图6—59可以看出:

(1)仰拱混凝土浇筑并完成填充的最初几天内,4个监测断面的仰拱部位各测点处的接触应力都迅速增长,但在上部混凝土结构浇筑之前,由于施工车辆等因素的影响,接触压力波动较大。随着拱墙衬砌的浇筑,继续保持增长态势,随后随着衬砌结构强度的上升和受力的调整而保持后续继续增长态势,但增长速率逐渐减小直至趋于稳定。

(2)随着上部二次衬砌结构施工完成后,拱部及边墙部位的初支与二衬间的接触应力迅速增长,但随着混凝土强度的增长,各处接触压力增长速率逐渐减小。4个监测断面接触压力最大值、次大值、最小值及其位置列于表6—10。

表 6—10 四个监测断面的接触压力(kPa)及其位置

断面里程	最大值	位置	次大值	位置	最小值	位置
D1K877+985	262	左侧拱脚	243	左侧拱肩	59	仰拱左侧
D1K877+966	142	右侧拱脚	134	右侧墙角	26	隧道拱顶
D1K877+950	223	右侧拱脚	213	左侧拱肩	15	隧道拱顶
D1K877+935	260	右侧拱肩	241	右侧拱脚	47	仰拱左侧

(3)拱顶处接触压力均小于拱部其他部位,可能是拱部初支与二衬间接触不够紧密所致,由于混凝土在凝固硬化的过程中会出现体积收缩,所以在浇筑二衬时在拱顶部位埋设注浆管进行后期补充注浆是必要的。

(4)从初期支护与二次衬砌之间的接触应力的大小及分布来看,这 4 个监测断面的初支与二衬间的接触压力都比较大,说明在大埋深软弱围岩条件下,隧道开挖后产生的地层荷载是由初期支护结构和二次衬砌共同承担。隧道二衬则需要适当提前施作,以帮助初期支护共同承受较大的围岩压力。

4. 二衬混凝土应力

为了解二次衬砌在初期支护传递荷载(接触压力)作用下的受力状态,在二次衬砌混凝土浇筑之前安装埋入式混凝土应变计,监测隧道二次衬砌混凝土的应力。

由于埋入式混凝土应变计监测混凝土的应力是通过监测混凝土的应变,将所得混凝土应变乘以混凝土的弹性模量得到混凝土的应力,即:

$$\sigma = E_c \varepsilon \tag{6—4}$$

式中 σ——二次衬砌混凝土应力;

E_c——二次衬砌混凝土弹性模量,沪昆客专钢筋混凝土衬砌的混凝土强度等级为 C35,E_c取 31.5 GPa;

ε——隧道二次衬砌混凝土在接触应力的作用下产生的应变($\mu\varepsilon$)。

混凝土通过水泥的水化作用产生一系列的物理化学反应使得混凝土的强度逐渐增大,而混凝土的弹性模量也是与其强度的增长密切相关。混凝土早龄期的弹性模量受其龄期影响很大,因而在利用式(6—4)计算混凝土应力时就必须考虑混凝土浇筑后其弹性模量随龄期的变化情况。混凝土浇筑后,其弹性模量是随着龄期的延长而不断增大,达到 28 天以后,其弹性模量达到稳定状态。根据杨伟军等(混凝土早龄期的抗压强度与弹性模量的历时变化模型[J],中外公路,2007(06):149－152 的试验数据,对 C35 混凝土的弹性模量随龄期的变化关系进行数据拟合,得到:

$$\text{当龄期 } 0 \leqslant t < 28, E_t = \frac{t}{2.82 + 0.901t} E_c \tag{6—5}$$

当龄期 $t \geqslant 28$ d 后,$E_t = E_c = 31.5$ GPa。

图 6—60 为混凝土龄期为 t 时混凝土的弹性模量 E_t 与其龄期为 28 d 时的弹性模量 E_c 的比值 E_t/E_c 随混凝土龄期的变化曲线。

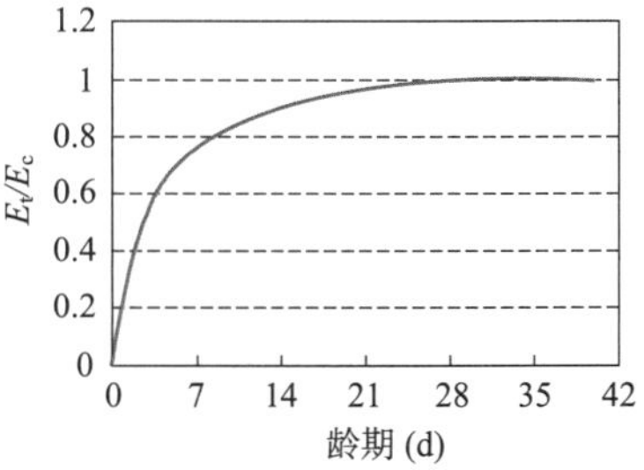

图 6—60 混凝土的 E_t/E_c 随龄期的变化曲线

由图 6—60 可知,混凝土的弹性模量在最初的 7 d 龄期以前变化速率非常大,可见在采用通过监测混凝土构件应变的方式确定其应力时,修正混凝土弹性模量是非常必要的。

4 个监测断面二次衬砌混凝土内层应力测点处的应力随时间的变化规律曲线分别如图 6—61～图 6—64所示，图中应力拉为正，压为负。

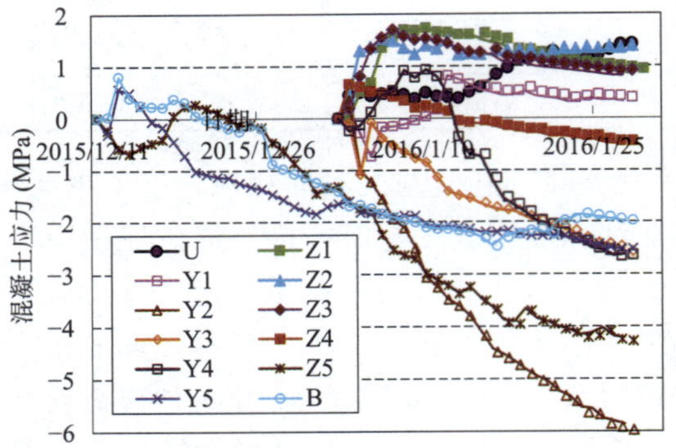

图 6—61　D1K877＋985 二衬内层混凝土应力曲线

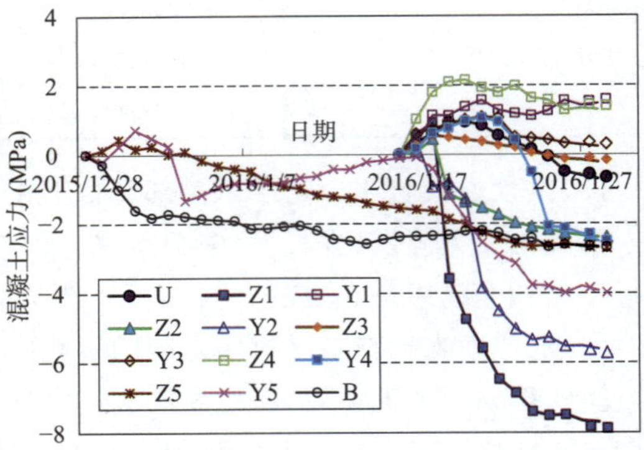

图 6—62　D1K877＋966 二衬外层混凝土应力曲线

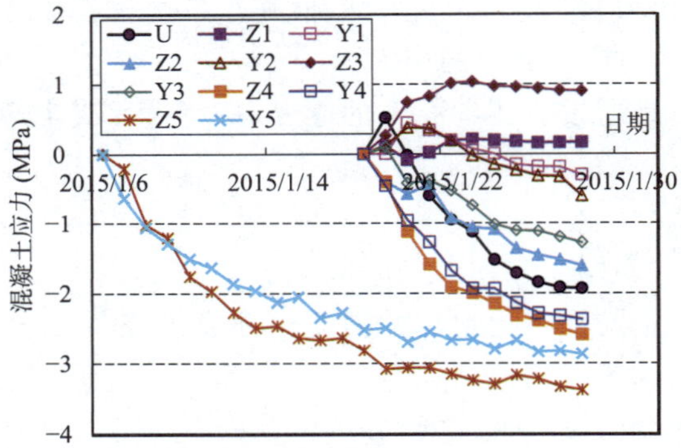

图 6—63　D1K877＋950 二衬内层混凝土应力曲线

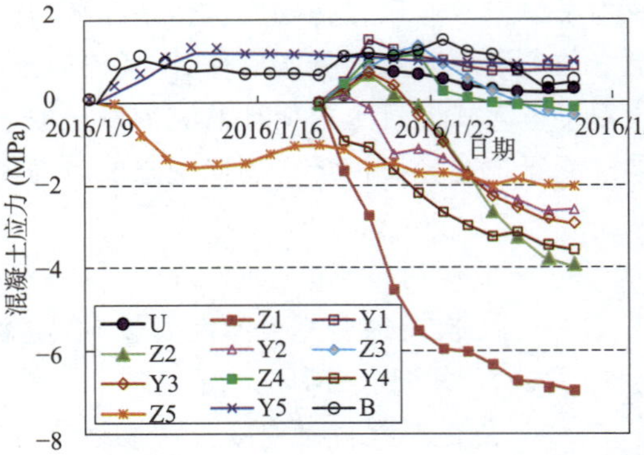

图 6—64　D1K877＋935 二衬内层混凝土应力曲线

从图 6—61～图 6—64 可以看出：

(1)在仰拱二次衬砌浇筑后，仰拱处三个点位的混凝土应力一般为压应力，但也有先出现较小的拉应力，而后转变为压应力并逐渐增大至趋于稳定。仰拱各处混凝土的压应力一般幅值也不大，最大压应力为 DK877＋985 断面，为 4.22 MPa。但在仰拱处也有一直出现拉应力的(如 DK877＋935 断面的仰拱底部(B)及其右侧(Y5))，最大拉应力幅值较小，为 0.88 MPa，均小于 C35 混凝土的抗拉强度。

(2)在隧道拱墙混凝土浇筑后，拱墙出现拉应力的部位：有的部位在初期表现为拉应力随后则转变为压应力；有极个别的部位则从原来较小的压应力随后转变为拉应力，应力数值仍然较小(如 D1K877＋985 断面的右侧拱肩)；有的部位则一直表现为拉应力，但拉应力会有一个峰值后逐渐减小的过程，随后趋于稳定。总的来说，拱墙部位的拉应力稳定后的数值都比较小。拱墙峰值拉应力最大为 D1K877＋985 监测断面的左侧拱肩部位，为 1.69 MPa，而几个监测断面出现最大拉应力的龄期多为 7 d 左右，此时混凝土的抗拉强度仍然较低，如果脱模过早则有可能会引起早期表面裂纹。但由于随后的拉应力处于逐渐减小的态势，因而后续应力的发展不会影响隧道衬砌结构的安全。

(3)隧道拱墙处衬砌主要承受压应力，且在混凝土浇筑后各部位的压应力增长速度较快，随后应力增长速率逐渐减小，该 4 个监测断面所有点位的压应力的数值均在 8 MPa 以内，远小于混凝土的极限抗压强度。4 个监测断面最大压应力出现的部位及数值分别为：D1K877＋985 断面最大压应力出现在右侧拱脚(Y2)，为 5.85 MPa；D1K877＋966 断面最大压应力出现在左侧拱肩(Z1)，量值为 7.7 MPa；D1K877＋950 断面最大压应力出现在左侧墙脚(Z4)，量值为 2.58 MPa；D1K877＋935 断面最大压应力出现在左侧拱肩(Z1)，量值为 6.86 MPa。

6.5　隧道支护结构受力评价

6.5.1　按现行规范确定围岩压力

1. 围岩级别细化后的围岩压力

4 号横通道小里程方向变形过大并侵限地段，经过建设方、设计方、监理方和施工方等四方会议确定此段围岩为Ⅴ级围岩，采用Ⅴc 支护参数。

《铁路隧道设计规范》(TB 10003—2005)中推荐的围岩压力 q 公式如下：

$$q=\gamma h_q=\gamma\times 0.45\times 2^{S-1}\cdot\omega \tag{6—6}$$

式中　γ——围岩容重，此段围岩容重取 19 kN/m³；

h_q——塌方高度，$h_q=0.45\times 2^{S-1}\cdot\omega$；

S——围岩级别，若围岩为Ⅴ级，则 $S=5$；

ω——隧道跨度影响系数，且

$$\omega=1+i(B-5) \tag{6—7}$$

其中，B——隧道开挖跨度，以 m 计，岗乌隧道 4 号横通道小里程方向段隧道开挖跨度 $B=15$ m。

i——B 每增加 1 m 时，围岩压力的增减率(以 $B=5$ m 为基准)，当 $B<5$ m 时取 $i=0.2$，$B>5$ m 时，取 $i=0.1$。

利用式(6—6)，Ⅳ、Ⅴ及Ⅵ级围岩的荷载高度 h_q 分别 7.2 m、14.4 m 及 28.8 m，由此计算出的围岩压力在围岩级别改变时出现较大突变。实际上在隧道断面形状、尺寸及施工方法等隧道相关参数相同的情况下，围岩分级的岩体基本质量指标 BQ 值是连续时，也可以认为 BQ 代表围岩的稳定性由强到弱过渡过程中围岩压力应该是连续分布的，围岩级别代表的是围岩稳定性接近的一组划分为同一级。式中的围岩级别 S 则应代表区间长度为 1 的一个区间，如Ⅳ级和Ⅴ级分别为[3.5　4.5]和[4.5　5.5]，计算围岩压力时取其区间的中位数。为了让隧道设计更加精确化，隧道设计规范将Ⅳ级围岩原来单一的设计参数细化为Ⅳa 和Ⅳb 两种，将Ⅴ级围岩原来单一的设计参数细化为Ⅴa、Ⅴb 和Ⅴc 三种类型。可以认为 Vb 设计参数针对标准Ⅴ级，而Ⅴa 和Ⅴc 设计参数分别针对Ⅴ级偏好和Ⅴ级偏弱围岩。

这样Ⅳa 和Ⅳb 将原来Ⅳ级围岩代表的围岩级别区间[3.5　4.5]细分为[3.5　4.0]和[4.0　4.5]，Ⅴa、Ⅴb 和Ⅴc 将原来的区间[4.5　5.5]细分为[4.5　4.5＋1/3]、[4.5＋1/3　4.5＋2/3]和[4.5＋2/3　5.5]三个小区间。类似地，在采用前述围岩压力计算公式时，对Ⅳ、Ⅴ级围岩，围岩级别 S 仍取其细分后围岩所代表的小区间的中位数，如Ⅳb，$S=4.25$，对Ⅴa、

Ⅴb 和Ⅴc 则 S 分别取 4.667,5.0,5.333。这样对围岩级别细分之后确定的围岩压力比以前不加区分更加科学化。

因此,对于 4 号横通道的小里程方向区段,围岩级别 $S=5.333$,则由式(6—6)计算得到的理论围岩压力 $q_l=345$ kPa。

2. 现场监测到的围岩压力

前述 4 个规划监测断面和此前曾经监测过的 2 个断面共计 6 个围岩压力的监测断面。其中 1 个前期监测断面是在换拱之后进行的,不能代表围岩开挖后即施作初期支护的围岩压力,围岩压力释放较为充分,在这里不予考虑。其余 5 个监测断面(D1K878＋150、D1K877＋985、D1K877＋966、D1K877＋950 和 D1K877＋935)得到的现场监测围岩压力最大值分别为 457 kPa、656 kPa、503 kPa、365 kPa 和 469 kPa。这 5 个监测断面中最大压力值为 656 kPa(D1K877＋985)、最小值为 365 kPa(D1K877＋950),5 个断面围岩压力的平均值为 490 kPa,即实测值:$q_m=490$ kPa。

对比围岩压力的计算值和实测值可知,围岩压力的实测值显著大于其理论计算值,且现场实测围岩压力值比理论计算值大 42%。因此,在岗乌隧道 4 号横通道小里程方向的隧道正常施工中采用Ⅳb 支护,隧道支护出现较大变形、局部段落发生变形侵限及钢架扭曲、支护开裂的现象属于必然的力学表现。在此情况下进行隧道施工,缩短掘进进尺、加强隧道初期支护,进行必要的临时仰拱支护,对于保证隧道施工安全是非常必要的。

6.5.2 隧道支护结构的承载能力

1. 支护结构体系安全性评价方法

(1)采取的假设

隧道初期支护采用钢拱架、锚杆、钢筋网及喷混凝土层等组成联合支护。初期支护结构的受力特点属于偏心受压构件。在大多数工程需要前提下,为了使分析得到简化,做出如下假定:

①由于初期支护施工时,钢筋网被制作成独立的面积 1 m×1 m 的钢筋网片,钢筋间距一般 20 cm,因而这里分析时不考虑钢筋网的作用。

②由于锁脚锚管采用 T76S 自进式螺旋管棚代替,每根长度为 9 m,锁脚锚管与 U 形筋焊接牢固,需考虑锁脚锚管的作用,由于其刚度大,因而可以将锁脚处视作弹性铰支,提高其弹性常数。

③由于打设的 9 m 长锚杆与钢架有牢固的连接,可将锚杆的作用近似视作弹性链杆支撑。

④对于已封闭后的隧道支护结构体系可按不少于 3 个支护截面被压、剪或拉坏状态时为支护结构的极限状态。对于未形成封闭结构的中间施工支护阶段,出现 1 个截面破坏,即认为支护达到了极限状态。

(2)钢拱架和喷混凝土的支护作用

目前《铁路隧道设计规范》(TB 10003—2005)对初期支护结构的承载能力并没有明确的确定方法,这里可以借鉴《公路隧道设计细则》(JTG/T D70—2010)中对初期支护强度校核的方法:钢拱架与喷射混凝土进行强度校核时轴力由钢架与喷射混凝土共同承担,弯矩仅由钢拱架承担,即按下列公式计算:

喷射混凝土承担的轴力:

$$N_h = N\frac{A_h E_h}{A_h E_h + A_g E_g} \tag{6—8}$$

喷射混凝土承担的弯矩：

$$M_h = 0 \tag{6—9}$$

钢拱架承担的轴力：

$$N_g = N\frac{A_g E_g}{A_h E_h + A_g E_g} \tag{6—10}$$

钢拱架承担的弯矩：

$$M_g = M \tag{6—11}$$

式中　N、M——单位长度内检算截面的轴力和弯矩；

A_h、A_g——喷射混凝土和钢拱架计算截面面积；

E_h、E_g——喷混凝土和钢拱架的弹性模量；

N_h、N_g——喷射混凝土和钢拱架分担的轴力；

M_h、M_g——喷射混凝土和钢拱架分担的弯矩。

喷混凝土截面受压强度要满足：

$$K_{hy} \leqslant \alpha R_{hy} A_h / N_h \tag{6—12}$$

钢拱架受压强度要满足：

$$K_{gy} \leqslant R_{gy} / \left(\frac{N_g}{A_g} + \frac{N_g}{W_g}\right) \tag{6—13}$$

钢拱架受拉强度要满足：

$$K_{gl} \leqslant R_{gl} / \left(\frac{N_g}{A_g} - \frac{N_g}{W_g}\right) \tag{6—14}$$

式中　R_{gy}、R_{gl}——钢拱架的抗压极限强度和抗拉极限强度，$R_{gy} = R_{gl} = 380$ MPa；

R_{hy}——喷混凝土的极限抗压强度，$R_{hy} = 23.8$ MPa；

K_{hy}——喷混凝土的抗压强度综合安全系数；

K_{gy}、K_{gy}——钢拱架的抗压、抗拉强度综合安全系数；

α——混凝土偏压构件的偏心影响系数；

W_g——钢拱架的验算截面抗弯刚度。

若某一截面的钢拱架或喷射混凝土的某一个综合安全系数为 1.0 时，则认为此结构截面就处于承载能力极限状态。

(3)计算模型及计算参数

取隧道纵向一个拱架间距长度的支护结构进行分析，采用荷载—结构模型对隧道支护结构进行内力计算，得到各截面的弯矩 M 和轴力 N，再利用上述式(6—8)～式(6—14)进行计算，确定控制截面的综合安全系数。用弹簧约束模拟围岩的弹性抗力。确定隧道初期支护参数：钢拱架为 HW175，钢拱架间距 60 cm，C25 喷射混凝土厚度 28 cm，并在上台阶拱部布置 5 根 9 m 长锚杆。采用试算方法逐渐增加围岩压力 q，当支护中有截面的综合安全系数为 1 时，此时的 q 作为支护的极限承载能力。

采用主要计算参数为：C25 喷射混凝土抗压强度 23.8 MPa，钢架的抗压和抗拉极限强度均为 380 MPa。Ⅴ级围岩的弹性抗力取 120 MPa/m，围岩容重 19 kN/m^3，侧压力系数 0.562 5(泊松比 $\nu = 0.36$)，锁脚管棚支撑系数 850 MPa/m。HW175 型钢截面面积 $A =$

50 cm^2，截面抵抗矩 $W=322\ cm^3$。上台阶计算模型如图 6—65 所示，中台阶和下台阶计算模型与上台阶计算模型类似。

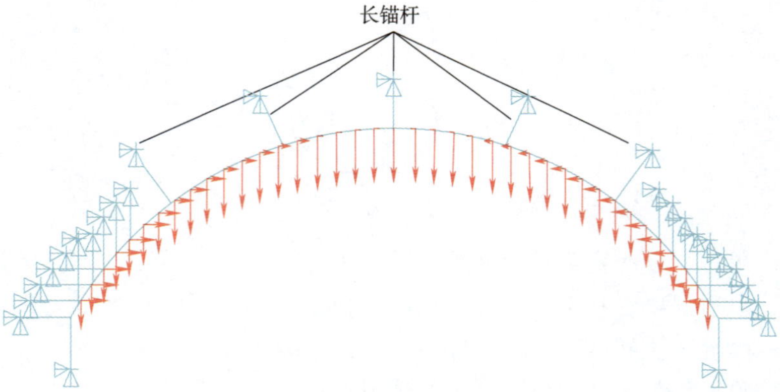

图 6—65 上台阶计算模型

2. 计算结果

上台阶、中台阶及下台阶三种工况支护承载能力的计算结果列于表 6—11。

表 6—11 三种工况下支护的承载能力

工况	承载能力 q_l(kPa)
上台阶	850
中台阶	980
下台阶	990

表 6—11 中的三种工况下隧道支护结构的承载能力，是按照钢架接头刚度与钢架本身相比没有减弱及拱部长锚杆能够充分发挥作用的情况下得到的。在现场监测得到的最大围岩压力 q_m(D1K877＋985)达到 656 kPa，是上台阶支护结构承载能力的 77％。如此之大的围岩压力必然使隧道支护结构产生较大的拱顶沉降和断面水平收敛。长锚杆充分发挥作用，可以对支护结构发挥有效的变形约束作用，就可使得支护结构的弯矩峰值有效降低，能使支护结构上的弯矩分布相对均匀。

4 号横通道工区多处地段出现变形过大、侵限甚至坍塌，其主要原因在于：一方面，此段落围岩稳定性较差，因而作用在支护结构上的围岩压力较大；另一方面，施工过程中在进入到该段落软弱围岩后没有及时加强支护参数及改变相应施工方法以适应弱化的围岩。

第7章　丫口寨隧道下穿河流施工技术

7.1　工程概况

7.1.1　概　　述

丫口寨隧道位于安顺西站—关岭站区间，左右线间距 5 m，进口至 D2K845＋854.9005 段设计为平坡，D2K845＋854.9005 至出口段设计为 25‰的上坡，全隧除进口 D2K845＋478～D2K846＋920.0260 段位于半径为 R＝12 000 m 左偏曲线上，D2K847＋331.7655～D2K849＋102.7413 段位于半径为 R＝12 005 m 的右偏曲线上，其余段均位于直线上。隧道进口里程 D2K845＋478，出口里程 D2K849＋975，全长 4 497 m，最大埋深 328 m。隧道线路穿越地区的整体纵断面图如图 7—1 所示。

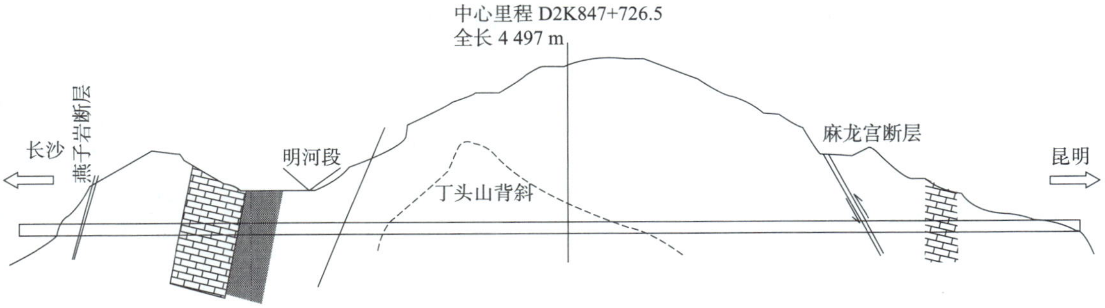

图 7—1　丫口寨隧道纵断面图

隧道洞身分别穿过 F1 断层、燕子岩断层、丁头山背斜及麻龙宫断层，D2K845＋885～＋295 段隧道埋深较浅，最小埋深约 22 m，且下穿河流(图 7—2)，河宽约 15～20 m，深 1.5～3 m，主要为上游高寨水库(图 7—3)放水至下游灌溉用，常年有水，水量较大。

图 7—2　地表明河

图 7—3　高寨水库

7.1.2　自然特征概述

工程区属侵蚀构造中低山地貌，地面标高 1 125～1 530 m，相对高差约 405 m。地形地貌较简单，地形起伏较大，缓坡地带多为旱地及荒坡，隧道进口地形较陡，隧道出口地势较为平缓，植被茂盛。隧道洞身穿越区域以碳酸盐岩广泛分布为主要特征，构造剥蚀～溶蚀槽谷地貌特点。D2K845＋885～D2K846＋295 段浅埋，并穿越一条河流两个村庄。槽谷的发育多与大型节理等构造走向线一致，呈线状分布，谷底有成串珠状分布的溶蚀洼地、落水洞等岩溶地貌景观，坡麓自然斜坡陡峻，自然坡度 15°～30°。此外，区内的其余地段溶蚀洼地、漏斗、落水洞等岩溶地貌亦比较常见。

7.1.3　地层岩性

工程区覆盖层主要为第四系全新统坡积层黏土、松软土，坡残积层黏土；下伏基岩为三叠系中统关岭组三段白云岩及白云质灰岩、三叠系中统关岭组二段灰岩、三叠系中统关岭组一段泥质白云岩及白云质泥岩、三叠系下统永宁镇组二段白云岩及白云质灰岩、三叠系下统永宁镇组一段灰岩夹泥灰岩、三叠系下统夜郎组泥岩夹砂岩及灰岩。

7.1.4　水文地质特征

隧址区地表水以山间沟水为主，水量较小，雨季时沟内水量明显增加，属典型的山区沟谷特征，普遍在 2～3 L/s。地表出露泉流量一般 0.2～0.5 L/s，局部具有承压性。故隧道穿越区地表水不发育，主要以季节性水流为主。

本区地下水类型主要为第四系松散土层孔隙水、基岩裂隙水和岩溶水。隧址区基岩孔隙水主要分布于碎屑岩、溶蚀破碎带等基岩裂隙中，主要受大气降水补给，径流多受地势控制，由高地流向低洼地带，在低洼地带如斜坡、切层坎地以渗流及小泉水形式排于地表。

测区岩溶裂隙水主要通过地表溶蚀洼地、漏斗、竖井、落水洞等受大气降水补给。深部岩溶水在网络状岩溶裂隙、岩溶管道及巨大的溶蚀～侵蚀洞穴中运移，运移宏观方向朝区域内最低侵蚀基准面，局部运移方向可不受最低侵蚀基准面控制，最终以岩溶大泉、暗河出露地表，并受断层、隔水岩层等边界条件控制。

隧道进出口可溶岩段处于岩溶水水平循环与垂直循环交替带内，隧道中部可溶岩段隧道处于岩溶水平循环带内，地下水量丰富，隧道开挖可能会揭穿暗河、岩溶排泄管道，可能产生突水、突泥等灾害。

经对隧址区水文地质条件的勘察，结合区域水文地质资料的综合分析，大气降水、地表水的直接入渗是地下水的主要补给来源。根据隧址区地形地貌、地层岩性、构造及水文地质条件等进行隧道涌水量预测，采取分段预测方法。综合比较，预测隧道正常涌水量 Q=28 810 m^3/d，雨洪期最大涌水量 Q=74 634 m^3/d(雨洪期水量变大，按 2～3 倍考虑)。

隧道穿越区地下水分布受构造、岩性控制，水文地质边界条件较为复杂，实际涌水量可能大于推荐值。隧道在可溶岩段遇溶洞、溶缝、溶隙，途径河流段可能发生突水突泥，背斜核部、断层破碎带、可溶岩与非可溶岩接触带多为地下水富集区，易发生突水突泥。

隧址所在区的地质、水文情况如图 7—4 所示。

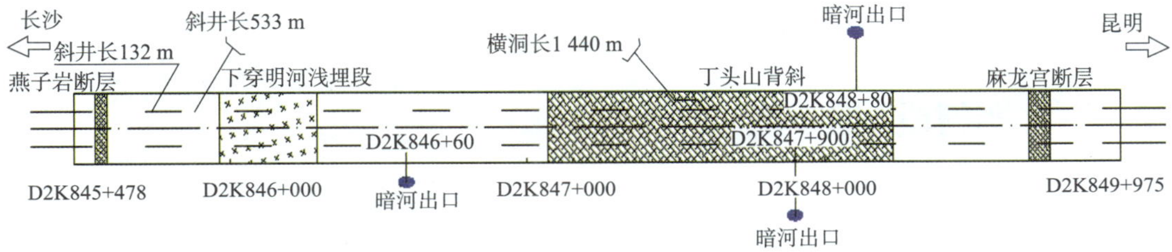

图 7—4　隧址区地质水文情况

下穿明河段覆盖层主要为第四系全新统坡积层黏土、松软土，坡残积层黏土。下伏基岩为白云岩、白云质灰岩、泥灰岩、灰岩等。为准确掌握地层岩性，在地表进行钻孔取样，钻孔里程为 D2K845＋950、D2K846＋010 的取芯情况分别如图 7—5 和图 7—6 所示。

(a) 粉质黏土　(b) 白云岩

图 7—5　D2K845＋950 左 10 m 钻孔取样图

隧道下穿明河段的围岩为Ⅴ级，隧道结构采用Ⅴc 复合式衬砌。

隧道正洞 D2K845＋885～D2K846＋205 段浅埋，最浅埋深处仅有 22 m，且地表穿越一条河流，此段位于两座山头之间，是明显的溶蚀洼地，钻探揭示该段岩层溶蚀现场较严重，节理裂隙发育，隧道施工时可能会有大量涌水。

(a) 粉质黏土　　(b) 泥灰岩

图 7—6　D2K846+010 左 10 m 钻孔取样图

7.2　下穿明河段施工风险

丫口寨隧道明河段白云岩、泥灰岩、碳酸盐岩广泛分布，周边围岩含水层厚度大，地下水埋藏浅，水量丰富。地下水一般以溶蚀裂隙水、溶蚀管道水为主，水量一般～中等。据区域水文地质资料、现场调查及搜集相关的岩土工程勘察资料分析，明河段地下水类型可分为上层河流水和基岩裂隙水。上层河流水水量丰富，基岩裂隙水富水量一般。地下水主要补给来源为大气降水及上游水库泄水。

此段隧道施工的主要风险为：

(1)隧道下穿地表明河段埋深较浅，围岩条件较差，隧道开挖时，若支护不及时、支护强度不够，极易发生坍塌甚至冒顶事故；若不能较好合理处理河流水及地下潜水，易发生大的突水事故。

(2)明河段前方 300 m 处出露有暗河口，地下暗河的走向尚不明朗，隧道开挖时可能穿越暗河段，可能发生大的突水事故。

(3)斜井工区 2013 年 9 月 6 日在转进正洞时，小里程方向的正洞掌子面出现持续掉块现象，掉块体积从 0.3～1.4 m^3 不等，掌子面稳定性差，在上台阶地面上，有水涌出，如图 7—7 所示。由现场勘察及实地开挖揭示，围岩较为破碎，稳定性较差，隧道开挖时若支护不及时或支护强度不够，有坍塌风险。

图 7—7　掌子面掉块及涌水

(4)地表分布有村庄住户，民房主要为砖混、砌石结构，房子抗震等级不高，隧道掌子面钻孔爆破时，可能对房屋产生不利影响，导致房屋开裂甚至倾覆。

(5)明河段围岩差，开挖极易导致地表较大沉降，引起地表房屋开裂甚至倒塌。

7.3 丫口寨隧道明河段河流整治方案

7.3.1 明河基本情况

隧道正洞 D2K845+885～D2K846+205 段浅埋，最浅埋深约 22 m。河流中心里程为 D2K846+000，河宽 15～20 m，水深 1.5～3 m，钻探揭示该段岩层溶蚀现象较严重，节理裂隙发育。该段区域的地表处理分为明河处理和地层改良。

此段明河名为果母当河，河流水量较大，且附近家畜饮水主要来自此河。隧道与河流的相对位置关系如图 7—8 所示。

图 7—8 隧道线路位置与河流位置关系

7.3.2 几种可行性的处理方案

1. 进行河道临时改移

在旱季枯水期对河道进行临时改移，待隧道下穿原河流段施工完成后，再恢复河流，可保证隧道施工中不会出现大的涌水。具体河道改移线路图如图 7—9 所示。

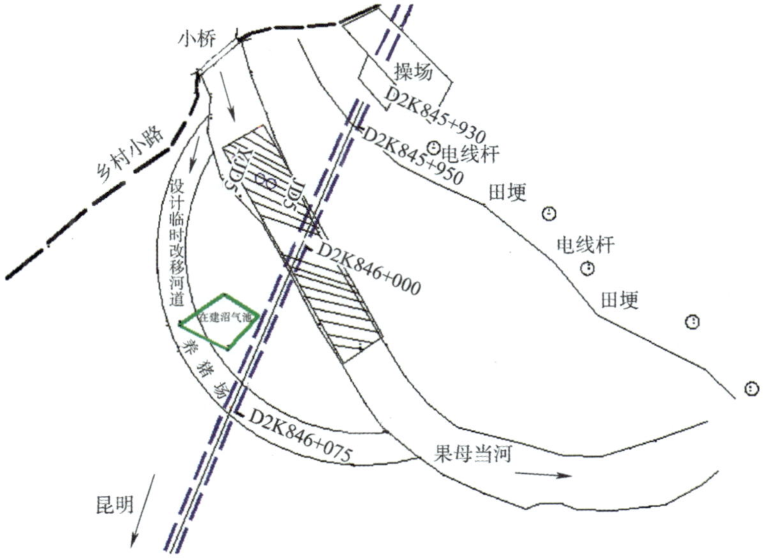

图 7—9 河道改移线路图

施工步骤：

(1)施工时选择在旱季枯水期进行，为满足顺坡排水要求，减小施工风险，该段隧道施工前应已与进口段贯通并改善进口端排水系统。

(2)测量班现场放线，做好开挖沟渠的线路布置，现场采用机械开挖与人工开挖配合的施工方法，从改移河道的中间沿着设计线路向明河段开挖，临时改移河流的沟槽材料采用 M10 浆砌片石，按沟深平均厚度 50 cm 计算，宽度 10 m，长度 200 m。施工过程中应根据现场情况，适当调整改移河道深度，保证河流流水顺畅。

(3)该段隧道施工完成后，将河流改移回原河道位置前，对原河道采用 C20 混凝土铺砌，铺砌厚度 50 cm，铺砌长度沿河流长 100 m，宽度 20 m。

改移河道断面图如图 7—10 所示。

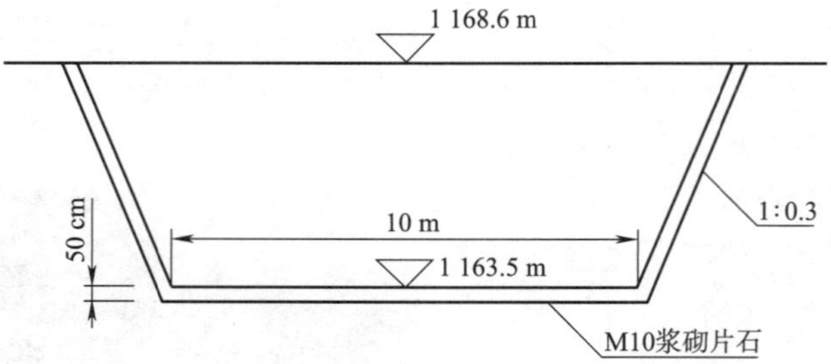

图 7—10　改移河道断面图

2. 河道底施作防渗毯法

为防止施工期间果母当河水下渗，隧道开挖前对河流河床分幅施作围堰，在河底铺设防水毯的工法进行防护。

防渗毯(GCL)是一种新型土工合成材料。它由经过级配的天然钠基膨润土颗粒和相应的外加剂混合而成，经特殊的工艺及设备，把膨润土颗粒固定在两层土工布之间，制成膨润土防渗毯，既具有土工材料的全部特性，又具有优异的防水(渗)性能。其优质的膨润土防水防渗性能在垃圾填埋场、河道防渗、人工湖、地下车库、水利工程中广泛应用。通过在果母当河河床铺设防渗毯土工合成材料，可有效防止在隧道开挖过程中河水下渗。

3. 旋喷桩与搅拌桩构筑止水帷幕

为确保结构安全，做好隧道开挖防渗工作，拟采取竖向旋喷桩墙＋洞内水平旋喷桩相结合的方式，先在隧道结构两侧施工两排竖向旋喷桩，桩与桩间咬合形成隔水墙，截断结构两侧地下水；针对结构上方的地下水，采用洞内水平旋喷桩形成超前隔水帷幕，最终达到“改良地层，控制变形；形成隔离，抑制水患；综合治理，保障安全”的目的。

竖向旋喷桩的施作：

隔离挡水桩采用旋喷桩，直径为 ϕ600 间隔 400，距离隧道结构外 1.5 m 布孔，桩长 30 m(结构底板下 1 m)。

浆液材料及配方：以水泥为主要材料，加入适量的速凝剂，采用水灰比 0.8～1.0；形成的旋喷桩桩体水泥土抗压强度可达到 5～10 MPa。

旋喷桩与隧道结构位置关系如图 7—11 所示。

采用隧道两侧旋喷桩止水、隧道上部搅拌桩加固及止水，最终在隧道周边形成止水帷幕，平面布置如图 7—12 所示，其横断面如图 7—13 所示。

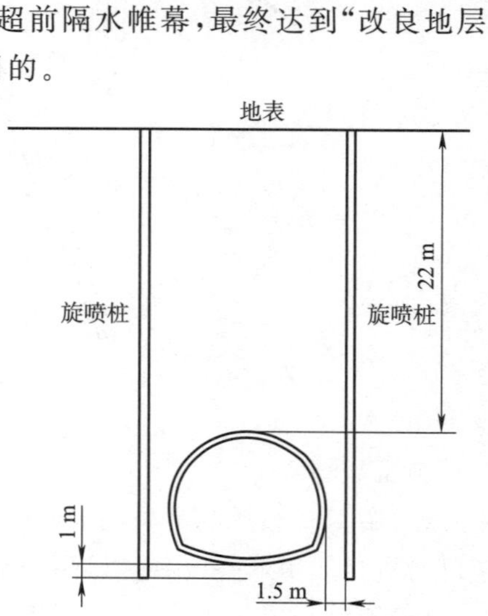

图 7—11　旋喷桩与隧道结构位置关系剖面图

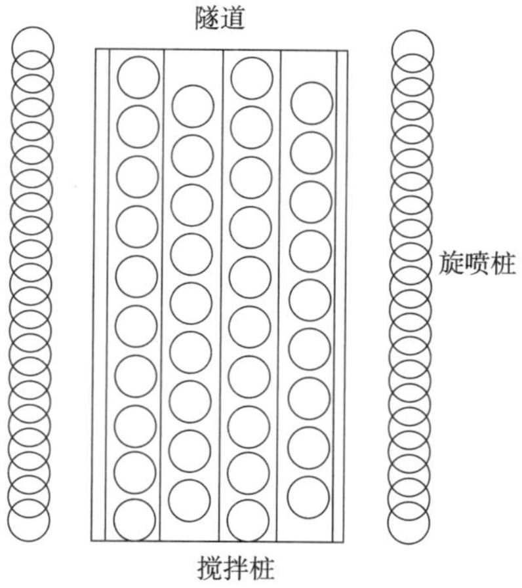

图 7—12　旋喷桩及搅拌桩布置示意图

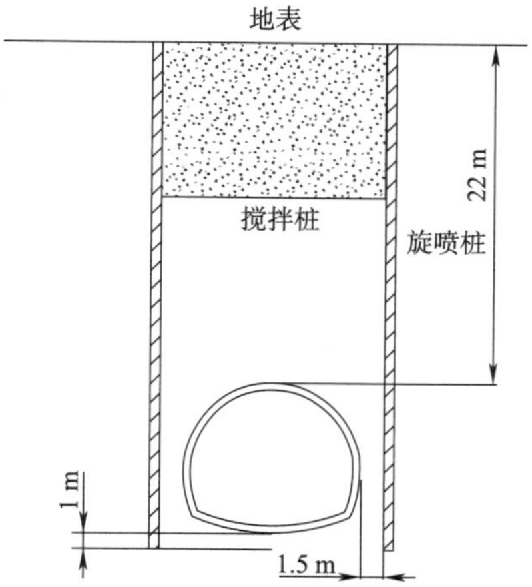

图 7—13　旋喷桩、搅拌桩横断面图

4. 地表注浆加固＋洞内注浆

根据明河段钻孔取样得到的土样可以看出，明河段地层 1～10 m 范围内为粉质黏土、河谷沉积土，15～35 m 围岩较好，为白云岩和泥灰岩。该方案的主要思路是通过注浆对地表软弱围岩进行加固，同时达到一定的堵水效果；洞内采取上台阶超前注浆，下台阶开设排水孔，从而实现上台阶注浆挤水由下台阶排水孔排出，水挤出后注浆达到加固围岩作用。地表注浆范围为隧道正上方及其左右两侧 3 m 范围。洞内注浆段选择为沿隧道轴向自明河中心前后 50 m 范围内。

对于地表明河的处理，选择在上游修建挡水围堰，在挡水围堰一侧的岸边设置抽水泵，将水抽至两根直径 80 cm 的排水管道中，排水管道长度选取为 300 m，将水引排至河流下游，重新流入果母当河。

7.3.3　整治方案比选

对上述四个施工处理方案，从适用性、造价、工期及可能达到的整治效果等进行对比，找出合理的处置方案，方案对比见表 7—1。

表 7—1　河流整治方案对比

方　案	适　用　性	成　　本	工期（月）	能达到的效果
一	河流为中等或小型河流，河宽不超过 15 m，流量不超过 1 800 m^3/h	成本较低	2	一定程度减少河流渗水，需配合其他施工措施以实现隧道安全施工
二	适用于流量较大，河床较宽的河流，能够实现半幅围堰施工及工程机械进出场	成本较高，材料费、人工费、机具费较高	2～3	防渗水效果较好，可以有效控制河水下渗。但对河流周边水的下渗没有防渗作用
三	适用于围岩软弱，泥质、土质、砂质地层，加固范围较小，易于地面钻孔的情况	成本较高，主要为旋喷机械及注浆材料造成	3	可以有效阻断水，减少洞内渗水，同时加固地层，利于隧道施工
四	适用于地势较为平坦，易于钻孔和注浆施作的段落，由于注浆量一般较大，要求道路通畅，便于物资运输	成本较高，地表注浆面域大，注浆量大，造成注浆成本较高	3	加固地表地层，属于地层改良，有一定的堵水效果，洞内注浆对开挖及控制渗水效果显著

几个方案的特点分析如下：

(1)方案一：

①原计划改移河道位置为一养猪场，周周有几户民居，拆迁安置费用较高，时间花费较大，且改移河道挖方量较大，河底处理及河堤整治较为耗时，改移河道对地表破坏较为严重；

②隧道修建完成后，河道改移回原线需再次施工；

③河道改移对阻止水流下渗效果不明显，隧道施工时假如存在河道底过水管道，仍存在大量突水的可能；

④雨季河水存在漫堤危险，造成突发险情。

(2)方案二：

1)隧道下穿处河流宽度不大，半幅施工存在难度；

2)河床并不平整，整治河床费时费力。

(3)方案三：

①旋喷桩施工机械造价较高，如果在设计方案中的范围内施作的话，至少需要不少于两台机器，增加施工成本；

②由钻孔取样可以看出，15 m 以下的地层围岩主要为白云岩、泥灰岩，且质地较密实，旋喷桩的喷浆压力可达 35 MPa，其主要工作原理为将软弱围岩与水泥浆液搅拌后胶结凝固于一体，达到改良围岩的效果，但 15 m 以下围岩为密实的白云岩、泥灰岩，钻孔、搅拌难度较大，不易实现；

③旋喷桩在 15 m 以下范围不易咬合，难以保证质量；

④成本高，建设单位审批通过难度大。

(4)方案四：

①地表注浆面积较大，成本高，建设单位审批通过难度大；

②地表注浆施工时间较长；

③雨季河水流量增大，超过引水管道最大排水量时，存在安全隐患。

(5)最终实施方案

结合现场具体情况和各方案的优缺点，对上述多种方案取长补短，最终确定如下方案：

①地表明河段选择在上游修建挡水围堰，在挡水围堰一侧岸边设置抽水泵，将水抽至两根直径 80 cm 的排水管道中，排水管道长度选为 300 m，将河水引排至下游，重新流入果母当河。同时，对河床进行加固，清理河床石块，平整河床，之后铺设防水板进行防水处理，再在河床上铺设一层厚 15 cm 的混凝土层，河道侧壁进行注浆、喷浆加固，从而在拆除围堰，河水重回河道后，减少河水的下渗，保证隧道正常运营。

河流改线位置示意图如图 7—14 所示。河道加固处理、防水处理后的河道断面如图 7—15 所示。

②洞内采用超前帷幕注浆堵水，并设置泄水泄浆孔，释放岩盘后的泥浆。注浆的相关设计和施工，参照斗磨隧道出口帷幕注浆段的相关实例，进行设计施工。初步设计注浆孔布置及排水孔布置如图 7—16 所示。图中上台阶部分的孔位为注浆钻孔，下台阶的孔位为排水孔。

③洞内掘进采用台阶法开挖，上台阶采用铣挖法铣出导洞后，再进行控制爆破扩挖，爆破采用电子雷管控制爆破技术，分段起爆，控制爆破的振动速度，从而达到地表民居所能承受的

最大爆破速度(约 1 cm/s)。隧道开挖后及时施作隧道支护,重点做好隧道防排水工作,满足后期运营安全要求。

④施工中加强隧道变形监测、隧道涌水量监测,控制掘进进尺,保证施工质量。

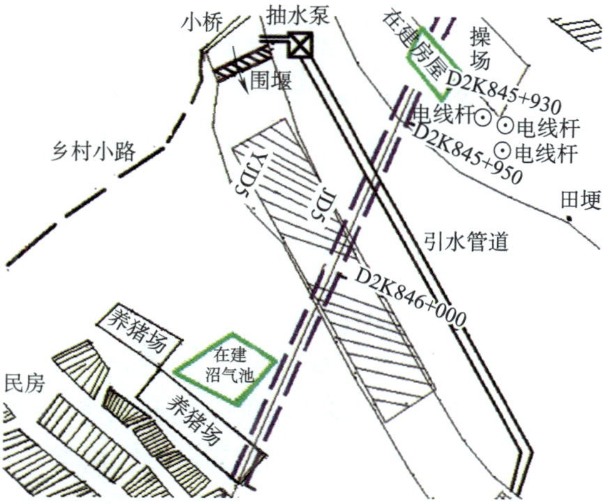

图 7—14　堵水围堰与引水管道布置示意图

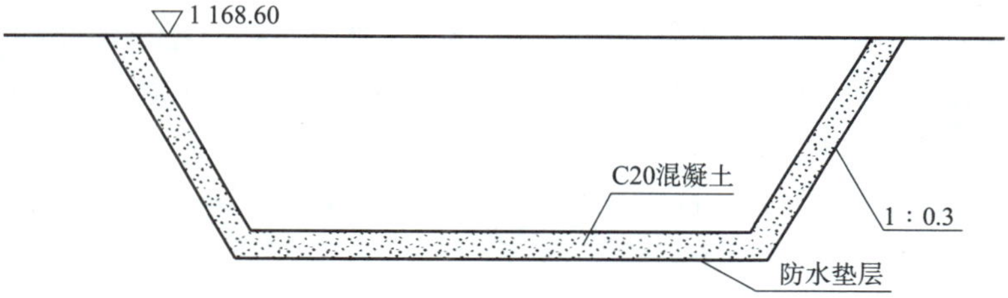

图 7—15　处理后河道截面图

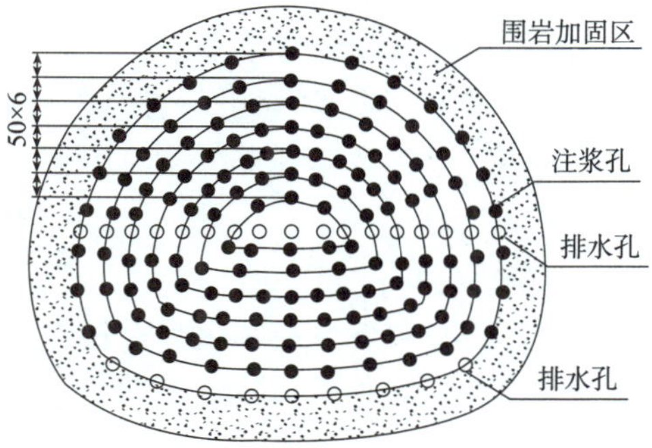

图 7—16　注浆孔及排水孔布置

7.4　过明河段隧道支护力学特性的流固耦合分析

隧道围岩在其形成的地质历史过程中,处于一定的应力环境中,即具有一定的应力场分布；一方面，由于储存并运移于其中的地下水的存在，又使得裂隙岩体在一定的地下水渗流环境中。裂隙岩体中应力场或渗流场的改变都将引起两场之间的耦合作用发生。隧道开挖引起岩体渗流场的改变，从而导致渗流体积力和渗透压力的改变，使作用在围岩和支护结构上的外荷载发生变化，从而引起围岩和支护结构上应力场的重新分布。另一方面，应力场的改变，会引起围岩和支护结构体积应变的改变，使围岩和支护结构内各部分的孔隙率发生改变，渗透系数也随之变化，从而改变围岩和支护结构渗流场的分布。因而，渗流存在条件下，考虑两场的耦合作用，分析结果将更接近工程实际，因此考虑流固耦合对隧道支护结构稳定性的影响是必要的。

7.4.1　下穿河流段隧道地层情况

下穿河流段从河床以下地层岩性分述如下：

(1)冲积卵石土层：松散～中密，卵石占 60%～70%，石质成分多为灰岩、白云岩等，粒径 30～200 mm，夹少量漂石，充填泥、砂及圆砾等，局部圆砾含量稍高，厚 2～5 m，覆盖于河床中。

(2)碎块石土：灰黄、灰白、灰黑等色，稍密～中密、稍湿～潮湿状，块石含量约 60%，石质成分以灰岩、白云岩及砂岩为主。粒径 200～600 mm，碎石角砾及粉质黏土充填。

(3)强风化泥灰岩：浅灰色～深灰色薄至薄层灰岩及碎屑灰岩夹泥灰岩，节理极发育，岩体破碎，呈碎块石土状。

(4)中风化泥质灰岩：灰至深灰色薄层泥质灰岩，节理发育，岩体破碎，呈碎块石土状。

(5)白云岩：灰、黄灰色薄至厚层角砾状白云岩、灰质白云岩、白云岩夹浅灰～深灰色灰岩等，节理发育，岩体破碎，石质坚硬。

(6)灰岩夹泥灰岩：浅灰色、灰色，隐晶质结构，厚层状构造，节理裂隙稍发育，岩质坚硬，岩层较完整。

7.4.2　围岩流固耦合数值模拟

在 $FLAC^{3D}$ 数值模拟分析中，将具有大量随机裂隙的岩体看作等效连续介质体，由渗透系数张量来描述岩体的渗透能力，流体在岩体中的流动服从 Darcy 定律。从两个方面考虑岩体内的渗流状态：孔隙水压的改变引起岩体应变，从而引起岩体应力的改变；相反，应力的改变引起孔隙水压力的改变。模拟计算过程中，将具有致密裂隙的实际围岩看作等效连续介质材料。

1. 计算模型及参数

(1)计算模型

为了减少边界条件约束的影响，模型大小为左右边界范围取隧道跨度的 3～5 倍，隧道底部到模型底部的距离为隧道高度的 3～5 倍。指定隧道轴向为 y 轴，且指向开挖方向为正向；隧道的水平方向为 x 轴，且向右为正；隧道的竖向为 z 轴，且向上为正。计算模型在 x、y、z 三个方向的尺寸为 94 m×3 m×78.19 m，如图 7—17 所示。考虑到忽略开挖步对渗流的影响，模型采用纵向长度为 3 m 的准三维模型。隧道模型拱顶距模型顶部 26 m，河床上部为 2～6 m 第四系坡洪积层、冲洪层、坡残积层等孔隙潜水含水层，模型计算区域的河水考虑常水位 3 m 和洪水位 8 m，拱顶水头总高度为常水位 29 m 左右和洪水位 34 m 左右。计算中围岩视为弹塑性材料，采用 Mohr-Coulumb 屈服准则，围岩和支护结构均采用实体单元进行模拟。模型左、右边界和底部边界视为不透水边界。

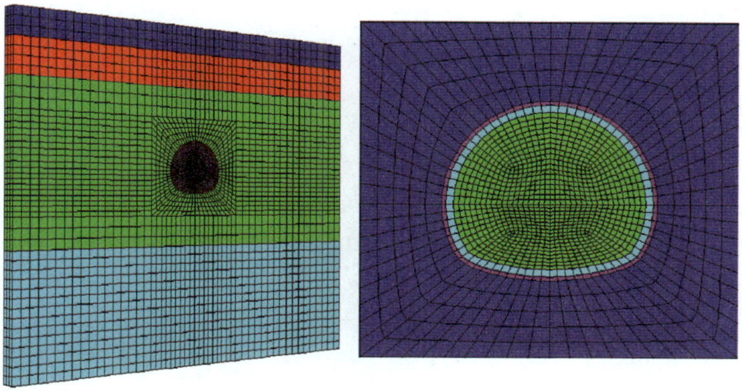

图 7—17 整体及局部计算模型

(2)计算参数

在计算模型中围岩、初期支护和二次衬砌都为实体模型,围岩视为理想弹塑性材料,初期支护和二次衬砌为弹性材料。在现场施工时初期支护采用 I20a,间隔为 1 m;喷射混凝土为 C25,厚度为 28 cm;二次衬砌 C30 的钢筋混凝土,厚度为 50 cm。在计算时将支护结构的弹性模量提高来间接考虑钢架的作用。

围岩、初期支护和二次衬砌的物理力学指标根据地质勘探数据及规范确定见表 7—2。

表 7—2 材料参数表

材料名称	密度 (kg/m^3)	弹性模量 (GPa)	泊松比	黏聚力 (kPa)	内摩擦角 (°)	渗透系数 (cm/s)	孔隙率
表层卵石土层	1 800	0.01	0.4	45	20	3.56×10^{-2}	0.35
强风化岩层	2 200	0.25	0.35	70	30	1×10^{-3}	0.33
中风化岩层	2 400	0.50	0.30	200	35	7×10^{-4}	0.28
弱风化岩层	2 600	1.00	0.23	400	40	1×10^{-4}	0.25
初期支护	2 300	26.50	0.17			2.12×10^{-4}	0.10

2. 计算方案

施工过程中初期支护未闭合阶段时间较短,近似考虑成全断面开挖,中间开挖阶段不考虑。流固耦合计算模拟了三种工况:

工况一,常水位下考虑流固耦合和不考虑流固耦合的结果对比;

工况二,常水位作用下(河床水头 3 m),隧道支护受力特征分析;

工况三,洪水位作用下(河床水头 8 m),隧道支护受力特征分析。

3. 计算结果与分析

(1)围岩流固非耦合与耦合情况下的结果对比

①隧道变形对比

在围岩流固非耦合和耦合情况下,隧道开挖支护后的断面水平位移和竖向位移分别如图 7—18 和图 7—19 所示。

从图 7—18 和图 7—19 可以看出,围岩流固非耦合和耦合情况下的隧道水平位移分别为 14.75 mm 和 16.46 mm,耦合情况下比不考虑耦合时的水平位移大 11.6%;围岩流固非耦合和耦合情况下的隧道拱顶沉降分别为 15.67 mm 和 23.91 mm，比不考虑耦合情况的拱顶沉降增加 52.6%。

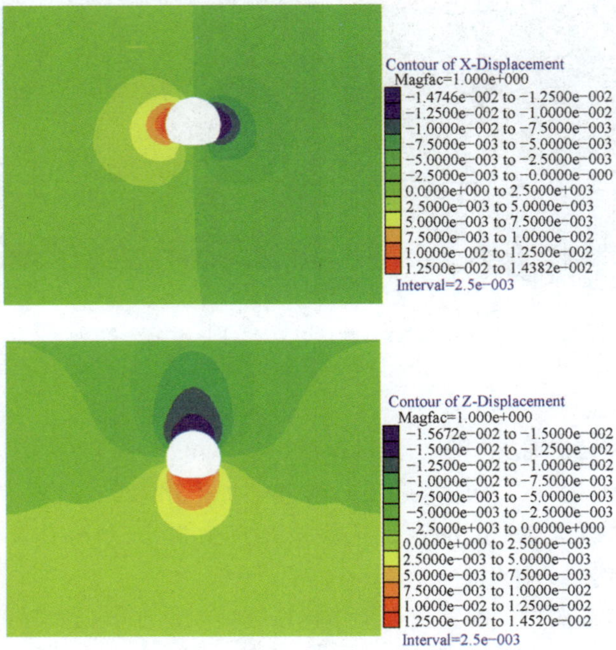

图 7—18 围岩流固非耦合常水位情况下隧道断面位移(单位：m)

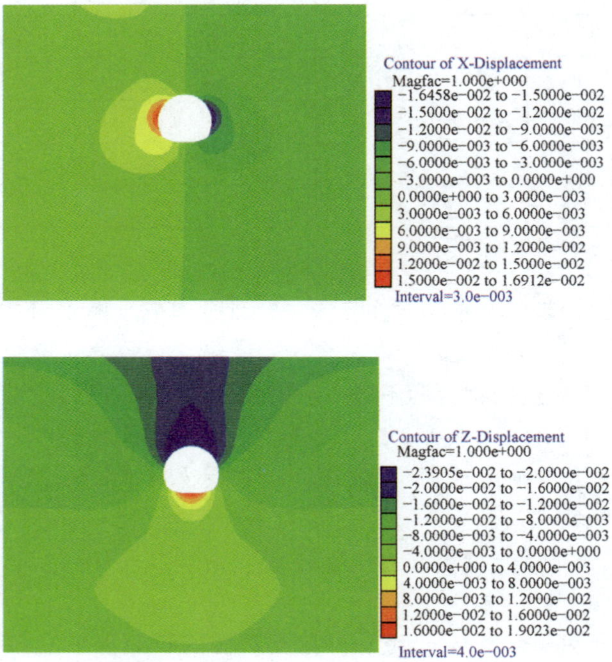

图 7—19 围岩流固耦合常水位情况下隧道断面位移(单位：m)

②塑性区对比

围岩流固非耦合与耦合情况下的围岩塑性区分别如图 7—20 和图 7—21 所示。

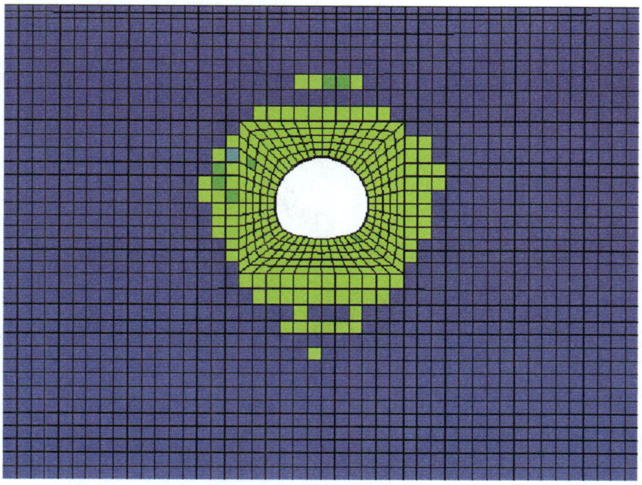

图 7—20 围岩流固非耦合情况下围岩塑性区

图 7—21 围岩流固耦合情况下围岩塑性区

对比图 7—20 和图 7—21 可知，流固耦合情况下的围岩塑性区比非耦合情况下的塑性区面积大约 10%。由此可见，不考虑流固耦合的分析结果是偏于危险的，考虑流固耦合的分析结果更接近工程实际，更能保证隧道支护结构的安全。

(2)常水位情况下支护结构的力学特性

考虑流固耦合情况下，作用常水位时(河床水头 3 m)隧道支护结构的最小主应力和最大主应力如图 7—22 所示。

从图 7—22 可知，在常水位渗流情况下，隧道支护结构的最大压应力为 6.99 MPa，最大拉应力为 1.88 MPa，在流固耦合作用下最大拉应力出现在隧道仰拱处。

(3)洪水位情况下支护结构的力学特性

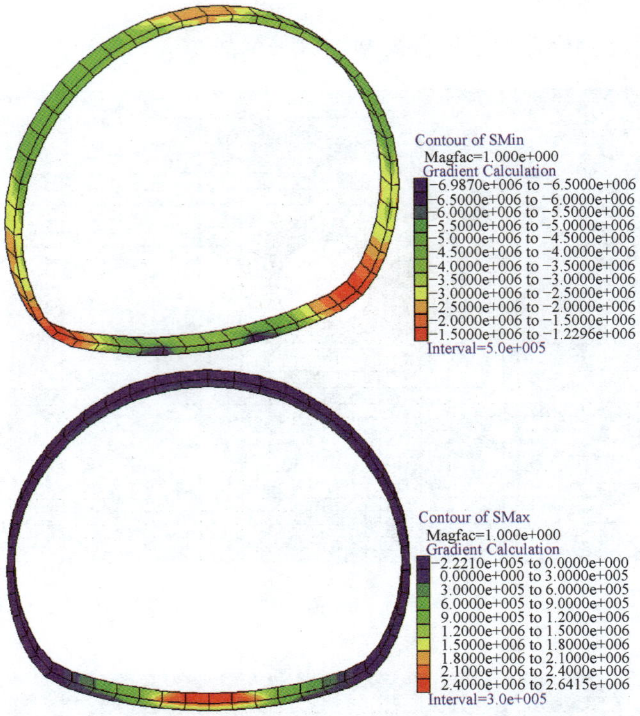

图 7—22 围岩流固耦合情况下常水位支护结构主应力(单位:Pa)

①隧道变形

在围岩流固耦合情况下,洪水位(河床水头 8 m)时隧道断面的位移云图如图 7—23 所示。

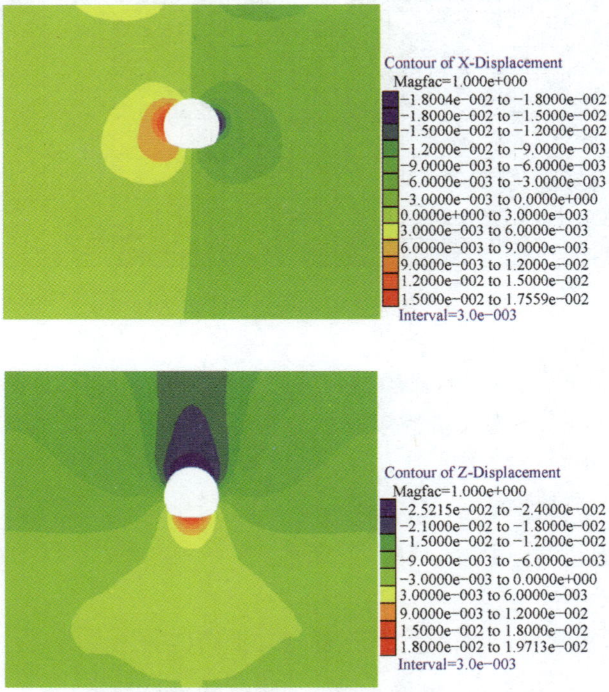

图 7—23 围岩流固耦合情况下洪水位隧道断面位移云图(单位:m)

从图 7—23 可以看出，在围岩流固耦合情况下 8 m 洪水位时隧道断面跨度处的最大水平位移为 18.04 mm，比 3 m 常水位时的水平位移(16.46 mm)增大 9.6%；在围岩流固耦合情况下 8 m 洪水位时的隧道拱顶沉降为 25.22 mm，比 3 m 常水位时的水平位移(23.91 mm)增大 5.5%。

②隧道支护结构受力

在流固耦合情况下，洪水水位(河床水头 8 m)时隧道支护结构的最小主应力和最大主应力如图 7—24 所示。

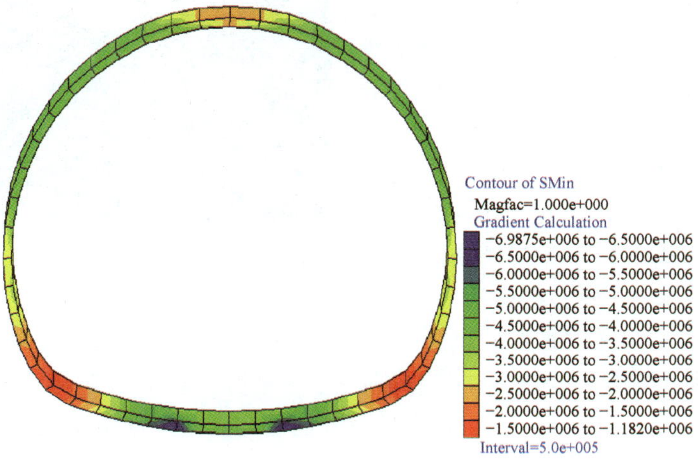

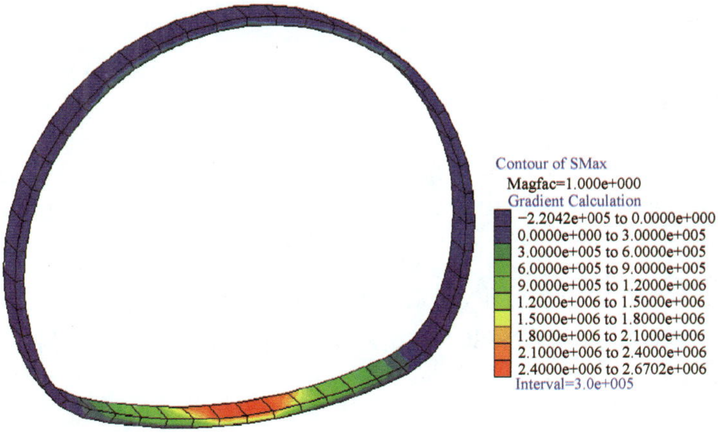

图 7—24　围岩流固耦合洪水位 8 m 初支最小主应力(单位：Pa)

从图 7—24 可知，在流固耦合情况下，洪水水位(河床水头 8 m)时支护结构的最大压应力为 7.39 MPa，与常水位(河床水头 3 m)时的 6.99 MPa 相比增加仅仅 0.6 MPa，增加幅度仅有 8.57%；洪水位时的最大拉应力为 2.10 MPa，仍然出现在仰拱中部内侧部位，与常水位时的最大拉应力 1.97 MPa 也是非常接近，增大 0.13 MPa，增大幅度 6.75%。两种水位时的水头差仅有 5 m，附加的水压力也只有 50 kPa，经过地层渗流传递到隧道支护结构后，对支护结构的受力已经影响不大，影响幅度小于 10%。流固耦合情况下，洪水位时支护结构的最大拉应力仍小于初支 C25 喷射混凝土的极限抗拉强度。为了确保隧道施工安全，可以在隧道周边地层中进行注浆，用浆液固结、填充围岩裂隙，形成帷幕，不仅可以有效降低围岩渗透系数，还可以加固围岩，提高围岩的稳定性。

③围岩塑性区

在流固耦合情况下，洪水水位（河床水头 8 m）时隧道周边地层塑性区分布如图 7—25 所示。

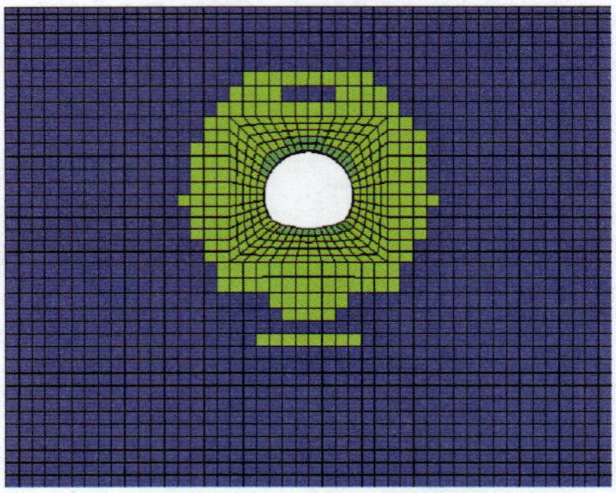

图 7—25　流固耦合洪水位 8 m 塑性区

对比流固耦合情况下常水位（3 m）和洪水位（8 m）时的隧道围岩塑性区分布可知，由于河床水头增加5 m，两种水位情况下的围岩塑性区分布特征是基本相同的，洪水位时围岩塑性区大小比常水位时有所增加。

由上述计算分析结果可知，不考虑流固耦合作用的分析结果是偏于危险的，在渗流场存在条件下考虑渗流场和应力场的相互作用分析结果更加接近工程实际，更能保障隧道支护结构的安全。通过分析两种水位条件下隧道断面变形、支护结构的最大压应力与最大拉应力和围岩塑性区分布及屈服范围的大小等结果来看，在丫口寨隧道下穿河流段的隧道施工过程中，对隧道周边地层进行帷幕注浆可以更加有效地保证围岩的稳定性，保障隧道施工安全及运营安全。

7.5　过明河段现场施工

7.5.1　挡水围堰、引流管道、地表注浆施工

根据方案，鉴于现场实际情况，于 2015 年 1 月份开始布设挡水围堰引水管道，如图 7—26 所示。引水管直径 1 m，每段长 30 m，共计 180 m。此时正值旱季，水量不大，不用改移河道，把河水引至一侧即可施工。

之后于 2015 年 1 月末开始地表注浆，注浆规模 5 m×50 m，注浆孔间距 60 cm，梅花形布置，位于隧道中心线河流上游方向 70～80 m，如图 7—27 所示。钻孔岩层揭示多为泥岩、灰岩，岩质疏松多孔，如图 7—28 所示。

7.5.2　洞内注浆

在掌子面钻注浆孔，再向孔内压注水泥浆液或水泥—水玻璃双浆液，对掌子面前方富水段进行加固，形成止水帷幕，注浆范围为隧道开挖轮廓线外 5 m，如图 7—29 所示。

注浆顺序为先内圈后外圈，同一圈孔间隔施工，先上半断面后下半断面，外部 4 环各孔应采取后退式注浆，内部 4 环各孔采用前进式注浆。C6 钻机开孔，安装孔口管及止浆阀，通过 C6 钻机沿孔口方向钻进，钻进完成后，退出钻杆注浆，施工工艺流程如图 7—30 所示。

图 7—26　挡水围堰与输水管道施工

图 7—27　地表注浆现场施工

图 7—28　围岩钻孔取芯情况

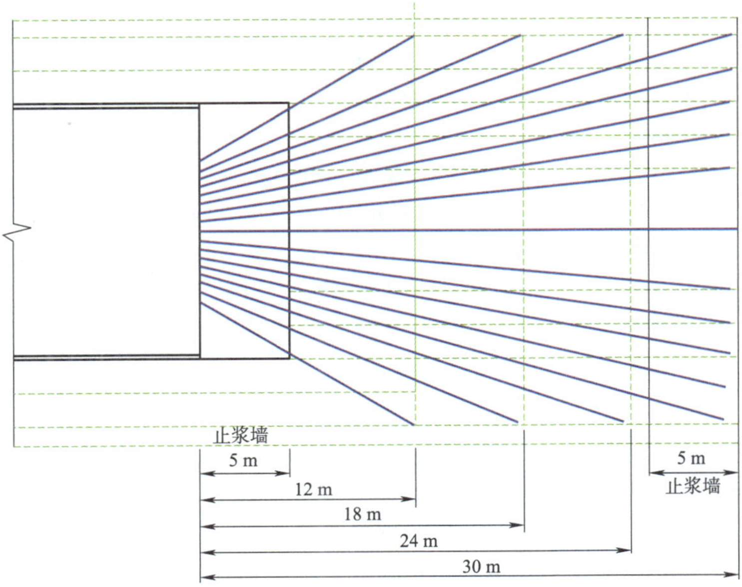

图 7—29　洞内帷幕注浆钻孔平面图

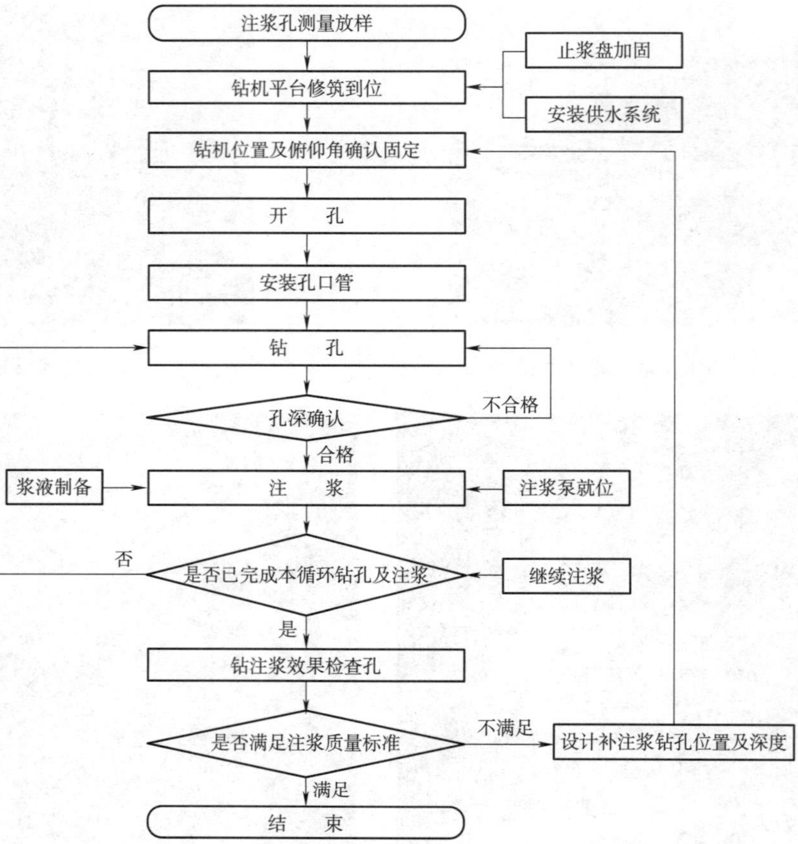

图 7—30　注浆工艺流程图

7.5.3　开挖及支护

采用台阶法施工，按照“新奥法”施工原理进行开挖与支护。上台阶开挖时，先用机械挖除上断面中下部围岩，形成一矩形导洞，再采用控制爆破方式，如图 7—31 所示。由下向上、由中间向四周开挖，由于爆破时增加了有效凌空面，可有效控制爆破振动和振动导致围岩松动圈的增加。下台阶施工时，先开挖右侧 0.6 m，再开挖左侧 0.6 m，以防止围岩变形量过大。开挖过程中应及时出渣，保证交通顺畅。对于难以挖除的较为坚硬大块岩石段落，采用机械破碎锤强制开挖或用机械铣挖机开挖，辅以小型控制爆破，控制爆破对围岩的松动作用，并严格限制超挖。

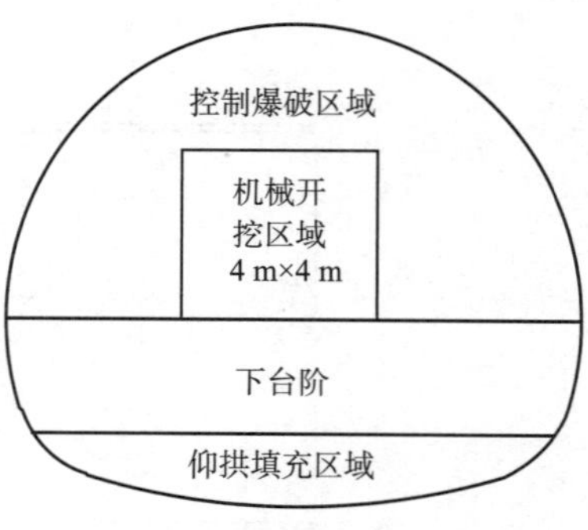

图 7—31　台阶法施工示意图

每步开挖之后，立刻安装钢拱架，打设两侧锁脚锚杆，挂网并分次喷射混凝土，直至达到设计厚度，尽早使初期支护实现闭合，以提高初期支护的承载能力。

由于注浆效果良好，保证了施工效果，使隧道掘进顺利过河，且 2015 年 10 月 8 号丫口隧道于附近位置贯通。在隧道施工过程中对隧道围岩动态监测，根据量测结果，调整设计支护参数或施工方法，以期达到稳定的目的。施工过程中监测到河床下部断面隧道拱顶最大沉降位移约为 26 mm，保证了隧道安全顺利地下穿果母当河。

第 8 章 铣挖-爆破法施工技术

8.1 工程概况

8.1.1 浅埋段地表构筑物情况

丫口寨隧道位于贵州省安顺市关岭布依族苗族自治县境内，位于安顺西站—黄果树西站区间，隧道进口里程 D2K845＋478，出口里程 D2K849＋975，全长 4 497 m，最大埋深 328 m。D2K845＋750～D2K846＋040 段地表有河流（果母当河）与隧道相交，隧道最小埋深 22 m，河床宽 15～20 m，水深 1.5～3 m，河岸两侧为村民水田。D2K845＋770～D2K845＋930 段下穿丫口寨村，村里有村民 98 户，此段隧道埋深 32～66 m。D2K846＋040～D2K846＋280 段下穿大树脚村，村里有村民 83 户，此段隧道埋深为 25～59 m。丫口寨隧道下穿的大树脚村和丫口寨村房屋均为砖混、块石瓦屋面、木制结构，部分较为老旧，抗震能力很差。隧道下穿浅埋段与两个村庄及河流的地表情况如图 8—1 所示，村中典型房屋结构如图 8—2 所示。

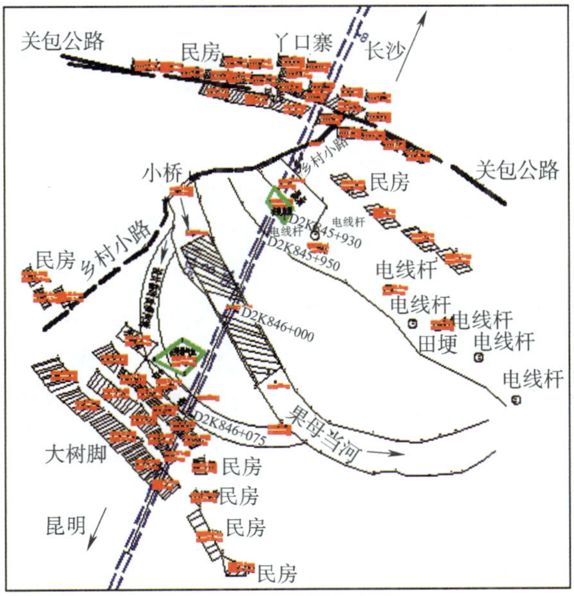

图 8—1 浅埋段地表房屋分布（红色区域为房屋位置）

图 8—2 村中典型房屋情况

8.1.2 工程地质

丫口寨隧道下穿村庄及河流段洞身穿越地层岩性主要为三叠系中统关岭组一段泥质白云岩、白云岩夹泥岩（<23-3>T_2g^1），三叠系下统永宁镇组二段白云质灰岩（<28-3>T_1yn^2>），三叠系下统永宁镇组一段灰岩夹泥灰岩(<29-2>T_1yn^1>),无显著构造痕迹,隧道浅埋段地质纵剖面如图 8—3 所示。

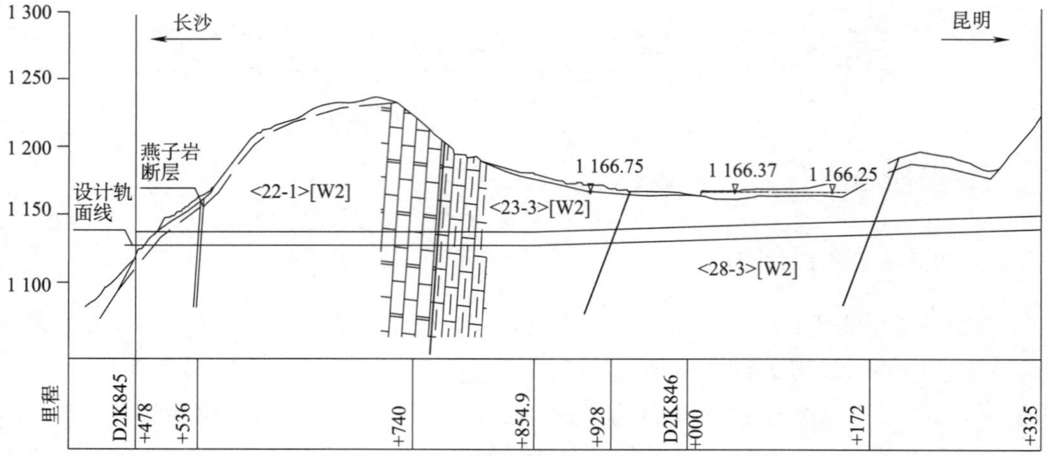

图 8—3 隧道浅埋段地质纵剖面图

8.1.3 水文地质

工程区地表水以山间沟水为主,水量较小,雨季时沟内水量明显增加,属典型的山区沟谷特征,普遍在 2～3 L/s。地表出露泉流量一般 0.2～0.5 L/s,局部具有承压性。故隧道穿越区地表水不发育,主要以季节性水流为主。地表明河为果母当河,地下水发育,地下水类型主要为第四系松散土层孔隙水、基岩裂隙水、岩溶水。

8.1.4 施工难题

隧道在此段施工,由于埋深较浅,极有可能在隧道爆破施工时,引起民房开裂,地表沉降过大也有可能使房屋产生不均匀沉降,导致房屋开裂甚至坍塌。

下穿明河段埋深浅,围岩较破碎,爆破施工将导致围岩松动区扩大,使围岩稳定性降低,可能诱发河水倒灌、局部围岩坍塌等问题。施工中由于隧道开挖爆破振动引起的地表民房振感较强,使部分房屋出现裂隙,引发周边居民恐慌,出现多次扰民、民扰现象,严重影响了隧道施工的正常进行,爆破减振问题亟待解决。

8.1.5 浅埋段隧道施工应对技术措施

丫口寨隧道浅埋段下穿两个村庄和河流,共同的问题都是控制爆破振动,处理的关键是爆破的减振问题。目前国内相关工程案例主要的减振技术主要有控制爆破法、机械开挖法及静态破岩工法等。

1. 控制爆破方法

控制爆破方法,如光面爆破、预裂爆破、毫秒分段爆破等,采用此类方法进行隧道开挖爆破时,由于临空面只有一个,因而爆破振动较大,若要减少单段装药量,则施工效率过低,经济性差。

2. 机械开挖方法

机械开挖方法如采用 TBM 掘进机、盾构机、破碎锤、悬臂掘进机等施工机械进行开挖;由于丫口寨隧道浅埋段仅有几百米,显然不可能采用 TBM 和盾构法。破碎锤及悬臂掘进机法可以对较硬岩进行挖掘,但如果利用破碎锤及悬臂掘进机对整个隧道断面内的岩体进行挖掘,效率过低,进度缓慢,不能满足工期要求,且不经济。

3. 静态破岩工法

静态破岩工法机理是利用在钻孔中装入膨胀剂(如生石灰),然后让膨胀剂在钻孔有限空间内进行体积膨胀使得钻孔周边岩体产生拉应力而破碎岩体。但静态破岩法也是一种效率低下的工法,仅仅适用于局部范围岩体的破碎,经济性很差。

4. 适宜工法确定

如何根据隧道实际情况,综合考虑施工效率、经济性及安全性等重要因素选定一种最佳的施工方案是工程需要解决的问题。单纯爆破不能有效控制振动,而悬臂掘进机法或破碎锤的效率又较低,如果将悬臂掘进机或破碎锤机械开挖与控制爆破相结合,利用悬臂掘进机或破碎锤开挖一个小型导洞,利用增加的凌空面再采用控制爆破对导洞进行扩挖,可以有效利用两种方法的优点,就可以既能控制爆破振动,保证地表房屋安全,又能适当提高掘进效率,保证隧道工期。

8.2　铣挖法的工艺与效果

8.2.1　铣挖法概述

山岭隧道的开挖方法包括钻爆法和非钻爆法,后者又包括全断面掘进机开挖方法(如 TBM 法)和非全断面掘进机开挖方法(如铣挖法和单臂掘进机开挖法)。其中,铣挖法是近年兴起的一种开挖方法,实质上是将铣挖机安装在液压掘进机上,用于隧道开挖及轮廓、洞室、横洞的修整等作业,特别适合不易爆破施工的地段。

铣挖机是一种液压机械作业设备,采用液压马达驱动,与掘进机配套使用,由配套掘进机提供液压动力。铣挖机按铣挖头布置有两种类型:横向铣挖机和纵向铣挖机,如图 8—4 所示。横向铣挖机适用于渠道沟槽施工、隧道施工,以及特殊基础施工、建筑物拆除和砂石土料拌和等;纵向铣挖机适用于狭窄沟槽开挖和隧道、混凝土墙面层翻新等。铣挖机有截齿、铣挖头、机架、传动机构、驱动马达、连接机构等组成。

(a) 横向铣挖机

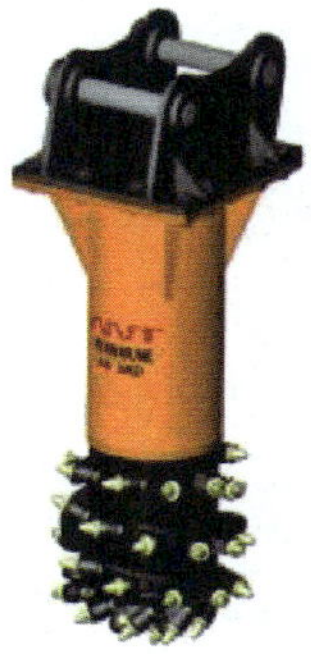

(b) 纵向铣挖机

图 8—4　铣挖机铣挖头实体图

铣挖法施工主要有以下特点：

(1)铣挖范围广。不同型号的铣挖机可适应不同硬度的地层，而一般在中低硬度的岩石中开挖效率较高，也可铣挖无钢筋或有少量钢筋的混凝土。但对极软地层(淤泥、黏土、砂卵石地层)的适应性不佳。

(2)减少振动，保护环境。对围岩扰动小，开挖轮廓圆顺，使得围岩受力状态更加合理，对地层及临近结构物的变形控制效果更好。可在一定程度上替代爆破施工，降低振动、噪声，可较好地保护环境。

(3)开挖面控制精确。可较好解决超欠挖问题，较为准确地修整开挖轮廓，从而利于降低造价。

(4)安全性好。使用铣挖机代替人工在软岩或破碎岩层中掘进，使施工人员离开掌子面，从而降低前方施工人员在开挖时遇到的掉块、坍塌等危险，增大隧道施工的安全程度。

(5)结构简单，使用方便，且价格相对低廉。无须过多特殊的配套设备，可安装在任何一台既有的挖掘机上，该设备与隧道 TBM 掘进机和盾构等机械相比，价格低廉。

(6)铣挖后岩渣粒径较小，如有需要可直接作为回填材料。

8.2.2 铣挖法施工工艺

隧道施工中，作为一种微扰动施工方法，其与钻爆法的最大区别在于开挖方式不同。铣挖法使用铣挖头对岩石或土体直接进行切削挖掘，而后者钻眼爆破实施破岩，二者的后续作业如初期支护、二次衬砌等差别不大。

铣挖法开挖主要分为“开挖—支护—开挖”循环三步骤，现场一般采用台阶法开挖，进尺一般为 80～240 cm，开挖完成后铣挖机退出掌子面之外，停靠在不妨碍装载机出渣处，出渣后进行初期支护，循环依次进行，EB260H 型纵向悬臂掘进机现场施工如图 8—5 所示。

8.2.3 铣挖法效率、适用性及经济性分析

1. 铣挖法效率分析

图 8—5 丫口寨隧道 EB260H 型纵向悬臂掘进机施工中

影响铣挖工法效率的因素较多，但就铣挖工序本身而言，除人为主观因素如驾驶熟练程度及施工组织合理性之外，客观上主要与岩石强度及节理裂隙发育程度、铣挖机械设备的选型、铣挖断面设计有关。

岩石强度及节理裂隙发育程度是影响铣挖工效的首要因素。国内相关案例如武广客运专线浏阳河隧道进行的系列铣挖现场试验表明，当岩石强度低于 15 MPa 时，铣挖工效可达 10～20 m^3/h，开挖成本相对较低，铣挖成本为 20～80 元/m^3。而黄元山明挖隧道段在岩石强度小于 5 MPa 且岩体破碎时，铣挖工效极高；在 15～20 MPa 时，铣挖工效低于 10 m^3/h，开挖成本达 128.6 元/m^3，但当岩石强度高于 20 MPa 时，铣挖工效较低。

铣挖机应当与其装配的母机相适应。在浏阳河隧道现场铣挖试验时，最初使用 EX300 挖掘机代替 ZAXIS330 挖掘机与 ER1500-IS 星型铣挖头配套使用，但因挖掘机底盘过轻而机身晃动，严重影响铣挖效果、增大机械损耗。随后改用 ZAXIS330 挖掘机后，铣挖时灵活正常，在用于岩石强度低、节理裂隙发育的地层效果相当好。

关于断面设计，经过相关工艺性试验和理论分析，装配式铣挖机宜采用拉中槽后分条块开

挖，铣挖的条块宽度应根据地质条件及铣挖头铣挖宽度而定，通常条块宽度 0.5～1 m，深度比每循环进尺长度大 20～30 cm；每条块开挖顺序按水平循环或从上往下为宜。

同 TBM 类似，铣挖机的破岩机理也是利用岩石的抗拉强度和抗剪强度明显小于其抗压强度的特点。岩石单轴抗压强度 R_c 直接决定了铣挖时开挖的难易程度。从浏阳河隧道斜井现场使用情况及 ER1500-IS 型、EBZ160 悬臂掘进机现场工艺试验来看，在 R_c 介于 20～50 MPa、节理裂隙不发育、岩体完整性较好的隧洞出渣多为粉末状，效率低；而在 R_c 介于 10～20 MPa 时、节理裂隙发育、岩体破碎地段，铣挖效率较高。结合相关统计资料，得出了泥岩、泥质胶结砂岩的 R_c 同铣挖机工效的相关关系如图 8—6 所示。由图中曲线可以看出，在一定范围内铣挖工效随 R_c 的提高而降低，但 R_c 过低时，围岩在从岩向土过渡，围岩自稳时间极短，直至不能自稳，实际上此类围岩也就不需要铣挖了。

2. 铣挖法适应性分析

作为非全断面铣挖机，铣挖机应用于隧道施工具有一定程度的地质适应性。在软塑状黏性土、砂类土及饱和黏土等无自稳能力和岩石单轴抗压强度过大，而导致开挖效率极低的地质条件时不具备铣挖机工作条件，不宜采用铣挖机施工。

从铣挖后岩渣来看，铣挖机以截齿切割、研磨方式破岩，岩渣多呈现颗粒状、碎块状，块状不多；但在节理裂隙发育的地段，块状明显增多。可以看出，大部分能量耗费在磨碎岩石上会使铣挖施工工效大打折扣。众多施工实践表明，铣挖机较适用于岩体完整性较差、抗压强度较小，且不宜爆破施工的地段。总体来说，在 R_c 介于 10～15 MPa 时，施工效率较高；当 R_c 介于 20～30 MPa 时，工效可以接受；当 R_c 更大，岩质较硬、完整性更好的Ⅳ围岩及Ⅲ级围岩，工效显著降低同时成本也显著提高。

当然，图 8—6 中铣挖效率曲线仅仅是对某一种材质的铣挖头得出的初步结果，如果铣挖头截齿材料的韧性、耐磨性能有显著改善时，对较硬的岩石铣挖效率也会有显著的提升。

3. 铣挖法经济性分析

从铣挖后岩渣来看，铣挖机以截齿切割、研磨方式破岩，岩渣多呈现颗粒状、碎块状，块状不多；但在节理裂隙发育的地段，块状明显增多。可以看出，大部分能量耗费在磨碎岩石上会使铣挖施工工效大打折扣。众多施工实践表明，铣挖机较适用于岩体完整性不佳、抗压强度小且不宜爆破，而通常挖掘机不易挖动的软弱围岩及土质围岩，具体来说，在 R_c 介于 10～15 MPa 时，施工效率较高；当 R_c 介于 20～30 MPa 时，工效可以接受；当 R_c 更大，岩质较硬、完整性更好的Ⅳ、Ⅲ级围岩，工效显著降低同时成本也显著提高，如图 8—7 所示。

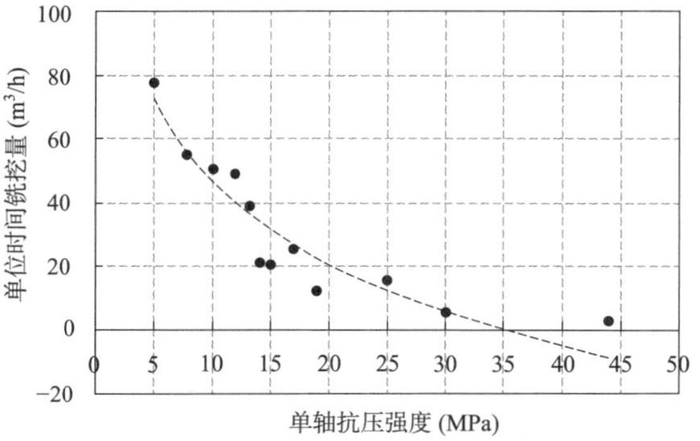

图 8—6　岩石单轴抗压强度与铣挖机工效的关系

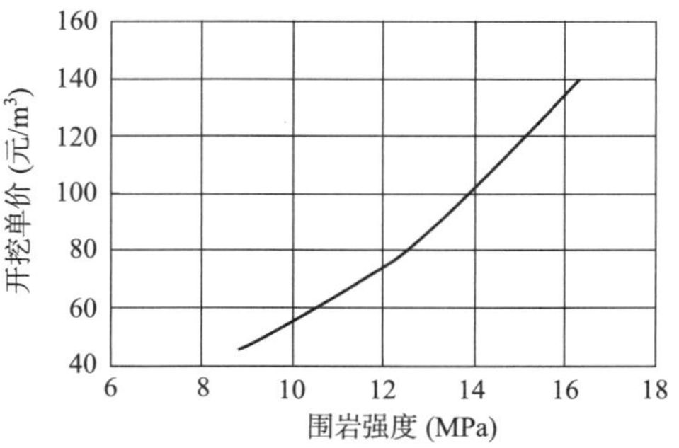

图 8—7　铣挖法成本分析示意图

8.3 铣挖-爆破施工技术在丫口寨隧道中的应用

8.3.1 铣挖机型号及基本参数

根据丫口寨隧道浅埋段围岩强度、实际埋深大小及地表构筑物实际情况，并综合考虑安全性、经济性及施工进度，决定选用EBZ260H型重型悬臂式掘进机(其中，E—掘进机；B—悬臂式；Z—纵轴式；260—截割机构功率(kW)；H—修改顺序号，硬岩)进行开挖。该型掘进机能实现连续切割、装载、运输作业，适用于煤巷、半煤岩巷及全岩的隧洞掘进，也可在铁路隧道施工中使用。最大截割断面可达31 m^2，最高截割硬度最高可达110 MPa。要求环境温度为0～40°，坡度±18°。铣挖机具体参数见表8—1。

表8—1 EBZ260H型重型掘进机设计参数

部位＼参数	参数类别	量值	参数类别	量值
总体参数	总体长度	11.67 m	坡度	±18°
	总体宽度	3.6 m	卧底深度	225 mm
	总体高度	1.96 m	地隙	255 mm
	总重	80 t	龙门高度	350 mm
	理论生产能力	240 m^3/h	截割硬度	≤110 MPa
	空载综合噪声	95 dB(A)	跑偏量	小于等于5%
	总功率	403 kW(含第二运输机11 kW)	牵引力	≥400 kN
	额定电压	AC 1 140 V(主回路)	额定电流	275 A
	额定频率	50 Hz	环境大气压	$(0.8\sim1.1)\times10^5$ Pa
截割部	截割高度	5 051 mm	截割宽度	6 230 mm
	截割面积	≤31 m^2	截割功率	260/200 kW
	截割头形式	纵轴式(电动机驱动)	截割头转数	54/27 r/min
	截齿形式	镐形截齿	截齿数量	62个
	喷雾	内、外喷雾方式		
铲板部	装载形式	五齿星轮(液压马达驱动)	装载能力	4.0 m^3/min
	装载宽度	3.6 m	星轮转数	30～35 r/min
	铲板卧底量	275 mm	液压马达	2台(径向柱塞)
	功率	25×2 kW	压力	25 MPa
	转速	32 r/min	流量	70×2 L/m^3
第一运输机	形式	边双链刮板式(液压马达驱动)	溜槽尺寸	65 cm(宽)×35 cm(高)
	链速	55 m/min	链条规格	18×64-C
	刮板间距	512 mm	运输能力	4 m^3/min
	张紧形式	油缸卡板	液压马达	2台(径向柱塞)
	功率	21.9×2 kW	压力	25 MPa
	转速	72 r/min	流量	55×2 L/min

续上表

部位＼参数	参数类别	量值	参数类别	量值
行走部	形式	履带式(液压马达驱动)	履带宽度	650 mm
	对地压强	0.618 MPa	行走最高速度	6.7±0.5 m/min
	张紧形式	油缸卡板	液压马达	2 台(轴向柱塞)
	功率	43.8×2 kW	压力	25 MPa
	转速	673 r/min	流量	110×2 L/min
液压系统	系统压力	25 MPa	泵站功率	132 kW
	总流量	606 L/min	三联泵形式	变量泵 1 台
	排量	190/145/100 mL/r	转速	1 470 r/min
	190 泵压力	25 MPa	145 泵压力	25 MPa
	100 泵压力	0.5 MPa	油箱容量	600 L
	换向阀	液控换向阀	控制压力	0.5 MPa
供水系统	外供水压力	3～8 MPa	冷却水量	≥80 L/min
	外喷雾水压	2.5 MPa	内喷雾水压	3.0 MPa

8.3.2　铣挖施工工艺流程

鉴于国内相关铣挖施工案例的铣挖流程，结合控制爆破的指导原则及丫口寨现场情况，主要工艺流程如图 8—8 所示。

采用悬臂掘进机进行导洞铣挖作业，先进行试掘，然后根据试掘效果调整断面设计参数。悬臂掘进机的铣挖头上的截料齿呈螺旋状，顺时针旋转。当铣挖速度或效率降低时，将铣挖头游离工作面，等速度回升后再抵近开挖面继续铣挖。铣挖效果的控制，以降低铣挖粉尘、提高岩渣块度及单位铣挖量为标准。

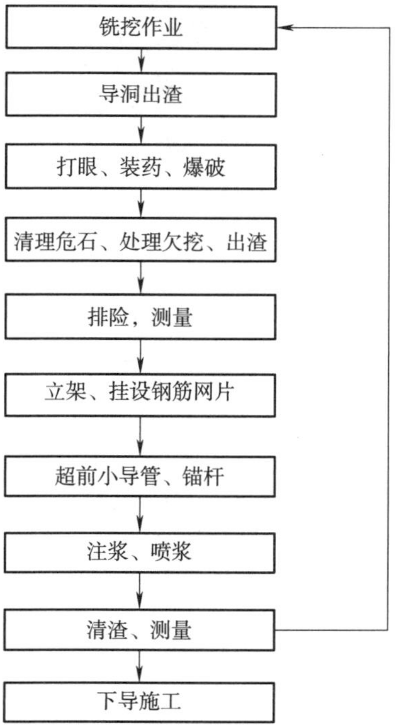

图 8—8　铣挖爆破法施工工艺流程

8.3.3　铣挖方案

根据隧道断面大小、围岩强度、节理裂隙发育程度和地表建筑物情况，确定铣挖槽位置于上导中心偏下处，铣挖槽设计标准尺寸为 4 m×3 m×3 m(宽×高×深)，根据掌子面围岩情况可以适当调整导洞高度和深度，如图 8—9 所示。隧道铣挖施工现场情况如图 8—10 所示。

一般情况下，当截割硬度较小($f<6$)的岩石时，采用左右循环向上的方法。顺序为从左下角开始向右切出一道横槽，然后逐排往上完成一层；再由左下角开始以同样顺序加大铣挖深度完成另一层的铣挖，这样逐层铣挖，直至达到设计标准。由于本身处于富水岩溶地层，岩质较软，一般需要 2～3 个小时即可铣挖完成，铣挖效率约 20 m^3/h。

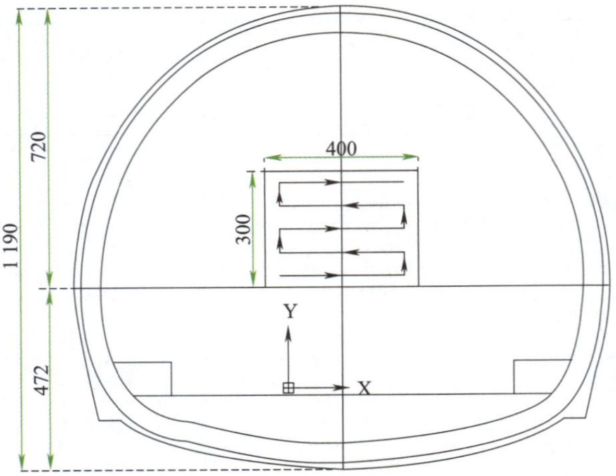

图 8—9　铣挖机铣挖部位及顺序(单位:cm)

图 8—10　丫口寨隧道 EBZ260H 型悬臂掘进机铣挖中心槽

根据围岩等级、软硬不同,单次铣挖进深 20～30 cm(中硬岩),40～50 cm(中软岩);总进深 2～3 m(中硬岩),4～5 m(中软岩)。掌子面附近有断层或掌子面上方有突出的大型石块等类似情况时,据实际情况减小铣挖深度。当截割岩石硬度差异较大时,先行铣挖较软部分,然后由下而上、分层左右截割的方法;当截割岩石硬度较大($6<f<10$)且为岩性接近时,应将截割部置于和机器中心水平位置进行钻进,并根据岩石硬度及节理发育情况决定钻进的深度,且单次最大钻进深度不超过 220 mm,等截割头扩窝后再行铣挖钻进。切割时截割头最大参与切割长度以不超过 700 mm 为宜。

铣挖机施工时可以边铣挖边出渣,但相对而言铣挖中槽出渣量不多,一般是等到铣挖完成,铣挖机撤离掌子面,装载机配合运渣车出渣。

8.3.4　施工步骤

隧道开挖采用台阶法施工,上台阶采用悬臂掘进机铣挖头铣挖中导洞,其余区域采用控制爆破开挖,具体步骤如下:

第一步,采用悬臂掘进机开挖上台阶中下部区域,进尺根据围岩强度决定,形成中导洞。开挖的围岩废石渣利用挖掘机临时倒运或中导洞完成后再装车运出洞外,如图 8—11 所示。

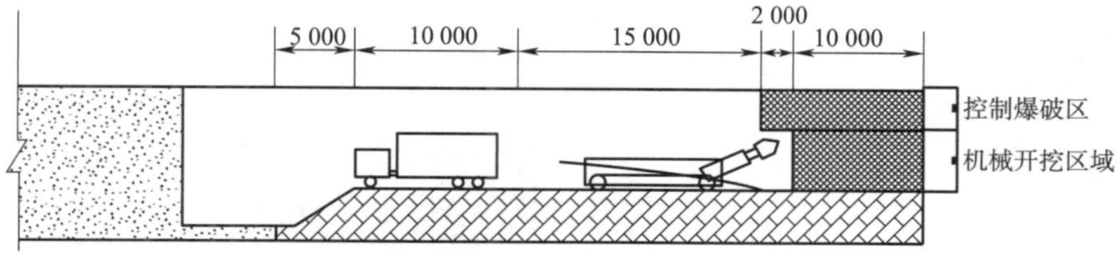

图 8—11　悬臂掘进机铣挖作业示意图(单位:mm)

第二步,移动悬臂掘进机至掌子面后方 30 m 外;将开挖台车移至掌子面,打设炮眼,采用控制爆破开挖上台阶余下区域;移走台车进行爆破,利用装载机和自卸汽车将石渣运出洞外弃渣场,如图 8—12 所示。

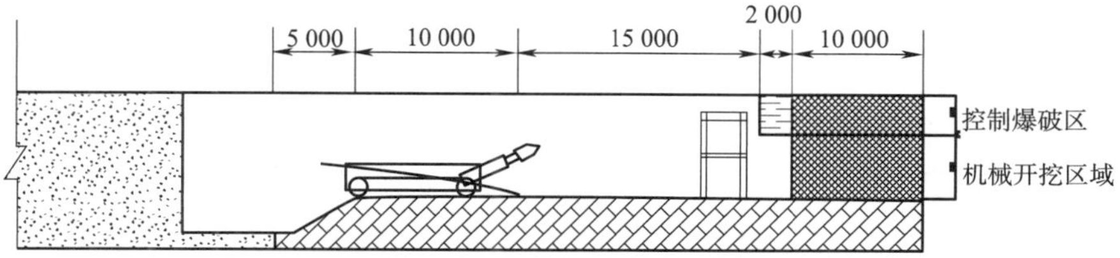

图 8—12　控制爆破炮眼施作示意图(单位:mm)

第三步,施工初期支护,架立钢架,打设锚杆,分次喷混凝土至设计厚度,如图 8—13 所示。

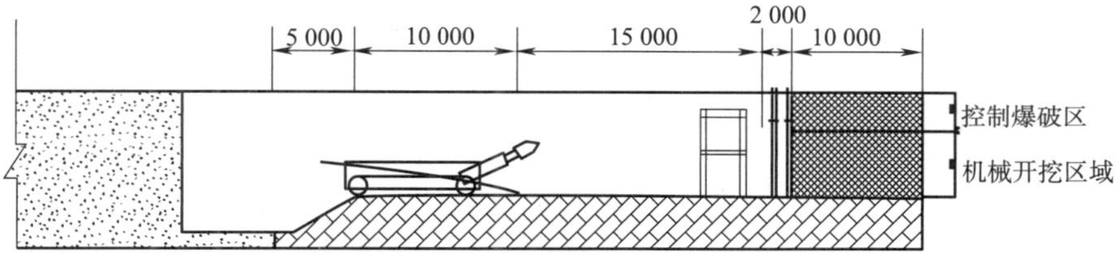

图 8—13　控制爆破炮眼施作示意图(单位:mm)

第四步,上台阶连续施工 4 个循环,进尺 8 m,在施工第 5 个循环的过程中,下台阶及仰拱部分同时进行控制爆破开挖,施工下台阶和仰拱处初期支护。

第五步,施工仰拱二衬、填充,衬砌台车就位,施工仰拱以上二次衬砌。

在铣挖过程中,一方面围岩中存在裂隙水使岩石湿润;另一方面对无裂隙水的岩石在铣挖时喷水雾除尘,并不间断进行隧道通风,保持现场掌子面空气状况良好。

8.3.5　打眼放炮

铣挖完成出渣完毕后,将钻孔台架移至掌子面,使用手风钻在三层台车上多人同时打眼。现场施工情况如图 8—14 所示。

依照光面爆破原理,严格控制起爆时间由内往外分段爆破。炸药采用 2 号岩石乳化炸药,同时采用导爆管为引线的不同段数的毫秒雷管引爆炸药,导爆管按位置集束,最终由单个 8 号电雷管引爆,以此保证分段爆破,达到节省药量、减轻振动、尽量少超挖不欠挖的目的。

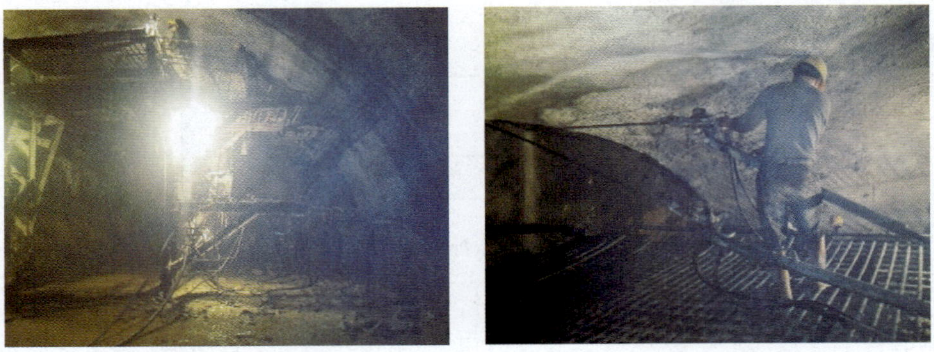

图 8—14　采用手持风钻打设炮眼

一般视围岩状况，在现场Ⅳ$_b$级围岩环境下炮孔纵深约 3.2 m，孔径约 45 mm（炮钎长度 3.5 m，直径 40 mm）。铣挖爆破工况下，为减少超欠挖，提高爆破效果，周边眼间距 50 cm，在钢拱架边缘外延约 5 cm 处，以约 5°角外插打入。为提高控制爆破效果，周边眼采用隔孔间隔装药结构。内圈眼间距 70～80 cm，为了在周边眼炸药引爆前，为其创造一个较薄而均匀的残留岩石轮廓线，即预留光爆层，使得周边眼爆破后轮廓齐整圆顺。辅助眼间距约 100 cm，旨在增大扩槽效果，对爆破后轮廓无太多要求。扩槽眼间距约 120 cm，靠近导洞边缘处约 1.3～1.5 m。炮眼布置如图 8—15 所示。

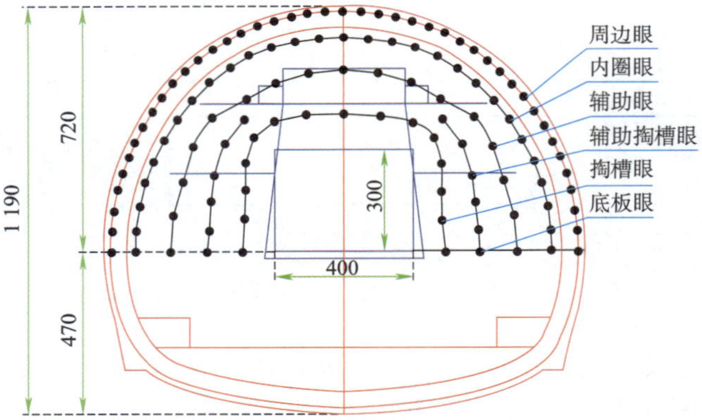

图 8—15　炮眼布置图

将铣挖爆破法和隧道其他地段的爆破方案对比可知，孔位布置上，由于中洞临空面的存在使得破岩相对容易。在下半断面爆破时前者炮孔有 5 排，炮孔总数相对较少，而后者要增加一排，有时爆破困难段要增至 7 排，炮孔多 10％以上；药量上，后者掏槽眼单孔装药量较多，其他部位差别不大，再者炮孔数目多，使得钻爆法相对用药总量比铣挖-爆破工法多 27.1％。

铣挖形成导洞后的起爆顺序，总体上仍是从内向外逐排起爆。

8.3.6　铣挖-爆破法施工效率分析

为分析铣挖-爆破法的施工效率，全程统计从 2015 年 4 月 6 日（里程 D2K846＋164.8）至 2015 年 5 月 8 日（里程 D2K846＋126.4）约一个月内工序耗时，各工序耗时统计见表 8—2。

表 8—2　铣挖-爆破法工序时间实际消耗(单位:h)

日期 工序	核定用时	日期											
		4/6	4/7	4/8	4/9	4/10	4/11	4/12	4/13	4/14	4/15	4/16	4/17
铣挖机开挖导洞	3.50	0.63	2.87	2.35	3.42	2.37	2.47	2.13	2.40	2.75	2.18	1.85	2.38
导洞出渣	1.00	2.37	0.75	0.63	1.15	1.30	0.88	0.82	1.35	0.70	0.93	0.92	0.95
打眼、装药、爆破	3.50	3.33	2.38	2.33	3.38	3.27	2.40	3.07	2.27	3.12	2.65	2.62	2.75
出渣	4.00	2.82	2.23	2.98	3.50	3.85	3.38	3.05	3.20	3.60	4.70	3.60	3.60
排险、测量	0.50	0.30	0.48	0.52	0.18	0.20	0.67	0.33	0.38	0.30	0.38	0.42	0.15
立架、挂网	3.50	4.30	2.60	2.93	2.38	3.53	2.33	3.22	3.18	2.75	3.47	2.97	3.05
超前、锚杆	1	1.60	0.90	0.95	0.63	0.52	0.87	0.55	0.63	0.47	0.68	0.78	0.90
喷浆	4.50	4.10	3.33	5.07	3.40	4.10	3.72	3.73	3.13	3.83	3.63	3.72	3.35
清渣、测量	0.50	0.48	0.28	0.48	0.58	0.40	0.40	0.55	0.52	0.48	0.20	0.42	0.53
净耗时	21.0	19.93	15.83	18.25	18.63	19.53	17.12	17.45	17.07	18.00	18.83	17.28	17.67
起始时间		20:00	21:35	16:30	15:35	11:00	10:25	14:30	8:00	5:04	2:00	21:21	16:41
结束时间		22:03	17:27	17:25	12:32	10:45	15:07	8:55	6:15	2:44	1:45	17:08	12:04
总耗时		26.05	19.87	24.92	20.95	23.75	28.70	18.42	22.25	21.67	23.75	19.78	19.38

日期 工序	核定用时	日期											
		4/18	4/19	4/20	4/21	4/22	4/23	4/24	4/25	4/26	4/27	4/28	4/29
铣挖机开挖导洞	3.50	2.77	2.98	2.50	2.25	3.08	2.85	2.70	2.00	2.23	2.10	2.57	3.42
导洞出渣	1.00	0.85	0.95	0.80	0.88	1.05	0.88	0.90	0.87	0.82	0.85	0.82	0.93
打眼、装药、爆破	3.50	3.00	2.52	2.62	3.07	3.13	2.68	3.12	2.87	2.12	2.25	2.83	3.00
出渣	4.00	3.47	3.32	4.55	3.05	3.42	2.97	2.80	3.52	2.87	2.23	3.08	3.60
排险、测量	0.50	0.82	0.47	0.55	0.55	0.43	0.40	0.33	0.43	0.43	0.22	0.45	0.43
立架、挂网	3.50	3.18	3.27	3.23	3.28	3.07	4.93	2.93	3.08	2.92	3.22	3.35	3.17
超前、锚杆	1	0.80	0.85	0.75	0.90	1.75	1.63	0.97	1.33	1.37	0.87	0.82	0.90
喷浆	4.50	3.58	4.20	3.30	3.23	4.08	4.10	3.78	3.03	3.63	2.95	3.62	4.43
清渣、测量	0.50	0.33	0.22	0.33	0.25	0.67	0.47	0.23	0.52	0.35	0.25	0.43	0.52
净耗时	21.00	18.80	18.77	18.63	17.47	20.68	20.92	17.77	17.65	16.73	14.93	17.97	20.40
起始时间		11:00	2:08	23:15	21:41	18:32	17:12	17:33	1:18	21:00	14:20	5:46	5:00
结束时间		7:38	0:35	23:25	19:31	17:43	18:08	2:25	21:35	15:00	6:52	4:58	3:40
时间总耗时		20.63	22.45	24.17	21.83	23.18	24.93	32.87	20.28	18.00	16.53	23.20	22.67

日期 工序	核定用时	4/30	5/1	5/2	5/3	5/4	5/5	5/6	5/7	5/8
铣挖机开挖导洞	3.50	2.95	3.03	2.38	2.75	3.02	3.83	3.25	2.80	2.62
导洞出渣	1.00	0.53	1.30	1.35	0.82	1.25	1.23	0.82	1.80	2.48
打眼、装药、爆破	3.50	3.43	3.45	3.42	3.28	3.12	3.30	3.08	3.13	3.13
出渣	4.00	4.27	3.90	3.03	3.32	3.48	2.97	3.60	3.42	3.03
排险、测量	0.50	0.42	0.07	0.48	0.42	1.27	0.87	0.48	0.53	0.13

续上表

工序＼日期	核定用时	4/30	5/1	5/2	5/3	5/4	5/5	5/6	5/7	5/8
立架、挂网	3.50	3.18	2.37	3.38	3.38	3.05	2.77	2.58	2.95	2.33
超前、锚杆	1	0.88	0.73	0.93	0.65	0.42	1.05	0.90	0.98	0.97
喷浆	4.50	5.12	3.95	7.33	3.97	3.20	3.63	4.37	3.10	3.17
清渣、测量	0.50	0.25	0.50	0.20	0.15	0.63	0.45	0.40	0.90	0.27
净耗时	21.00	21.03	19.30	22.52	18.73	19.44	20.10	19.48	19.62	18.13
起始时间		2:44	10:32	6:30	8:03	3:48	6:00	4:21	2:45	10:46
结束时间		11:10	7:20	8:57	4:34	3:27	5:25	3:45	10:51	8:14
时间总耗时		32.43	20.80	26.45	20.52	23.65	23.42	23.40	32.10	21.47

对统计的时间数据进行处理分析，结果见表8—3。由此可见，大部分工序耗时在核定用时间范围内，一般节省10%～17%，而铣挖工序一环更是达到24.9%，约四分之一。工序累加净时耗为18.64 h，包含交接班等中间时间在内共23.04 h，也即近一天一个循环。

表8—3 铣挖-爆破法工序时间统计规律(单位:h)

	核定用时(h)	平均耗时(h)	节时百分比(%)
铣挖机开挖导洞	3.50	2.63	24.9
导洞出渣	1.00	1.05	−4.7
打眼、装药、爆破	3.50	2.93	16.4
出渣	4.00	3.34	16.6
排险、测量	0.50	0.44	11.2
立架、挂网	3.50	3.11	11.1
超前、锚杆	1.00	0.90	10.2
喷浆	4.50	3.83	14.8
清渣、测量	0.50	0.41	17.6
净耗时	21.00	18.64	11.3
实际总耗时(算交接班)		23.04	

为确定铣挖-爆破法的施工进尺效率，对从2014年8月30日～2015年8月12日(里程D2K846+329.2～D2K846+56.2)约一年时间内的施工进尺进行统计。铣挖-爆破法日进尺0.92 m。另统计了丫口寨隧道二号横洞工区向小里程方向2013年的非铣挖直接爆破工法下的施工进度，里程D2K847+109～D2K856+453.4，总进尺755.6 m，此处总施工期200天，进尺速度约3.78 m/d，约为铣挖爆破施工速度的4倍。可见铣挖爆破工法施工效率较低，但在需要严格控制爆破振动特殊工况下，采用钻爆法不能满足爆破振动控制要求的前提下，相比于纯粹机械开挖及其他普通非爆破开挖方法，该方法仍然优先采用。

8.4　铣挖-爆破法施工减振机理及效应分析

在采用悬臂掘进机先行铣挖形成导洞的情况下，为后续爆破增加临空面，可以有效降低爆破产生的振动强度。那么设计的爆破方案在隧道爆破施工中产生的振动能否满足对地表建筑振动的控制要求，这就需要从理论上对爆破方案进行围岩的瞬态力学数值分析，以检验所设计爆破方案的有效性及安全性。

由于仪器数量及丫口寨隧道现场工作条件限制，在监测试验中，只能对部分点位进行振速等方面的监测，得到的数据比较有限，为了利用有限的数据较为系统地分析铣挖爆破工法的减振规律，探究铣挖槽临空面对爆破减振的影响原理，运用 midas GTS 瞬态动力分析模块模拟分析普通钻爆法与铣挖爆破工法引起的爆破振动情况，为工程施工提供理论依据与施工指导。

8.4.1　数值模型建立

采用 Midas GTS 有限元软件建立丫口寨隧道下穿民房段数值计算模型，隧道宽约 14 m，高约 12 m，为了减小边界效应的影响，取隧道洞径方向 3～4 倍洞跨为有限元模型的计算范围。模型坐标系中，以垂直于隧道轴线的平面为 $X—Z$ 平面，其中水平向右为 X 轴，竖直向上为 Z 轴，隧道轴线方向为 Y 轴。模型尺寸，X 轴方向取 100 m，Y 轴方向取 30 m，Z 轴方向取 78 m，隧道埋深 30 m。用四面体实体单元模拟围岩，并假设围岩为 Mohr-Coulomb 理想弹塑性介质。模型单元划分后的铣挖爆破工法模型共计有单元 192 131 个，节点 38 092 个。钻爆法模型共计有单元 194 167 个，节点 38 293 个。模型纵向长度 30 m，掌子面位置在距前后面各15 m处。有限元模型及网格划分情况如图 8—16 所示，由于周围岩性基本一致，故岩层简单取单一地层。

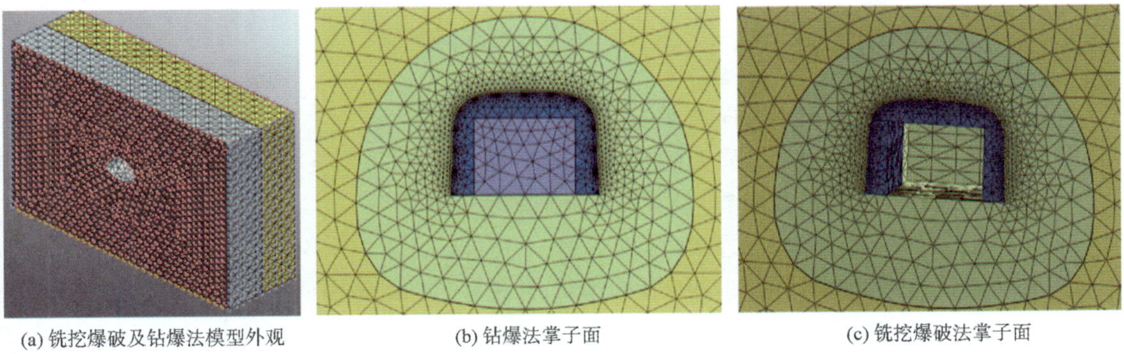

(a) 铣挖爆破及钻爆法模型外观　(b) 钻爆法掌子面　(c) 铣挖爆破法掌子面

图 8—16　铣挖爆破法及钻爆法数值计算模型

8.4.2　围岩等材料参数选取

根据隧道现场开挖揭示出的围岩力学特性，取围岩弹性模量 1.5 GPa，容重取 21 kN/m^3，泊松比取 0.30，内摩擦角取 25°，抗拉强度 0.04 MPa，黏聚力 0.12 MPa，初始应力系数 K_0 取 1.5，纵波速取 1.3 km/s。

隧道爆破采用炸药为岩石 2 号乳化炸药，其容重取 11.25 kN/m^3，炸药爆速 4 200 m/s，药柱直径取 35 mm，炮孔直径取 45 mm。

8.4.3 数值模型的模态分析

模态分析用于确定结构的振动特性，即确定结构的固有频率和振型，它是瞬态动力学分析的起点。在讨论结构的固有特性时，由于阻尼对固有频率和固有模态的影响很小，因此可以按无阻尼结构进行模态分析。确定弹性结构系统无阻尼自由振动的频率和相应的振型，可以归结为求解所谓的广义代数特征值问题。

模态分析的基本方程如下：

$$\boldsymbol{K}\boldsymbol{\Phi}_i=\omega^2\boldsymbol{M}\boldsymbol{\Phi}_i \tag{8—1}$$

式中 $\boldsymbol{K}$——系统的总刚度矩阵；

$\boldsymbol{M}$——质量矩阵；

$\boldsymbol{\Phi}_i$——第 i 阶模态的振型向量；

ω——第 i 阶模态的固有频率。

进行模态分析实际半无限区域问题时，采用数值方法分析时考虑到计算效率，模型范围不可能取很大，因而需要在模型边界处通过施加地基弹簧来间接近似模拟半无限区域计算。

竖直地基反力系数 k_v：

$$k_\mathrm{v}=k_\mathrm{v0}\left(\frac{B_\mathrm{v}}{30}\right)^{-3/4} \tag{8—2}$$

水平地基反力系数 k_h：

$$k_\mathrm{h}=k_\mathrm{h0}\left(\frac{B_\mathrm{h}}{30}\right)^{-3/4} \tag{8—3}$$

其中：

$$k_\mathrm{v0}=\frac{1}{30}\alpha E_0=k_\mathrm{h0} \tag{8—4}$$

$$B_\mathrm{v}=\sqrt{A_\mathrm{v}} \tag{8—5}$$

$$B_\mathrm{h}=\sqrt{A_\mathrm{h}} \tag{8—6}$$

式中 B_v、B_h——竖直和水平方向截面的等效边长；

A_v、A_h——竖直和水平方向面的截面积；

E_0——地基的弹性系数，根据围岩级别取值 350 MPa/m；

α——系数，近似各项同性材料，α 取 1.0。

根据所建数值模型的尺寸可知，相应于模型 X、Y 和 Z 方向的截面面积分别为 $A_x=2\ 340\ \mathrm{m}^2$，$A_y=7\ 800\ \mathrm{m}^2$，$A_z=3\ 000\ \mathrm{m}^2$。

由此得到地基弹性系数 $k_x=8.14$ MPa/m，$k_y=5.18$ MPa/m，$k_z=7.42$ MPa/m，从而得到模型的前 3 阶振型对应的频率和周期，见表 8—4。

表 8—4 模型特征值分析

振型号	频率 f(Hz)	周期 T(s)
1	2.550 21	0.392 124
2	2.571 131	0.388 934
3	3.688 991	0.271 077

8.4.4 材料阻尼的确定

在瞬态动力分析中，通常选择 Rayleigh 阻尼作为模型的阻尼系数。在有限元计算中，Rayleigh 阻尼具有较为方便计算和节约内存的特点。它以黏滞阻尼基本假设为基础，用整体质量矩阵 $\boldsymbol{M}$ 及整体刚度矩阵 $\boldsymbol{K}$ 的线性组合来表示整体阻尼矩阵 $\boldsymbol{C}$，即：

$$\boldsymbol{C}=\alpha\boldsymbol{M}+\beta\boldsymbol{K} \tag{8—7}$$

α 和 β 可由以下公式确定：

$$\xi=\alpha/(2\omega)+\beta\cdot\omega/2 \tag{8—8}$$

式中　ξ——材料的阻尼比，取值与结构类型、材料性质和荷载特性有关，岩土类材料一般可取 $\xi=0.05$；

ω——结构的基频对应的圆频率，$\omega=2\pi f$。

对于固定的 ξ 值，α 和 β 是随频率变化的，作为一种近似，可以用感兴趣的频率范围的上限和下限带入上述关系，通过求解联立方程来确定 α 和 β，作为该频率段的系数使用。联立方程：

$$\xi=\alpha/(2\omega_1)+\beta\cdot\omega_1/2 \tag{8—9}$$

$$\xi=\alpha/(2\omega_2)+\beta\cdot\omega_2/2 \tag{8—10}$$

可得：

$$\alpha=2\omega_1\cdot\omega_2\cdot\xi/(\omega_1+\omega_2) \tag{8—11}$$

$$\beta=2\xi/(\omega_1+\omega_2) \tag{8—12}$$

本数值模拟采用前两阶振型作为频率范围上下限进行计算，ξ 取 0.05，α 和 β 所得值分别为 0.804 4 和 0.003 1。

8.4.5 边界条件处理

为了减小人为划分边界面的影响，除了自由面以外其余界面均设为无反射边界，即在这些界面施加两个方向的黏性阻尼分布力，模型边界采用黏弹性吸收边界（Viscous Boundary）。为了定义黏性边界需要计算相应的土体 X、Y、Z 方向上的阻尼比。计算阻尼的公式如下：

P 波：
$$c_p=\rho\cdot A\cdot\sqrt{\frac{\lambda+2G}{\rho}}=\rho\cdot c_p\cdot A \tag{8—13}$$

S 波：
$$c_s=\rho\cdot A\cdot\sqrt{\frac{G}{\rho}}=\rho\cdot c_s\cdot A \tag{8—14}$$

$$\lambda=\frac{\nu E}{(1+\nu)(1-2\nu)} \tag{8—15}$$

$$G=\frac{E}{2(1+\nu)} \tag{8—16}$$

式中　λ——体积弹性模量；

G——剪切弹性模量；

E——弹性模量；

c_p——岩体中纵波波速，m/s；

c_s——岩体中横波波速，m/s；

ν——泊松比；

A——截面积，m^2。

8.4.6 爆破荷载的加载方式确定

1. 爆破荷载的加载方式

目前爆破相关理论研究、现场实践及振动监测均表明，分段爆破时，振速最大值不是取决于总炸药量，而是单段最大装药量。

岩体的爆破数值模拟，目前一般有两种爆破加载方式：一是按炸药爆轰理论计算炮孔压力，之后将相应压力作用于炮孔壁上；二是用经验公式，把计算所得的动荷载峰值以三角形脉冲波的形式作用于开挖边界。前者需引入炸药及岩体状态方程，多用于集中装药爆破的情况；对于多孔爆破的隧道，由于爆源分布分散，不便具体模拟各个微小的炮孔，适宜按当量炸药量以集中装药爆炸方式加载，加载方式示意图如图 8—17 所示。

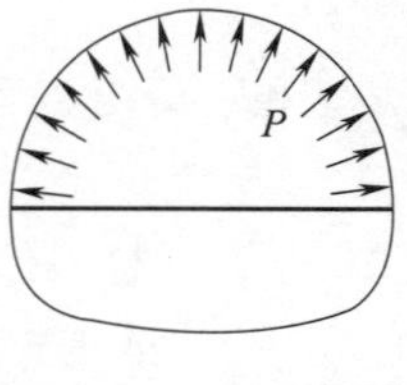

图 8—17 爆破荷载一般施加方式

为了考虑先铣挖形成导洞后的爆破振动问题，必须根据现场实际建立炮孔模型，根据实际每孔药量计算炮孔爆轰压力，把爆轰压直接作用于掏槽眼炮孔壁上，其示意图如图 8—18 所示。

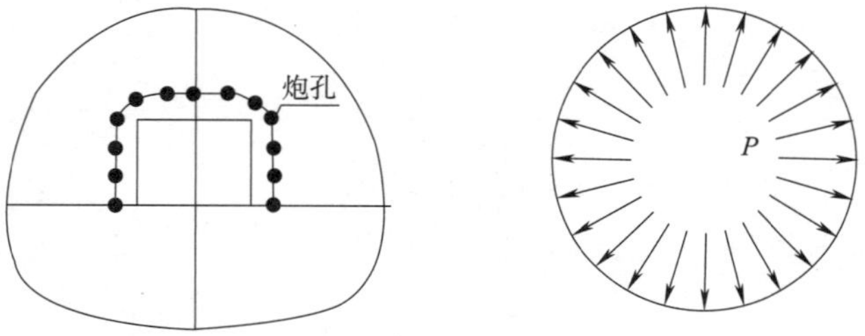

(a) 先行导洞下炮孔加载模型　(b) 炮孔内爆轰压力加载示意图

图 8—18 爆炸荷载直接施加于炮孔内壁示意图

2. 爆破荷载的确定

炸药在炮孔内发生爆炸产生的爆轰压力，传递到孔壁形成作用在炮孔孔壁上的动压荷载。对炮孔壁上压力的计算，在对比国内外爆轰压计算经验公式及模拟结果之后，选用美国 National Highway Institute 提出的公式，每 1 kg 炸药产生的最大爆轰压力 P_{det}(Pa)为：

$$P_{det}=\frac{4.18\times10^{-7}\times S_{ge}\times V_e^2}{1+0.8S_{ge}} \tag{8—17}$$

式中 V_e——炸药爆速，对 2 号岩石炸药，取 4 200 m/s；

S_{ge}——炸药的比重，取 1.125，2 号岩石炸药的密度 $\rho_e=1\ 125\ kg/m^3$。

由上式得 $P_{det}=436.59$ MPa。

作用在炮孔孔壁上的压力 P_B为：

$$P_B=P_{det}\times\left(\frac{d_c}{d_h}\right)^3 \tag{8—18}$$

式中 d_c——卷直径，mm，取 35 mm；

d_h——炮孔直径，mm，取 45 mm。

由上式得到作用在孔壁上的最大爆炸荷载 $P_B=205.42$ MPa。

式(8—18)决定了爆破时作用在孔壁上的最大爆破压力，实际上作用在孔壁上的动压力是随时间变化的，有一个迅速升压和降压的过程。此处使用 Statfield 里提出的有关时程的动压力，相比于三角形荷载其曲线更光滑，也更接近实际爆轰压变化，则：

$$P_D(t)=4P_B\left[\exp\left(\frac{-Bt}{\sqrt{2}}\right)-\exp(-\sqrt{2}Bt)\right] \tag{8—19}$$

式中　B——荷载常量，取 $B=16338$，是每 1 kg 炸药产生的动压力。

需要注意的是公式(8—19)里时间单位为百分之一秒，这样在 6 ms 左右孔壁压力达到极大值、60 ms 衰减到很小，与国内普遍采用的爆破荷载在 8 ms 时达到极值、40 ms 衰减至零的三角形加压荷载较为吻合。最终得到的荷载值时变曲线如图 8—19 所示。

8.4.7　计算结果分析

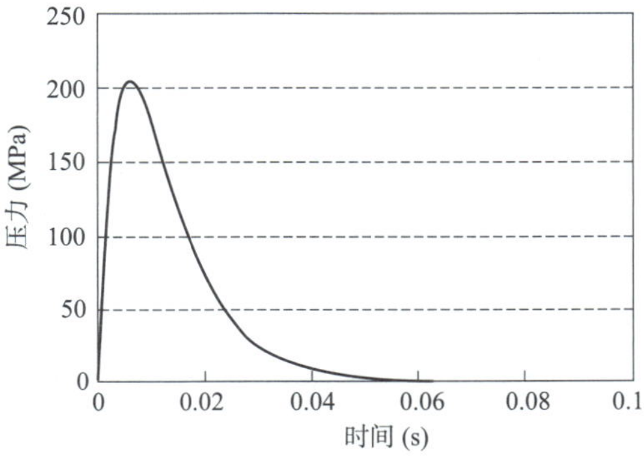

图 8—19　炮孔壁的爆炸荷载时程曲线

为了验证此种建模方式合理性，首先进行上方单孔装药下在铣挖钻爆与钻爆法两种形式下的时程分析；为了研究装药孔位及铣挖槽对地表及岩土体其他部位的振动影响规律，又先后进行了仅上方 5 孔装药、仅侧方 10 炮孔装药，在铣挖钻爆与钻爆法形式下 4 种工况组合中的数值模拟计算；最后又做了全孔装药在铣挖钻爆与钻爆法两种形式下时程分析，得出整体的减振效果，并与实际监测数据进行对比。为排除药量不同对振速造成的影响，除全孔装药外，其余工况按铣挖爆破与钻爆法相应炮孔药量相同计算。

1. 导洞上方单孔装药时的振动分析

所建立的铣挖爆破法模型和钻爆法模型的区别，仅仅在前者模型中存在一导洞，其他方面均相同。为了对比两种方法下爆破荷载引起的振动情况，在隧道上方及地表选择一些记录点位，记录的点位位置如图 8—20 所示。两种工法时地表监测点位的振速随距振源爆心点的变化曲线如图 8—21 所示。

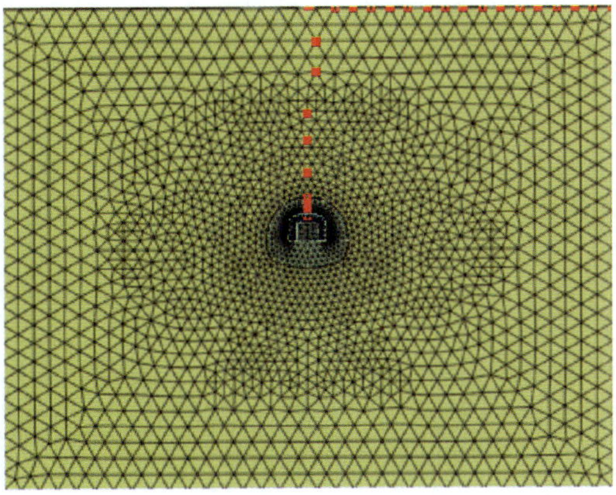

图 8—20　提取结果所选节点位置图

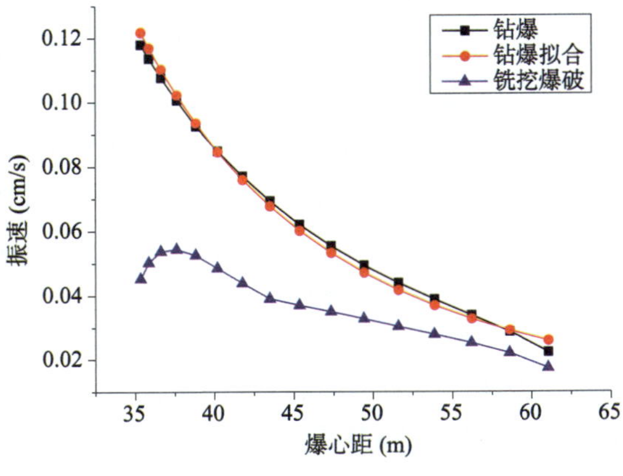

图 8—21　两种工法下地表监测点的振速

(1) 振速对比

由图 8—21 可知,铣挖爆破法由于铣挖导洞的影响,使得各点位处振速有不同程度的降低。对钻爆法中各点进行萨氏公式拟合,得到萨氏公式的相关参数 $K=4\ 317.4$,$\alpha=2.83$,与经验取值差别较大。不管是哪种爆破开挖方式,地表上振速在隧道正上方达到最大,由隧道正上方朝两侧随爆心距增加而减小。

(2) 铣挖爆破法相对于钻爆法减振百分比分析

为了研究地表不同区域处铣挖爆破法相对于钻爆法减速效果的变化规律,以减速百分比为 Y 轴,爆心距为 X 轴,取节点集内岩土内部及地表所有点位,得图 8—22。这里,减振百分比$=(1-V_{铣挖爆破}/V_{钻爆})\times100\%$,以下皆同。

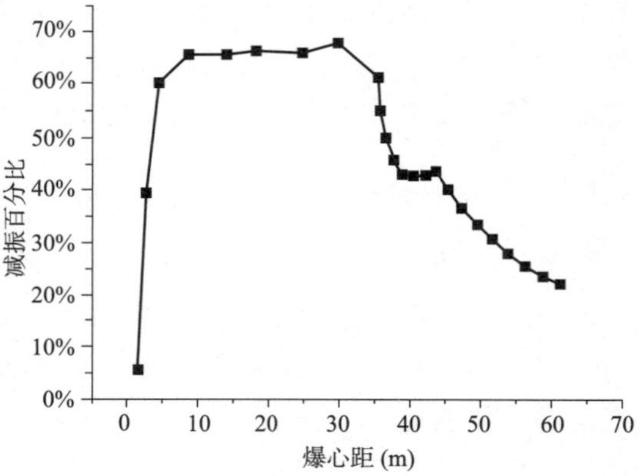

图 8—22 两种工法下不同位置处减振百分比

由图 8—22 可见,在靠近爆破中心处,两种工法振速接近,但减振百分比在爆心距 0～15 m内随之增大而迅速增大至 60%;在爆心距 15～35 m 内,减振百分比基本维持在 60%～67%之间;在地表部位(爆心距约 35～37 m),减振百分比迅速由 60%降至 46%;在地表部位(爆心距约 37～60 m),减振百分比逐渐下降至 22%。但当爆心距过小时,由于铣挖槽相对于炮孔还有一段距离(约 1 m),导洞临空面效应无法体现;随爆心距增大,空洞临空面对岩土内部荷载路径造成较大影响,其效应体现明显增大。

隧道正上方点位附近为振速影响敏感区,中导洞临空面对此区域的应力传递影响较大;当距离铣挖导洞过远时,其临空面效应逐渐减弱。

(3) 隧道正上方地表点位振动分速度与合速度分析

每个点的振速均有三个分量的时程曲线,这里仅取隧道中心正上方地表点位进行两种工法下的合速度及其分速度对比分析,所得曲线图如图 8—23 所示。

由图 8—23 可知,两种工法下的竖直方向振速 V_z 均明显大于水平方向振速 V_x、V_y,钻爆法中,振速分量最大值 V_z 分别为 V_x、V_y 的 7.5 和 5.8 倍;铣挖爆破法下,振速分量最大值 V_z 分别为 V_x、V_y 的 2.1 和 4.6 倍,振速分量差异相对小一些。

与钻爆法相比,铣挖爆破法的 V_x 最值变化不大,V_y 及 V_z 最值明显减小,致使合振速明显降低,降低百分比达 61.4%。从合振速振形形式来看,波动形状相近,但前者振动周期明显小于后者。整体来看,铣挖导洞的存在主要是削弱了竖直方向主振振速分量,同时使岩土振动频率有所增大。

2. 上方 5 炮孔装药时振速分析

为了研究装药孔位及铣挖槽对地表及岩土体其他部位的振动影响规律,仅在导洞上方 5 个炮孔装药,在钻爆法与铣挖爆破法不同工法(药量相同)情况下,取不同区域节点位置进行振速方面的对比及减振效果的分析。

(1) 隧道正上方点位振速分析

所取研究点位为图 8—20 中隧道正上方点。研究点位的振速对比及减速百分比分析图如

图 8—24 和图 8—25 所示。

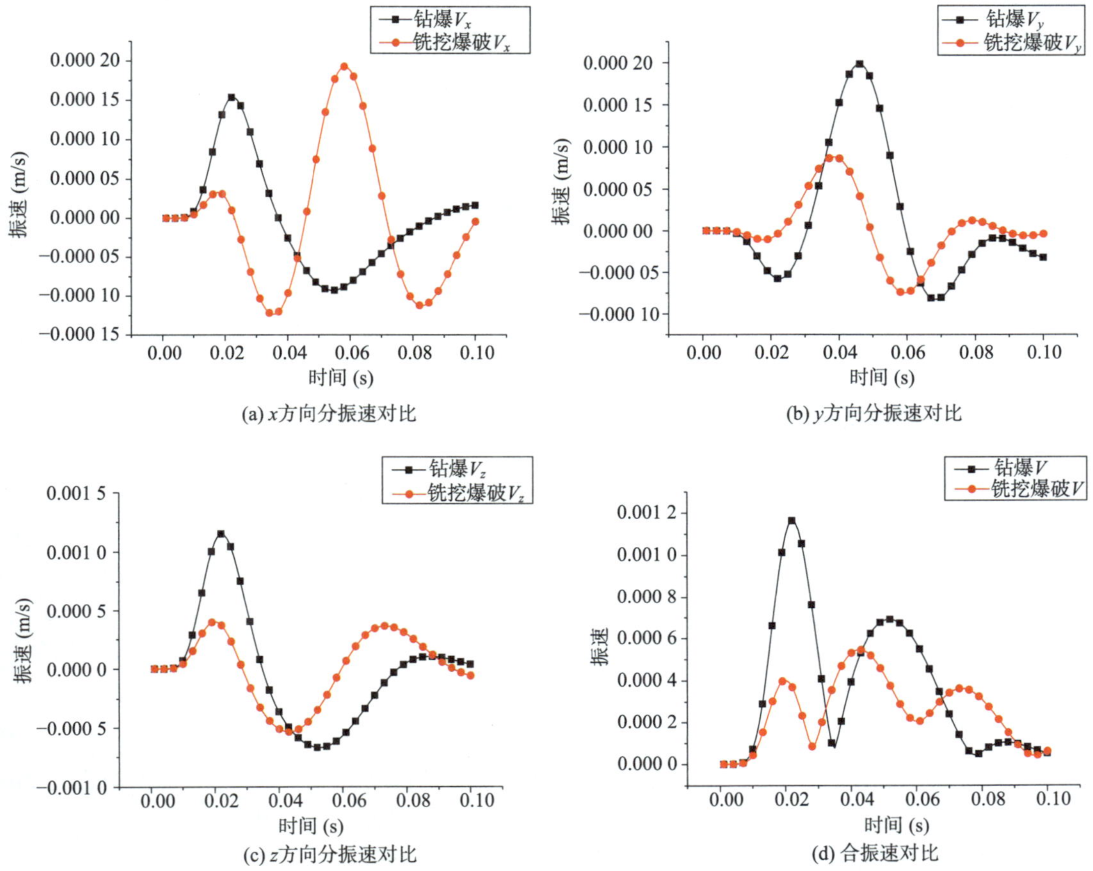

图 8—23　两种工法下隧道正上方地表点位分量振速及合振度对比

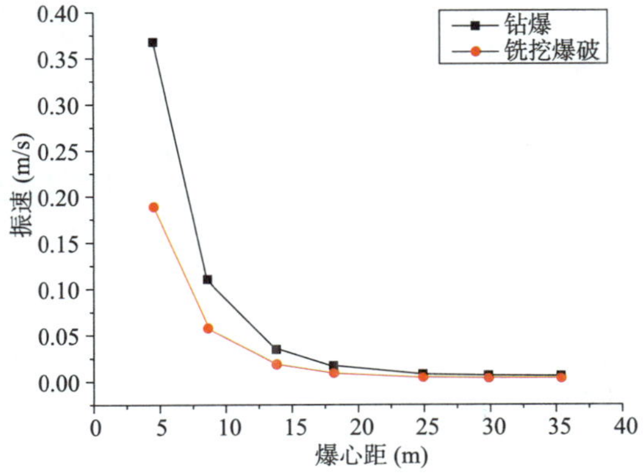

图 8—24　两种工法下振速对比

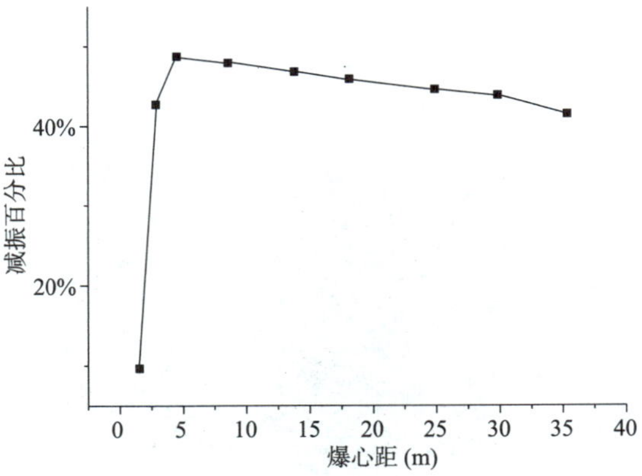

图 8—25　铣挖-钻爆法减振百分比

由图 8—24 和图 8—25 可知，与单孔装药工况相比，两种工况下的减振百分比曲线形式大体相似，区别处在于：前者减振百分比在稳定区段的值约在 60%～67%之间，后者约在 40%～49%之间；前者在稳定区段略微上升，而后者略微下降。

(2) 取地表上垂直隧道轴线方向点位

取隧道轴线右侧处于地表的单元节点点位进行对比分析，相应振速对比及减速百分比分析图如图 8—26 和图 8—27 所示。

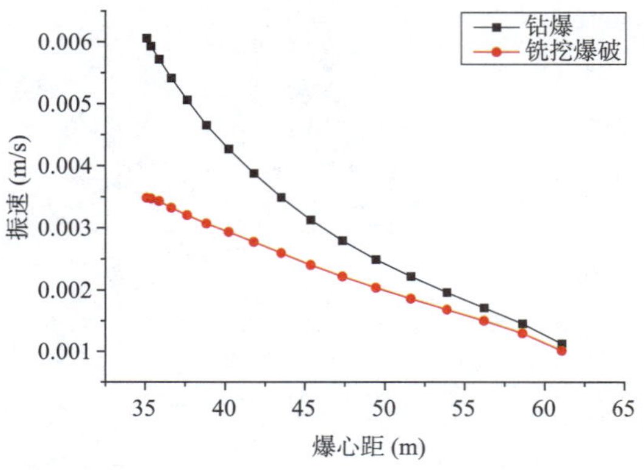

图 8—26 两种工法下振速对比

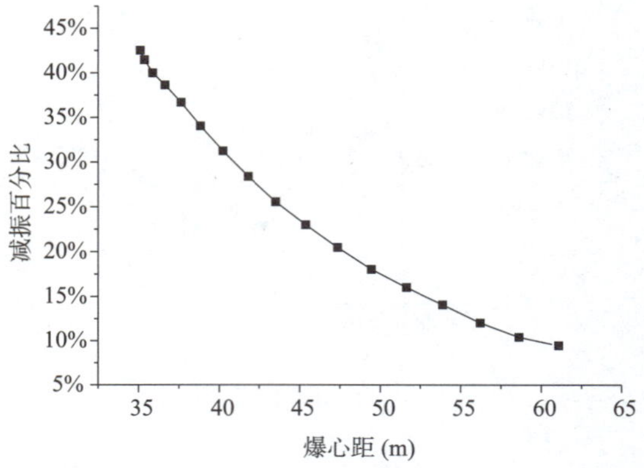

图 8—27 铣挖爆破法减振百分比

由图 8—26 和图 8—27 可见，与单孔装药与之相比，铣挖爆破法的减振百分比曲线形式大体相似，区别处在于：前者减振百分比在下降过程中在爆心距 35～43 m(即隧道正上方附近)位置出现阶梯，后者为持续平稳下降，曲线形式类似双曲线；前者在爆心距 35～60 m 区域减速百分比值都较后者大。

(3) 取隧道上方斜 55°向外方向点位

取隧道拱顶点与模型右上角连线(连线与水平线呈 55°角)上的点位进行研究，所取点位如图 8—28 所示。两工法下振速对比及减速百分比对比分别如图 8—29～图 8—30 所示。

由图 8—29 和图 8—30 可见，减振百分比随爆心距增加至 10 m 而急速上升至 17.5%，；在爆心距位于 10～61 m 段，减振百分比在 15%左右平稳摆动，区间范围 13.7%～18.3%。

(4) 取隧道一侧水平线上的点位

取导洞上方与炮孔相同高度处隧道右侧水平线上各点位进行研究，所取点位如图 8—31 所示。两工法下振速对比及减速百分比分析图分别如图 8—32 和图 8—33 所示。

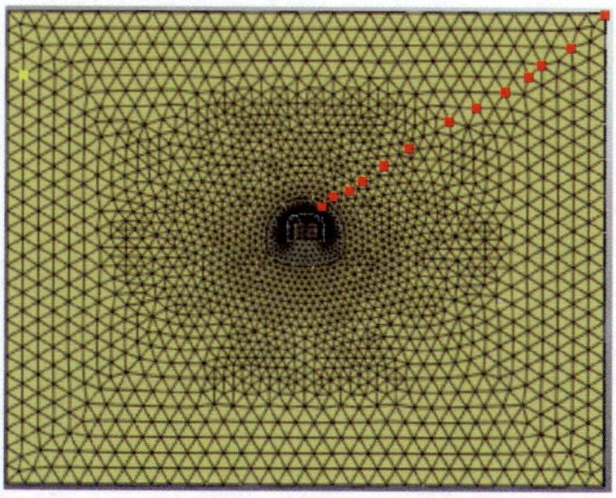

图 8—28 研究点位示意图

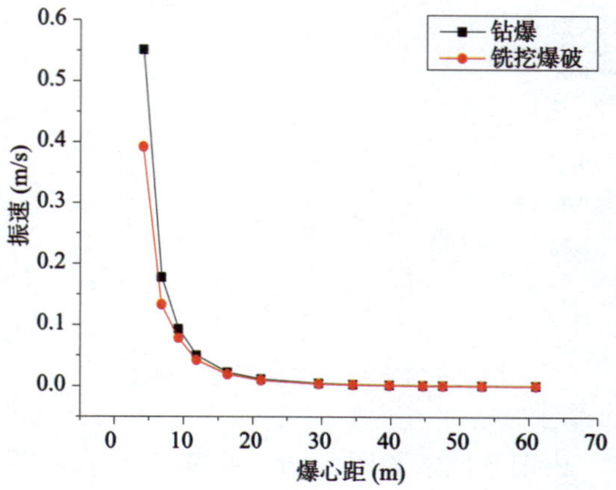

图 8—29 两种工法下振速对比

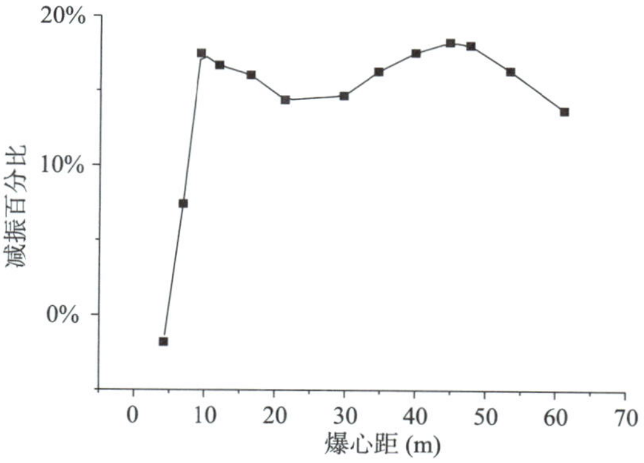

图 8—30　铣挖-钻爆法减振百分比

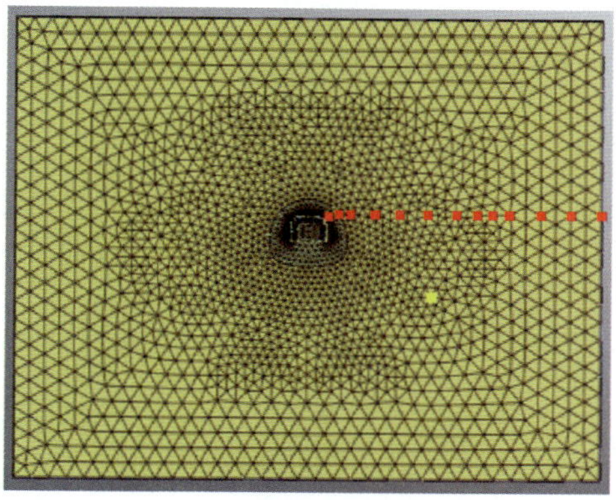

图 8—31　水平线上的研究点位示意图

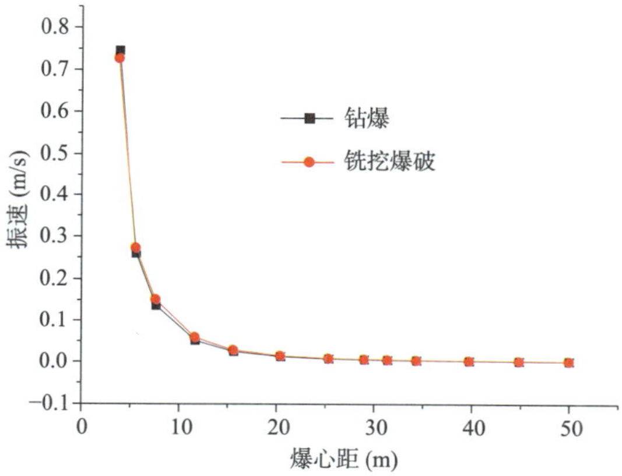

图 8—32　两种工法下振速对比

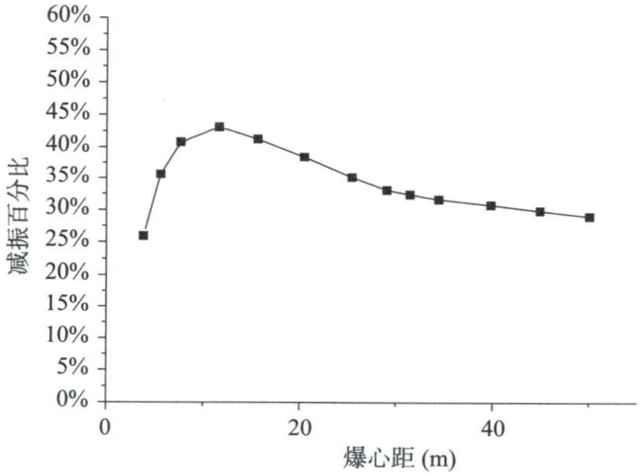

图 8—33　铣挖-钻爆法减振百分比

由图 8—32 和图 8—33 可见，减振百分比随爆心距增加而增大，至爆心距为 11.5 m 左右时达最大值约 43%，之后随之降低，降速渐缓，至爆心距 50 m 时衰减至 29.1%。

3. 导洞一侧炮孔装药时的振速分析

为了研究装药孔位及铣挖导洞对地表及围岩中其他部位的振动影响规律，这里在仅考虑隧道一侧 10 个炮孔装药同时起爆。钻爆法与铣挖爆破法不同工法(药量相同)情况下，对不同区域内点位振速的对比及减振效果的分析。

(1)取隧道正上方点位

所取研究点位为图 8—20 中隧道正上方点位。研究点位的振速对比及减速百分比分析图如图 8—34 和图 8—35 所示。

由图 8—34 和图 8—35 可以看出，与单孔装药与之相比，减振百分比曲线形式大体相似，区别处在于：前者减振百分比在稳定区段的值约在 60%～67%之间，后者约在 40%～49%之间；前者在稳定区段略微上升，而后者略微下降。

(2)取地表上垂直隧道轴线方向点位

取隧道轴线右侧处于地表的单元节点点位振速进行对比分析，相应振速对比及减速百分比分析图如图 8—36 和图 8—37 所示。

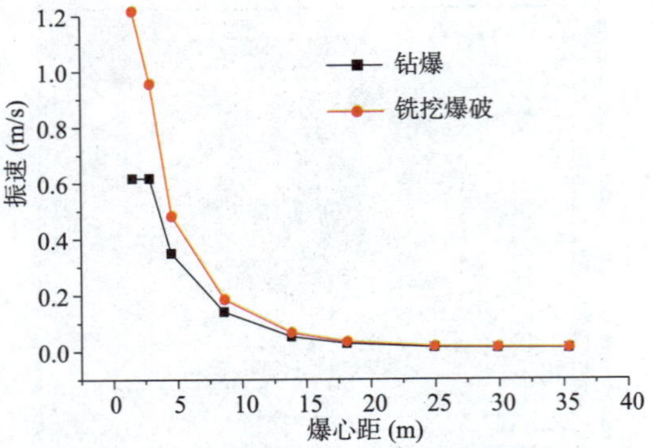

图 8—34　两种工法下振速对比

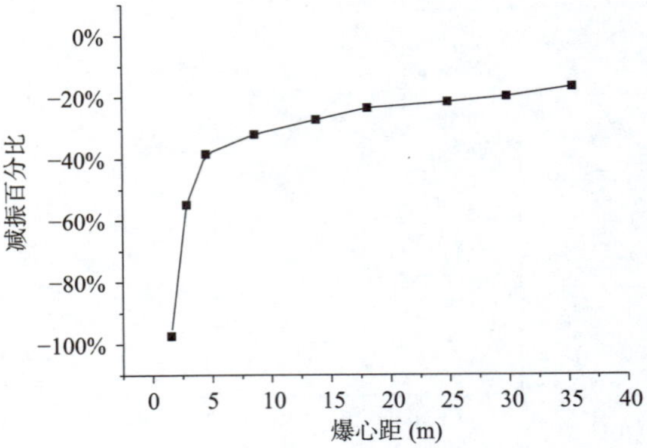

图 8—35　铣挖-钻爆法减振百分比

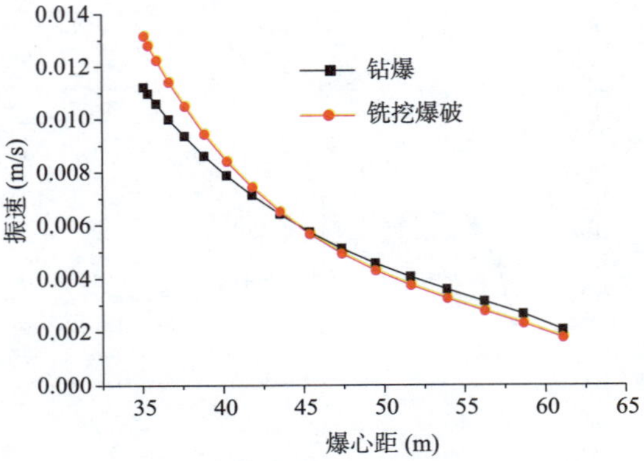

图 8—36　两种工法下振速对比

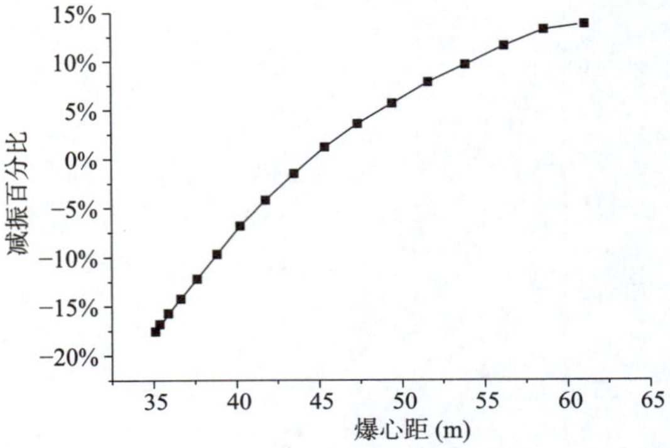

图 8—37　铣挖-钻爆法减振百分比

由图 8—36 和图 8—37 可见，与单孔装药与之相比，减振百分比曲线形式大体相似，区别处在于：前者减振百分比在下降过程中在爆心距 35～43 m(即隧道正上方附近)位置出现阶梯，后者为持续平稳下降，曲线形式类似双曲线；前者在爆心距 35～60 m 区域减速百分比值都较后者大。

(3)取隧道上方斜 55°向外方向点位

研究点位与图 8—28 中的相同。相应两工法下振速对比及减速百分比分析分别如图 8—38 和图 8—39 所示。

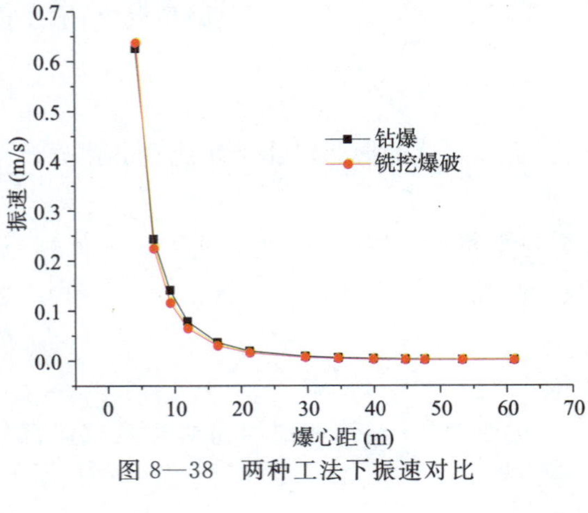

图 8—38　两种工法下振速对比

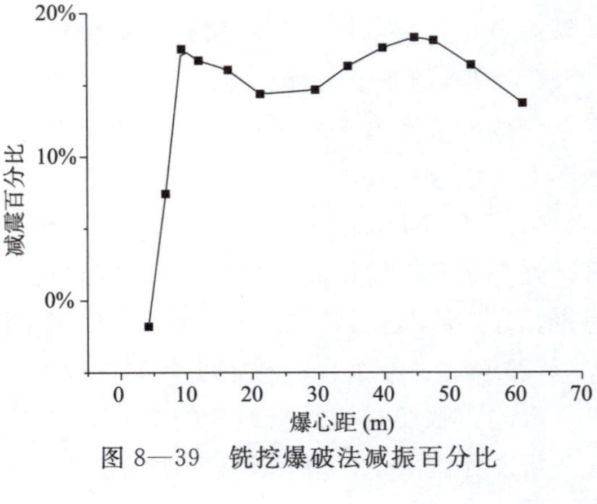

图 8—39　铣挖爆破法减振百分比

由图 8—38 和图 8—39 可知，在导洞侧方装药进行爆破时，减振百分比随爆心距增加至 10 m 而急速上升至 17.5%；在爆心距位于 10～61 m 段，减振百分比在 15%左右平稳波动，区间范围 13.7%～18.3%。

(4) 取隧道一侧水平向方向点位

所取研究点位与图 8—31 中相同。两种工法下相应振速对比及减速百分比分析图分别如图 8—40 和图 8—41 所示。

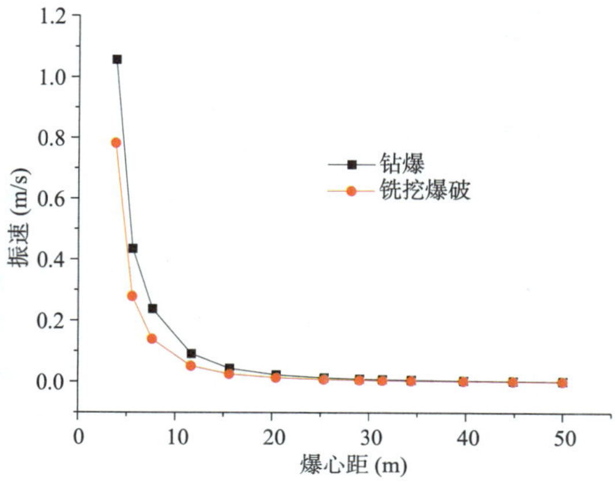

图 8—40　两种工法下振速对比

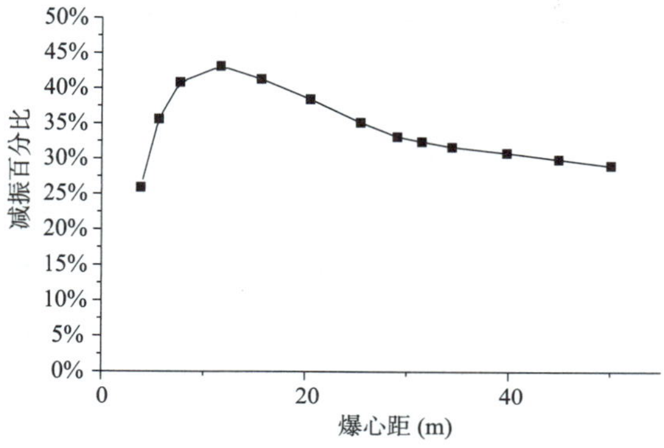

图 8—41　铣挖-钻爆法减振百分比

由图 8—40 和图 8—41 可以看出，存在铣挖导洞情况下的减振百分比随爆心距增加而增大，至爆心距为 11.5 m 左右时达最大值约 43%，之后随之降低，降速渐缓，至爆心距 50 m 时衰减至 29.1%。

8.5　隧道爆破振动现场监测

8.5.1　采用监测仪器

监测采用 UBOX5016 数据采集设备及配套软件进行数据采集和计算分析，如图 8—42 所示，UBOX5016 便携式数据采集设备，针对现场噪声、振动、爆破、冲击等测试而专门优化设计，可用于信号记录和分析，能对传感器(包括压力、加速度、速度、温度、应变等)产生的动静态模拟信号进行数字的存储与转换，并设有触发机制以保证只对关心特征的信号进行正确记录。

通过 UBOX5016 设备控制采集数据，并在此基础上配合 BM View 将得到的爆破振动数据根据萨道夫斯基经验公式进行爆破振动的专业分析、统计、管理。其最高采样率：200 ksps/通道(浮点模式下，最高 50 ksps/通道)，输入信号带宽范围为：0～20 kHz，最大分段段数为 16 段。

8.5.2　监测方案

在采用悬臂掘进机铣挖出导洞后，进行爆破扩挖时，在地表房屋石阶安装测点进行爆破振动速度的监测。振动监测测点分为 4 组，每组内测点垂直隧道方向依次间隔 10 m，各组之间沿隧道方向间隔 5 m，振动监测测点布置如图 8—43 所示。

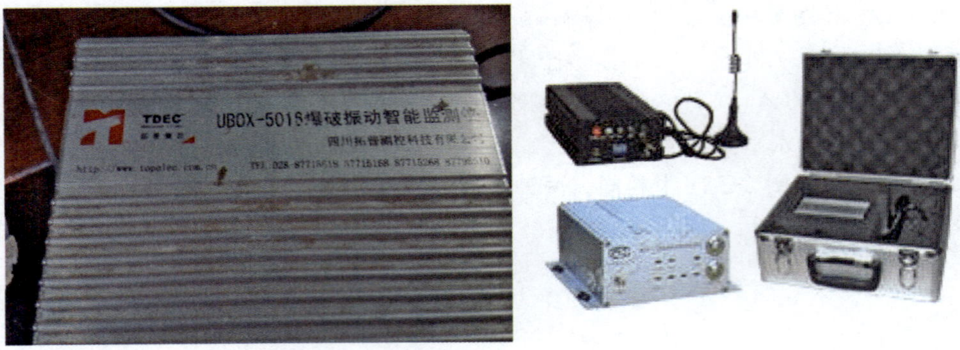

图 8—42 现场 UBOX5016 型爆破测振仪

8.5.3 监测数据分析

安装测点传感器时，传感器采用熟石膏拌水和浆黏结固定于地面附属物，正常情况下几分钟即可黏接稳固。现场多为石砌民房，传感器一般固定于门前石阶、地基或稳定矮墙上。安装前需将其清理干净，现场安装图如图 8—44 所示。在采集过程中有部分测点因记录仪未触发没有采集到数据外，其余测点都记录到了完整的振动波形。所测得典型振动时程曲线如图 8—45所示，监测各测点峰值振速列于表 8—5。

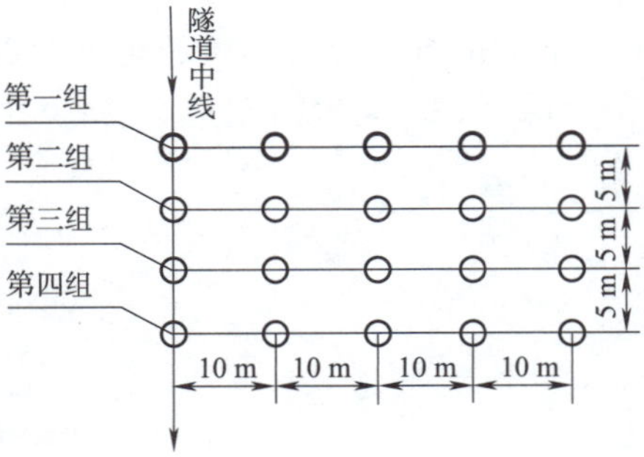

图 8—43 监测点布置图(单位:m)

图 8—44 现场监测图

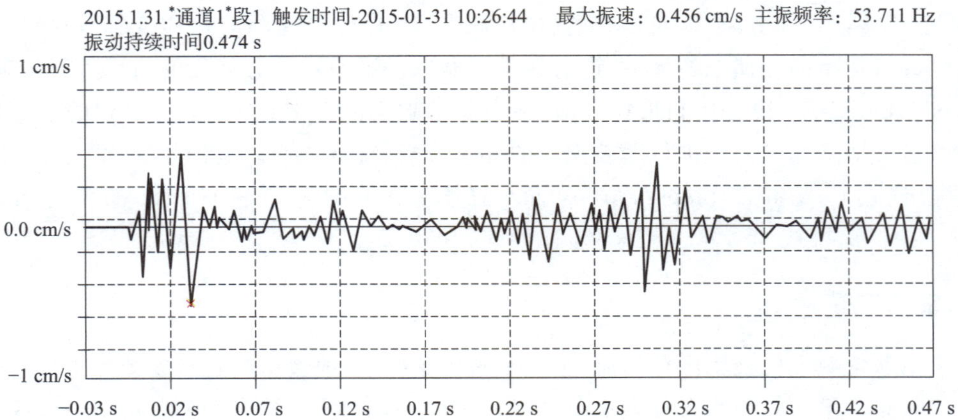

图 8—45 所测典型炮振曲线

表 8—5　监测数据

测组 \ 传感器编号	1	2	3	4	5
第一组峰值振速(cm/s)	1.45	1.35	0.81	0.69	0.53
第二组峰值振速(cm/s)	1.14	0.86	0.90	0.72	0.45
第三组峰值振速(cm/s)	1.00	0.88	0.91	0.61	0.51
第四组峰值振速(cm/s)	1.09	1.13	0.84	0.73	0.50
爆心距 R(m)	35.0	36.4	40.3	46.1	53.2

从表 8—5 中监测到各点的峰值振速来看，最大峰值振速为 1.45 cm/s，而国家爆破安全规程规定的普通民房控制的最大振速为 2.0 cm/s，因而采用单臂掘进机先行铣挖导洞后，再进行爆破扩挖对地表民房不会产生不利影响，但爆破振动会对农民日常生活会有一定的影响。因而为了减小爆破作业对农民生活的影响，确定产生振动很小的铣挖作业在晚上作业，而导洞的扩挖爆破作业安排在白天作业。

8.5.4　监测数据的萨氏公式拟合分析

通常在没有爆破振动实测数据的情况下，一般采用萨道夫斯基公式对爆破振动产生的峰值振速进行预测。萨道夫斯基公式为：

$$V=K\ (Q^{\frac{1}{3}}/R)^{\alpha} \tag{8—20}$$

式中　V——监测点峰值振速，cm/s；

K——场地系数；

α——衰减系数；

Q——单段最大装药量，kg；

R——测点与爆破中心位置距离，m。

K 和 α 的数值与围岩情况有关，根据《爆破安全操作规程》，不同岩性中 K、α 值可按表 8—6 中取得。

表 8—6　爆区不同岩性 K、α 经验取值

岩　性	K	α
坚硬岩石	50～150	1.3～1.5
中硬岩石	150～250	1.5～1.8
软岩石	250～350	1.8～2.0

从表 8—6 可以看出，K 和 α 取值范围是很大的，这给现场应用带来了很大困难。如果采用监测到的振速数据对萨氏公式中的 K 和 α 的值进行回归拟合，然后再利用拟合得到的 K 和 α 的值对后续相近围岩地层的爆破振动进行预测，将会大大提高振速的预测精度。

对萨道夫斯基公式中的 K 和 α 进行回归分析时，首先将式(8—20)的形式转化成关于 $\ln K$ 和 α 的线性形式：

$$\ln(V)=\ln(K)+\alpha\ln(\frac{\sqrt[3]{Q}}{R}) \tag{8—21}$$

利用多组($\ln(\frac{\sqrt[3]{Q}}{R})$，$\ln(V)$)监测结果，结合最小二乘法，可求出满足上述线性关系的最佳

的 K 及 α 值。回归后得到 $K=296.71$，$\alpha=1.958$，符合中软岩性质下的取值，直线拟合情况如图 8—46 所示。将拟合计算出的 α 和 K 值回代，得到拟合的萨道夫斯基公式，即：

$$V=296.71\left(Q^{\frac{1}{3}}/R\right)^{1.958} \tag{8—22}$$

式中药量 Q 按实际爆破单段最大药量取值，为 8.6 kg。

利用回归出来的萨氏公式，即式(8—22)对后续爆破振动速度进行预测，预测数据与实测值对比如图 8—47 所示。由此可见除个别点相距较远外，多数点较为吻合，可据此推测地表附近不同爆心距处振速情况。

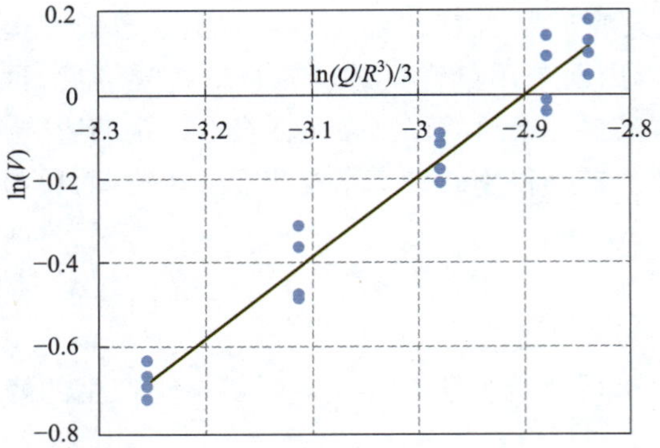

图 8—46 萨氏公式的最小二乘法拟合结果

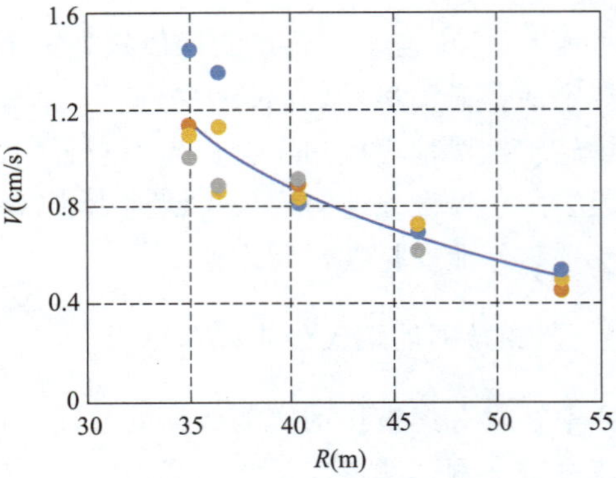

图 8—47 拟合萨氏公式预测值与现场实测数据对比

8.5.5 数值模拟结果与监测结果对比

根据铣挖爆破法实际施工时的单段最大药量进行的数值模拟结果与现场监测-拟合数据对比分析图如图 8—48 所示。由图中曲线可知，当监测点距爆源距离小于 45 m 时，数值计算结果大于监测值，而且距震振源距离越近，差别越大，最大相差 18%；当监测点距震源距离大于 45 m 时，计算结果比实测结果偏小。

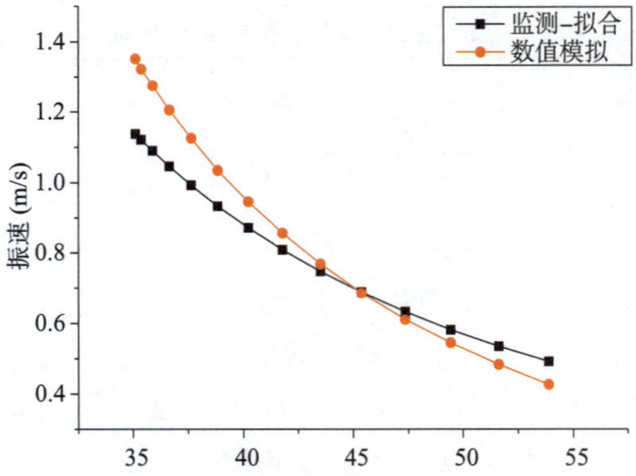

图 8—48 监测数据拟合与实测数据拟合对比

第9章　高风险岩溶隧道施工风险评估技术

由于隧道工程具有投资大、施工周期长、施工技术复杂、不可预见风险因素多和对社会环境影响大的特点，隧道工程建设成为一项风险较高的建设工程。隧道施工环境差、场地狭小、环境恶劣、自然灾害和施工作业人员健康安全风险大。隧道地质情况复杂：不良工程水文地质或特殊地质及隧道埋深条件导致隧道施工可能遇到各种险情，隧道塌方、涌水、涌泥的风险大。另外，影响隧道施工安全的不确定因素较多，这主要是因为地质勘察手段的有限性、围岩的复杂性及施工单位的管理与技术水平的差异性等造成的。因而，隧道施工是一项典型的高风险工作，必须对影响隧道施工安全的各种因素进行分析，判断隧道施工的风险等级，采取相应的技术措施，注重施工管理、措施评价和落实，以规避或降低隧道施工的风险，保证隧道施工人员及设备的安全，这也是隧道施工风险管理的目标。

9.1　隧道施工安全风险等级划分

9.1.1　隧道施工安全风险等级划分

隧道工程施工过程中的风险能否接受或者接受程度如何，取决于不同风险的控制对策及处置措施。在隧道施工过程中进行风险事件的管理，就需要预先制定明确的风险等级及接受准则。

为了对工程中风险事故的风险程度有一个全面、定性的把握，以便指导风险决策的开展，需对不同的风险事故进行风险等级划分。风险分级标准包括风险发生概率的等级标准（即风险概率等级）和风险事故发生后的损失等级标准（即风险损失等级），根据工程风险的定义，制定相应风险的分级标准和接受准则。

一般来说，风险可表征为风险事故发生的概率和事故损失的乘积，结合工程的实际情况，给出风险事故概率和损失的等级评定标准，并在最后给出针对风险事故的等级划分标准。

在隧道施工过程中，建立科学、可对比的安全施工风险判别指标是十分重要的。只有建立了安全施工风险判别指标或判别的目标值，才能衡量安全施工系统风险的大小和可接受标准。无论是定性还是定量的安全施工风险判别指标，若没有可比性，安全管理人员将无法判定施工过程中风险的高低及是否达到了可接受的程度，也无法判断施工过程改善到什么程度才达到期望的安全水平，这将使安全施工风险管理无法进行或失去意义。

隧道工程常用的安全施工风险判别指标有工程经济损失、人员伤亡、工程延误、环境影响、社会信誉损失等。

9.1.2　风险发生概率等级与判断标准

根据工程安全风险发生概率等级分为1、2、3、4、5级。各等级判断标准见表9—1。

表 9—1　风险发生概率等级判断标准

概率等级	定量判断标准(概率区间)	定性判断标准
1	$P_f<0.0003$	几乎不可能发生
2	$0.0003\leqslant P_f<0.003$	很少发生
3	$0.003\leqslant P_f<0.03$	偶然发生
4	$0.03\leqslant P_f<0.3$	可能发生
5	$P_f\geqslant 0.3$	频繁发生

注:1. P_f为风险概率值,当概率值难以取得时,可用年发生频率代替。

2. 风险发生概率等级应优先采用定量判断标准确定。当无法进行定量计算时,可采用定性判断标准确定。

9.1.2　风险损失等级与判断标准

风险损失等级分为 1、2、3、4、5 级。应按人员伤亡等级、经济损失等级及环境影响等级等因素确定。当多种损失同时产生时,应采用就高原则确定风险损失等级。

1. 人员伤亡

人员伤亡是指在参与工程建设活动过程中所发生的人员伤亡事故。依据人员伤亡的类别和严重程度进行分级,见表 9—2。

表 9—2　人员伤亡等级判断标准

等级	等级描述	判断标准
1	轻微的	重伤人数 5 人以下
2	较大的	3 人以下死亡(含失踪)或 5 人以上 10 人以下重伤
3	严重的	3 人以上 10 人以下人员死亡(含失踪)或 10 人以上 50 人以下重伤
4	很严重的	10 人以上 30 人以下人员死亡(含失踪)或 50 人以上 100 人以下重伤
5	灾难性的	30 人以上人员死亡(含失踪)或 100 人以上重伤

注:1. 参考国务院《生产安全事故报告和调查处理条例》和《企业职工伤亡事故分类标准》(GB 6441—86)。

2. “以上”包含本数,“以下”不包含本数,下同。

2. 经济损失

经济损失是指风险事故发生后造成工程项目发生的各种费用的总和,包括直接费用和事故处理所需的各种间接费用,见表 9—3。

表 9—3　经济损失等级判断标准

等级	等级描述	经济损失判断标准
1	轻微的	经济损失 500 万元以下
2	较大的	经济损失 500 万以上 1 000 万元以下
3	严重的	经济损失 1 000 万以上 5 000 万元以下
4	很严重的	经济损失 5 000 万以上 10 000 万元以下
5	灾难性的	经济损失 10 000 万以上

注:1. 参考国务院《生产安全事故报告和调查处理条例》。

2. 对总造价较低的工程,如石拱桥等,可采用相对经济损失进行判定。

3. 环境影响

环境影响是指隧道施工对周围建(构)筑物破坏或损害、环境污染等,根据其影响程度进行分级,见表 9—4。

表 9—4　环境影响等级判断标准

等级	等级描述	判断标准
1	临时的且轻微的	涉及范围很小,无群体性影响,需紧急转移安置人数 50 人以下
2	临时的但严重的	涉及范围较小,一般群体性影响,需紧急转移安置人数 50 人以上 100 人以下
3	长期的	涉及范围大,区域正常经济、社会活动受影响,需紧急转移安置人数 100 人以上 500 人以下
4	永久的但轻微的	涉及范围很大,区域生态功能部分丧失,需紧急转移安置人数 500 人以上 1 000 人以下
5	永久的且严重的	涉及范围非常大,区域内周边生态功能严重丧失,需紧急转移安置人数 1 000 人以上,正常的经济、社会活动受到严重影响

注:参考《建设项目环境保护管理条例》和《中华人民共和国环境影响评价法》。

4. 工期延误

工期延误是指隧道工程风险事故引起的工程建设时间的延长。对不同性质的工程和建设工期,采用不同的绝对延误时间,见表 9—5。

表 9—5　工期延误等级判断标准

等级	等级描述	延误时间(控制工程)	延误时间(非控制工程)
1	轻微的	延误不到 1 天	延误 15 天以内
2	较大的	延误超过 1 天,但不超过 3 天	延误 15 天到 2 个月
3	严重的	延误 3 天到一个月	延误 2 个月到 6 个月
4	很严重的	延误 1 个月到 10 个月	延误 6 个月到 24 个月
5	灾难性的	延误超过 10 个月	延误超过 24 个月

5. 风险等级的确定

根据安全风险发生概率等级和损失等级,按表 9—6 确定风险等级。铁路隧道风险接受准则与采取的风险处置措施见表 9—7。

表 9—6　风险等级表

概率等级 \ 后果等级		风险损失				
		1	2	3	4	5
很不可能	1	Ⅰ	Ⅰ	Ⅱ	Ⅱ	Ⅲ
不可能	2	Ⅰ	Ⅱ	Ⅱ	Ⅲ	Ⅲ
偶然	3	Ⅱ	Ⅱ	Ⅲ	Ⅲ	Ⅳ
可能	4	Ⅱ	Ⅲ	Ⅲ	Ⅳ	Ⅳ
很可能	5	Ⅲ	Ⅲ	Ⅳ	Ⅳ	Ⅳ

表 9—7 隧道施工风险接受准则与采取的风险处置措施

风险等级	等级描述	接受准则	处置措施
Ⅰ	极低风险	可忽略	风险水平可以接受，当前应对措施有效，不必采取额外技术、管理方面的预防措施
Ⅱ	中风险度	可接受	风险水平有条件接受，工程有进一步实施预防措施以提升安全性的必要
Ⅲ	高风险	不预期	风险水平有条件接受，必须实施削减风险的应对措施，并需要准备应急计划
Ⅳ	极高风险	不可接受	风险水平不可接受，必须采取有效应对措施，将风险等级降低到Ⅲ级及以下水平

9.2 隧道施工过程中的风险评估方法

隧道施工过程中的风险评估就是对影响隧道施工安全的风险因素进行分析和等级评定。风险评估的内容就是判断风险发生的概率和风险发生后果的严重程度。在进行概率和后果严重程度的取值时，一般有两种方法：一是通过对足够的已知数据的分析找出风险因素的分布规律，从而预测出其发生的概率、权重和后果以确定其风险等级；另一种方法是，在缺少足够数据的条件下，由决策者或者本领域专业的专家对风险的概率和后果严重性做出一个主观的估计，然后再通过风险分析确定其风险等级。由于隧道工程本身异常复杂性，施工安全的影响因素众多，以及隧道施工安全风险评估尚处于起步阶段，在缺少足够数据的情况下，主要采用主观估计法。目前常用的方法主要有：专家调查法、$R=P\times C$ 矩阵法、故障树法、层次分析法、模糊综合评价法、肯特指数法、风险矩阵法等。每种方法都各有优缺点。这里将采用模糊数学中的模糊综合评判和层次分析法相结合对隧道施工过程中的风险等级进行判别。实际上，影响隧道施工安全的基本风险因素往往又含有多个子风险因素，因而需要采用多层次模糊综合评判理论。

9.2.1 层次分析法(AHP 法)

1. 层次分析法的基本原理

层次分析法(AHP 即 Analytic Hierarchy Process)，是美国运筹学家匹茨堡大学教授萨蒂(T. L. Saaty)于 20 世纪 70 年代初，应用网络系统理论和多目标综合评价方法，提出的一种层次权重决策分析方法。它是在对复杂的决策问题的本质、影响因素及其内在关系等进行深入分析的基础上，利用较少的定量信息使决策的思维过程数学化，从而为多目标、多准则或无结构特性的复杂决策问题提供简便的决策方法，是对难于完全定量的复杂系统作出决策的模型和方法。

层次分析法根据问题的性质和要达到的总目标，将问题分解为不同的组成因素，并按照因素间的相互关联影响以及隶属关系将因素按不同层次聚集组合，形成一个多层次的分析结构模型，从而最终使问题归结为最低层(供决策的方案、措施等)相对于最高层(总目标)的相对重要权值的确定或相对优劣次序的排定。

AHP 法进行风险评估的特点主要表现在：一是风险损失期望和损失概率估计是基于专家

们的主观判断；二是风险评估结果是以项目的风险系统中的各因素的相对重要程度表示的，并不能得出各种风险的损失额及损失发生概率的绝对指标。

2. 层次分析法模型

层次分析是将一个复杂的系统（如项目风险管理目标）分解为若干个组成部分或因素（如各种施工活动、项目风险因素等）。这些因素按属性分成若干组，每个因素又受到一系列子因素的影响，根据目标、因素及子因素相互间的支配关系构成一个递阶层次模型。

这种递阶层次模型可以清楚地揭示各个因素的性质及相互间的关系，对于综合评估有重要意义。如果这些子因素是各种风险因素，这个层次结构图就成为一个风险层次结构图。在层次模型中，自上而下通常分为目标层、准则层、指标层和方案层等。目标层为最终要完成的目标，如需要完成不同施工方案风险程度的评估或是在几个施工方案中选择较优方案等，均可作为层次分析的目标。准则层则是用以判断目标结果的标准；指标层反映的是参与评估的各种风险因素等。除了常见的几个层次外，层次还可以进一步划分，一般情况下，上一个层次可以作为下一个层次的准则层，而下一个层次可作为上一个层次的指标层。

在同一个层次模型中，不同层次间的风险因素可能是完全相关的，称之为完全相关的风险递阶层次模型，如图 9—1 所示；也可能是部分相关的，称之为部分相关的风险递阶层次模型，如图 9—2 所示。

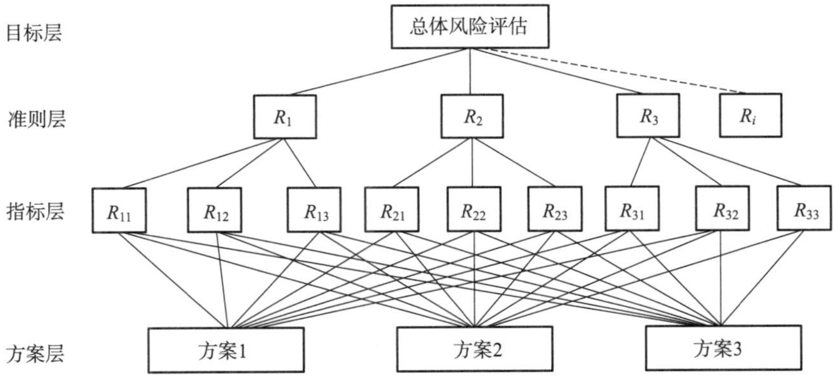

图 9—1　因素完全相关的风险递阶层次模型

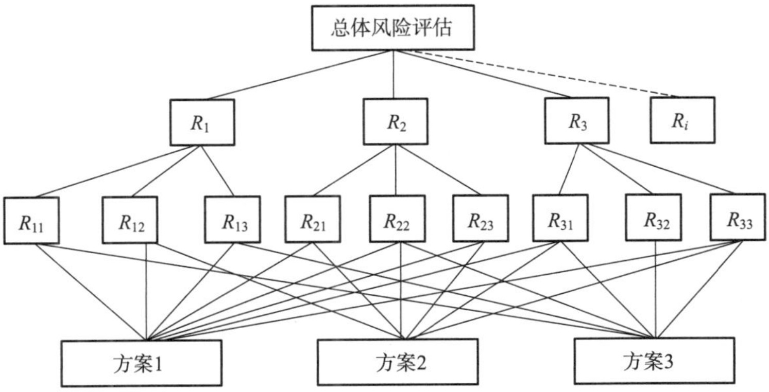

图 9—2　因素部分相关的风险递阶层次模型

3. 层次分析法的步骤

采用层次分析法进行风险评估的主要步骤为：

(1)任务分解

把工程项目的目标系统分解为可管理的若干组成部分，然后针对性地对每一个组成部分的活动进行风险分析。

(2)构造风险框架结构图

应用风险识别方法进行风险识别和分类，构造并建立影响项目目标活动的风险框架结构图，即风险递阶层次结构。

(3)构造各个风险因素和子因素的判断矩阵

考虑到每个因素的重要程度不同，因此需要给各个因素赋予不同的权值来加以反映。对风险层次结构中各因素权值的确定，是利用层次分析法进行项目风险评估的关键一步。

完成这一步，一般需要通过专家收集有关数据，从第二层开始，请专家按照表9—8所示的规则对因素层和子因素层间各因素的相对重要性给出评估和赋值，得出判断矩阵。判断矩阵表示针对上一层次某一因素、本层次与之相关因素之间相对重要性的比较，假定上一层次 $\boldsymbol{A}$ 中 a_k 与下一层 $\boldsymbol{B}$ 中的因素 $B_1, B_2, \cdots, B_n$ 有联系，则所构造的判断矩阵一般见表9—9所示。

表9—8 因素两两间相对重要性评估准则及其赋值

标度(b_{ij}赋值)	基本含义
1	u_i、u_j两因素同样重要
3	u_i因素比u_j因素“稍微”重要
5	u_i因素比u_j因素“明显”重要
7	u_i因素比u_j因素“强烈”重要
9	u_i因素比u_j因素“极端”重要
2,4,6,8	1、3、5、7、9的中间值
倒数	若因素u_i与u_j比较判断为a_{ij}，则因素u_j与u_i比较判断为其倒数$1/a_{ij}$

表9—9 判断矩阵 A 中的赋值

a_k	B_1	B_2	B_3	…	B_n
B_1	b_{11}	b_{12}	b_{13}	…	b_{1n}
B_2	b_{21}	b_{22}	b_{23}	…	b_{2n}
…	…	…	…	…	…
B_n	b_{n1}	b_{n2}	b_{n3}	…	b_{nn}

(4)确定判断矩阵的最大特征值及其对应特征向量

计算判断矩阵的最大特征值及其对应的特征向量，一般并不需要很高的精度，这是因为判断矩阵本身就具有相当的误差，应用层次分析法给出层次中各因素优先排序权值，从本质上也仅仅是表达某种定性的概念。

显然判断矩阵 B 为互反矩阵，即 $b_{ij}=1/b_{ji}$，且严格满足条件：$b_{ij}b_{jk}=b_{ik}(i,j,k=1,2,\cdots,n)$ 的正互反矩阵称为一致阵。一致阵的唯一非零特征根为 n，非零特征根 n 所对应的特征向量归一化后可作为权向量。

由于判断矩阵本身具有一定的误差，对特征向量进行复杂的精确计算也没有必要，因而可以采用简化计算方法：一致阵的任一列向量都是特征向量，一致性较好的正互反阵的列向量都应是近似特征向量，可取其某种意义下的平均，如取归一化后列向量的算术平均作为最大特征值对应的特征向量。

①对判断矩阵 $\boldsymbol{B}(b_{ij})$ 的列向量进行归一化

$$\bar{b}_{ij} = \frac{b_{ij}}{\sum_{i=1}^{n} b_{ij}} \quad (j = 1,2,\cdots,n) \tag{9—1}$$

②对归一化后的列向量进行算术平均得到最大特征值对应的特征向量的近似值 $\boldsymbol{W}$

$$\boldsymbol{W} = \{w_1 \quad w_2 \quad \cdots \quad w_n\}^T \quad w_i = \frac{1}{n}\sum_{j=1}^{n}\bar{b}_{ij}\,(i = 1,2,\cdots,n) \tag{9—2}$$

③判断矩阵的最大特征根 $\lambda_{\max}$

$$\lambda_i = \frac{1}{w_i}\sum_{j=1}^{n} b_{ij}w_i \quad \lambda_{\max} = \frac{1}{n}\sum_{i=1}^{n}\lambda_i \tag{9—3}$$

(5)对判断矩阵的一致性进行检验

由于判断矩阵为专家凭经验、直觉的主观判断，因此，有可能会出现诸如 B_1 比 B_2 重要，B_2 比 B_3 重要，而 B_3 又比 B_1 重要的不一致的情况。为了防止这种可能，就需要对判断矩阵的不一致性进行检验。如不一致情况超过一定限值就应该重新进行评估，然后再进行检验，直至通过一致性检验为止。为此，需要计算一致性指标 CI，其定义如下：

$$CI=\frac{\lambda_{\max}-n}{n-1} \tag{9—4}$$

式中　n——判断矩阵的阶数；

$\lambda_{\max}$——判断矩阵的最大特征根。

然后，从表 9—10 查取随机性指标 RI，并计算比值 CI/RI，当 $CI/RI<0.1$ 时，可以认为评估者分析得出的判断矩阵一致性达到了要求。否则，要重新进行判断，写出新的判断矩阵。

表 9—10　随机性指标 *RI* 取值

n	1	2	3	4	5	6	7	8	9	10
RI	0	0	0.58	0.9	1.12	1.24	1.32	1.41	1.45	1.49

(6)子因素总排序

把所求出的各子因素相对风险程度值统一起来，就可以求出该项目活动中风险所处的水平及发生概率的大小；把项目的所有风险活动都如此分析评估，并把各项风险程度统一起来，就可以得出项目的风险水平，并由此判断该项目的风险程度。此过程也就是对风险层次进行总排序。层次总排序是指同一层次所有因素对于最高层(风险总目标)的重要性的排序权值。这一过程是从最高层次到最低层次逐层进行的。若上层次 **A** 包含 m 个因素 $A_1,A_2,\cdots,A_m$，下层 **B** 包含 n 个因素 $B_1,B_2,\cdots,B_n$，**B** 层因素 B_j 对上层 A_i 单因素排序向量为 $b_{11},b_{21},\cdots,b_{n1}$(若因素 B_j 与上层因素 A_i 没有关系时，$b_{ij}=0$)，此时 **B** 层次总排序权值见表 9—11。

表 9—11 判断矩阵 A 中的赋值

A 层次 / **B** 层次	A_1	A_2	A_3	…	A_m	**B** 层的层次总排序
B_1	b_{11}	b_{12}	b_{13}	…	b_{1m}	$\sum_{j=1}^{m} a_j b_{1j} = b_1$
B_2	b_{21}	b_{22}	b_{23}	…	b_{2m}	$\sum_{j=1}^{m} a_j b_{2j} = b_2$
⋮	⋮	⋮	⋮	…	⋮	⋮
B_n	b_{n1}	b_{n2}	b_{n3}	…	b_{nm}	$\sum_{j=1}^{m} a_j b_{nj} = b_n$

(7)层次总排序的一致性检验

设 **B** 层 $B_1, B_2, \cdots, B_n$ 对上层(**A** 层)中因素 $A_j(j=1,2,\cdots,m)$ 的层次单排序一致性指标为 CI_j，随机一致性指为 RI_j，则层次总排序的一致性比率为：

$$CR=\frac{a_1CI_1+a_2CI_2+\cdots+a_mCI_m}{a_1RI_1+a_2RI_2+\cdots+a_mRI_m}=\frac{\sum_{j=1}^{m}a_jCI_j}{\sum_{j=1}^{m}a_jRI_j} \tag{9—5}$$

当 $CR<0.1$ 时，认为层次总排序通过一致性检验。层次总排序具有满意的一致性，否则需要重新调整那些一致性比率高的判断矩阵的元素取值。到此，根据最下层(决策层)的层次总排序做出最后决策。

9.2.2 多层次模糊综合评判法

隧道施工过程中的风险都是模糊的，难以给予准确的定义，因而采用模糊数学方法对其进行评估是非常适宜的。采用通常的方法进行评估，其结果是单一的，评估效果往往用一个数值来表达，即风险的大、中、小等来衡量，这显然不是合理的和适用的。在项目的风险评估过程中，往往需要考虑很多因素。不同风险因素的重要性是不一样的，其评级标准和自然状态模糊，也就是说，在做出任何一个评估时，都必须对多个相关因素做综合考量，在做出任何一个决策时，也就必须综合考量多个相关的风险因素，这就是所谓的模糊数学中的模糊综合评判问题。综合评判问题是多因素的，每个基本因素也可能是多层次的。由于在进行项目的安全评价时采用的评语都是具有模糊性，所以宜采用模糊综合评判方法。由于其数学模型简单，容易掌握，对其多因素、多层次的复杂问题的评价效果比较好，因而这一数学方法得到了广大科技工作者的重视，并且得到广泛的应用。

1. 模糊综合评判方法原理

模糊综合评判是应用模糊关系合成的原理，从多个因素对被评判失去隶属度等级状况进行综合评判的一种方法。模糊综合评判包括以下几个方面的基本要素：

(1)评价因素论域 **U**

U 代表综合评判中各个评判因素所组成的集合。

(2)评价等级论域 **V**

V 代表综合评判中，评语所组成的集合。它实质是对被评价事物变化区间的一个划分，如隧道施工中的“安全步距”落实的情况可分为优、良、中、差四个级别，这里的“优、良、中、差”就是综合评判中对“安全步距”落实的评语。

(3)模糊关系矩阵 **R**

R 是单因素评价的结果，即单因素评价矩阵，模糊综合评判中所综合的对象正是 **R**。

(4)评判因素权重向量 **A**

以代表评价因素在被评对象中的相对重要程度，在综合评判中用来对 **R** 做加权处理。

(5)合成算子⊙

合成算子是指合成 **A** 与 **R** 所用的计算方法，采用较多的是 $M(\wedge,\vee)$运算及 $M(\cdot,+)$矩阵相乘方法，后者对于权向量 **A** 和关系矩阵 **R** 均为单位向量时，其合成结果也是单位向量。

(6)综合评判向量 **B**

B 是对每个被评判对象综合状况等级程度的描述。

2. 模糊综合评判数学模型

模糊关系矩阵 **R** 作为一个因素集 **U** 到评语集 **V** 的一个 Fuzzy(模糊)变换器。每输入一组因素的权重向量 **A**，就可以得到一组相应的评判结果 **B**。这个关系可以用图 9—3 来表示，即模糊综合评判的基本模型。

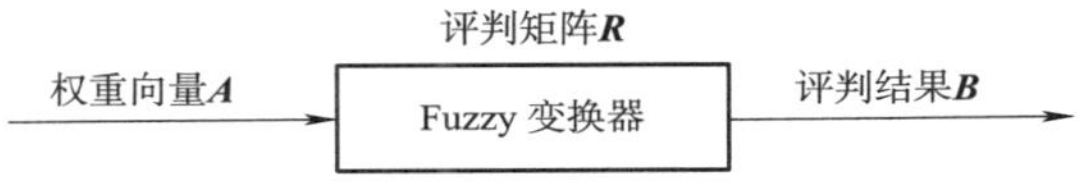

图 9—3　模糊综合评判基本模型

由于影响隧道工程施工安全的风险因素众多，有些因素之间是并列关系，而有些因素之间是因果关系，有些因素属于同一性质的，这样我们可以把属于同一性质的因素化为同一个因素集，整个的因素集 **U** 就可以分为若干个子因素 $\boldsymbol{U}_i(i=1,2,\cdots,n_i)$。上述评判问题中的风险因素分成了两层，如果对于更加复杂的问题，因素的层数可能会更多，这样的综合评判问题就演化成了多层模糊综合评判问题，这是客观存在的现实问题。如果把众多的因素作为一层因素考虑，那么归一化的权值向量对应的每一个因素的权值数值就会很小，如果采用主因素突出型算子，微小的权值将会使得单因素评判无法进行取舍，从而失去评判价值。

(1)建立单一层次模糊评判模型的步骤

①建立评判对象的因素论域 **U**

$$\boldsymbol{U}=\{u_1,u_2,\cdots,u_n\} \tag{9—6}$$

这一步就是要确定评判因素体系，解决从哪些因素来评价客观对象的问题。

②确定评语的等级论域 **V**

$$\boldsymbol{V}=\{v_1,v_2,\cdots,v_m\} \tag{9—7}$$

确定了这一论域，使得模糊综合评判得到一个模糊的评判向量，被评判对象对各评语等级的隶属度信息，通过这个模糊向量表示出来，体现评判的模糊特性。

③进行单因素评价，建立模糊关系矩阵 **R**

$$\boldsymbol{R}=\begin{bmatrix} r_{11} & r_{12} & \cdots & r_{1n} \\ r_{21} & r_{22} & \cdots & r_{2n} \\ \vdots & \vdots & \vdots & \vdots \\ r_{n1} & r_{n1} & \cdots & r_{nm} \end{bmatrix} \tag{9—8}$$

其中，r_{ij}为 $\boldsymbol{U}$ 中因素 u_i对应 $\boldsymbol{V}$ 中等级 v_j的隶属关系，即从因素 u_i着眼评判对象被评为 v_j 等级的隶属关系，因而是第 i 个因素对该评判对象的单因素评价，它构成了模糊综合评判的基础。

④确定评判因素权重向量 $\mathbf{A}$

$\boldsymbol{A}$ 是 $\boldsymbol{U}$ 中各因素对被评价对象的隶属关系，它取决于人们进行模糊综合评判时的着眼点，即评判时一次着重于哪些因素。

由于因素集 $\boldsymbol{U}$ 中各因素依据被评价对象的重要性，用模糊方法对每个因素赋予权值，它可以表示为 $\boldsymbol{U}$ 上的一个模糊子集 $\mathbf{A}=\{a_1,a_2,\cdots,a_n\}$，且向量 $\mathbf{A}$ 为归一化，即

$$\sum_{i=1}^{n} a_i=1,\quad a_i\geqslant 0\quad (i=1,2,\cdots,n) \tag{9—9}$$

该权重向量可以采用层次分析法确定。

⑤选择合成算子，进行综合评判

模糊综合评判的基本模型用公式表示为

$$\boldsymbol{B}=\boldsymbol{A}\odot\boldsymbol{R} \tag{9—10}$$

式中“⊙”为合成算子，常用的算子有 $\boldsymbol{M}(\wedge,\vee)$和矩阵相乘 $\boldsymbol{M}(.,+)$，后者适用于权值向量 $\mathbf{A}$ 和模糊关系矩阵 $\boldsymbol{R}$ 的列向量均为归一化向量情况，即，$\sum_{i=1}^{n} r_{ij}=1,(j=1,2,\cdots,m)$，所得评判向量 $\boldsymbol{B}$ 也是归一化的，即 $\boldsymbol{B}=\{b_1,\ b_2,\ \cdots\ ,b_n\}$，$\sum_{i=1}^{n}\mathrm{b_i}=1,(i=1,2,\cdots,n)$。

(2)建立多层模糊评判模型的步骤

建立多层次综合评判模型，可以先对低层因素进综合评判，再对评判结果进行高层次的综合评判。具体步骤为：

①进行因素分类

将风险因素集 $\boldsymbol{U}=\{u_1,u_2,\cdots,u_n\}$ 按照某种属性分为 s 类，第 i 类因素集 $\boldsymbol{U}_i=\{u_{i1},u_{i2},\cdots,u_{in_i}\}$，其中，$i=1,2,\cdots,s$。它们应满足条件：

a. $n_1+n_2+\cdots+n_s=n$

b. $\boldsymbol{U}_1\cup\boldsymbol{U}_2\cup\cdots\cup\boldsymbol{U}_s=\boldsymbol{U}$

c. 对任意 i,j，若 $i\neq j$，则 $\boldsymbol{U}_i\cup\boldsymbol{U}_j=\varnothing$(空集)

② 建立评判集

对评判因素设置评判集合 $\mathbf{V}$，$\mathbf{V}=(v_1,v_2,\cdots,v_p)$

③建立权重集

a. 建立因素类的权重集

设第 i 类因素集 $\boldsymbol{U}_i$的权值为 $a_i(i=1,2,\cdots,s)$，则因素类的权重集为：

$$\mathbf{A}=\{a_1,a_2,\cdots,a_s\} \tag{9—11}$$

b. 建立因素类中子因素的权重集

第 i 类因素集 $\boldsymbol{U}_i$中第 j 个子因素 u_{ij}的权值为 a_{ij}，则因素集 U_i中自因素的权重集为：

$$\mathbf{A}_i=\{a_{i1},a_{i2},\cdots,a_{in_i}\}\quad (i=1,2,\cdots,s) \tag{9—12}$$

④进行第一层综合评判

对每一类因素集中各个因素进行综合评判，假设在第一层单层次综合评判的单因素的评

判矩阵 $\boldsymbol{R}_i$ 为：

$$\boldsymbol{R}_i=\begin{bmatrix} r_{11}^{(i)} & r_{12}^{(i)} & \cdots & r_{1p}^{(i)} \\ r_{21}^{(i)} & r_{22}^{(i)} & \cdots & r_{2p}^{(i)} \\ \vdots & \vdots & \vdots & \vdots \\ r_{n_i1}^{(i)} & r_{n_i2}^{(i)} & \cdots & r_{n_ip}^{(i)} \end{bmatrix} \tag{9—13}$$

设在一层综合评判模型中采用 $\boldsymbol{M}(\wedge,\vee)$，则对第 i 类因素集的综合评判矩阵 $\boldsymbol{B}_i$ 为：

$$\boldsymbol{B}_i=\boldsymbol{A}_i\odot\boldsymbol{R}_i=\{a_{i1},a_{i2},\cdots,a_{in_i}\}\odot\begin{bmatrix} r_{11}^{(i)} & r_{12}^{(i)} & \cdots & r_{1p}^{(i)} \\ r_{21}^{(i)} & r_{22}^{(i)} & \cdots & r_{2p}^{(i)} \\ \vdots & \vdots & \vdots & \vdots \\ r_{n_i1}^{(i)} & r_{n_i2}^{(i)} & \cdots & r_{n_ip}^{(i)} \end{bmatrix}=\{b_{i1},b_{i2},\cdots,b_{ip}\} \tag{9—14}$$

⑤进行第二层次的综合评判

首先由第一层次的综合评判得到第二层次的综合评判的单因素类评判矩阵 $\boldsymbol{R}$ 为：

$$\boldsymbol{R}=\begin{bmatrix} \boldsymbol{B}_1 \\ \boldsymbol{B}_2 \\ \vdots \\ \boldsymbol{B}_s \end{bmatrix}=\begin{bmatrix} \boldsymbol{A}_1\odot\boldsymbol{R}_1 \\ \boldsymbol{A}_2\odot\boldsymbol{R}_2 \\ \vdots \\ \boldsymbol{A}_s\odot\boldsymbol{R}_s \end{bmatrix}=\begin{bmatrix} b_{11} & b_{12} & \cdots & b_{1p} \\ b_{21} & b_{22} & \cdots & b_{2p} \\ \vdots & \vdots & \vdots & \vdots \\ b_{s1} & b_{s1} & \cdots & b_{sp} \end{bmatrix}=[b_1\quad b_2\quad\cdots\quad b_p] \tag{9—15}$$

第二层次的模糊综合评判中采用的评判模型如图 9—4 所示。每一层的综合评判都可以用前面已经介绍过的模型，若各因素集中含有的因素仍然过多，则可将它再划分，于是就有三层模型，进行三层次的模糊综合评判。

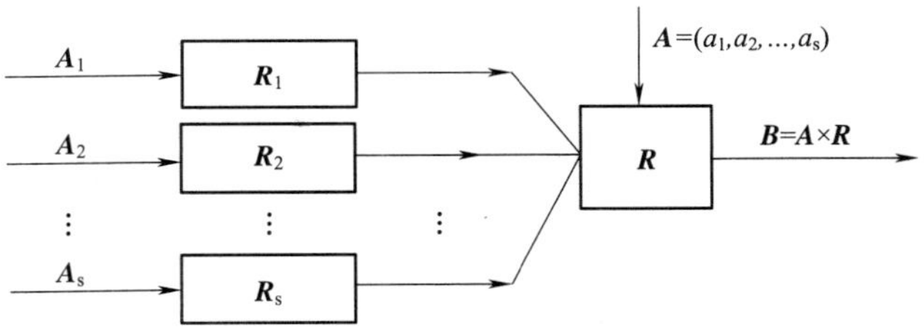

图 9—4　两层次模糊综合评判模型

9.2.3　多层次模糊综合评判与层次分析综合法(FAHP)的结合

隧道施工过程中的风险分析是一个非常复杂的问题，影响其安全的风险因素是多层次的，因而采用多层次的模糊综合评判理论对其评价是合适的，但是在风险的模糊综合评价中，确定风险因素的权重向量是关键。层次分析法是确定权重向量的一种行之有效的方法，特别适用于难于用定量指标进行分析的复杂问题。它把复杂问题中的各风险因素划分为相互联系的有序层，并使之条理化，根据对客观实际的模糊判断，对每一层次各因素的相对重要性给出定量的表示，再利用数学方法确定全部因素相对重要性次序的权重系数。

采用层次分析法确定模糊综合评判法判断矩阵的权值向量的方法，在用层次分析法对风险因素构造对比矩阵后，采用简化计算法确定对比矩阵的最大特征值和其对应的特征向量(权值向量)，具体步骤见 9.2.1 节内容。

在利用层次分析法确定了每一层次各影响因素的影响权重集之后，根据专家经验建立每一层次各个影响因素的评判矩阵，利用模糊综合评判对各层因素进行逐层评判，最后得到对总体目标评价集，即评判向量。根据最大隶属度原则，则对应于评价集中最大值的风险等级就是该问题确定的风险等级。

9.3 岩溶隧道施工过程中的施工风险判定过程

随着我国以铁路、公路为代表的基础设施不断向西南山区推进，岩溶隧道中的重大岩溶灾害已成为工程勘察、设计和施工重点关注的关键技术问题。如在宜万线多座隧道的施工过程中，出现多起岩溶突水突泥地质灾害事故，造成工期严重延误、机械设备损坏及施工人员伤亡。如 2006 年 1 月 21 日，马鹿箐隧道出口平导开挖到 3 174 m(PDK255＋978)，注浆加固后开挖出渣时，突然发生突水突泥，瞬间突泥 8 万 m^3，最大涌水量 72 万 m^3/h，淤积平导超过 1 600 m，正洞 1 000 m，造成多名作业人员遇难，经济损失巨大，影响隧道工期一年之久。再如 2007 年 8 月 5 日，宜万线野三关隧道出口工区开挖到 5 444 m(DK124＋602)，出渣时，突然发生突水突泥突石，瞬间涌出泥砂与块石约 5 万 m^3，最大涌水量约 15 万 m^3/h，将洞内机械设备冲出 500 m 后解体，造成多名作业人员遇难，经济损失巨大，影响施工一年之久。发生突泥地点的隧道埋深约 200 m。因此，在隧道进行施工之前，需要根据隧道具体情况对其施工过程进行风险评估，针对不同风险等级，采取对应的技术措施，将风险降低到可以接受的等级水平，保证隧道施工人员及施工设备的安全。

9.3.1 岩溶隧道施工风险特点

地处岩溶区的隧道工程，在施工过程中发生不同等级风险具有以下特点：

(1)由于隧道围岩工程性质及工程水文地质条件复杂性，岩溶隧道施工工程中的风险是客观存在的；

(2)由于隧道工程属于线形工程，而且受地表地形的限制，地质勘察工作也必然受到很大限制，导致可靠资料有限，再加上设计计算理论不完善，因而在隧道施工中会不可避免地遇到涌突水、突泥、堆积体塌方等一些突发偶然事件，使得隧道施工的风险具有突然发生的偶然性和大量发生的必然性；

(3)在隧道施工过程中，由于试验数据离散性大，勘察报告提供的场地性质资料准确性有限，隧道围岩情况具有一定的不可预知性，施工风险的可变性就更加明显；

(4)由于隧道施工对场地周围土体的扰动大，造成了对周围环境的影响，使得隧道施工风险不但具有内部因素的多样性，而且还具有鲜明的层次性，同时也使得隧道工程风险更加复杂。

9.3.2 岩溶隧道施工高风险的判定依据

(1)岩墙压溃突水、突泥

在喀斯特地区修建隧道过程中，发生灾难性的突泥涌水一般均是由隧道开挖后预留的岩墙出现溃决而引发突水突泥。其发生条件一般是在隧道工程区存在规模巨大连通性良好、充水和充泥溶洞管道、大型溶腔及地下暗河系统。岩溶管道及溶腔内部分被压实、半胶结充填物质所充填，当压力过大超过预留岩墙的承载能力时岩墙发生压溃，发生突水突泥现象。产生岩墙压溃突水突泥的诱因，一般是因为预留岩墙厚度过小或大气降雨入渗岩溶管道及溶腔内而导致水头大幅度增大。在岩墙压溃之前经常有一个泥砂细粒物质的潜蚀、管涌阶段，在隧道中有混水流出甚至喷出或有污泥从缝隙中挤出。当水头较小时(一般小于 30 m)，一般不会发生瞬时溃决，而形成相对较慢的泥砂蠕动和泥石流，由于过程较为缓慢，可以有充分时间采取一定的措施进行应对，其危害性相对减弱。

预测岩墙压溃发生突水突泥的条件主要有：

①岩溶强发育含水层。只有岩溶强发育地层才能出现大型充填型溶腔及连通性好的岩溶管道，才能有较大的内压力。

②不同岩性界面。在岩溶强发育地层和非可溶岩地层界面上易于发生大型溶洞管道系统，而且常有泥水及碎石充填。

③大型地质结构面。大型溶洞管道系统的发育受地质主要结构面控制。

④较高的水头压力。一般岩溶系统内的水头大于 30 m 才可能发生突水突泥。

⑤大型地下暗河系统。地下暗河系统具有流量稳定的水流，雨季流量一般会突增，而且暗河系统常常伴随发育有规模巨大的充填和半充填洞穴系统。

(2)雨季涌水

雨季隧道涌水量取决于隧址区的短时降雨量、地表入渗条件及汇水面积，其中入渗条件及汇水面积取决于当地地质条件、上覆土层及地表植被等。

9.3.3　岩溶隧道施工风险因素分析

喀斯特地区隧道施工风险除了常规围岩条件下的施工风险外，最典型的施工风险就是由各种发育的岩溶控制的施工风险，即岩溶溶腔及溶腔充填造成的施工坍塌、涌水涌泥等施工灾害。因此，岩溶溶腔的有无、发育大小、溶腔的形态、溶腔的充填状态等就直接影响着隧道施工的安全。岩溶发育的基本条件是：存在可溶岩(溶质)、可以溶解可溶岩的水(溶液)及溶剂(CO_2)。也就是说，影响岩溶发育规律的因素就是隧道施工安全的风险因素，主要有地形地貌、地层岩性、岩层产状组合及地质构造、覆盖土层及植被情况等。

1. 地形地貌

隧道上方地形地貌的特征，决定了地表接受大气降雨时水量大小、地表径流及入渗量。地表汇水面积大，汇集的流量也就越大，沿着裂隙渗入到地层中的水量也越大。也使地表下的碳酸盐岩地层具备了发育岩溶的基本条件。隧道上方地形地貌特征直接影响岩溶的发育情况。

(1)在山体的垭口中心常是地层或地质构造薄弱的地方，岩层破碎、地下水易入渗，岩溶易发育。在丘陵地区，哑口下常是暗河的通道。

(2)在河谷地带，除因地下水由山体向河谷排泄而发育溶洞外，还可能由河流侧蚀作用而发育成溶洞，其特点是两岸溶洞对称成层分布，溶洞规模由岸向山逐渐减小。后期河床下切，便存留在谷坡上成为干溶洞，且无岩溶水。岩溶发育程度一般自河谷向分水岭逐渐减弱。

(3)负地形多，标志着岩溶发育。洼地、干谷、竖井、漏斗、落水洞、坡立谷等岩溶形态都反映了地表下岩溶洞穴的存在及岩溶水活动规律。负地形之间与垂直渗流带是两个同时并存的条件。

(4)在分水岭和地形陡峻的斜坡地带,岩层裸露,地表径流大,水以表面侵蚀为主,溶沟、溶槽、石芽等发育。在地形平缓、低洼地带,地表水易下渗,地下岩溶发育,形成漏斗、竖井、落水洞、溶蚀洼地等。

2. 地层岩性

不同岩性、结构与层厚的岩体中,岩溶发育程度不同。

(1)强岩溶化层组。由厚层至块状质纯的石灰岩构成,厚度大,其连续厚度多大于 100 m。岩性较均匀,多为泥晶至粗晶及生物碎屑结构,CaO 的含量常大于 50%的地层中,岩溶发育特征为:地表、地下岩溶均发育强烈,岩溶地貌形态典型,地表个体形态发育,发育规模大型化,正负地形高差大,地下岩溶发育,常形成规模较大的岩溶管道、大型溶洞及地下暗河,岩溶富水性强。

(2)中等岩溶化层组。包括白云岩及云灰岩层组、碳酸盐岩夹碎屑岩或泥质等较纯碳酸盐岩层组,CaO 的含量 40%～50%,多为微至细粒及碎屑结构。除白云岩岩组外,岩层均一性较差,岩溶负形态相应减少,正负地形高差减小,负地形多为不平坦谷地及碟状浅洼地;地下深部常有规模较小的溶洞及地下暗河发育,富水性中等。

(3)弱岩溶化层组。主要为碎屑岩与碳酸盐岩互层及夹层组合或含泥、硅质高的纯度较差的碳酸盐岩层。碎屑岩比例较大,碳酸盐岩岩石中 CaO 的含量多低于 40%,地表有较小规模的溶洞、落水洞发育,局部有裂隙状地下河发育,地貌形态由溶蚀向侵蚀类过渡,岩组富水程度弱。

3. 地质构造

在断层构造带、褶皱构造带,尤其是褶皱的轴部,岩体中裂隙密集,地下水流动快,常有大溶洞、地下暗河、串珠状岩溶管道等岩溶现象发育。在不同深度的几个水平面上岩溶发育往往呈层状分布,几层洞系之间又有垂直通道相连,这是由于地壳升降运动而引起岩溶水溶蚀基准面变动的结果。岩溶发育程度、规模与地壳相对稳定时间有关,如地壳强烈上升,岩溶水的溶蚀基准面相对下降,原来是水平循环带的部分上升为垂直循环带,这时岩溶易垂直方向发育为主,形成垂直溶洞。若地壳处于相对稳定阶段,岩溶则以水平方向发育为主,形成水平状溶洞。地壳升降几次就形成几级水平溶洞。

4. 地下水径流特征

岩溶水动力分带与突水有着密切的关系,尤其是垂向分带。岩溶水动力垂向分带分为表层岩溶带、包气带、季节交替带、浅饱水带、压力饱水带和深部缓流带。其中表层岩溶带和包气带发生突水的概率最小,但容易发生岩溶洞穴充填物塌陷。季节交替带在雨季期间可能产生自上而下的有压突水、涌泥灾害。浅饱水带处于岩溶含水层上部,岩溶发育强烈。一些水平洞穴、地下河主通道以及一些大的充水溶洞、宽大的溶缝、溶潭和地下湖经常发育于此带。此带中进行隧道施工,突水、突泥的威胁很大。沪蓉西高速公路有很多隧道处于此带中,如野三关隧道、乌池坝隧道等。压力饱水带主要位于暗河排水面以下、当地主要河流排水基准面影响带以上的含水层中,很多特大型突水、突泥都出现在此带,如襄渝铁路大巴山隧道、京广线大瑶山隧道等,其中前者最大突水量高达 150 000 m^3/d;深部缓流带是指饱水带之下受当地基准面影响比较弱的含水带,该带岩溶发育较弱,但在大的构造断裂带处亦可形成溶洞或溶蚀断裂带,有时因膏溶作用、混合溶蚀作用和古岩溶作用都能在深部形成溶洞,但交通隧道一般不涉及此带。

岩溶水系统的水动力水平分带对隧道涌水也有重要影响。从河间地块的分水岭至河谷可以分为补给区、补给径流区、排泄区。补给区地下水位高，季节变化带厚度大，但饱水带岩溶发育相对弱，发育深度也较浅。

补给径流区，地下水埋深增大，浅饱水带岩溶管道发育强烈，但岩溶发育深度较浅。排泄区，包气带厚度大，饱水带水平管道发育。特别是岩溶发育深度加大，可以在暗河口以下或河水面以下形成倒虹吸循环带。在暗河口或河床岸边，随钻孔深度加深，钻孔水头不断升高，说明地下水有向上运动的趋势。此带岩溶发育深度，可达暗河口以下一百至数百米。隧道在暗河排泄区下通过，往往会遇到高压涌水。如大巴山隧道、华蓥山隧道都是在暗河排泄区下面遇到特大涌水，并导致暗河口干涸。

地下分水岭地带，地下水危害小，由于此处地下水不甚发育，常是岩溶发育相对较弱的地带。垂直渗流带多竖井状或串珠状溶洞，雨季易受突然涌水、涌泥的危害；季节交替带和水平流动带岩溶水量较大，溶洞侧向发育，常常呈大厅状；深部缓流带往往具有承压孔隙、裂隙水、运动较缓慢，岩溶水威胁小于季节交替带和水平流动带。

5. 覆盖土层及地表植被发育情况

地表有较厚的第四系覆盖地层，植被就比较发育。发育的地表植被条件对涵养大气降雨的能力较强，大气降水在岩溶孔隙中持续时间较长，利于表层岩溶发育。在森林植被好的地区，表层岩溶泉流量稳定，成为山区人畜用水和分散农田灌溉的重要水源。表层岩溶泉与饱水带之间没有直接水力联系，但与包气带有一定关系。当隧道埋深浅时，可能影响表层带，对人畜用水及生态造成影响，但对隧道施工安全影响不是很大。

9.3.4　岩溶隧道施工风险指标层次体系

1. 层次指标的确定

从以上分析中可知，岩溶地区隧道修建过程中，突水、突泥灾害主要受岩溶发育特征和岩溶溶腔充填(泥、碎石、水)情况的影响。从前述岩溶发育规律分析可知，岩溶发育和岩溶水主要受地层岩性、地形地貌、地质构造、地下水运动特征的影响和上覆土层及植被发育情况等。因此，岩溶隧道施工过程中出现突水突泥的风险指标体系的主控因素，为地层岩性、地质构造、地下水径流特征、地形地貌和上覆土层及植被发育情况等 5 个。每个主控因素下又有若干子因素，这就形成了问题的多层结构，因而需用多层次的模糊综合评判理论对隧道施工过程中的风险特征进行判断，为此建立评判的递阶结构。把施工期隧道风险作为目标层(**A** 层)、上述 5 个主控影响因素决定了隧道施工风险的高低，属于准则层(**B** 层)、每个主控因素下的子因素指标构成了递阶结构的决策层(**C** 层)，通过对该层次问题的决策，即可最终达到所要求解的目标。岩溶隧道施工过程中风险递阶的层次结构如图 9—5 所示。

2. 各层指标的权重分析

利用隧道工程专家经验判断出层各因素相对重要性排序，并给出重要程度赋值，从而形成各层影响因素的判断矩阵。

(1)准则层(**B** 层)对目标层(**A** 层)的权重

准则层(**B** 层)对目标层(**A** 层)的权重也就是分析指标因素 $\boldsymbol{B}_1$、$\boldsymbol{B}_2$、$\boldsymbol{B}_3$、$\boldsymbol{B}_4$ 和 $\boldsymbol{B}_5$ 对 $\boldsymbol{A}$ 的判断矩阵见表 9—12。

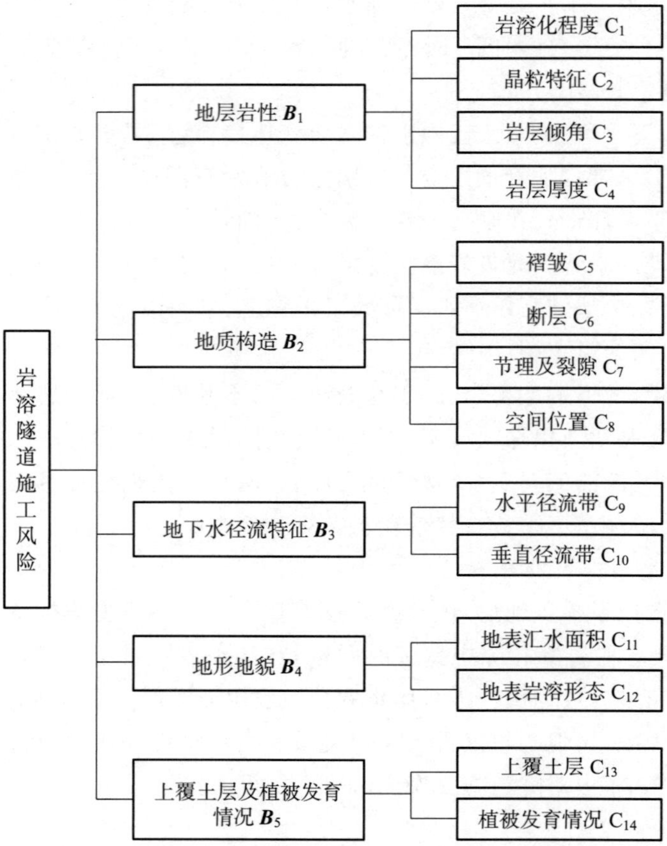

图 9—5 隧道施工风险模型结构图

表 9—12 B 层因子对 A 层的判断矩阵

A	B_1	B_2	B_3	B_4	B_5
B_1	1	1/3	1/4	1/3	2
B_2	3	1	1/2	1/2	6
B_3	4	2	1	3	8
B_4	3	2	1/3	1	6
B_5	1/2	1/6	1/8	1/6	1

按照前述 9.2.1 节计算最大特征值及其对应特征向量的方法得到 $\boldsymbol{A}$—$\boldsymbol{B}$ 的特征向量为 $\boldsymbol{a}=(0.084\quad 0.206\quad 0.422\quad 0.247\quad 0.041)$，最大特征值 $\lambda_{max}=5.156$。

$CI=\dfrac{\lambda_{max}-n}{n-1}=\dfrac{5.156-5}{5-1}=0.039$，则 $CR=CI/RI=0.039/1.12=0.003<0.1$，具有满意的一致性。

(2)确定 $\boldsymbol{C}_1,\boldsymbol{C}_2,\boldsymbol{C}_3,\boldsymbol{C}_4$ 对 $\boldsymbol{B}_1$ 的权重

构建 $\boldsymbol{C}_1,\boldsymbol{C}_2,\boldsymbol{C}_3,\boldsymbol{C}_4$—$\boldsymbol{B}_1$ 的评价矩阵见表 9—13。

表 9—13 B_1 的影响因子对 B_1 的判断矩阵

B_1	岩溶化程度 C_1	晶粒特征 C_2	倾角 C_3	厚度 C_4
C_1	1	3	2	3
C_2	1/3	1	1/2	1/2
C_3	1/2	2	1	1/3
C_4	1/3	2	3	1

可求得 C_1、C_2、C_3 和 C_4 对 B_1 的判断矩阵的对应于最大特征值的特征向量 $\boldsymbol{\beta}_1=(0.441\quad 0.115\quad 0.176\quad 0.268)$，最大特征值 $\lambda_{max}=4.264$。

$CI=\frac{\lambda_{max}-n}{n-1}=\frac{4.264-4}{4-1}=0.088$，$CR=CI/RI=0.088/0.9=0.098<0.1$，也具有满意的一致性。

(3)确定 C_5，C_6，C_7，C_8 对 B_2 的权重

构建 C_5，C_6，C_7，C_8—B_2 的评价矩阵见表 9—14。

表 9—14 B_2 的影响因子对 B_2 的判断矩阵

B_2	C_5	C_6	C_7	C_8
C_5	1	2	4	3
C_6	1/2	1	2	3
C_7	1/4	1/2	1	2
C_8	1/3	1/3	1/2	1

可求得 C_5、C_6、C_7 和 C_8 对 B_2 的判断矩阵的对应于最大特征值的特征向量 $\boldsymbol{\beta}_2=(0.467\quad 0.275\quad 0.151\quad 0.106)$，最大特征值 $\lambda_{max}=4.044$。

$CI=\frac{\lambda_{max}-n}{n-1}=\frac{4.044-4}{4-1}=0.015$，$CR=CI/RI=0.015/0.9=0.098<0.016$，也具有满意的一致性。

(4)确定 C_9、C_{10} 对 B_3 的权重

构建 C_9 和 C_{10}—B_3 的评价矩阵见表 9—15。

表 9—15 B_3 的影响因子对 B_3 的判断矩阵

B_3	C_9	C_{10}
C_9	1	2
C_{10}	1/2	1

可求得 C_9 和 C_{10} 对 B_3 的判断矩阵的对应于最大特征值的特征向量 $\boldsymbol{\beta}_3=(0.667\quad 0.333)^T$，最大特征值 $\lambda_{max}=2$。

由于二阶矩阵总是具有完全的一致性，所以不需要其检验随机一致性。

(5)确定 C_{11}、C_{12} 对 B_4 的权重

构建 C_{11} 和 C_{12}—B_4 的评价矩阵见表 9—16。

表 9—16 B_4的影响因子对B_4的判断矩阵

B_4	C_{11}	C_{12}
C_{11}	1	2
C_{12}	1/2	1

可求得C_{11}和C_{12}对B_4的判断矩阵的对应于最大特征值的特征向量$\beta_4=(0.667\quad 0.333)$，最大特征值$\lambda_{max}=2$。

由于二阶矩阵总是具有完全的一致性，所以不需要其检验随机一致性。

(6)确定C_{13}、C_{14}对B_5的权重

构建C_{13}和C_{14}—B_5的评价矩阵见表 9—17。

表 9—17 B_5的影响因子对B_5的判断矩阵

B_5	C_{13}	C_{14}
C_{13}	1	1
C_{14}	1	1

可求得C_{13}和C_{14}对B_5的判断矩阵的对应于最大特征值的特征向量$\beta_5=(0.50\quad 0.50)$，最大特征值$\lambda_{max}=2$。

由于二阶矩阵总是具有完全的一致性，所以不需要其检验随机一致性。

3. 指标隶属度分析

(1)隶属度函数

隶属度函数是运用模糊集合理论定量解决实际问题的基础。同一个模糊概念由于人们主观认识的不同，结果也就会不同，以此要找到一个一致的隶属度计算方法是比较困难的。从这方面来看隶属度函数又带有明显的主观色彩。隶属度函数一般是根据经验或统计进行确定，也可由该研究领域的专家给出。

隶属度函数有多种形式，可根据实际问题选用。常用的一维隶属度函数形主要有以下几种：

下限型：

$$\mu(x)=\begin{cases}0 & x\leqslant a_1\\ \dfrac{x-a_1}{a_2-a_1} & a_1<x\leqslant a_2\\ 1 & x>a_2\end{cases}$$

上限型：

$$\mu(x)=\begin{cases}1 & x\leqslant a_1\\ \dfrac{a_2-x}{a_2-a_1} & a_1<x\leqslant a_2\\ 0 & x>a_2\end{cases}$$

中间型：

$$\mu(x)=\begin{cases}0 & x\leqslant a_1\\ \dfrac{a_2-x}{a_2-a_1} & a_1<x\leqslant a_2\\ 1 & a_2<x\leqslant a_3\\ \dfrac{a_4-x}{a_4-a_3} & a_3<x\leqslant a_4\\ 0 & x\geqslant a_4\end{cases}$$

(2)确定指标隶属度

1)地层岩性指标

岩性指标水平划分见表 9—18,各指标隶属度见表 9—19。

表 9—18　地层岩性水平划分

岩溶化程度 C_1	岩层倾角 C_2	晶粒尺寸特征 C_3	岩层厚度 C_4
强烈	$10°\leqslant\beta\leqslant70°$	≥2 mm	巨厚层
稍强	$0°<\beta<10°$、$70°<\beta<90°$	1～2 mm	中厚层
中等	0°或 90°,连续厚度不大于 90 m	0.1～1 mm	薄层
微弱	0°或 90°,连续厚度大于 90 m	≤0.1 mm	破碎

表 9—19　地层岩性指标隶属度

岩溶化程度 C_1	岩层倾角 C_2	晶粒尺寸特征 C_3	岩层厚度 C_4
1.0	0.9	0.9	0.8
0.7	0.7	0.7	0.5
0.4	0.3	0.5	0.2
0	0.1	0.3	0

2)地质构造

水平划分见表 9—20,各指标的隶属度见表 9—21。

表 9—20　地质构造指标水平划分

褶皱 C_5	断层 C_6	节理及裂隙 C_7	空间位置 C_8
向斜轴部、褶皱构造转折端	张性断层	特大裂隙	可溶非可溶倾斜产状相间接触面
褶皱翼部	张扭断层	大裂隙	可溶非可溶直立产状相间接触面
背斜轴部汇水条件好	扭性断层	中裂隙	水平可溶岩下覆隔水层
背斜轴部汇水条件差	压性断层	小裂隙	水平可溶岩上覆隔水层

表 9—21　地质构造指标隶属度

褶皱 C_5	断层 C_6	节理及裂隙 C_7	空间位置 C_8
0.8	0.9	0.9	0.8
0.5	0.7	0.7	0.6
0.3	0.5	0.4	0.4
0.1	0.2	0.1	0.2

3)地下岩溶水径流特征

岩溶水径流属于垂直分带,其隶属函数式采用:

$$\mu(x)=\begin{cases}0 & x\leqslant 0\\ \dfrac{x}{50} & 0<x\leqslant 50\\ 1 & x>50\end{cases}$$

式中 x——岩溶水动力分带的深度,m。

水平分带指标水平划分及隶属度,见表 9—22。

表 9—22 地下水水平径流特征划分及其隶属度

水平径流特征	指标隶属度
排泄区	0.9
径流区	0.7
补给区且汇水条件好	0.5
补给区但汇水条件差	0.1

4)地形地貌

地表岩溶形态指标水平和指标隶属度见表 9—23。

表 9—23 岩溶形态指标水平和指标属度

地表岩溶形态特征	指标隶属度
暗河入口、大汇水面积的漏斗,岩溶发育强烈	0.9
岩溶竖井、岩溶洼地等发育强烈	0.7
岩溶竖井、岩溶洼地等发育较强	0.4
岩溶竖井、岩溶洼地等发育微弱	0.1

汇水面积指标及隶属度:

$$\mu(x)=\begin{cases}0 & x\leqslant 0\\ \dfrac{x}{5} & 0<x\leqslant 5\\ 1 & x>5\end{cases}$$

式中 x——隧道评价区段的地表的汇水面积,km^2。

5)上覆土层及植被发育情况

隧道围岩地表上覆土层指标及其隶属度采用下式确定:

$$\mu(x)=\begin{cases}0 & x\leqslant 0\\ \dfrac{x}{5} & 0<x\leqslant 5\\ 1 & x>5\end{cases}$$

式中 x——隧道评价区段的地表上覆土层厚度,m。

植被发育情况指标及其隶属度见表 9—24。

表 9—24　植被发育情况指标及其隶属度

植被发育特征	指标隶属度
植被茂密、地表有较厚腐殖质土层	0.8
分布灌木丛，树木稀疏，地表有腐殖质	0.6
灌木稀疏，地表腐殖质少	0.4
灌木稀疏	0.1

9.3.5　岩溶隧道施工过程中风险评价

1. 岩溶隧道风险等级划分

根据隧址区岩溶发育的因素，利用模糊数学和层次分析法的基本原理，综合考虑该岩溶灾害可能造成的后果，对应于表 9—7，将岩溶隧道施工过程中的风险工程地质评价等级分为极低风险、中等风险、高风险和极高风险四个等级（Ⅰ-Ⅳ级）。Ⅰ级评价等级最低，Ⅳ级评价等级最高。岩溶隧道施工过程中的风险评价等级划分表述及评判依据见表 9—25。

表 9—25　岩溶隧道施工过程中的风险评价等级

风险等级	等级描述	接受准则	评判依据
Ⅰ	极低风险	可忽略	岩溶隧道施工风险很小，隧道内会发生小股涌水，局部掉块，一般不会产生安全事故，也不会影响隧道施工
Ⅱ	中风险度	可接受	岩溶隧道施工风险中等，隧道内会发生塌方、突水、突泥地质灾害，可能流量 100～1 000 m^3/h。不会产生大的安全事故，对隧道施工有一定影响
Ⅲ	高风险	不预期	岩溶隧道施工风险较高，隧道内会发生较为严重的塌方、突水、突泥地质灾害，可能流量 1 000～10 000 m^3/h。该突发岩溶灾害能导致较大安全事故，严重影响隧道施工
Ⅳ	极高风险	不可接受	岩溶隧道施工风险很高，隧道内会发生严重塌方、突水、突泥地质灾害，可能流量大于 10 000 m^3/h。该突发岩溶灾害能导致特大安全事故，给隧道施工造成灾难性后果

2. 风险评价模型

岩溶隧道施工过程中风险工程地质评价分为四级，则评价集中风险等级由高到低为Ⅳ、Ⅲ、Ⅱ和Ⅰ，即 $V=\{$Ⅰ Ⅱ Ⅲ Ⅳ$\}$。邀请隧道工程专家对不同影响因素指标隶属度值对应的岩溶评价等级进行评价，形成单因素评价值见表 9—26。

表 9—26　单因素隶属度评价值

隶属度	岩溶隧道施工过程中风险评价等级			
	Ⅰ	Ⅱ	Ⅲ	Ⅳ
0	0.9	0.1	0	0
0.1	0.8	0.15	0.05	0
0.2	0.5	0.4	0.1	0
0.3	0.3	0.5	0.2	0
0.4	0.2	0.6	0.2	0
0.5	0.1	0.4	0.4	0.1

续上表

隶属度	岩溶隧道施工过程中风险评价等级			
	Ⅰ	Ⅱ	Ⅲ	Ⅳ
0.6	0	0.2	0.6	0.2
0.7	0	0.2	0.5	0.3
0.8	0	0.1	0.4	0.5
0.9	0	0.05	0.25	0.7
1.0	0	0	0.2	0.8

注：当评价区段的某一指标不存在时，该指标各个评价等级的评价值取 0.25。

依据各指标的水平，得出与其对应的隶属度值，依据给出的单因素隶属度评价值，可得到 **C** 层次的岩溶隧道施工风险工程地质评价矩阵。

$$\boldsymbol{R}_i{}^{(C)}=\begin{bmatrix} r_{11}^{(i)} & r_{12}^{(i)} & r_{13}^{(i)} & r_{14}^{(i)} \\ r_{21}^{(i)} & r_{22}^{(i)} & r_{23}^{(i)} & r_{24}^{(i)} \\ r_{31}^{(i)} & r_{32}^{(i)} & r_{33}^{(i)} & r_{34}^{(i)} \\ r_{m1}^{(i)} & r_{m2}^{(i)} & r_{m3}^{(i)} & r_{m4}^{(i)} \end{bmatrix}\begin{pmatrix} i=1,2\text{ 时},m=4 \\ i=3,4,5\text{ 时},m=2 \end{pmatrix}$$

对 **C** 层次进行综合评价即可得到 B 层次各因素对应的评价矩阵。

$$\boldsymbol{R}=\begin{bmatrix} \boldsymbol{A}^{(B_1)}\cdot\boldsymbol{R}_1^{(C)} \\ \boldsymbol{A}^{(B_2)}\cdot\boldsymbol{R}_2^{(C)} \\ \boldsymbol{A}^{(B_3)}\cdot\boldsymbol{R}_3^{(C)} \\ \boldsymbol{A}^{(B_4)}\cdot\boldsymbol{R}_4^{(C)} \\ \boldsymbol{A}^{(B_5)}\cdot\boldsymbol{R}_5^{(C)} \end{bmatrix}=\begin{bmatrix} \boldsymbol{\beta}_1\cdot\boldsymbol{R}_1^{(C)} \\ \boldsymbol{\beta}_2\cdot\boldsymbol{R}_2^{(C)} \\ \boldsymbol{\beta}_3\cdot\boldsymbol{R}_3^{(C)} \\ \boldsymbol{\beta}_4\cdot\boldsymbol{R}_4^{(C)} \\ \boldsymbol{\beta}_5\cdot\boldsymbol{R}_5^{(C)} \end{bmatrix}$$

对 **B** 层次进行综合评价，可以得到目标 A 层次的评价集。

$$\boldsymbol{B}=\boldsymbol{A}^{(A)}\cdot\boldsymbol{R}^{(B)}=\alpha\cdot\boldsymbol{R}=(b_1,b_2,b_3,b_4)$$

评价结果 $\boldsymbol{B}=(b_1,b_2,b_3,b_4)$，依据最大隶属度原则，$b=\max\{b_1,b_2,b_3,b_4\}$，则 $\boldsymbol{b}$ 是岩溶隧道施工风险工程地质评价对应的评价等级。

9.3.6 岩溶隧道风险评估实例

应用模糊数学的综合评判方法对某岩溶隧道风险等级进行划分，从而验证该方法的正确性与实用性。

1. 工程概况

沪昆客专贵州段丫口寨隧道位于安顺西—关岭区间，隧道全长 4 497 m，最大埋深约 355 m。地形起伏较大，隧道洞身穿越区域以碳酸盐岩广泛分布为主要特征。在丫口寨隧道出口工区掘进过程中，在前期 D2K849＋288～D2K849＋228 和 D2K849＋138～D2K849＋118 两段发现较大规模的溶腔及岩溶管道。向小里程方向掘进，继续掘进约 100 m 时发现溶洞，此时距离麻龙宫断层约有 120 m，根据该段隧道所具有的岩溶发育影响因素特征采用前述风险评价方法判断其风险等级，以便给出应对技术措施。这里以 D2K848＋980～D2K848＋850 施工段落为例来说明隧道施工过程中风险等级判定的具体应用。

该段落山体地表为大面积汇水坡地，现场踏勘发现山坡有多个落水洞，隧道穿越地层主要为灰岩及泥灰岩，中～厚层，岩层倾角较小，倾向小里程方向，倾角 15°～20°；存在小型褶皱，麻龙宫压性正断层(F2)影响带，与隧道斜交，倾向小里程方向，前后影响隧道长度约 30 m，对隧道有一定影响，围岩节理裂隙发育。地表为阶梯状缓坡，缓坡为百姓种植用地。依据该施工段落的具体工程地质情况，按 9.3.4 节分析结果给出模糊综合评价各指标隶属度见表 9—27，地质纵剖面如图 9—6 所示。

表 9—27　各指标隶属度

指标	C_1	C_2	C_3	C_4	C_5	C_6	C_7	C_8	C_9	C_{10}	C_{11}	C_{12}	C_{13}	C_{14}
隶属度	1.0	0.8	0.9	0.5	0.3	0.7	0.6	0.5	0.7	0.8	0.8	0.9	0.2	0.2

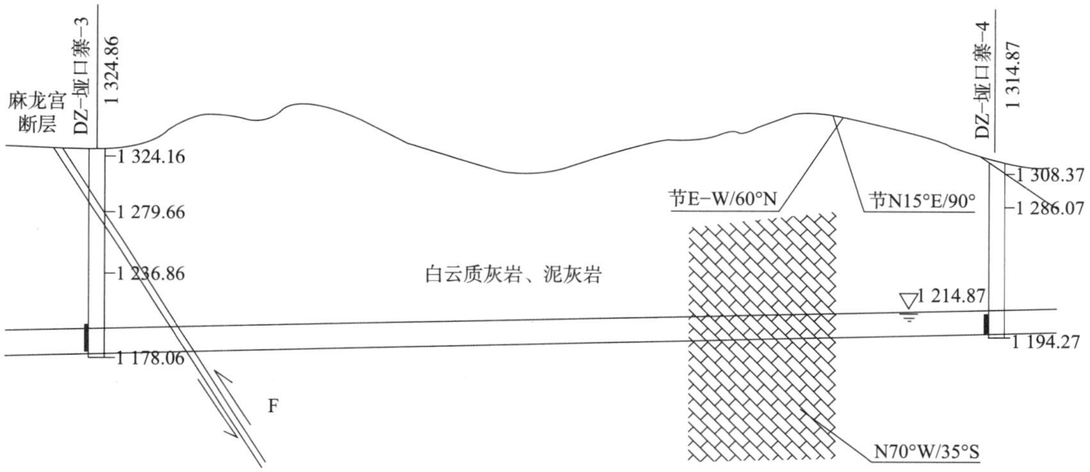

图 9—6　隧道地质纵剖面图

根据各指标隶属度，查表可得到各指标的评价矩阵。

2. 评价矩阵

$$\boldsymbol{R}_1^{(C)}=\begin{bmatrix}0 & 0.0 & 0.20 & 0.80\\0 & 0.10 & 0.40 & 0.50\\0 & 0.05 & 0.25 & 0.70\\0.1 & 0.4 & 0.40 & 0.10\end{bmatrix}\qquad \boldsymbol{R}_2^{(C)}=\begin{bmatrix}0.30 & 0.50 & 0.20 & 0.00\\0.00 & 0.20 & 0.50 & 0.30\\0.00 & 0.20 & 0.60 & 0.20\\0.10 & 0.40 & 0.40 & 0.10\end{bmatrix}$$

$$\boldsymbol{R}_3^{(C)}=\begin{bmatrix}0.0 & 0.20 & 0.50 & 0.30\\0.0 & 0.10 & 0.40 & 0.50\end{bmatrix}\qquad \boldsymbol{R}_4^{(C)}=\begin{bmatrix}0.0 & 0.10 & 0.40 & 0.50\\0.0 & 0.05 & 0.25 & 0.70\end{bmatrix}$$

$$\boldsymbol{R}_5^{(C)}=\begin{bmatrix}0.5 & 0.4 & 0.1 & 0.0\\0.5 & 0.4 & 0.1 & 0.0\end{bmatrix}$$

3. 各指标权重

B 层对目标层(***A*** 层)及 ***C*** 层对 ***B*** 层的因素重要性权值向量分别为

$\boldsymbol{\alpha}=(0.084\quad 0.206\quad 0.422\quad 0.247\quad 0.041)$

$\boldsymbol{\beta}_1=(0.441\quad 0.115\quad 0.176\quad 0.268)$，$\boldsymbol{\beta}_2=(0.467\quad 0.275\quad 0.152\quad 0.106)$

$\boldsymbol{\beta}_3=(0.667\quad 0.333)$，$\boldsymbol{\beta}_4=(0.667\quad 0.333)$，$\boldsymbol{\beta}_4=(0.667\quad 0.333)$，$\boldsymbol{\beta}_5=(0.50\quad 0.50)$

4. 风险评价

对 C 层次进行综合判断即可得到层次各因素对应的评价矩阵

$$\boldsymbol{\beta}_1 \cdot \boldsymbol{R}_1^{(C)} = (0.441\quad 0.115\quad 0.176\quad 0.268) \cdot \begin{bmatrix} 0 & 0.0 & 0.20 & 0.80 \\ 0 & 0.10 & 0.40 & 0.50 \\ 0 & 0.05 & 0.25 & 0.70 \\ 0.1 & 0.4 & 0.40 & 0.10 \end{bmatrix}$$

$$= (0.026\,8\quad 0.127\,5\quad 0.285\,4\quad 0.560\,3)$$

$$\boldsymbol{\beta}_2 \cdot \boldsymbol{R}_2^{(C)} = (0.467\quad 0.275\quad 0.152\quad 0.106) \cdot \begin{bmatrix} 0.30 & 0.50 & 0.20 & 0.00 \\ 0.00 & 0.20 & 0.50 & 0.30 \\ 0.00 & 0.20 & 0.60 & 0.20 \\ 0.10 & 0.40 & 0.40 & 0.10 \end{bmatrix}$$

$$= (0.150\,7\quad 0.361\,3\quad 0.364\,5\quad 0.123\,5)$$

$$\boldsymbol{\beta}_3 \cdot \boldsymbol{R}_3^{(C)} = (0.667\quad 0.333) \cdot \begin{bmatrix} 0.0 & 0.2 & 0.5 & 0.3 \\ 0.0 & 0.1 & 0.4 & 0.5 \end{bmatrix}$$

$$= (0.000\quad 0.166\,7\quad 0.466\,7\quad 0.366\,6)$$

$$\boldsymbol{\beta}_4 \cdot \boldsymbol{R}_4^{(C)} = (0.667\quad 0.333) \cdot \begin{bmatrix} 0.0 & 0.10 & 0.40 & 0.50 \\ 0.0 & 0.05 & 0.25 & 0.70 \end{bmatrix}$$

$$= (0.000\quad 0.083\,3\quad 0.350\,0\quad 0.566\,7)$$

$$\boldsymbol{\beta}_5 \cdot \boldsymbol{R}_5^{(C)} = (0.50\quad 0.50) \cdot \begin{bmatrix} 0.5 & 0.4 & 0.1 & 0.0 \\ 0.5 & 0.4 & 0.1 & 0.0 \end{bmatrix}$$

$$= (0.50\quad 0.40\quad 0.10\quad 0.00)$$

$$\boldsymbol{R}^{(B)} = \begin{bmatrix} \boldsymbol{\beta}_1 \cdot \boldsymbol{R}_1^{(C)} \\ \boldsymbol{\beta}_2 \cdot \boldsymbol{R}_2^{(C)} \\ \boldsymbol{\beta}_3 \cdot \boldsymbol{R}_3^{(C)} \\ \boldsymbol{\beta}_4 \cdot \boldsymbol{R}_4^{(C)} \\ \boldsymbol{\beta}_5 \cdot \boldsymbol{R}_5^{(C)} \end{bmatrix} = \begin{bmatrix} 0.026\,8 & 0.127\,5 & 0.285\,4 & 0.560\,3 \\ 0.150\,7 & 0.361\,3 & 0.364\,5 & 0.123\,5 \\ 0.000\,0 & 0.166\,7 & 0.466\,7 & 0.366\,6 \\ 0.000\,0 & 0.083\,3 & 0.350\,0 & 0.566\,7 \\ 0.500\,0 & 0.400\,0 & 0.100\,0 & 0.000\,0 \end{bmatrix}$$

对 B 层次进行综合评价，于是可得 A 层次的评价集：

$$\boldsymbol{B} = \boldsymbol{\alpha} \cdot \boldsymbol{R}^{(B)} = (0.084\quad 0.206\quad 0.422\quad 0.247\quad 0.041) \cdot \begin{bmatrix} 0.026\,8 & 0.127\,5 & 0.285\,4 & 0.560\,3 \\ 0.150\,7 & 0.361\,3 & 0.364\,5 & 0.123\,5 \\ 0.000\,0 & 0.166\,7 & 0.466\,7 & 0.366\,6 \\ 0.000\,0 & 0.083\,3 & 0.350\,0 & 0.566\,7 \\ 0.500\,0 & 0.400\,0 & 0.100\,0 & 0.000\,0 \end{bmatrix}$$

$$= (0.054\quad 0.192\quad 0.387\quad 0.367)$$

则目标 A 层最大隶属度 $b_3 = 0.387$，可判定该段落隧道施工风险为Ⅲ级。

9.4 考虑误判造成损失的 Bayes 判别方法

在上节 9.3.6 中我们得到隧道施工各风险等级的隶属度，$b_1 = 0.054$，$b_2 = 0.192$，$b_3 = 0.387$，$b_4 = 0.367$，由此可以看出 b_1 和 b_2 与 b_3 和 b_4 相比相差较为悬殊，而 b_3 和 b_4 值比较接近，但由于评判矩阵中的指标值均为人为主观确定，有一定的任意性。因而，在此种情况下仅仅简单地依据隶属度最大原则来确定风险等级，有可能会出现误判现象。风险等级的误判会给施工生产造成一定的经济损失。比如将Ⅲ级施工风险误判为Ⅳ级，则施工中势必要采取更强的技术措施来保证将实际施工风险降低至可以接受的风险等级，从而增加工程造价；而将Ⅳ级施工风险误判为Ⅲ级，则施工中采取的工程技术措施不足而可能导致施工过程中的人员、设备等安全事故，造成工期延误，则产生更大的经济损失。这就需要解决这样一个问题，当相邻两个风险等级的隶属度相差不大时，采用什么方法来判定隧道施工风险等级使误判产生的损失最小，Bayes 判别可以解决此类问题。

9.4.1　Bayes 判别的基本概念

这里仅针对丫口寨隧道工程上述段落的施工风险判定问题进行描述。假设Ⅲ、Ⅳ级风险指标均为多维正态总体 $\boldsymbol{G}_1$ 和 $\boldsymbol{G}_2$，分布密度分别为 $f_1(x)$ 和 $f_2(x)$，且其对应出现的概率分别为 q_1 和 q_2（先验概率，在这里可以近似用其隶属度代替）。假定在判别规则 $\boldsymbol{R}=(\boldsymbol{R}_1$ 和 $\boldsymbol{R}_2)$ 下，把本来属于 $\boldsymbol{G}_1$ 的错判给了 $\boldsymbol{G}_2$ 造成的工程损失为 $\boldsymbol{C}(2|1)$，把本来属于 $\boldsymbol{G}_2$ 的错判给了 $\boldsymbol{G}_1$ 造成的工程损失为 $\boldsymbol{C}(1|2)$。那么，把本属于 $\boldsymbol{G}_1$ 的一个样本被错判给 $\boldsymbol{G}_2$ 的概率为：

$$\boldsymbol{P}(2\mid 1,\boldsymbol{R})=\int_{R_2} f_1(x)\mathrm{d}x \tag{9—16}$$

类似地，把本属于 $\boldsymbol{G}_2$ 的一个样本被错判给 $\boldsymbol{G}_1$ 的概率为：

$$\boldsymbol{P}(1\mid 2,\boldsymbol{R})=\int_{R_1} f_2(x)\mathrm{d}x \tag{9—17}$$

则对于 $\boldsymbol{G}_1$ 而言，错判造成的平均损失为：

$$r(1,\boldsymbol{R})=\boldsymbol{C}(2|1)\boldsymbol{P}(2|1,R) \tag{9—18}$$

则对于 $\boldsymbol{G}_2$ 而言，错判造成的平均损失为：

$$r(2,\boldsymbol{R})=\boldsymbol{C}(1|2)\boldsymbol{P}(1|2,R) \tag{9—19}$$

则关于先验概率 q_1 和 q_2 的错误判别造成的平均损失就是

$$\begin{aligned} g(\boldsymbol{R}) &= q_1 r(1,\boldsymbol{R})+q_2 r(2,\boldsymbol{R}) \\ &= q_1\boldsymbol{C}(2|1)\boldsymbol{P}(2|1,\boldsymbol{R})+q_2\boldsymbol{C}(1|2)P(1|2,\boldsymbol{R}) \\ &= \boldsymbol{C}(2\mid 1)q_1\int_{R_2} f_1(x)\mathrm{d}x+\boldsymbol{C}(1\mid 2)q_2\int_{R_1} f_2(x)\mathrm{d}x \end{aligned} \tag{9—20}$$

将上式进行变换后，就可以得到在考虑误判损失时合理判别为

$$\begin{cases} \boldsymbol{R}_1=\{X:\boldsymbol{C}(2|1)q_1 f_1(x)\geqslant \boldsymbol{C}(1|2)q_2 f_2(x)\} \\ \boldsymbol{R}_2=\{X:\boldsymbol{C}(1|2)q_2 f_2(x)<\boldsymbol{C}(2|1)q_1 f_1(x)\} \end{cases} \tag{9—21}$$

9.4.2　基于误判损失估算的风险判别

针对隧道施工风险等级判别的具体问题，$\boldsymbol{G}_1$（Ⅲ）和 $\boldsymbol{G}_2$（Ⅳ）的影响因素及影响规律均相同，因而可假设二者密度函数 $f_1(x)=f_2(x)$，这样则有：

$$q_1\geqslant\frac{\boldsymbol{C}(1|2)}{\boldsymbol{C}(2|1)}q_2 \tag{9—22}$$

一般地，在相邻风险等级判定时，较高风险等级错判为较低风险等级时的损失会大于将较低风险等级错判为较高风险等级时的损失，即 $\boldsymbol{C}(1|2)>\boldsymbol{C}(2|1)$，因此可以从上式看出，在考虑了风险等级错判损失不同的情况下，就不能简单地根据隶属度的数值大小来判断隧道施工

风险。如果两种错判损失相等,那就可以由风险等级的隶属度大小直接判定。当然要精确确定两种错判损失的具体量值是比较困难的,但是,大致估算一个二者之间的比例关系是可行的,例如取 $\boldsymbol{C}(1|2)/\boldsymbol{C}(2|1)=1.1$、1.15 或 1.2 等,即 $\boldsymbol{C}(1|2)$ 比 $\boldsymbol{C}(2|1)$ 大 10%、15%和 20%。

根据上述误判损失估计及前面隶属度值,Ⅲ级风险的隶属度 $q_{Ⅲ}=0.386\ 5$,Ⅳ级风险的隶属度 $q_{Ⅳ}=0.367$,则 $q_{Ⅲ}/q_{Ⅳ}=1.05$,因而,当误判损失比值分别取 1.1 时,该段隧道施工风险等级应判Ⅳ级。

9.5 隧道开挖验证

9.5.1 进行综合超前地质预报

丫口寨隧道地处灰岩区,大气降雨丰富,地表喀斯特地貌特征显著,因而在施工中应进行综合超前地质预报工作。施工前根据设计资料并结合现场施工情况,采用综合超前地质预报,探明溶洞的分布范围、类型、规模、发育程度、填充物、地下水情况及岩层的稳定程度等。依据隧道风险评估结果,进一步采用综合方法对隧道掌子面前方可能出现的岩溶预报。

(1)研究隧址区岩溶发育规律

充分收集、分析、利用已有的区域地质和工程地质资料,辅以工程地质补充调绘。指挥部负责隧道地质预报的副指挥协同项目部总工及现场隧道工程师到现场进行实地查勘,山坡地貌和工程地质条件,分析岩溶发育规律,宏观掌握区域地质条件,指导超前地质预报工作。着重查明地层岩性、地质构造、地下水、岩溶垂直分布部位、岩溶发育层数、溶洞暗河水流量和岩溶洞穴形态等。

(2)隧道内地质素描

对每次开挖后对隧道掌子面进行地质素描,并进行验证和调整地质复杂程度分级和超前地质预报方案。

(3)综合物探探测

采用 TSP 进行长距离探测,对可疑部位采用地质雷达法进行短距离探测,查明岩溶位置、规模和形态。

(4)超前地质钻探

根据地质复杂程度分级、隧道内地质素描、物探异常带进行超前地质预报和验证(水平钻孔超前探测,验证探测岩溶成果的可靠性。水平钻孔长 30 m,搭接长度 5 m,每循环钻孔数量可以根据断面大小及地质情况确定),对富水岩溶发育地段,超前地质钻探必须连续重叠式进行。超前钻探揭示岩溶后,要适当加密。

(5)加深炮孔探测

在每次钻炮孔时,进行加深炮孔探测,并符合以下要求:孔深应比爆破孔(或循环进尺)深 3 m 以上;孔径和爆破孔相同;孔数、孔位可根据开挖断面大小和地质复杂程度确定;富水岩溶区必须按设计实施,发现异常情况及时反馈信息,严禁盲目装药放炮;当钻孔揭示到溶洞和岩溶水时,应进一步查明情况,保证施工安全,为变更设计提供依据;加深炮孔探测严禁在爆破残眼中进行;揭示异常情况的钻孔资料作为技术资料保存。

(6)进行地质综合判断分析,确定岩溶洞穴的位置及规模,根据物探资料验证地质钻孔。

根据溶洞的风险程度在进行开挖揭露，进一步查明溶洞规模、地下水发育情况及洞壁稳定特性，最后确定岩溶处置方案。

9.5.2　隧道开挖揭示情况

根据岩溶隧道施工风险的多层次模糊综合评价模型，得到出口工区在前面施工揭示岩溶后继续施工，从 D_2K849+120～D_2K849+000 一直未再揭示岩溶，直到施工掘进到 D2K848+945，在隧道左侧拱腰处揭露出一个溶洞口。经施工、设计、监理等进入溶洞后发现此处溶洞为一小型地下暗河。施工揭露暗河之时，暗河中水流较小，洞内引入照明后经设计单位地质人员进入洞内详细查勘，可见暗河洞壁上有大水冲刷痕迹。暗河跨过隧道拱顶向小里程方向延伸，暗河水流向在揭露处分为两个方向，一个向大里程迅速偏离隧道，但暗河底部坡度较缓，远处可见一小型消水洞，另一支则在隧道左侧 4.5 m 处迅速向下，肉眼无法确定其深度和走向。通过地质雷达等物探方法和隧道内钻设地质钻孔，判断溶洞从隧道底部穿过。经过详细勘测，暗河具体平面特征及与隧道相对位置关系及具体处置措施见 5.3.1 节相关内容。

9.6　隧道施工风险处置对策

从隧道工程施工风险源入手，完成风险源辨识和风险等级评估后，根据隧道工程建设总目标，以有利于隧道工程风险的控制和降低风险潜在损失为原则，分析并选择合理的风险管理处置对策。对工程施工中可能出现的风险，可采取一种或多种风险规避方法，将施工风险降到可以接受的程度。可采取的风险规避方法主要有：

9.6.1　风险消除

避免工程发生风险，将工程风险发生的概率降低直至到零。风险消除是指消除或中断风险源，遏制风险事件的发生，主要通过主动放弃和终止承担任务，从而避免承担风险。在面临灾难性风险时，采用消除风险的方式处置风险是比较有效的。隧道工程本身就是风险工程，放弃承担风险也就意味着放弃机会，很显然，风险消除是一种消极的风险处置方式。在工程项目中，风险消除可以有效化解施工准备阶段的某些技术风险、设计风险、地质风险，也可以减少甚至化解因违规操作、工人疏忽等引发的施工风险。

风险消除就是通过变更工程项目计划，从而消除风险或消除风险产生的条件，或者是保护工程项目的目标不受风险的影响。完全消除工程项目的风险是不现实的，也是不可能的，不经济的，但借助于风险规避的一些技术手段及技术方法，对某些隧道工程某些特定风险，在它发生之前就消除其发生的可能性还是有可能的。比如隧道洞口边仰坡不稳定，滑坡、坍塌的风险很大，就可以选择合适的边坡加固措施来规避风险；围岩浅埋破碎段尽量避开雨季施工，且尽量做好超前支护及地层加固工作；选择经验丰富、设备齐全的专业承包队伍等。风险规避是风险应对策略的一种最主要的方式，但并不是任何工程项目、任何条件下都可采用。如果风险规避的成本超过了项目施工方的承受能力范围，甚至超过了风险发生可能造成的损失，项目承包者就会选择其他应对策略。

丫口寨隧道地处灰岩发育区，隧道施工过程中揭示的多种类型溶洞及地下暗河，根据溶洞及暗河的规模、类型和富水特征以及与隧道的相对位置，分别采取不同的技术应对措施。如针对无水的干溶洞采取充填的方式，对于可能有较大水流的岩溶管道及地下暗河，开凿专门的泄水洞，以消除相应的风险。

9.6.2 风险转移

风险转移是设法将某种风险的结果连同对风险应对的权利和责任转移给他方。依法将工程风险的全部或部分转让或转移给第三方（专业单位），或通过保险等合法方式让第三方承担工程风险。

风险转移包括非保险方式和保险方式。非保险方式主要有：采用担保或履约保函方式转移风险、采用分包方式转移风险、采用适当的合同计价方式转移风险、运用合同条件转移风险。非保险方式转移风险几乎不需要任何成本，只是在合同条件及合同语言上下功夫，是一种经济的风险应对方式，但它不能消除风险，而主要是转移给别人，这种方式还受国家法律的制约，也可能会丧失赢利的机会。一般来说，非保险风险转移只能作为一种风险应对的补充手段，而不是主要的手段。

工程项目风险管理广泛使用的风险转移方式有：在招投标阶段通过设定保护性合同条款将风险转移给合同对方；通过担保，将风险转移给担保人；业主和承包商投保与工程项目有关的险种，将风险转移给保险公司。

1. 设定保护性合同条款

在三种转移途径中，利用合同的保护性条款来降低或规避某些风险的转移成本相对较低。工程担保和保险需要向被转移者支付一定的风险保障费用，而设置保护性条款的转移费用支出是隐性的，不必直接支付转移费用。通过合理设置合同的保护性条款来转嫁风险的成本（包括损失发生后的处理成本和合同履行成本）。这里的合同履行成本是由于合同设置了保护性条款，使得合同的履行变得复杂，由此而增加的成本。

2. 工程担保

工程担保是将风险转移给第三方的重要途径。工程担保分为信用担保和财产担保。信用担保是以个人信用担保债权的实现，即保证担保。按照担保的用途不同主要分为投标保证、履约保证和承包商要求业主提供的支付保证。财产担保是以财产保证债权的实现，包括抵押担保、质押担保和留置担保。如考虑隧道工程的实际风险情况，以担保分散风险时，主要选择保证担保形式，要求投标商为每份合同提供履约担保。常在工程所签署的合同中，业主方要求投标方提供其开户银行的履约保函。合同履约担保主要担保合同履约方的履约能力，避免因违约而使业主或承包商蒙受意外损失。合同履约担保所化解的风险范围较狭窄，主要化解合同履行的风险。

3. 工程保险

工程保险是借助第三方来转移风险，同其他风险方式相比，工程保险转嫁风险的效率是比较高的。国外的工程项目投保工程保险非常普遍，但从国内的实际工程投保情况看，投保比率并不高，其中的原因较为复杂。随着建筑市场和保险市场的进一步发展，工程保险必将成为风险转移的主流方式。投保工程保险的项目出险后发生的合理的处理费用都计入应赔款中，因而对于投保方而言，工程保险的风险转移成本主要是保险费，属于显性的费用支出。与其他工程风险处置方式相比，隧道工程保险的风险转移成本相对较高。如综合考虑工程风险源的复杂状况，权衡保险费和未来可能承担的风险损失以及获得的风险保障，以决定投保工程保险的保险项目、保险责任范围、保险金额等合同要素。工程保险可以分散风险属性表现为可转移性和经济性，可转移性即是风险通过投保转给保险公司，经济性是指选择某些保险标的保险责任范围和保险金额等要素所提供的保障程度要与保费、免赔额和赔偿限额等支出要素权衡，保险支出和保险得利相匹配。工程保险可化解的风险范围很广，一般是在遵循保险法规的前提下，由保险双方商定，最终以双方签订的保险合同所列保险项目和保险责任为准。

9.6.3　风险缓解

通过采取技术措施或修改技术方案降低工程风险发生的概率和(或)损失。

风险缓解，又称风险降低、风险减轻，是指将工程项目风险的发生概率或后果的严重程度降低到可以接受的过程，既不消除风险，也不避免风险，而是减轻风险。比如隧道边仰坡加固、破碎围岩的洞内注浆加固、注浆堵水、进行地质超前预报、储备一定量的材料等。风险缓解的方式主要包括：降低风险发生的可能性、控制风险损失、分散风险、储备应急措施及应急物资等。风险缓解要到达什么目标、将风险降低到什么程度，这主要取决于项目的具体情况、项目管理的要求和对风险的认识程度。在揭露丫口寨隧道地下暗河后，采取了开凿专门的泄水洞缓解暗河对隧道安全威胁，保障隧道施工及运营的安全。

9.6.4　风险自留

当工程风险可能导致的损失比风险消除、风险降低和风险转移所需费用小时，可以不再进行风险处置，直接接受该风险，即风险自留。采取风险自留对策时还应制定可行的风险应急处置预案，采取必要的安全防护措施等。

风险自留，又称风险接受，是一种项目主体不改变项目计划去应对某一风险，或者找不到其他合适的风险应对策略，而自行承担风险后果的策略。这意味着如果风险发生，项目主体就要承担造成的损失，如果风险不发生，项目主体就可以赢利。风险自留要求项目主体对风险有充分的估计和足够的资金准备，一般应对一些不是很严重的风险或者用其他措施应对不是很合适，或者是对高风险采取其他应对措施后残余的一些低风险。

工程风险自留是指工程风险保留在风险管理主体内部，通过采取内部控制措施等来化解风险，或者对这些保留下来的工程风险不采取任何措施。

在工程风险管理中，应用自留方式处理风险有三种情况：一是当风险无法回避或转移时，被动地将这些工程风险保留下来，属于被动自留；二是如果经估算确认风险程度较小，对工程总体不会造成太大的影响，于是保留风险，属于主动自留；三是没能准确把握风险，于是把风险保留下来。

风险自留后应采取有效的工程技术措施来防范或控制风险的聚集和扩散，风险控制技术措施着重于改变风险源和风险因素在时间和空间上的分布，从而限制风险扩散的速度；另外，风险控制措施把风险因素与可能遭受风险损失的人、财、物隔离，减少风险汇集和扩散的载体。

9.6.5　综合处置方法

隧道工程施工风险的综合处置就是采用以上两种及以上的处置方法来应对隧道施工过程中可能发生的风险事件。

在高速铁路勘察和设计阶段，设计单位均会对每一座隧道工程的风险情况进行评价，保证在采取一定的技术措施后使得既有风险得到消除或风险等级降到可以接受的程度。一般来说，在线路位置确定以后，施工中遇到的施工风险在采取一定的技术应对措施后，均可以降到可接受的程度。但由于隧道工程中围岩地质情况的复杂性和预测模糊性等特点，致使隧道工程局部段落的施工风险仍然会很高，这就要求在隧道开挖之前做好隧道地质情况的超前预报，对可能遇到的施工风险进行评价，并采取针对性的技术措施，保证隧道施工过程中的安全和建成后的运营安全。

要彻底消除工程中的施工风险将会付出巨大代价，这样做并不切实际，实际上也没有这个必要。因此在隧道施工过程中，对低风险等级的风险事件，采取一定的应对技术措施、优化施工方案及进行有效的施工安全管理就可以基本消除施工风险。对于高风险等级的风险事件，采取上述措施后可以将风险等级降低到可以接受的程度或高风险的事件发生的概率得到极大地降低。降低施工风险等级后，施工单位将此剩余风险留给自己，并通过加强施工安全管理来尽量避免风险的发生。隧道施工中遇到的高风险事件在采取相应的技术措施后，并不能完全彻底消除风险，只是降低了施工风险的等级或是大大降低了高风险事件发生的概率。为了转移避免高风险事件在小概率条件下的发生后果，工程单位一般都采取工程保险方式，通过支付保险公司一定的保险费用将工程风险发生后果的全部或部分损失转移给保险公司。如指挥部统一给进出隧道的所有人员上人身意外保险。

参 考 文 献

[1] 赵勇，田四明，截止2017年底中国铁路隧道情况统计[J]. 隧道建设，2018，38(3)：506-508.

[2] 李术才，王康，李利平，等. 岩溶隧道突水灾害形成机理及发展趋势[J]. 力学学报，2017，49(1)：22-30.

[3] 王遇国. 岩溶隧道突水灾害与防治研究[D]. 中国铁道科学研究院，2010.

[4] 白明洲，许兆义，王连俊，等. 复杂岩溶地区险道施工突水地质灾害研究[J]. 中国安全科学学报，2006，16(1)：114-118.

[5] 蒋树屏，丁浩，涂耘. 岩溶地质特长隧道的关键技术问题及对策[J]. 公路交通技术，2005(5)：96-102.

[6] 康厚荣，罗强，凌建明，等. 岩溶地区公路修筑理论与实践[M]. 北京：人民交通出版社，2008.

[7] 张梅，等. 宜万铁路岩溶断层隧道修建技术[M]. 北京：科学出版社，2010.

[8] 钟勇奇，王薇，肖粤秀等. 壁板坡特长隧道岩溶发育特征与超前探测[J]. 铁道标准设计，2016，60(5)：98-102.

[9] 刘阳飞，李天斌，孟陆波. 常用隧道超前地质预报方法适用性分析[J]. 工程地球物理学报，2018，15(6)：804-811.

[10] 李苍松，高波，梅志荣. 岩溶及地下水超前预报技术[M]. 成都：西南交通大学出版社，2013.

[11] 王国斌，晏鄂川，杨文东. 乌池坝隧道岩溶发育特征与突水机理研究[J]. 武汉理工大学学报，2008(8)：152-156.

[12] 肖书安，吴世林. 复杂地质条件下的隧道地质超前探测技术[J]. 工程地球物理学报，2004(2)：159-165.

[13] 韩康. 大型暗河发育特征与工程处理方案的研究[J]. 铁道工程学报，2007(4)：11-15.

[14] 刘庆辉. 龙鳞宫隧道出口特大溶腔探究[J]. 山西建筑，2010，36(18)：343-345.

[15] 代峪. 云雾山隧道岩溶灾害综合预防技术及其应用[J]. 公路交通技术，2016，32(4)：124-127.

[16] 夏红文，董谦. TRT与水平钻探方法在隧道施工超前地质预报中的综合应用研究[J]. 路基工程，2018(5)：180-184.

[17] 李术才，刘斌，孙怀凤，等. 隧道施工超前地质预报研究现状及发展趋势[J]. 岩石力学与工程学报，2014，33(6)：1090-1113.

[18] 龙浪波，王鹰. 多种超前地质预报方法在某隧道中的应用[J]. 施工技术 2008，37(11)：100-102.

[19] 李天斌，孟陆波，朱劲，等. 隧道超前地质预报综合分析方法[J]. 岩石力学与工程学报，2009，28(12)：2429-2436.

[20] 荣耀，孙斌，孙洋．超前地质预报在隧道围岩动态分级预测中的应用[J]．重庆交通大学学报(自然科学版)，2017，36(6)：18－23．

[21] 刘阳飞．超特长隧道综合超前地质预报工法研究与应用[D]．成都：成都理工大学，2016．

[22] 段铮，李天斌，李育枢，等．瞬变电磁法超地质预报技术在铜锣山隧道中的应用[J]．现代隧道技术，2008(2)：58-62．

[23] 齐莹．TRT6000 超前地质预报系统在铁路隧道施工中的应用[J]．国防交通工程与技术，2016，(2)：78-80．

[24] 刘成禹，余世为．基于探地雷达单道信号处理的岩溶分析方法[J]．岩土力学，2016，37(12)：3618-3625．

[25] 吕乔森，陈建平．红外探水技术在岩溶隧道施工中的应用[J]．现代隧道技术，2010(4)：45-49．

[26] 王学民．应用多元统计分析[M]．上海：上海财贸大学出版社，2017．

[27] 王明章，王尚彦，等．贵州岩溶石山生态地质环境研究[M]．北京：地质出版社，2005．

[28] 王涛，韩煊，赵先宇，等．FLAC3D 数值模拟方法及其工程应用——深入剖析 FLAC3D5.0[M]．北京：中国建筑工业出版社，2015．

[29] 朱永全，宋玉香．隧道工程[M]．北京：中国铁道出版社，2016．

[30] 张蕾，丁祖德．地下工程测试技术[M]．北京：水利水电出版社，2016．

[31] 肖广志．不良、特殊地质条件隧道施工技术及实例(三)[M]．北京：人民交通出版社，2016．

[32] 中华人民共和国交通运输部．公路隧道设计细则 JTG/T D70—2010[S]．北京：人民交通出版社，2010．

[33] 叶正寅，王刚，张伟伟．流固耦合力学基础及其应用[M]．哈尔滨：哈尔滨工业大学出版社，2016．

[34] 李士勇．工程模糊数学及应用[M]．哈尔滨：哈尔滨工业大学出版社，2015．

[35] 毛佳兴．铣挖法在软弱围岩短小隧道群中的应用[J]．国防交通工程与技术，2017(5)：61-63＋60．

[36] 程跃辉，江鸿，陈伟．隧道下穿匝道爆破振动控制技术及效果分析[J]．爆破，2017，34(3)：63-67．

[37] 曹杨，王旭春，余志伟．隧道下穿匝道爆破振动控制技术及效果分析[J]．施工技术，2017，46(11)：82-85．

[38] 杜峰．隧道工程设计施工风险评估与实践[M]．北京：中国建材工业出版社，2017．